Die Vereinten Nationen als Gesetzgeber im Kosovo

AF883929

Dresdner Schriften zu Recht und Politik der Vereinten Nationen
Dresden Papers on Law and Policy of the United Nations

Herausgegeben von/edited by
Sabine von Schorlemer

Zentrum für Internationale Studien/
School of International Studies,
Technische Universität Dresden/
University of Dresden

Band 2

PETER LANG
Frankfurt am Main · Berlin · Bern · Bruxelles · New York · Oxford · Wien

Philipp von Hülsen

Die Vereinten Nationen als Gesetzgeber im Kosovo

Rechtmäßigkeitsanforderungen an Rechtssetzungsakte der UNMIK am Beispiel der Unternehmensprivatisierung durch die Kosovo Trust Agency

PETER LANG
Europäischer Verlag der Wissenschaften

Bibliografische Information der Deutschen Nationalbibliothek
Die Deutsche Nationalbibliothek verzeichnet diese Publikation in der Deutschen Nationalbibliografie; detaillierte bibliografische Daten sind im Internet über <http://www.d-nb.de> abrufbar.

Zugl.: Dresden, Univ., Diss., 2006

88
ISSN 1862-443X
ISBN-10: 3-631-56000-1
ISBN-13: 978-3-631-56000-6

© Peter Lang GmbH
Europäischer Verlag der Wissenschaften
Frankfurt am Main 2007
Alle Rechte vorbehalten.

Das Werk einschließlich aller seiner Teile ist urheberrechtlich geschützt. Jede Verwertung außerhalb der engen Grenzen des Urheberrechtsgesetzes ist ohne Zustimmung des Verlages unzulässig und strafbar. Das gilt insbesondere für Vervielfältigungen, Übersetzungen, Mikroverfilmungen und die Einspeicherung und Verarbeitung in elektronischen Systemen.

www.peterlang.de

Vorwort

Diese Arbeit wurde im Sommersemester 2006 von der Juristischen Fakultät der Technischen Universität Dresden als Dissertation angenommen. Schrifttum und Quellen konnten bis Ende August 2006 berücksichtigt werden.

Mein besonderer Dank gilt Frau Professorin Dr. Dr. *Sabine von Schorlemer*, die das Promotionsprojekt von Beginn an positiv begleitet und gefördert sowie zahlreiche wertvolle Impulse und Anregungen gegeben hat. Ebenfalls danke ich Herrn Professor Dr. *Franz Merli* und Herrn Professor Dr. *Markus Kotzur* für die zügige Erstellung des Zweit- und des Drittgutachtens.

Dem Arbeitskreis Wirtschaft und Recht im Stifterverband für die Deutsche Wissenschaft bin ich zum Dank für die Förderung durch ein Promotionsstipendium verpflichtet.

Leopold von Carlowitz gab nicht nur den Anstoß für meinen sechsmonatigen Aufenthalt bei der UNMIK im Kosovo. Er war auch ein wichtiger Gesprächspartner während der Erstellung der Arbeit, dem ich für zahlreiche Anregungen dankbar bin. Ein besonderer Dank gilt meinen Eltern, die die Arbeit durch ihre Unterstützung möglich gemacht haben. Schließlich bedanke ich mich herzlich bei meiner Frau Henriette für ihre Unterstützung und Hilfe sowie für ihr Verständnis in der bisweilen zähen Zeit der Fertigstellung der Arbeit.

Düsseldorf, im November 2006

Inhaltsübersicht

Inhaltsverzeichnis

Literaturverzeichnis

1. Dokumente

Europäische Kommission, A European Future for Kosovo, COM (2005) 156 final, 20.04.2005.

European Agency of Reconstruction, Quarterly Report to the European Parliament, Juli-September 2005, http://ear.europa.eu/publications/main/news-a1c2y3.htm (31.07.2006).

European Commission for Democracy through Law (Venice Commission), Opinion on Human Rights in Kosovo: Possible Establishment of Review Mechanisms, Opinion No. 280/2004, 11.10.2004, abgedruckt in: Human Rights Law Journal 25 (2004), S. 276-292.

Interim Agreement for Peace and Self-Government in Kosovo (Rambouillet-Abkommen), 23.02.1999, UN Doc. S/1999/648.

International Conference on the Former Yugoslavia, Arbitration Commission, Opinion No. 14, abgedruckt in: International Legal Materials 32 (1993), S. 1593.

Kosovo Trust Agency, Model Rules of Tender for Spin-Off Privatization of Socially-Owned Enterprises, http://www.kta-kosovo.org/ktareg/tenderrules-eng.pdf (31.07.2006).

Kosovo Trust Agency, How Do I Bid for an SOE?, http://www.kta-kosovo.org/howtobid/how-to-bid-eng.pdf (31.07.2006).

Letter from the Secretary-General Addressed to the President of the Security Council, A Comprehensive Review of the Situation in Kosovo, Report by the Special Envoy of the Secretary-General Mr. Kai Eide, UN Doc. S/2005/635 vom 07.10.2005.

Ombudsperson Institution in Kosovo, On the Compatibility with Recognized International Standards of UNMIK Regulation No. 2000/47 on the Status, Privileges and Immunities of KFOR and UNMIK and Their Personnel in Kosovo (18 August 2000) and on the Implementation of the Above Regulation, Special Report No. 1 (Pristina 2001).

Ombudsperson Institution in Kosovo, Fourth Annual Report 2003 – 2004 (Pristina 2004).

Report of the Secretary-General Pursuant to the Statement Adopted by the Summit Meeting of the Security Council on 31 January 1992: An Agenda for Peace – Preventive Diplomacy, Peacemaking and Peace-Keeping (Agenda for Peace), UN Doc. A/47/277 - S/24111 vom 17.06.1992.

Report of the Secretary-General on the Work of the Organization: Supplement to an Agenda for Peace: Position Paper of the Secretary-General on the Occasion of the Fiftieth Anniversary of the United Nations, UN Doc. A/50/60 vom 03.01.1995.

Report of the Secretary-General Pursuant to Paragraph 10 of Security Council Resolution 1244 (1999), UN Doc. S/1999/672 vom 12.06.1999.

Report of the Secretary-General on the United Nations Interim Administration Mission in Kosovo, UN Doc. S/1999/779 vom 12.07.1999.

Report of the Secretary-General on the United Nations Interim Administration Mission in Kosovo, UN Doc. S/1999/1250 vom 23.12.1999.

Report of the Panel on United Nations Peace Operations (Brahimi-Report), UN Doc. A/55/305-S/2000/805 vom 17.08.2000.

Report of the Secretary-General on the United Nations Interim Administration Mission in Kosovo, UN Doc. S/2000/878 vom 18.09.2000.

Report of the Secretary-General on the United Nations Interim Administration Mission in Kosovo, UN Doc. S/2000/1196 vom 15.12.2000.

Report of the Secretary-General on the United Nations Interim Administration Mission in Kosovo, UN Doc. S/2001/565 vom 07.06.2001.

Report of the Secretary-General on the United Nations Interim Administration Mission in Kosovo, UN Doc. S/2001/926 vom 02.10.2001.

Report of the Secretary-General on the United Nations Interim Administration Mission in Kosovo, UN Doc. S/2002/62 vom 15.02.2002.

Report of the Secretary-General on the United Nations Interim Administration Mission in Kosovo, UN Doc. S/2002/1126 vom 13.10.2002.

Report of the Secretary-General on the United Nations Interim Administration Mission in Kosovo, UN Doc. S/2003/675 vom 26.06.2003.

Report Submitted by the United Nations Interim Administration Mission in Kosovo to the Human Rights Committee on the Human Rights Situation in Kosovo Since June 1999, UN Doc. CCPR/C/UNK/1 vom 07.02.2006.

UN Human Rights Committee, Concluding Observations of the Human Rights Committee: Serbia and Montenegro, UN Doc. CCPR/CO/81/SEMO vom 12.08.2004.

UNMIK, Fact Sheet Kosovo, 2003, http://www.unmikonline.org/eu/index_ fs. pdf (31.07.2006).

UNMIK European Union Pillar, Kosovo Outlook 2004, http://www.euinkosovo.org/upload/Kosovo%20Economic%20Outlook%202004.pdf (31.07.2006).

UNMIK Economic Policy Office, UNMIK European Union Pillar, The Economic Foundations of Status. Kosovo Outlook 2005, http://www.Euinkovo.org/upload/The%20Economic%20Foundations%20of%20Status%20Kosovo%20Economic%20Outlook%20202006.pdf (31.07.2006).

UN Secretary-General's Bulletin on the Observance by United Nations Forces of International Humanitarian Law, UN Doc. ST/SGB/1999/13 vom 06.08.1999, abgedruckt in: International Legal Materials 38 (1999), S. 1656.

2. Herausgeberschaften und Monographien

Alfredsson, Gudmundur/Eide, Asbjørn (Hrsg.), The Universal Declaration of Human Rights. A Common Standard of Achievement (Den Haag 1999).

Aliu, Abdullah, Social Property in Kosova: A Special Approach on Legal Status of Construction and Farm Land (Pristina 2002).

Arndt, Hans-Wolfgang/Knemeyer, Franz-Ludwig/Kugelmann, Dieter/Meng, Werner/Schweitzer, Michael (Hrsg.), Völkerrecht und deutsches Recht. Festschrift für Walter Rudolf zum 70. Geburtstag (München 2001).

Benvenisti, Eyal, The International Law of Occupation (Princeton 1993).

Berndt, Hans, Stiftung und Unternehmen: Rechtsvorschriften, Besteuerung, Zweckmäßigkeit, 7. Auflage (Herne 2003).

Bernhardt, Rudolf (Hrsg.), Encyclopedia of Public International Law, Band 3 (Amsterdam 1996).

Bernhardt, Rudolf (Hrsg.), Encyclopedia of Public International Law, Band 4 (Amsterdam 2000).

Beyerlin, Ulrich/Bothe, Michael/Hofmann, Rainer/Petersmann, Ernst-Ulrich (Hrsg.), Recht zwischen Umbruch und Bewahrung. Völkerrecht – Europarecht – Staatsrecht. Festschrift für Rudolf Bernhardt (Berlin 1995).

Borić, Tomislav, Eigentum und Privatisierung in Kroatien und Ungarn: Wandel des Eigentumsrechtssystems und Entwicklung der Privatisierungsgesetzgebung (Berlin 1995).

Bothe, Michael/Kondoch, Boris (Hrsg.), International Peacekeeping: The Yearbook of International Peace Operations (Den Haag 2002).

Bowett, Derek William, United Nations Forces. A Legal Study of United Nations Practice (London 1964).

Bröhmer, Jürgen/Bieber, Roland/Calliess, Christian/Langenfeld, Christine/Weber, Stefan/Wolf, Joachim (Hrsg.), Internationale Gemeinschaft und Menschenrechte. Festschrift für Georg Ress zum 70. Geburtstag am 21. Januar 2005 (Köln 2005).

Brownlie, Ian, The Rule of Law in International Affairs. International Law at the Fiftieth Anniversary of the United Nations (Den Haag 1998).

Brownlie, Ian, Principles of Public International Law, 6. Auflage (Oxford 2003).

Caplan, Richard, A New Trusteeship? The International Administration of War-torn Territories (Oxford 2002).

Delbrück, Jost/Heinz, Ursula E. (Hrsg.), New Trends in International Lawmaking – International Legislation in the Public Interest (Berlin 1996).

Dobias, Peter (Hrsg.), Jugoslawien: Eigentumsverhältnisse und Arbeiterselbstverwaltung (Köln 1978).

Doehring, Karl, Völkerrecht, 2. Auflage (Heidelberg 2004).

Drews, Christian, Post-Conflict Peace-Building (Baden-Baden 2001).

European Stability Initiative/Lessons Learned and Analysis Unit of the EU-Pillar of UNMIK in Kosovo, De-Industrialisation and its Consequences. A Kosovo Story (Pristina 2002).

European Stability Initiative/Lessons Learned and Analysis Unit of the EU-Pillar of UNMIK in Kosovo, The Ottoman Dilemma: Power and Property Relations under the United Nations Mission in Kosovo (Pristina 2002).

Fleck, Dieter (Hrsg.), Handbuch des humanitären Völkerrechts in bewaffneten Konflikten (München 1994).

Forster, Michael, Nation Building durch die internationale Gemeinschaft. Eine völkerrechtliche Analyse der Verwaltungsmissionen der Vereinten Nationen im Kosovo und in Ost-Timor (Göttingen 2005).

Frowein, Jochen Abr./Peukert, Wolfgang (Hrsg.), Europäische Menschenrechtskonvention, 2. Auflage (Kehl 1996).

Götz, Volkmar/Selmer, Peter/Wolfrum, Rüdiger (Hrsg.), Liber amicorum Günter Jaenicke – zum 85. Geburtstag (Heidelberg 1998).

Herdegen, Matthias, Die Befugnisse des UN-Sicherheitsrates. Aufgeklärter Absolutismus im Völkerrecht? (Heidelberg 1998).

Hobe, Stephan/Kimminich, Otto, Einführung in das Völkerrecht, 8. Auflage (Tübingen 2004).

Höcker-Weyand, Christine, Die Rechtsinstitute und Rechtsinstitutionen des jugoslawischen Selbstverwaltungssystems (Berlin 1980).

Hufnagel, Frank-Erich, UN-Friedensoperationen der zweiten Generation (Berlin 1996).

International Crisis Group, Trepca: Making Sense of the Labyrinth, ICG Balkans Report No. 82 (Washington 1999).

International Crisis Group, Kosovo: A Strategy for Economic Development, ICG Balkans Report No. 123 (Pristina 2001).

[The] International Independent Commission on Kosovo, The Kosovo Report. Conflict – International Response – Lessons Learned (Oxford 2000).

Ipsen, Jörn/Schmidt-Jortzig, Edzard (Hrsg.), Recht – Staat – Gemeinwohl. Festschrift für Dietrich Rauschning (Köln 2001).

Joetze, Günter, Der letzte Krieg in Europa? Das Kosovo und die deutsche Politik (Stuttgart 2001).

Kelly, Michael J., Restoring and Maintaining Order in Complex Peace Operations. The Search for a Legal Framework (Den Haag 1999).

Kelsen, Hans, The Law of the United Nations. A Critical Analysis of Its Fundamental Problems (London 1951).

Klein, Eckart, Statusverträge im Völkerrecht (Berlin 1980).

Klip, André/Sluiter, Göran (Hrsg.), Annotated Leading Cases of International Criminal Tribunals, Band I: The International Criminal Tribunal for the former Yugoslavia 1993 – 1998 (Antwerpen 1999).

Klip, André/Sluiter, Göran (Hrsg.), Annotated Leading Cases of International Criminal Tribunals, Band II: The International Criminal Tribunal for Rwanda 1994 – 1999 (Antwerpen 2001).

Kreyen, Gerard (Hrsg.), State, Sovereignty, and International Governance. Collection of Essays in Honour of Pieter Hendrik Kooijmans (Oxford 2001).

Leipold, Helmut (Hrsg.), Privatisierungskonzepte im Systemwandel, Arbeitsberichte zum Systemvergleich Nr. 16 (Marburg 1992).

Lydall, Harold, Yugoslav Socialism. Theory and Practice (Oxford 1984).

Macdonald, Ronald/Matscher, Franz/Petzold, Herbert (Hrsg.), The European System for the Protection of Human Rights (Dordrecht 1993).

Malcolm, Noel, Kosovo – A Short History (London 1998).

Marko, Joseph (Hrsg.), Gordischer Knoten Kosovo/a – durchschlagen oder entwirren? Völkerrechtliche, rechtsvergleichende und politikwissenschaftliche Analysen und Perspektiven zum jüngsten Balkankonflikt (Baden-Baden 1999).

Meier, Viktor, Jugoslawiens Erben. Die neuen Staaten und die Politik des Westens (München 2001).

Meyer-Ladewig, Jens, Konvention zum Schutz der Menschenrechte und Grundfreiheiten, Handkommentar (Baden-Baden 2003).

Mittelberger, Philipp, Der Eigentumsschutz nach Art. 1 des Ersten Zusatzprotokolls zur EMRK im Lichte der Rechtsprechung der Straßburger Organe (Bern 2000).

Moecke, H.-J./Möckelmann, R., Jugoslawien – Gesetz über ausländische Anlagen und Gesetz über Unternehmen von 1988 (Köln 1989).

Muharremi, Robert, Treuhandverwaltung zwischen Friedenswahrung, Souveränität und Selbstbestimmungsrecht. Eine völkerrechtliche Analyse der Verwaltungsmission der Vereinten Nationen im Kosovo (Baden-Baden 2005).

Nowak, Manfred, UNO Pakt über bürgerliche und politische Rechte und Fakultativprotokoll. CCPR Kommentar (Kehl 1989).

Pechota, Valentin (Hrsg.), Central & Eastern European Legal Materials (New York 1991).

Perritt, Henry H., United States District Court for the Southern District of New York, Case No. 03-CV-7935, Wood Industries, LLC vs. The United Nations, The United Nations Mission in Kosovo, and Kosovo Trust Agency. Brief of Amicus Curiae Government of Kosovo in Support of Defendant KTA's Motion to Dismiss, 2003, http://operationkosovo.kentlaw.edu/amicus/Amicus%20Brief-posted-web.htm#_ftnl (31.07.2006).

Pettiti, Louis-Edmond/Decaux, Emmanuel/Imbert, Pierre-Henri (Hrsg.), La Convention Européenne des Droits de l'Homme, 2. Auflage (Paris 1999).

Prout, Christopher, Market Socialism in Yugoslavia (Oxford 1985).

Pürner, Stefan, Die GmbH als neugeschaffene Form ausländischer Investition in Jugoslawien (Regensburg 1991).

Ratner, Steven, The New UN Peacekeeping. Building Peace in Lands of Conflict After the Cold War (New York 1995).

Reuter, Jens/Clewing, Konrad (Hrsg.), Der Kosovo Konflikt: Ursachen, Verlauf, Perspektiven (Klagenfurt 2000).

Riinvest Institute for Development Research, Socially Owned Enterprises and their Transformation/Privatization (Pristina 2001).

Roggemann, Herwig, Die Verfassung der SFR Jugoslawien (Berlin 1979).

Rossbacher, Dina, Friedenssicherung am Beispiel der Interimsverwaltung der Vereinten Nationen im Kosovo (UNMIK). Die Zivilverwaltung als neue Form der Friedenssicherung (Hamburg 2004).

Sands, Philippe/Klein, Pierre, Bowett's Law of International Institutions, 5. Auflage (London 2001).

Sarooshi, Danesh, The United Nations and the Development of Collective Security. The Delegation by the UN Security Council of its Chapter VII Powers (Oxford 1999).

Schorlemer, Sabine von (Hrsg.), Praxishandbuch UNO. Die Vereinten Nationen im Lichte globaler Herausforderungen (Heidelberg 2003).

Schorlemer, Sabine von (Hrsg.), Globale Probleme und Zukunftsaufgaben der Vereinten Nationen, Zeitschrift für Politik, Sonderband 1 (Baden-Baden 2006).

Seidl-Hohenveldern, Ignaz/Loibl, Gerhard, Das Recht der Internationalen Organisationen einschließlich der Supranationalen Gemeinschaften, 7. Auflage (Köln 2000).

Simma, Bruno (Hrsg.), The Charter of the United Nations. A Commentary, Band 1, 2. Auflage (München 2002).

Simma, Bruno (Hrsg.), The Charter of the United Nations. A Commentary, Band 2, 2. Auflage (München 2002).

Smyrek, Daniel Sven, Internationally Administered Territories – International Protectorates? An Analysis of Sovereignty over Internationally Administered Territories with Special Reference to the Legal Status of Post-War Kosovo (Berlin 2006).

Stein, Andreas: Der Sicherheitsrat der Vereinten Nationen und die Rule of Law (Baden-Baden 1999).

Steiner, Michael, Drei Mal Kosovo, Vortrag an der Humboldt Universität Berlin am 12.11.2002, http//www.rewi.hu-berlin.de/jura /ex/tms/sp/steiner_ de.pdf (31.07.2006).

Thürer, Daniel/Herdegen, Matthias/Hohldoch, Gerhard (Hrsg.), Der Wegfall effektiver Staatsgewalt: „The Failed State", Berichte der Deutschen Gesellschaft für Völkerrecht, Band 34 (Heidelberg 1996).

Tomuschat, Christian (Hrsg.), Modern Law of Self-Determination (Dordrecht 1993).

Tomuschat, Christian (Hrsg.), Eigentum im Umbruch: Restitution, Privatisierung und Nutzungskonflikte im Europa der Gegenwart (Berlin 1996).

Tomuschat, Christian (Hrsg.), Kosovo and the International Community (Den Haag 2002).

Uvalić, Milica, Privatization in Disintegrating East European States: The Case of Former Yugoslavia, EUI Working Paper RSC No. 94/11 (Florenz 1994).

Uvalić, Milica, Privatisation and Corporate Governance in Serbia (FR Yugoslavia), 2001, http://www.wiiw.ac.at/balkan/files/Uvalic.pdf (31.07.2006).

Verdross, Alfred/Simma, Bruno, Universelles Völkerrecht, 3. Auflage (Berlin 1984).

Villiger, Marc E., Handbuch der Europäischen Menschenrechtskonvention (EMRK) unter besonderer Berücksichtigung der schweizerischen Rechtslage, 2. Auflage (Zürich 1999).

Wechtler, Jill, Alternative Dispute Resolution in the Special Chamber of Kosovo's Supreme Court, 2004, http://pbosnia.kentlaw.edu/resources/legal/kosovo/wechtler.htm (31.07.2006).

Weiss, Thomas (Hrsg.), The United Nations and Civil Wars (Boulder 1995).

World Bank, Kosovo, Federal Republic of Yugoslavia. Economic and Social Reforms for Peace and Reconciliation, Report No. 21784-KOS (Washington 2001).

Ydit, Meir, Internationalised Territories: From the 'Free City of Cracow' to the 'Free City of Berlin' (Leyden 1961).

3. Artikel und Aufsätze

Arangio-Ruiz, Gaetano, Le domaine réservé – L'organisation internationale et le rapport entre droit international et droit interne, in: Receuil des Cours 225 (1990-VI), S. 9-479.

Arangio-Ruiz, Gaetano, On the Security Council's „Law-Making“, in: Rivista di Diritto Internazionale 83 (2000), S. 609-725.

Beckmann-Petey, Monika, Neues Gesellschafts- und Investitionsrecht in Jugoslawien, in: Recht der Internationalen Wirtschaft 34 (1989), S. 271-278.

Bellamy, Alex J., Human Wrongs in Kosovo 1974-1999, in: International Journal of Human Rights 4 (2000), S. 105-126.

Benzing, Markus, Midwifing a New State: The United Nations in East Timor, in: Max Planck Yearbook of United Nations Law 9 (2005), S. 295-372.

Bothe, Michael, Occupation after Armistice, in: Bernhardt, Rudolf (Hrsg.), Encyclopedia of Public International Law, Band 3 (Amsterdam 1996), S. 761-763.

Bothe, Michael, Occupation, pacific, in: Bernhardt, Rudolf (Hrsg.), Encyclopedia of Public International Law, Band 3 (Amsterdam 1996), S. 767-768.

Bothe, Michael/Marauhn, Thilo, The United Nations in Kosovo and East Timor – Problems of a Trusteeship Administration, in: International Peacekeeping 6 (2000), S. 152-156.

Bothe, Michael/Marauhn, Thilo, UN Administration of Kosovo and East Timor: Concept, Legality and Limitations of Security Council-Mandated Trusteeship Administration, in: Tomuschat, Christian (Hrsg.), Kosovo and the International Community (Den Haag 2002), S. 217-242.

Brand, Marcus G., Institution-Building and Human Rights Protection in Kosovo in the Light of UNMIK Legislation, in: Nordic Journal of International Law 70 (2001), S. 461-488.

Brunner, Georg, Völkerrecht und Selbstbestimmungsrecht in Kosovo, in: Reuter, Jens/Clewing, Konrad (Hrsg.), Der Kosovo Konflikt: Ursachen, Verlauf, Perspektiven (Klagenfurt 2000), S. 117-135.

Buergenthal, Thomas, The U.N. Human Rights Committee, in: Max Planck Yearbook of United Nations Law 5 (2001), S. 341-398.

Burger, James A., International Humanitarian Law and the Kosovo Crisis: Lessons Learned or to be Learned, in: International Review of the Red Cross 82 (2000), S. 129-145.

Byers, Michael, The Shifting Foundations of International Law: A Decade of Forceful Measures against Iraq, in: European Journal of International Law 13 (2002), S. 21-41.

Carlowitz, Leopold von, UNMIK Lawmaking between Effective Peace Support and Internal Self-Determination, in: Archiv des Völkerrechts 41 (2003), S. 336-393.

Carlowitz, Leopold von, Crossing the Boundary from the International to the Domestic Legal Realm: UNMIK Lawmaking and Property Rights in Kosovo, in: Global Governance 10 (2004), S. 307-331.

Cerone, John, Minding the Gap – Outlining KFOR Accountability in Post-Conflict Kosovo, in: European Journal of International Law 12 (2001), S. 469-488.

Chopra, Jarat, Introductory Note to UNTAET Regulation 13, in: International Legal Materials 39 (2000), S. 936-938.

Clewing, Konrad, Mythen und Fakten zur Ethnostruktur in Kosovo – Ein geschichtlicher Überblick, in: Reuter, Jens/Clewing, Konrad (Hrsg.), Der Kosovo Konflikt: Ursachen, Verlauf, Perspektiven (Klagenfurt 2000), S. 17-63.

Colby, Elbridge, Occupation under the Laws of War, in: Columbia Law Review 25 (1925), S. 904-922.

Condorelli, Luigi, Premier Protocole Additionnel. Article 1, in: Pettiti, Louis-Edmond/Decaux, Emmanuel/Imbert, Pierre-Henri (Hrsg.), La Convention Européenne des Droits de l'Homme, 2. Auflage (Paris 1999), S. 971-997.

Correll, Hans, The Role of the United Nations in Peacekeeping – Recent Developments from a Legal Perspective, Tagungsbeitrag, Konferenz „National Security Law in a Changing World: The Tenth Annual Review of the Field“, 2000, http://www.un.org/law/counsel/english/washingtonDec00.pdf (31.07.2006).

De Hoogh, André, Attribution or Delegation of (Legislative) Power by the Security Council? The Case of the United Nations Transitional Administration in East Timor (UNTAET), in: Bothe, Michael/Kondoch, Boris (Hrsg.), International Peacekeeping: The Yearbook of International Peace Operations (Den Haag 2002), S. 1-42.

Delbrück, Jost, „Failed States" – eine neue Aufgabe für den UN-Treuhandrat?, in: Ipsen, Jörn/Schmidt-Jortzig, Edzard (Hrsg.), Recht – Staat – Gemeinwohl. Festschrift für Dietrich Rauschning (Köln 2001), S. 427-439.

De Wet, Erika, The Direct Administration of Territories by the United Nations and its Member States in the Post Cold War Era: Legal Bases and Implications for National Law, in: Max Planck Yearbook of United Nations Law 8 (2004), S. 291-340.

Dicke, Klaus, National Interest vs. the Interest of the International Community – A Critical Review of Recent UN Security Council Practice, in: Delbrück, Jost/Heinz, Ursula E. (Hrsg.), New Trends in International Lawmaking – International Legislation in the Public Interest (Berlin 1996).

Dinstein, Yoram, The International Law of Belligerent Occupation and Human Rights, in: Israeli Yearbook of Human Rights 8 (1978), S. 107-143.

Doehring, Karl, Unlawful Resolutions of the Security Council and their Legal Consequences, in: Max Planck Yearbook of United Nations Law 1 (1997), S. 91-109.

Doyle, Michael/Suzuki, Ayaka, Transitional Authority in Cambodia, in: Weiss, Thomas (Hrsg.), The United Nations and Civil Wars (Boulder 1995), S. 127-149.

Eger, Thomas, Neugründungen von Organisationen der vereinten Arbeit, in: Dobias, Peter (Hrsg.), Jugoslawien: Eigentumsverhältnisse und Arbeiterselbstverwaltung (Köln 1978), S. 25-44.

Eiff, Hansjörg, Die Vereinten Nationen als Staatengründer? Der Fall Kosovo, in: Schorlemer, Sabine von (Hrsg.), Globale Probleme und Zukunftsaufgaben der Vereinten Nationen, Zeitschrift für Politik, Sonderband 1 (Baden-Baden 2006), S. 83-95.

Eisele, Manfred, Die Vereinten Nationen und das Kosovo, in: Reuter, Jens/Clewing, Konrad (Hrsg.), Der Kosovo Konflikt: Ursachen, Verlauf, Perspektiven (Klagenfurt 2000), S. 485-498.

Eyre, Dana/Wittkowsky, Andreas, Privatisation in Kosovo: The Political Economy of Property Rights and Stability in a Peace-Building Mission, in: Südosteuropa Mitteilungen 4 (2002), S. 16-35.

Faßbender, Bardo, Quis judicabit? The Security Council, its Powers and its Legal Control, in: European Journal of International Law 11 (2000), S. 219-232.

Feigenbaum, Harvey B./Henig, Jeffrey R., Privatization and Political Theory, in: Journal of International Affairs 50 (1997), S. 338-347.

Friedrich, Jürgen, UNMIK in Kosovo: Struggling with Uncertainty, in: Max Planck Yearbook of United Nations Law 9 (2005), S. 225-293.

Frowein, Jochen Abr., The Protection of Property, in: Macdonald, Ronald/Matscher, Franz/Petzold, Herbert (Hrsg.), The European System for the Protection of Human Rights (Dordrecht 1993), S. 515-530.

Frowein, Jochen Abr., Artikel 1 (Geltungsbereich), in: Frowein, Jochen Abr./ Peukert, Wolfgang (Hrsg.), Europäische Menschenrechtskonvention, 2. Auflage (Kehl 1996), S. 17-27.

Frowein, Jochen Abr., Unilateral Interpretation of Security Council Resolutions – a Threat to Collective Security?, in: Götz, Volkmar/Selmer, Peter/Wolfrum, Rüdiger (Hrsg.), Liber amicorum Günter Jaenicke – zum 85. Geburtstag (Heidelberg 1998), S. 97-112.

Frowein, Jochen Abr., Die Notstandsverwaltung von Gebieten durch die Vereinten Nationen, in: Arndt, Hans-Wolfgang/Knemeyer, Franz-Ludwig/Kugelmann, Dieter/Meng, Werner/Schweitzer, Michael (Hrsg.), Völkerrecht und deutsches Recht. Festschrift für Walter Rudolf zum 70. Geburtstag (München 2001), S. 43-54.

Frowein, Jochen Abr./Krisch, Nico, Introduction to Chapter VII, in: Simma, Bruno (Hrsg.), The Charter of the United Nations. A Commentary, Band 1, 2. Auflage (München 2002), S. 701-716

Frowein, Jochen Abr./Krisch, Nico, Article 41, in: Simma, Bruno (Hrsg.), The Charter of the United Nations. A Commentary, Band 1, 2. Auflage (München 2002), S. 735-749.

Garcia, Thierry, La mission d'administration intérimaire des Nations Unies au Kosovo, in: Révue Générale du Droit International Public 104 (2000), S. 61-71.

Gasser, Hans-Peter, Schutz der Zivilbevölkerung, in: Fleck, Dieter (Hrsg.), Handbuch des humanitären Völkerrechts in bewaffneten Konflikten (München 1994), S. 168-235.

Gasser, Hans-Peter, Collective Economic Sanctions and International Humanitarian Law. An Enforcement Measure under the United Nations Charter and the Right of Civilians to Immunity: an Unavoidable Clash of Policy Goals?, in: Zeitschrift für ausländisches öffentliches Recht und Völkerrecht 57 (1996), S. 871-904.

Gerson, Allan, Trustee Occupant: The Legal Status of Israel's Presence in the West Bank, in: Harvard International Law Journal 14 (1973), S. 1-49.

Giegerich, Thomas, Vorbehalte zu Menschenrechtsabkommen: Zulässigkeit, Gültigkeit und Prüfungskompetenz von Vertragsgremien, in: Zeitschrift für ausländisches öffentliches Recht und Völkerrecht 55 (1995), S. 713-782.

Giersch, Carsten, NATO und militärische Diplomatie im Kosovo-Konflikt, in: Reuter, Jens/Clewing, Konrad (Hrsg.), Der Kosovo Konflikt: Ursachen, Verlauf, Perspektiven (Klagenfurt 2000), S. 443-466.

Gill, Thomas D., Legal and Some Political Limitations on the Power of the UN Security Council to Exercise its Enforcement Powers under Chapter VII of the Charter, in: Netherlands Yearbook of International Law 33 (1995), S. 33-138.

Gordon, Ruth, Some Legal Problems with Trusteeship, in: Cornell International Law Journal 28 (1995), S. 301-347.

Gordon, Ruth, Saving Failed States: Sometimes a Neocolonialist Notion, in: American University Journal of International Law and Policy 12 (1997), S. 903-974.

Greenwood, Christopher, Geschichtliche Entwicklung und Rechtsgrundlagen, in: Fleck, Dieter (Hrsg.), Handbuch des humanitären Völkerrechts in bewaffneten Konflikten (München 1994), S. 1-33.

Hajrullahu, Arben/Salumun, Michaela, Der Verfassungsrahmen für die Provisorische Selbstverwaltung in Kosovo, in: Südosteuropa 51 (2002), S. 122-150.

Han, Sonia K., Building a Peace that Lasts: The United Nations and Post-Civil War Peace Building, in: New York University Journal of International Law and Politics 26 (1994), S. 837-892.

Helman, Gerald B./Ratner, Steven R., Saving Failed States, in: Foreign Policy 89 (1992), S. 3-20.

Herdegen, Matthias, Der Sicherheitsrat und die autoritative Konkretisierung des VII. Kapitels der UN-Charta, in: Beyerlin, Ulrich/Bothe, Michael/Hofmann, Rainer/Petersmann, Ernst-Ulrich (Hrsg.), Recht zwischen Umbruch und Bewahrung. Völkerrecht – Europarecht – Staatsrecht. Festschrift für Rudolf Bernhardt (Berlin 1995), S. 103-119.

Hobe, Stephan/Griebel, Jörn, Privatisierungsmaßnahmen der UNMIK im Kosovo – Mögliche Rechtmäßigkeitsgrenzen im Resolutionsmandat und im allgemeinen Völkerrecht, in: Bröhmer, Jürgen/Bieber, Roland/Calliess, Christian/Langenfeld, Christine/Weber, Stefan/Wolf, Joachim (Hrsg.), Internationale Gemeinschaft und Menschenrechte. Festschrift für Georg Ress zum 70. Geburtstag am 21. Januar 2005 (Köln 2005), S. 141-150.

Hummer, Waldemar/Mayr-Singer, Jelika, Die Bundesrepublik Jugoslawien. Identitätsanspruch und Sukzessionsfragen im universellen, regionalen und nationalen Kontext, in: Archiv des Völkerrechts 38 (2000), S. 298-327.

Irmscher, Tobias H., Legal Framework for the Activities of the United Nations Interim Administration in Kosovo: The Charter, Human Rights, and the Law of Occupation, in: German Yearbook of International Law 44 (2001), S. 353-395.

Kirgis, Frederik, Security Council Governance of Postconflict Societies: A Plea for Good Faith and Informed Decision Making, in: American Journal of International Law 95 (2001), S. 579-582.

Knoll, Bernhard, United Nations Imperium: Horizontal and Vertical Transfer of Effective Control and the Concept of Residual Sovereignty in „Internationalized Territories", in: Austrian Review of International and European Law 7 (2002), S. 3-52.

Knoll, Bernhard, From Benchmarking to Final Status? Kosovo and The Problem of an International Administration's Open-Ended Mandate, in: European Journal of International Law 16 (2005), S. 637-660.

Kojović, Tijana, The Privatization Process in the Republic of Serbia: Legal Framework, in: Journal of East European Law 8 (2001), S. 235-263.

Kondoch, Boris, The United Nations Administration of East-Timor, in: Journal of Conflict and Security Law 6 (2001), S. 245-265.

Korhonen, Outi, International Governance in Post-Conflict Situations, in: Leiden Journal of International Law 14 (2001), S. 495-529.

Kotzur, Markus, „Krieg gegen den Terrorismus" – politische Rhetorik oder neue Konturen des „Kriegsbegriffs" im Völkerrecht?", in: Archiv des Völkerrechts 40 (2002), S. 454-479.

Kotzur, Markus, Die Weltgemeinschaft im Ausnahmezustand? Politische Einheitsbildung im Zeichen der Prävention – eine Skizze, in: Archiv des Völkerrechts 42 (2004), S. 353-388.

Krause, Catarina/Alfredsson, Gudmundur, Article 17, in: Alfredsson, Gudmundur/Eide, Asbjørn (Hrsg.), The Universal Declaration of Human Rights. A Common Standard of Achievement (Den Haag 1999), S. 359-378.

Kühne, Winrich, UN-Friedenseinsätze verbessern – die Empfehlungen der Brahimi-Kommission, in: Schorlemer, Sabine von (Hrsg.), Praxishandbuch UNO. Die Vereinten Nationen im Lichte globaler Herausforderungen (Heidelberg 2003), S. 715-731.

Lagrange, Evelyne, La mission intérimaire des Nations Unies au Kosovo, nouvel essai d'administration directe d'un territoire, in: Annuaire Français de Droit International 45 (1999), S. 355-370.

Lauterpacht, Eliuh, The Contemporary Practice of the United Kingdom in the Field of International Law – Survey and Comment, in: International and Comparative Law Quarterly 5 (1956), S. 405-446.

Lyon, Peter, The Rise and Fall and Possible Revival of International Trusteeship, in: Journal of Commonwealth & Comparative Politics 31 (1993), S. 96-110.

Marko, Joseph, Kosovo/a – Ein Gordischer Knoten?, in Marko, Joseph (Hrsg.), Gordischer Knoten Kosovo/a – durchschlagen oder entwirren? Völkerrechtliche, rechtsvergleichende und politikwissenschaftliche Analysen und Perspektiven zum jüngsten Balkankonflikt (Baden-Baden 1999), S. 231-259.

Martenczuk, Bernd, The Security Council, the International Court and Judicial Review: What Lessons from Lockerbie?, in: European Journal of International Law 10 (1999), S. 517-547.

Matheson, Michael J., United Nations Governance of Postconflict Societies, in: American Journal of International Law 95 (2001), S. 76-85.

Medjad, Karim, Workers' Control as a Source of Customary Ownership Rights: Evidence from the Privatization in the Former Yugoslav Republics, Tagungsbeitrag, 11th Conference of the International Association for the Economics of Participation (IAFEP) (Brüssel 2002).

Möllers, Christoph, Das EuG konstitutionalisiert die Vereinten Nationen – Anmerkung zu den Urteilen des EuG vom 21.09.2005, Rs. T-315/01 und T-306/01, in: Europarecht 41 (2006), S. 426-431.

Münch, Fritz, Saar Territory, in: Rudolf Bernhardt (Hrsg.), Encyclopedia of Public International Law, Band 4 (Amsterdam 2000), S. 271-273.

Nilsson, Jonas, UNMIK and the Ombudsperson Institution in Kosovo: Human Rights Protection in a United Nations „Surrogate State", in: Netherlands Quarterly of Human Rights 22 (2004), S. 389-411

Nolte, Georg, Article 2(7), in: Simma, Bruno (Hrsg.), The Charter of the United Nations. A Commentary, Band 1, 2. Auflage (München 2002), S. 148-171.

Orakhelashvili, Alexander, The Impact of Peremptory Norms on the Interpretation and Application of United Nations Security Council Resolutions, in: European Journal of International Law 16 (2005), S. 59-88.

Ovin, Rasto, Konkurrierende Privatisierungskonzepte in Slowenien, in: Leipold, Helmut (Hrsg.), Privatisierungskonzepte im Systemwandel, Arbeitsberichte zum Systemvergleich Nr. 16 (Marburg 1992), S. 121-143.

Palairet, Michael, Ramiz Sadiku: A Case Study in the Industrialisation of Kosovo, in: Soviet Studies 44 (1992), S. 897-912.

Peukert, Wolfgang, Artikel 1 des 1. ZP (Schutz des Eigentums), in: Frowein, Jochen Abr./Peukert, Wolfgang (Hrsg.), Europäische Menschenrechtskovention, 2. Auflage (Kehl 1996), S. 763-827.

Pichl, Elmar, Kosovo – „Kriegsrecht", Faustrecht und UN-Recht, Rechtliche Aspekte des Wiederaufbaus, in: Südosteuropa 48 (1999), S. 646-673.

Quane, Helen, A Right to Self-Determination for Kosovo Albanians?, in: Leiden Journal of International Law 13 (2000), S. 219-227.

Rapp, Angela, Gesellschaftliches Eigentum und Privatisierung. Die KTA – eine Treuhandanstalt für den Kosovo, in: Vereinte Nationen 51 (2003), S. 167-171.

Rauschning, Dietrich, Artikel 76, in: Simma, Bruno (Hrsg.), The Charter of the United Nations. A Commentary, Band 2, 2. Auflage (München 2002), S. 1105-1114.

Reisman, W. Michael/Stevick, Douglas L., The Applicability of International Law Standards to United Nations Economic Sanctions Programmes, in: European Journal of International Law 9 (1998), S. 86-141.

Ress, Georg, Interpretation, in: Simma, Bruno (Hrsg.), The Charter of the United Nations. A Commentary, Band 1, 2. Auflage (München 2003), S. 13-32.

Reuter, Jens, Zur Geschichte der UÇK, in: Reuter, Jens/Clewing, Konrad (Hrsg.), Der Kosovo Konflikt: Ursachen, Verlauf, Perspektiven (Klagenfurt 2000), S. 171-186.

Reuter, Jens, Die Kosovo-Politik der internationalen Gemeinschaft in den neunziger Jahren, in: Reuter, Jens/Clewing, Konrad (Hrsg.), Der Kosovo Konflikt: Ursachen, Verlauf, Perspektiven (Klagenfurt 2000), S. 321-334.

Ribnikar, Iwan, The Path from Social Ownership to Ownership of Business Enterprises, in: Journal for Institutional Innovation, Development and Transition 1 (1997), http://www.sigov.si/zmar/apublic/jiidt/iib0197/ribn01ib.pdf (31.07.2006).

Riedel, Eibe, Article 55 (c), in: Simma, Bruno (Hrsg.), The Charter of the United Nations. A Commentary, Band 2, 2. Auflage (München 2002), S. 917-941.

Roberts, Adam, What is a Military Occupation?, in: British Yearbook of International Law 55 (1985), S. 249-305.

Roggemann, Herwig, Zur Verfassungsdiskussion in der SFR Jugoslawien. Rechts- und gesellschaftspolitische Aspekte gegenwärtiger Sozialismusreform, in: Recht in Ost und West 33 (1989), S. 273-284.

Ruffert, Matthias, The Administration of Kosovo and East Timor by the International Community, in: International and Comparative Law Quarterly 50 (2000), S. 613-631.

Schilling, Theodor, Der Schutz der Menschenrechte gegen Beschlüsse des Sicherheitsrates, in: Zeitschrift für ausländisches öffentliches Recht und Völkerrecht 64 (2004), S. 343-362.

Schoen, Torsten, Gesetzgebung der UN-Verwaltung im Kosovo zum Grundstücksrecht, in: Wirtschaft und Recht in Osteuropa 14 (2005), S. 109-113.

Schmidt, Fabian, Menschenrechte, Politik und Krieg in Kosovo 1989 bis 1999, in: Reuter, Jens/Clewing, Konrad (Hrsg.), Der Kosovo Konflikt: Ursachen, Verlauf, Perspektiven (Klagenfurt 2000), S. 187-208.

Schwarz, Axel, Rückkehr des Absolutismus – Machtstrukturen in UNMIK's Kosovo, in: Südosteuropa 51 (2002), S. 527-542.

Schwarzenberger, Georg, The Law of Belligerent Occupation: Basic Issues, in: Nordisk Tidskrift for International Ret 30 (1960), S. 10-24.

Seidel, Gerd, A New Dimension of the Right of Self-Determination in Kosovo?, in: Tomuschat, Christian (Hrsg.), Kosovo and the International Community (Den Haag 2002), S. 203-215.

Seyerstedt, Finn, United Nations Forces: Some Legal Problems, in: British Yearbook of International Law 37 (1961), S. 351-475.

Shraga, Daphna, UN Peacekeeping Operations: Applicability of International Humanitarian Law and Responsibility for Operations-Related Damage, in: American Journal of International Law 94 (2000), S. 406-412.

Stahn, Carsten, International Territorial Administration in the Former Yugoslavia: Origins, Developments and Challenges Ahead, in: Zeitschrift für ausländisches öffentliches Recht und Völkerrecht 61 (2000), S. 107-176.

Stahn, Carsten, The United Nations Transitional Administration in Kosovo and East Timor: A First Analysis, in: Max Planck Yearbook of United Nations Law 5 (2001), S. 105-183.

Stahn, Carsten, Constitution Without a State? Kosovo Under the United Nations Constitutional Framework for Self-Government, in: Leiden Journal of International Law 14 (2001), S. 531-561.

Strohmeyer, Hansjörg, Collapse and Reconstruction of a Judicial System: The United Nations Missions in Kosovo and East Timor, in: American Journal of International Law 95 (2001), S. 46-63.

Šturanović, R., Changes in the SFRY Constitution, in: Yugoslav Survey 30 (1989), S. 3-7.

Thirlway, Hugh, The Law and Procedure of the International Court of Justice 1960-1989. Part Eight, in: British Yearbook of International Law 67 (1996), S. 1-73.

Thürer, Daniel, Der Wegfall effektiver Staatsgewalt: „The Failed State“, in: Thürer, Daniel/Herdegen, Matthias/Hohldoch, Gerhard (Hrsg.), Der Wegfall effektiver Staatsgewalt: „The Failed State“, Berichte der Deutschen Gesellschaft für Völkerrecht, Band 34 (Heidelberg 1996), S. 9-47.

Thürer, Daniel, Self-Determination, in: Bernhardt, Rudolf (Hrsg.), Encyclopedia of Public International Law, Band 4 (Amsterdam 2000), S. 364-374.

Tomuschat, Christian, Freedom of Association, in: Frowein, Jochen Abr./Peukert, Wolfgang (Hrsg.), Europäische Menschenrechtskovention, 2. Auflage (Kehl 1996), S. 493-513.

Tomuschat, Christian, Yugoslavia's Damaged Sovereignty over the Province of Kosovo, in: Kreyen, Gerard (Hrsg.), State, Sovereignty, and International Governance. Collection of Essays in Honour of Pieter Hendrik Kooijmans (Oxford 2001), S. 323-343.

Valticos, Nicolas, Article 11, in: Pettiti, Luis-Edmond/Decaux, Emmanuel/Imbert, Pierre-Henri (Hrsg.), La Convention Européenne des Droits de l'Homme, 2. Auflage (Paris 1999), S. 419-430.

Vasiljević, M., Enterprises – Forms, Organization, Self-Managament and Management, in: Yugoslav Survey 30 (1989), S. 27-36.

Weber, Sebastian, Das Sezessionsrecht der Kosovo-Albaner und seine Durchsetzbarkeit, in: Archiv des Völkerrechts 43 (2005), S. 494-512.

Wilde, Ralph, From Danzig to East Timor and Beyond: The Role of International Territorial Administration, in: American Journal of International Law 95 (2001), S. 583-606.

Wilde, Ralph, Representing International Territorial Administration: A Critique of Some Approaches, in: European Journal of International Law 15 (2004), S. 71-96.

Wood, Michael C., The Interpretation of Security Council Resolutions, in: Max Planck Yearbook of United Nations Law 2 (1998), S. 73-95.

Yannis, Alexandros, Kosovo under International Administration, in: Survival 43 (2001), S. 31-48.

Yannis, Alexandros, The Concept of Suspended Sovereignty in International Law and Its Implications in International Politics, in: European Journal of International Law 13 (2002), S. 1037-1052.

Zimmermann, Andreas/Stahn, Carsten, Yugoslav Territory, United Nations Trusteeship or Sovereign State? Reflections on the Current and Future Legal Status of Kosovo, in: Netherlands Journal of International Law 70 (2001), S. 423-460.

Abkürzungsverzeichnis

a.a.O.	am angegebenen Ort
Abs.	Absatz
AdV	Archiv des Völkerrechts
AFDI	Annuaire Français de Droit International
AJIL	American Journal of International Law
Anm.	Anmerkung
Aufl.	Auflage
Bd.	Band
BGBl.	Bundesgesetzblatt
BPK	Banking and Payments Authority of Kosovo
BYIL	British Yearbook of International Law
bzw.	beziehungsweise
CFA	Central Fiscal Authority
d.h.	das heißt
DSRSG	Deputy Special Representative of the Secretary-General
DTI	Department of Trade and Industry
EAR	European Agency of Reconstruction
EBRD	European Bank of Reconstruction and Development
EGMR	Europäischer Gerichtshof für Menschenrechte
EIB	Europäische Investitionsbank
EJIL	European Journal of International Law
EKMR	Europäische Menschenrechtskommission
EMRK	Europäische Menschenrechtskonvention
EPIL	Encyclopedia of Public International Law
EU	Europäische Union
f.	folgend
ff.	folgende

Fn.	Fußnote
GG	Grundgesetz
GGK	Gesetz über gesellschaftliches Kapital
GKU	Gesetz über die Kapitalumwandlung
GPUK	Bundesgesetz über die grundlegenden Prinzipien für die Umwandlung gesellschaftlichen Kapitals
GYIL	German Yearbook of International Law
ha.	Hektar
Hrsg.	Herausgeber
ICFY	International Conference for the Former Yugoslavia
ICLQ	International and Comparative Law Quarterly
ICTR	International Tribunal for the Prosecution of Persons Responsible for Serious Violations of International Humanitarian Law Committed in the Territory of Rwanda and Rwandan Citizens Responsible for such Violations Committed in the Territory of Neighbouring States
ICTY	International Tribunal for the Prosecution of Persons Responsible for Serious Violations of International Humanitarian Law in the Former Yugoslavia since 1991
IGH	Internationaler Gerichtshof
ILM	International Legal Materials
IMF	International Monetary Fund
IPbürgR	Internationaler Pakt über bürgerliche und politische Rechte
IPwirtR	Internationaler Pakt über wirtschaftliche, soziale und kulturelle Rechte
i.V.m.	in Verbindung mit
JIAS	Joint Interim Administrative Structure
KFOR	Kosovo Force
KTA	Kosovo Trust Agency

KTA-Regulation	UNMIK-Regulation 2002/12 „On the Establishment of the Kosovo Trust Agency“
Land-Use-Regulation	UNMIK-Regulation 2003/13 „On the Transformation of the Right of Use to Socially-Owned Immovable Property“
lit.	Buchstabe
Max Planck Yb UN Law	Max Planck Yearbook of United Nations Law
NATO	North Atlantic Treaty Organization
NJW	Neue Juristische Wochenschrift
OECD	Organization for Economic Cooperation and Development
OSZE	Organisation für Sicherheit und Zusammenarbeit in Europa
PDSRSG	Principal Deputy Special Representative of the Secretary-General
PISG	Provisional Institutions of Self Government
RIW	Recht der international Wirtschaft
ROW	Recht in Ost und West
Rz.	Randziffer
S.	Seite
SFR Jugoslawien	Sozialistische Förderative Republik Jugoslawien
SG RS	Službeni glasnik Republike Srbije (Amtsblatt der Republik Serbien)
SL SFRJ	Slušbeni list SFRJ (Amtsblatt der Sozialistischen Föderativen Republik Jugoslawien)
SL SRJ	Službeni list Savezne Republike Jugoslavije (Amtsblatt der Bundesrepublik Jugoslawien)

Special-Chamber-Regulation	Regulation 2002/13 „On the Establishment of a Special Chamber of the Supreme Court of Kosovo on Kosovo Trust Agency Related Matters"
SRSG	Special Representative of the Secretary-General
StIGH	Ständiger Internationaler Gerichtshof
u.a.	und andere
UÇK	Ushtria Çlirimtare e Kosovës (Befreiungsarmee des Kosovo)
UN	United Nations
UNAT	United Nations Administrative Tribunal
UNHCR	United Nations High Commissioner for Refugees
UNMIK	United Nations Interim Administration Mission in Kosovo
UNPREDEP	United Nations Preventive Deployment Force
UNTAES	United Nations Transitional Administration for Eastern Slavonia, Baranja and Western Sirmium
UNTAET	United Nations Transitional Administration Mission in East Timor
USA	United States of America
vgl.	vergleiche
WEU	Westeuropäische Union
WIRO	Wirtschaft und Recht in Osteuropa
WVK	Wiener Vertragsrechtskonvention
ZaöRV	Zeitschrift für ausländisches öffentliches Recht und Völkerrecht
z.B.	zum Beispiel
ZP EMRK	Zusatzprotokoll Nr. 1 zur Europäischen Menschenrechtskonvention

Einleitung

Die United Nations Interim Administration Mission in Kosovo (UNMIK), die seit Juni 1999 die zu Serbien gehörende Provinz Kosovo verwaltet, begann im Juli 2002 mit der Privatisierung des Vermögens der etwa 500 „gesellschaftlichen Unternehmen" im Kosovo. Seitdem wurden Vermögenswerte von um die 100 Unternehmen an private Investoren verkauft. Vor dem Erlass der maßgeblichen privatisierungsrechtlichen Vorschriften wurde die Frage kontrovers diskutiert, ob das der UNMIK in Sicherheitsratsresolution 1244 (1999) erteilte Mandat für die Unternehmensprivatisierung ausreicht. Auch nach dem Beginn der Privatisierung gab es heftige politische Auseinandersetzungen im Kosovo und in Serbien über die Rechtmäßigkeit der Maßnahme und das gewählte Verfahren.

Die Unternehmensprivatisierung ist ein Beispiel für das Ausmaß der Verwaltungstätigkeit der UNMIK. Bis auf die von der internationalen Kosovo Force (KFOR) wahrgenommenen militärischen Funktionen gibt es kaum einen Bereich des öffentlichen Lebens, in dem die UNMIK nicht tätig geworden ist und in dem keine grundlegenden Veränderungen stattgefunden haben. Dies gilt in besonderem Maße für das Wirtschaftsleben. Neben der Schaffung völlig neuer Rechtsvorschriften im Privatrecht, im Steuerrecht oder im Wirtschaftsverwaltungsrecht hat insbesondere die Unternehmensprivatisierung erhebliche Auswirkungen auf die Wirtschaftsordnung des Kosovo. Unter Verantwortung der von der UNMIK geschaffenen Kosovo Trust Agency wandelt sich die Wirtschaft von einem sozialistischen System zu einer Marktwirtschaft. Die Unternehmensprivatisierung betrifft fast die gesamte wirtschaftliche Substanz des Kosovo. Bis auf kleinere Betriebe in den Bereichen Handel und Landwirtschaft gibt es kaum eine Fabrik, ein Bergwerk oder ein anderes Unternehmen im Kosovo, das nicht von der Unternehmensprivatisierung unmittelbar betroffen ist.

Mehr als sechs Jahre nach dem Ende des Kosovo-Konflikts und der Aufnahme der Tätigkeit der UNMIK haben im Herbst 2005 unter Leitung des UN-Sonderbeauftragten *Martti Ahtisaari* die Verhandlungen über den politischen Status des Kosovo begonnen. Es besteht zwar kein unmittelbarer Zusammenhang zwischen den Statusverhandlungen und der Unternehmensprivatisierung durch die UNMIK. Die Schaffung marktwirtschaftlicher Strukturen war aber insofern wegbereitend für die Statusverhandlungen, als diese Teil der Standards waren, die die UNMIK im Jahr 2001 zur Vorbedingung für die Aufnahme von Statusverhandlungen gemacht hatte. Die erfolgreiche Privatisierung der gesellschaftlichen Unternehmen wurde stets als eine Vorbedingung für marktwirtschaftliche Strukturen angesehen.

Am Beispiel der Unternehmensprivatisierung untersucht die vorliegende Arbeit die Rechtssetzung durch die UNMIK im Kosovo aus völkerrechtlicher Perspektive. Ziel ist es, die völkerrechtlichen Anforderungen herauszuarbeiten, denen Rechtsakte der UNMIK genügen müssen. Die Unternehmensprivatisierung eignet sich aus mehreren Gründen für eine Untersuchung der Rechtssetzung durch die UNMIK.

Die Rechtssetzung durch die UNMIK bewegt sich im Spannungsfeld zwischen der Souveränität Serbiens, den Interessen der Bewohner des Kosovo und der Erfüllung ihres Mandates. Anhand der Unternehmensprivatisierung lässt sich dieses Spannungsfeld anschaulich machen: Zum einen berührt sie das Recht eines souveränen Staates, seine Wirtschaftsordnung frei zu wählen. Zum anderen führt die Unternehmensprivatisierung zu einer Umverteilung von Vermögenswerten in großem Maßstab und betrifft daher in erheblichem Umfang individuelle Rechte der Bewohner des Kosovo.

Die Unternehmensprivatisierung wirft ferner Fragen nach der Reichweite des Mandats einer von den Vereinten Nationen geführten Übergangsverwaltung auf. Es gehört nicht zu den traditionellen Aufgaben der Vereinten Nationen im Rahmen der Friedenssicherung, Unternehmen im Konfliktgebiet zu privatisieren. An ihrem Beispiel lässt sich daher untersuchen, ob die UNMIK auf der Grundlage der UN-Charta auch wirtschaftspolitische Maßnahmen von solcher Tragweite ergreifen darf.

Die Prüfung der völkerrechtlichen Voraussetzungen und Anforderungen an unmittelbar anwendbare Rechtsakte bezieht sich auf die Tätigkeit der UNMIK im Kosovo. Die grundsätzlichen Aussagen lassen sich aber auf etwaige zukünftige Verwaltungsmissionen der Vereinten Nationen übertragen. Zu beachten ist jedoch, dass nach der hier vertretenen Auffassung für die Rechtsnatur der UNMIK das Fortbestehen der territorialen Souveränität Serbiens von entscheidender Bedeutung ist. Eine Anwendung der Ergebnisse der Untersuchung wird daher bei solchen Territorialverwaltungen der Vereinten Nationen in Betracht kommen, bei denen die territoriale Souveränität des verwalteten Gebiets zumindest während der Dauer der Verwaltung bestehen bleibt. Insbesondere bei Sezessionskonflikten dürfte dies aber häufig der Fall sein.

I. Thesen und Fragestellung

Die Prüfung der völkerrechtlichen Anforderungen, denen Rechtsakte der UNMIK wie beispielsweise die Vorschriften über die Unternehmensprivatisierung genügen müssen, gründet auf drei Hauptthesen.

Erstens basiert die Arbeit auf der Annahme, dass die UNMIK im Kosovo die Gebietshoheit ausübt, während das Kosovo weiterhin zum Staatsgebiet Serbiens gehört. Der Sicherheitsrat hat auf der Grundlage seiner Zwangsbefugnisse aus Kapitel VII UN-Charta die Gebietshoheit über das Kosovo von der territorialen Souveränität getrennt und diese auf die UNMIK übertragen. Die Rechtsnatur des vom Sicherheitsrat im Kosovo geschaffenen Regimes ähnelt daher weitgehend anderen Fällen eines Auseinanderfallens von Gebietshoheit und territorialer Souveränität, wie etwa bei der Verpachtung eines Territoriums oder der Besetzung eines feindlichen Gebiets im Kriegsfall. Die Trennung von territorialer Souveränität und Gebietshoheit bewirkt die Entstehung zweier Rechtsverhältnisse, die für die Bestimmung der völkerrechtlichen Anforderungen an die Rechtssetzung durch die UNMIK maßgeblich sind. Zum einen existiert ein Rechtsverhältnis zwischen der UNMIK als Inhaberin der Gebietshoheit und Serbien als Inhaber der territorialen Souveränität über das Kosovo. Das zweite Rechtsverhältnis besteht zwischen der UNMIK und den ihrer Hoheitsgewalt unterworfenen Personen im Kosovo. Aus beiden Rechtsverhältnissen resultieren Rechte und Pflichten, die für die Rechtssetzung durch die UNMIK maßgeblich sind.

Zweitens ist für die Prüfung von Bedeutung, wie die UNMIK in den Kontext früherer UN-Friedensmissionen einzuordnen ist. Erkenntnisleitend für die Untersuchung ist die Annahme, dass die UNMIK den ersten Fall einer neuen Generation von Friedensmission darstellt. Ihr Mandat verbindet Elemente des klassischen Peacekeeping mit einer Ermächtigung zur Anwendung auch militärischen Zwangs und einem umfassenden Wiederaufbaumandat. Diese Elemente werden unter dem Dach einer Territorialverwaltung des Krisengebiets zusammengefasst. Die Aufgaben der UNMIK reichen von der unmittelbaren Beendigung der bewaffneten Auseinandersetzung über die Entwaffnung der Konfliktparteien, der Aufrechterhaltung der öffentlichen Sicherheit bis zur Schaffung neuer politischer, sozialer und wirtschaftlicher Strukturen. Von besonderer Bedeutung für die Prüfung ist die Unterscheidung zwischen den auf eine Wiederherstellung der Sicherheit im Kosovo abzielenden Aufgaben und den Aufgaben zum Wiederaufbau. Denn nach der hier vertretenen Auffassung scheidet Kapitel VII UN-Charta als Rechtsgrundlage für letztere aus. Die Befugnisse der UNMIK ergeben sich vielmehr implizit aus den ihr übertragenen Aufgaben.

Drittens geht die Untersuchung von der These aus, dass die UNMIK im Kosovo als Inhaberin der Gesetzgebungskompetenz eine einzigartige Rechtsordnung geschaffen hat, bei der sich Elemente des Völkerrechts und des nationalen Rechts verbinden. Die von der UNMIK erlassenen „Regulations" sind als Teil des Organisationsrechts der Vereinten Nationen Normen des Völkerrechts. Sie haben ihre Geltungsgrundlage in Resolution 1244 und mittelbar in der UN-Charta. Gleichzeitig sind UNMIK-Regulations Recht des Kosovo. Sie sind unmittelbar anwendbar und begründen Ge- und Verbote sowie Rechte und Pflichten der Personen im Kosovo, die der Hoheitsgewalt der UNMIK unterworfen sind. Für die Prüfung der Rechtmäßigkeit von Rechtsakten wie den Vorschriften über die Unternehmensprivatisierung ist dabei entscheidend, dass es sich bei den Regulations um Völkerrechtsnormen handelt. Diese müssen mit höherrangigen Normen des Völkerrechts vereinbar sein. Dabei handelt es sich in erster Linie um die Resolution 1244 und die UN-Charta. Weitere Vorgaben können sich aber auch aus solchen völkerrechtlichen Normen ergeben, deren Anwendungsbereich in sachlicher, personeller und temporaler Hinsicht eröffnet ist.

II. Eingrenzung des Themas

Die Untersuchung soll die Anforderung an die Rechtsetzung der UNMIK anhand einer konkreten Maßnahme ermitteln. Dabei handelt es sich um das von der UNMIK erarbeitete Verfahren zur Privatisierung des Vermögens der gesellschaftlichen Unternehmen im Kosovo (so genanntes „Spin-Off-Verfahren"). Gegenstand der Untersuchung ist die völkerrechtliche Zulässigkeit des Spin-Off-Verfahrens.

III. Gang der Untersuchung

Die Arbeit gliedert sich in vier Teile. Die ersten beiden Teile sind der Darstellung und Beschreibung des tatsächlichen Hintergrundes der Tätigkeit der UNMIK im Kosovo und insbesondere der Unternehmensprivatisierung gewidmet. Dabei wird zunächst ein Überblick über das Kosovo und den Kosovo-Konflikt gegeben, bevor auf die der Tätigkeit der UNMIK zugrunde liegende Resolution 1244 und auf die Aufgaben, den Aufbau und die Tätigkeit der UNMIK eingegangen wird (1. Teil).

Im Anschluss werden die tatsächlichen, begrifflichen und rechtlichen Voraussetzungen für die Prüfung der Unternehmensprivatisierung durch die UNMIK im Kosovo geschaffen. Hierfür werden die jugoslawische Wirtschaftsordnung und die Lage der Wirtschaft im Kosovo beschrieben und einige wichtige Rechtsinstitute des jugoslawischen und serbischen Wirtschafts- und Privatisierungsrechts beschrieben, die für die völkerrechtliche Prüfung relevant sind. Außerdem werden die Maßnahmen der UNMIK zur Wiederbelebung der gesellschaftlichen Unternehmen im Kosovo sowie das Privatisierungsverfahren dargestellt (2. Teil).

Im 3. Teil wird das Privatisierungsverfahren der UNMIK im Kosovo völkerrechtlich bewertet. Hierfür werden zunächst die UNMIK und ihre Rechtsakte rechtlich definiert und eingeordnet. Ferner wird die Befugnis der UNMIK zum Erlass unmittelbar geltenden Rechts im Kosovo im Allgemeinen und die Kompetenz zur Unternehmensprivatisierung im Besonderen erörtert. Danach werden die Schranken der Rechtsetzungsbefugnis herausgearbeitet. Zum Schluss wird das Privatisierungsverfahren danach untersucht, ob es mit den Schrankenvorgaben vereinbar ist.

Den Abschluss der Arbeit bildet im 4. Teil eine Zusammenfassung der wesentlichen Ergebnisse.

Erster Teil
Die Übergangsverwaltung des Kosovo durch die Vereinten Nationen

Gegenstand des ersten Teils ist die Übergangsverwaltung des Kosovo durch die Vereinten Nationen. Als Einführung in das Thema wird zuerst das Kosovo und seine jüngere Geschichte seit 1945 kurz vorgestellt, die bewaffnete Auseinandersetzung zwischen jugoslawischen Sicherheitskräften und der albanischen Befreiungsarmee geschildert und die Reaktionen der internationalen Gemeinschaft beschrieben (A.). Der zweite Abschnitt ist einem Überblick über die Aufgaben, den Aufbau und die Tätigkeit der UNMIK gewidmet (B.).

A. Überblick über das Kosovo und den Kosovo-Konflikt

Ein Blick auf eine Landkarte Südosteuropas zeigt, dass das Kosovo (serbisch „Kosovo i Metohija", albanisch „Kosovë") eine karoförmige Fläche von 11.000 km² bedeckt. Es ist damit etwa halb so groß wie Hessen. Die größte Stadt ist mit ca. 450.000 Einwohnern die Hauptstadt Pristina, gefolgt von den Orten Prizren, Pec, Mitrovica und Gjakova. Das Kosovo ist geprägt durch seine ländliche Struktur. Ungefähr zwei Drittel der Bewohner des Kosovo leben auf dem Land. Aussagen über die Bevölkerung des Kosovo werden dadurch erschwert, dass es heute keine verlässlichen demographischen Daten für das Kosovo gibt. Hinzu kommt, dass historische Daten nur von begrenzter Aussagekraft sind. Oft untermauerten die verschiedenen Volksgruppen im Kosovo ihre territorialen Ansprüche mit entsprechend geschönten Bevölkerungsstatistiken und demographischen Argumenten.[1] Realistischen Schätzungen zufolge hatte das Kosovo 1998 etwa 2,2 Millionen Einwohner. Die Bevölkerungszahl dürfte aufgrund der hohen Geburtenrate im Kosovo heute wesentlich höher liegen. Bemerkenswert ist die Altersstruktur der Bevölkerung des Kosovo. Nach Angaben des kosovarischen Statistikamtes ist etwa die Hälfte der Einwohner jünger als 22 Jahre alt.[2] Damit ist das Kosovo eine der Regionen in Europa mit der jüngsten Bevölkerung. Ungefähr 90 % der Bewohner gehören der albanischen Volksgruppe an, 7 % sind Serben. Weitere Minderheiten bilden die Gorani, Ashkali, Roma und Türken.

---

1 Siehe hierzu instruktiv K. Clewing, Mythen und Fakten zur Ethnostruktur in Kosovo – Ein geschichtlicher Überblick, in: J. Reuter/K. Clewing (Hrsg.), Der Kosovo Konflikt: Ursachen, Verlauf, Perspektiven (2000), S. 17.

2 International Crisis Group, Kosovo: A Strategy for Economic Development (2001), S. 23.

I. Der politische Hintergrund des Kosovo-Konflikts

Die Geschichte des Kosovo zwischen 1945 und 1989 ist charakterisiert durch die Auseinandersetzung zwischen der albanischen Volksgruppe und Serbien. Die Albaner verfolgten das Ziel einer Aufnahme des Kosovo als gleichberechtigte jugoslawische Teilrepublik, während Serbien die Autonomie des Kosovo abschaffen und die Provinz vollständig integrieren wollte, um den oftmals historisch begründeten Anspruch Serbiens auf das Kosovo vollständig durchzusetzen.

Kosovo war seit dem 15. Jahrhundert Teil des Osmanischen Reichs gewesen. Nach den beiden Balkankriegen in den Jahren 1912/13 kam das Kosovo zu Serbien. In Anspielung auf ein serbisches Reich, das auch das Gebiet des heutigen Kosovo umfasste, wurde dies in Serbien als Rückkehr in das „historische Herzland" gefeiert.[3] Gemeinsam mit Serbien wurde das Kosovo im Jahr 1918 Teil des Königreichs der Serben, Kroaten und Slowenen, das sich seit 1927 Jugoslawien nannte. Als nach dem Ende des Zweiten Weltkriegs die Sozialistische Föderative Volksrepublik Jugoslawien (SFR Jugoslawien) gegründet wurde, erhielt das Kosovo den Status einer autonomen Provinz der neu gegründeten Sozialistischen Republik Serbien. Die SFR Jugoslawien war ein Bundesstaat, der in die sechs Republiken Bosnien und Herzegowina, Kroatien, Montenegro, Mazedonien, Serbien und Slowenien gegliedert war. Neben Kosovo hatte die Vojvodina im Norden Serbiens den Rang einer autonomen serbischen Provinz.

Bis Anfang der sechziger Jahre war das Verhältnis zwischen dem Kosovo und Serbien trotz der formell gewährten Autonomie problematisch und durch häufige Spannungen belastet. Während die Serben gegen angeblichen Separatismus im Kosovo mit großer Härte vorgingen, drängten Kosovo-albanische Politiker weiter auf eine Gleichberechtigung mit den anderen jugoslawischen Teilrepubliken. Seit Mitte der sechziger Jahre entspannte sich die Lage, als das Kosovo im Zuge der Dezentralisierungspolitik Titos Verfassungsgarantien für seine Autonomie erhielt.[4] Die Autonomierechte wurden in der jugoslawischen Verfassung von 1974 weiter ausgebaut und die autonomen Provinzen Vojvodina und Kosovo den Teilrepubliken weitgehend gleichgestellt.[5] Beide Provinzen entsandten seitdem eigene Vertreter in die obersten jugoslawischen Bundesorgane. Darüber hinaus durften sie sich eigene Verfassungen geben und erhielten in einigen Bereichen das Gesetzgebungsrecht. In den autonomen Provinzen konstituierten sich Parlamente, es wurden Regierungen gebildet und eine eigene Gerichtsbarkeit eingerichtet. Die Forderung nach vollständiger Aufnahme als gleichberech-

---

[3] G. Joetze, Der letzte Krieg in Europa? Das Kosovo und die deutsche Politik (2001), S. 20.

[4] Dies geschah in der jugoslawischen Verfassung von 1963. Zur Verfassung von 1963 siehe T. Borić, Eigentum und Privatisierung in Kroatien und Ungarn (1996), S. 42.

[5] Siehe H. Roggemann, Die Verfassung der SFR Jugoslawien (1979).

tigte jugoslawische Teilrepubliken wurde der Vojvodina und dem Kosovo aber weiterhin verwehrt. Die hierfür zumeist genannte Begründung war, dass nur jugoslawische Völker Teilrepubliken bilden konnten. Weder die Albaner im Kosovo noch die Ungarn in der Vojvodina konnten aber jugoslawische Völker sein, weil es mit Albanien und Ungarn eigene Staaten außerhalb Jugoslawiens gab.[6]

Die Phase relativer Stabilität im Kosovo endete mit dem Tod Titos im Jahre 1980. In Serbien mehrten sich bald danach nationalistische Stimmen, die in der Verfassung von 1974 eine nicht hinnehmbare Benachteiligung und faktische Dreiteilung Serbiens durch die zwei autonomen Provinzen sahen.[7] Eine häufig vorgebrachte Behauptung war, der jugoslawische Föderalismus ginge einseitig zulasten Serbiens, das den autonomen Status des Kosovo und der Vojvodina hinnehmen müsse, während entsprechende Rechte den bedeutenden serbischen Minderheiten in Ostkroatien (Slawonien) und anderen Teilen Jugoslawiens nicht zugestanden würden.[8] Die Kosovo-Albaner ihrerseits beharrten auf ihrer alten Forderung nach Anerkennung als eigenständige, von Serbien unabhängige jugoslawische Teilrepublik. Die Auseinandersetzung eskalierte und 1980/81 kam es erstmals seit Anfang der sechziger Jahre wieder zu gewalttätigen Demonstrationen und Ausschreitungen im Kosovo und der Verhängung des Ausnahmezustandes.

Die Auseinandersetzung um den Status des Kosovo verschärfte sich weiter, als sich Slobodan Milošević die Forderungen serbischer Nationalisten nach der Abschaffung der Autonomierechte des Kosovo und der Vojvodina zu Eigen machte. Mithilfe des Rückhalts der zunehmend nationalistisch gestimmten Bevölkerung in Serbien konnte Milošević 1987 die Führung der Kommunistischen Partei Serbiens übernehmen. Kurz darauf brachte er auch die Parteiführungen der Kommunistischen Parteien in der Vojvodina und in Montenegro unter seine Kontrolle.[9] Ab 1988 begann Milošević auch gegen seine politischen Gegner im Kosovo vorzugehen. Im ersten Schritt setzte er die mehrheitlich von Kosovo-Albanern besetzte Parteiführung der Kommunistischen Partei des Kosovo ab und setzte Gefolgsleute an ihre Stelle. Im zweiten Schritt hob das serbische Parlament die Autonomie des Kosovo auf und reduzierte den Verfassungsstatus des

---

6 G. Brunner, Völkerrecht und Selbstbestimmungsrecht in Kosovo, in: J. Reuter/K. Clewing (Hrsg.), Der Kosovo Konflikt: Ursachen, Verlauf, Perspektiven (2000), S. 117.

7 A. Bellamy, Human Wrongs in Kosovo 1974-1999, in: International Journal of Human Rights 4 (2000), S. 108.

8 J. Marko, Kosovo/a – Ein Gordischer Knoten?, in: J. Marko (Hrsg.), Gordischer Knoten Kosovo/a – durchschlagen oder entwirren? Völkerrechtliche, rechtsvergleichende und politikwissenschaftliche Analysen und Perspektiven zum jüngsten Balkankonflikt (1999), S. 234.

9 N. Malcolm, Kosovo – A Short History (1998), S. 343.

Kosovo auf den einer einfachen serbischen Provinz.[10] Im Kosovo kam es daraufhin zu Massendemonstrationen, Ausschreitungen und Streiks.

Milošević bemühte sich danach, die Abschaffung der Autonomie des Kosovo verfassungsrechtlich legitimieren zu lassen. Nach der jugoslawischen Verfassung von 1974 hätte die Abschaffung der Autonomie eines vorherigen Beschluss des Provinzparlaments bedurft. Einen solchen Beschluss hatte es nicht gegeben. Am 23.03.1989 billigte das Parlament des Kosovo nachträglich die Aufhebung der Autonomie, wobei es aber nach Berichten ausländischer Beobachter Unregelmäßigkeiten gab. Serbische Sicherheitskräfte setzten die Abgeordneten unter Druck.[11] Als Kosovo-albanische Abgeordnete im Nachhinein versuchten, den Beschluss rückgängig zu machen, löste die serbische Regierung das Provinzparlament auf und unterstellte das Kosovo einer Sonderverwaltung.[12] Die Provinz verlor alle ihre Gesetzgebungsbefugnisse sowie die Zuständigkeit auf den Gebieten der Justiz, der Polizei, des Schulwesens und der Wirtschafts- und Sozialpolitik.[13]

In der Folge wurden eine Reihe von Gesetzen und Verordnungen erlassen, die die Rechtsstellung der Albaner im Kosovo massiv verschlechterten. Die serbische Regierung errichtete im Kosovo ein System, das *Günter Joetze* zu Recht als Apartheitsregime bezeichnet hat.[14] Albaner wurden systematisch aus allen Bereichen der Verwaltung und des Arbeitslebens entfernt. Kulturelle Einrichtungen wurden geschlossen, albanische Zeitungen und Fernsehprogramme eingestellt oder eingeschränkt. In Schulen und in der Universität Pristina durfte nur noch auf Serbisch unterrichtet werden. Weitreichende Diskriminierungen betrafen auch das Arbeitsleben. Auf Streiks albanischer Arbeiter wurde mit Massenentlassungen reagiert. Schätzungsweise 70 % aller Beschäftigten im Kosovo verloren so ihre Arbeit.[15] Besonders betroffen war auch das Gesundheitssystem, das aufgrund der Entlassung zahlreicher Ärzte zusammenbrach.[16] Willkürliche

---

[10] F. Schmidt, Menschenrechte, Politik und Krieg in Kosovo 1989 bis 1999, in: J. Reuter/ K. Clewing (Hrsg.), Der Kosovo Konflikt: Ursachen, Verlauf, Perspektiven (2000), S. 189.

[11] N. Malcolm (Fn. 9), S. 344.

[12] F. Schmidt (Fn. 10), S. 189.

[13] C. Stahn, Constitution Without a State? Kosovo under the UN Constitutional Framework for Provisional Self-Governance, in: Leiden Journal of International Law 14 (2001), S. 533; J. Marko (Fn. 8), S. 265.

[14] G. Joetze (Fn. 3), S. 28.

[15] N. Malcolm (Fn. 9), S. 347; F. Schmidt (Fn. 10), S. 190; Independent International Commission on Kosovo, The Kosovo Report (2000), S. 42.

[16] UN-Generalversammlung, Resolution 48/153, Situation of Human Rights in the Territory of the former Yugoslavia: Violations of Human Rights in the Republic of Bosnia and Herzegovina, the Republic of Croatia and the Federal Republic of Yugoslavia (Serbia and

Übergriffe serbischer Sicherheitskräfte auf Kosovo-Albaner waren an der Tagesordnung.[17]

Als Reaktion auf diese Entwicklungen erklärten die Abgeordneten des aufgelösten kosovarischen Provinzparlaments das Kosovo zunächst zu einer jugoslawischen Republik und damit eine Abspaltung von Serbien.[18] Da dieser Beschluss im In- und Ausland weitgehend ignoriert wurde und sich Jugoslawien ohnehin durch die Unabhängigkeitserklärungen von Slowenien und Kroatien in einem Auflösungsprozess befand, wurde 1991 ein nicht genehmigtes Referendum über die Unabhängigkeit des Kosovo abgehalten, an dem sich 87 % der Wahlberechtigten beteiligten. Kosovo-Serben nahmen an dem Referendum nicht teil. Das Referendum ergab eine Mehrheit von 99 % für ein unabhängiges Kosovo.[19] Daraufhin erklärte das aus ehemaligen Abgeordneten des Provinzparlaments bestehende Parlament der Republik Kosovo die vollständige Unabhängigkeit von Jugoslawien. Allerdings erkannte nur Albanien die Republik Kosovo völkerrechtlich an. Die serbische Regierung verweigerte der Republik Kosovo naturgemäß die Anerkennung. Allerdings tolerierte sie die in der Folge entstandenen halbstaatlichen Strukturen des so genannten „Schattenstaats", denn dieser sicherte das serbische Monopol in der offiziellen Verwaltung und brachte damit zusätzliche Stellen für verdiente Parteigänger.[20]

Der Schattenstaat entfaltete in der Folge rege Aktivitäten. Im Jahr 1992 fanden Parlaments- und Präsidentenwahlen statt, aus denen der Schriftsteller *Ibrahim Rugova* als Sieger hervorging.[21] Eine Regierung des Kosovo konstituierte sich und nahm zunächst ihren Sitz in der slowenischen Hauptstadt Ljubljana und zog 1992 nach Bonn.[22] Die Regierung verfolgte drei Hauptziele. Erstens war sie bestrebt, eine Lösung des Konfliktes mit Serbien mit friedlichen Mitteln herbeizuführen und eine Eskalation der Gewalt zu verhindern. Zweitens wollte sie eine Internationalisierung des Konfliktes erreichen, um so den Druck auf Belgrad zu erhöhen. Drittens sollte die Schaffung der halbstaatlichen Strukturen und Einrichtungen des Schattenstaats die Legitimation der serbischen Herrschaft über das Kosovo allmählich untergraben.[23] Die Bilanz des Schattenstaats bis zum Ausbruch des bewaffneten Konflikts fällt gemischt aus. Einerseits gelang es

---

Montenegro), UN Doc. A/RES/48/153 vom 20.12.1993, Ziffer 18 lit. b) und c); siehe auch F. Schmidt (Fn. 10), S. 190.

17 UN-Generalversammlung, Resolution 48/153 (Fn. 16), Ziffer 18 lit. a).

18 F. Schmidt (Fn. 10), S. 189.

19 G. Brunner (Fn. 6), S. 118.

20 G. Joetze (Fn. 3), S. 28.

21 N. Malcolm (Fn. 9), S. 347.

22 Independent International Commission on Kosovo (Fn. 15), S. 45 f.

23 N. Malcolm (Fn. 9), S. 348.

ihm, ein weitgehend funktionsfähiges Gemeinwesen aufzubauen.[24] Insbesondere schuf der Schattenstaat Gesundheits- und Bildungseinrichtungen für die Kosovo-albanische Bevölkerung, die aufgrund der Sondermaßnahmen der serbischen Regierung von Schulen und Krankenhäusern ausgeschlossen war. Weniger erfolgreich war die Strategie der Internationalisierung des Kosovo-Konflikts. Wie im nächsten Abschnitt zu zeigen sein wird, war die internationale Gemeinschaft nicht gewillt, sich nachdrücklich für die Belange der Kosovo-Albaner einzusetzen. Dieser Umstand führte schließlich auch zur Aufgabe des Ziels, den Kosovo-Konflikt auf gewaltlosem Wege zu lösen.

Ein Wendepunkt in der Entwicklung war die Friedenskonferenz für Bosnien-Herzegowina in Dayton im November 1995.[25] Entgegen der Hoffnung der Kosovo-Albaner behandelte die Konferenz das Thema Kosovo nicht. Im Kosovo wurde dies als eine Weigerung des Westens begriffen, sich mit der Lage der albanischen Volksgruppe im Kosovo zu befassen. Die gemäßigten politischen Kräfte in der Regierung des Schattenstaates und die Politik der Gewaltlosigkeit verloren in der Folge an Glaubwürdigkeit. Das Abkommen von Dayton führte dazu, dass sich viele Albaner vom gewaltlosen Widerstand abwandten und statt dessen ein militärisches Vorgehen befürworteten. Insbesondere aus der Schaffung der Republika Srpska in Bosnien wurde der Schluss gezogen, dass die internationale Gemeinschaft letzendlich Gewalt und keinen Pazifismus belohne.[26] Die Folge war, dass insbesondere jüngere Kosovo-Albaner dazu übergingen, serbische Sicherheitskräfte und Einrichtungen anzugreifen.

II. Die bewaffnete Auseinandersetzung im Kosovo 1996 - 1999

Der bewaffnete Widerstand der Kosovo-Albaner begann im Frühjahr 1996. Die Befreiungsarmee für das Kosovo, albanisch *Ushtria Çlirimtare e Kosovës* (UÇK), trat erstmals in Erscheinung und bekannte sich zu mehreren Anschlägen auf Polizeistationen im Kosovo. Die UÇK weitete ihre Aktivitäten aus, als das Nachbarland Albanien 1997 aufgrund einer Finanzkrise in Anarchie versank. Dies ermöglichte es der UÇK, sich mit Waffen aus Beständen der albanischen Armee zu versorgen.[27] Im Herbst 1997 griff die UÇK erstmals serbische und jugoslawische Sicherheitskräfte direkt an. Diese reagierten Ende Februar 1998 mit einer Gegenoffensive, im Zuge derer viele Dörfer zerstört und zahlreiche

---

[24] Independent International Commission on Kosovo (Fn. 15), S. 45.

[25] V. Meier, Jugoslawiens Erben. Die neuen Staaten und die Politik des Westens (2001), S. 84.

[26] F. Schmidt (Fn. 10), S. 198.

[27] G. Joetze (Fn. 3), S. 30.

Zivilisten getötet wurden.[28] Bis zum Sommer weiteten die jugoslawischen Truppen ihre Operationen aus, was zum ersten Mal eine große Zahl von Zivilisten zur Flucht zwang.

Seit Mitte 1998 bemühte sich die internationale Gemeinschaft um einen Waffenstillstand im Kosovo. Auf Druck Russlands ließ sich Jugoslawien bis zum Herbst mehrfach zu einer Verringerung seiner Aktivitäten bewegen. Dagegen gelang es nicht, auch von der UÇK das Zugeständnis einer Waffenruhe zu erlangen.[29] Vielmehr nutzte die UÇK die Einstellung der Kampfhandlungen durch die jugoslawischen Sicherheitskräfte, um weitere Landgewinne zu erzielen.[30] Die jugoslawische Armee konnte die von der UÇK kontrollierten Gebiete aber jeweils wieder zurückerobern.[31] Die Taktik der jugoslawischen Armee bestand häufig darin, von Kosovo-Albanern bewohnte Dörfer zu zerstörten, um der UÇK die Rückzugsbasis zu nehmen. Dies hatte zur Folge, dass die Zahl der Flüchtlinge erneut drastisch anstieg.[32] Ab Dezember 1998 verstärkte die UÇK erneut ihre Angriffe. Die jugoslawische Seite reagierte im Frühjahr 1999 mit einer groß angelegten Offensive, die abermals Tausende von Zivilisten zur Flucht zwang.[33] Einheiten der serbischen Sonderpolizei begannen damit, die albanische Zivilbevölkerung systematisch aus dem Kosovo zu vertreiben.[34] Ende März stieg die Zahl der Flüchtlinge auf fast eine halbe Million.[35] Ungeachtet der seit dem 23.03. anhaltenden Luftangriffe der NATO dauerten die Kämpfe noch bis Anfang Juni. Am 09.06.1999 gab Jugoslawien dem Druck der NATO nach und unterzeichnete ein Waffenstillstandsabkommen. Die serbischen und jugoslawischen Truppen verließen Kosovo am 10.06. Am folgenden Tag rückten die ersten Einheiten der NATO-geführten Kosovo Force (KFOR) im Kosovo ein.

III. Reaktion der internationalen Gemeinschaft auf den Kosovo-Konflikt

Die internationale Gemeinschaft befasste sich erst in der zweiten Hälfte der neunziger Jahre mit der Lage im Kosovo, nachdem der bewaffnete Konflikt zwischen der UÇK und jugoslawischen Sicherheitskräften ausgebrochen war. Die

---

28 G. Joetze (Fn. 3), S. 30.

29 C. Giersch, NATO und militärische Diplomatie im Kosovo-Konflikt, in: J. Reuter/ K. Clewing (Hrsg.), Der Kosovo Konflikt: Ursachen, Verlauf, Perspektiven (2000), S. 448.

30 G. Joetze (Fn. 3), S. 43.

31 J. Reuter, Zur Geschichte der UÇK, in: J. Reuter/K. Clewing (Hrsg.), Der Kosovo Konflikt: Ursachen, Verlauf, Perspektiven (2000), S. 176.

32 G. Joetze (Fn. 3), S. 35.

33 F. Schmidt (Fn. 10), S. 203.

34 G. Joetze (Fn. 3), S. 127.

35 G. Joetze (Fn. 3), S. 125.

Aufhebung der Autonomie des Kosovo und die Diskriminierung der albanischen Volksgruppe seit 1989 war zwar wiederholt öffentlich kritisiert worden. Konkrete Maßnahmen wurden allerdings nicht ergriffen. Ein wesentlicher Grund für die Zurückhaltung der internationalen Gemeinschaft waren die Kriege in Kroatien und Bosnien-Herzegowina, die weitgehend die Aufmerksamkeit auf sich zogen. Nach einer weit verbreiteten Ansicht war eine Beendigung dieser Kriege nur mit Zustimmung Serbiens zu erreichen. Die Bereitschaft Serbiens zu Verhandlungen sollte daher nicht durch eine zu offensive Kosovopolitik gefährdet werden. Eine Rolle spielte sicherlich auch, dass die Zersplitterung Jugoslawiens in zahlreiche selbständige Staaten – auch als „Balkanisierung" bezeichnet – in einigen europäischen Hauptstädten kritisch gesehen wurde und die Unabhängigkeitsbestrebungen des Kosovo daher nicht auf Zustimmung stießen.[36] Exemplarisch hierfür war die Internationale Konferenz über das ehemalige Jugoslawien (ICFY), die unter Leitung von *David Owen* und *Cyrus Vance* die Anstrengungen der internationalen Gemeinschaft bei der Beilegung der Konflikte auf dem Balkan bündelte. Die ICFY behandelte lediglich in geringem Umfang auf Arbeitsebene bestimmte Aspekte der Situation im Kosovo, wie das Bildungswesen. Eine allgemeine Befassung der ICFY mit dem Kosovo wurde aber abgelehnt, weil die Situation im Kosovo als interne Angelegenheit Serbiens betrachtet wurde.[37]

Auch die politischen Initiativen der Europäischen Gemeinschaft und später der Europäischen Union als Reaktion auf den Zerfall Jugoslawiens und die aufbrechenden Konflikte auf dem Balkan klammerten das Thema Kosovo zumeist aus. Als die EG-Mitgliedstaaten im Jahr 1993 den sechs jugoslawischen Teilrepubliken unter bestimmten Voraussetzungen die völkerrechtliche Anerkennung anboten, galt dieses Angebot nicht für die autonomen Provinzen Vojvodina und Kosovo.[38] In der Folge erkannten die EG-Mitgliedstaaten alle Nachfolgerepubliken der SFR Jugoslawien außer Serbien und Montenegro völkerrechtlich an. Die Anerkennung der von Serbien und Montenegro gegründeten Bundesrepublik Jugoslawien durch die Europäische Union und ihre Mitgliedstaaten folgte nach der Beendigung des Krieges in Bosnien-Herzegowina im Februar 1996.[39] Allerdings war die Anerkennung nicht an bestimmte Bedingungen geknüpft, wie etwa der Gewährung von Autonomie und Selbstbestimmung für das Kosovo.

---

36 Independent International Commission on Kosovo (Fn. 15), S. 56.

37 Independent International Commission on Kosovo (Fn. 15), S. 57.

38 Declaration on Yugoslavia (Extraordinary EPC Ministerial Meeting, Brussels, 16 December 1991), abgedruckt in: EJIL 4 (1993), S. 73.

39 J. Reuter, Die Kosovo-Politik der internationalen Gemeinschaft in den neunziger Jahren, in: J. Reuter/K. Clewing (Hrsg.), Der Kosovo Konflikt: Ursachen, Verlauf, Perspektiven (2000), S. 323.

Die neu gegründete Organisation für Sicherheit und Zusammenarbeit in Europa (OSZE) beriet erstmals im Juli 1992 über die Lage im Kosovo. Die OSZE forderte Jugoslawien auf, die Menschenrechte im Kosovo zu achten und mit Vertretern der Kosovo-Albaner in einen Dialog einzutreten. Im August 1992 entsandte die OSZE mehrere Beobachtermissionen in das Kosovo. Diese mussten jedoch bereits ein Jahr später ihre Arbeit einstellen, da sich die jugoslawische Regierung weigerte, die Visa der Mitarbeiter der Mission zu verlängern. Bis auf öffentliche Verurteilungen hatte dieser Schritt jedoch keine nennenswerten politischen Konsequenzen.

Auch die Vereinten Nationen beschäftigten sich 1992 erstmals mit der Situation im Kosovo. Die Generalversammlung verurteilte die Verletzungen der Menschenrechte und rief alle Parteien zur Aufnahme von Gesprächen im Rahmen der ICFY auf.[40] In einer im Dezember 1993 verabschiedeten Resolution übte die Generalversammlung scharfe Kritik an der Ausweisung der Langzeitmissionen der OSZE aus Jugoslawien und den Diskriminierungen der albanischen Bevölkerungsgruppe im Kosovo.[41] Ihre Forderung nach der Wahrung der Menschenrechte und der Schaffung demokratischer Strukturen im Kosovo wiederholte die Generalversammlung mehrfach bis zum Ende der bewaffneten Auseinandersetzung im Juni 1999.[42]

Der UN-Sicherheitsrat befasste sich erst in der zweiten Hälfte der neunziger Jahre intensiver mit der Lage im Kosovo. Zuvor hatte er von Jugoslawien in Resolution 855 (1993) lediglich die Rückkehr der OSZE-Langzeitmissionen in das Kosovo und in die Vojvodina verlangt.[43] Nach Ausbruch der bewaffneten Auseinandersetzung zwischen jugoslawischen Sicherheitskräften und der UÇK im Jahr 1996 konnten sich die Mitglieder des Sicherheitsrates zunächst nicht auf Maßnahmen zur Beendigung der Kämpfe einigen. In dieser Frage standen sich

---

40 UN-Generalversammlung, Resolution 47/147, Situation of Human Rights in the Territory of the former Yogoslavia, UN Doc. A/RES/47/147 vom 18.12.1992, Ziffer 14.

41 UN-Generalversammlung, Resolution 48/153 (Fn. 16), Ziffer 18.

42 UN-Generalversammlung, Resolution 49/196, Situation of Human Rights in the former Yugoslavia, UN Doc. A/RES/49/196 vom 23.12.1994, Ziffer 19; Resolution 50/193, Situation of Human Rights in the Republic of Bosnia and Herzegovina, the Republic of Croatia and the Federal Republic of Yugoslavia (Serbia and Montenegro), UN Doc. A/RES/50/193 vom 22.12.1995, Ziffer 18; Resolution 51/116, Situation of Human Rights in the former Yugoslavia, UN Doc. A/RES/51/116 vom 12.12.1996, Ziffern 10 f.; Resolution 52/147, Situation of Human Rights in Bosnia and Hercegovina, the Republic of Croatia and the Federal Republic of Yugoslavia, UN Doc. A/RES/52/147 vom 10.03.1998, Ziffern 15 ff.; Resolution 53/163, Situation of Human Rights in Bosnia and Hercegovina, the Republic of Croatia and the Federal Republic of Yugoslavia (Serbia and Montenegro), UN Doc. A/RES/53/163 vom 25.02.1999, Ziffern 31 ff.

43 UN-Sicherheitsrat, Resolution 855 (1993), UN Doc. S/RES/855 vom 09.08.1993, Ziffer 2.

die Vertreter des Westens auf der einen und Russlands und Chinas auf der anderen Seite gegenüber. Man konnte sich lediglich auf ein Waffenembargo gegen Jugoslawien einschließlich des Kosovo einigen, dass der Sicherheitsrat in Resolution 1160 (1998) verhängte.[44] In dieser Resolution findet sich erstmals die vom Sicherheitsrat in späteren Resolutionen wiederholte Formel, wonach eine Lösung des Konflikts nur mithilfe einer Wiederherstellung der Autonomie des Kosovo unter Wahrung der Souveränität Jugoslawiens gefunden werden könne.[45] Zusätzlich zum Waffenembargo beschloss der Sicherheitsrat in Resolution 1186 (1998) die Stationierung einer Friedensmission in Mazedonien, um den Konflikt einzudämmen. Die United Nations Preventive Deployment Force (UNPREDEP) hatte den Auftrag, die Grenzen von Albanien und Mazedonien mit der Bundesrepublik Jugoslawien zu überwachen und Verstöße gegen das Waffenembargo zu melden.[46] Ungeachtet des sich verschärfenden Konflikts im Kosovo lief das Mandat der UNPREDEP jedoch bereits Ende 1998 aus, da China gegen eine Verlängerung des Mandats sein Veto eingelegt hatte.[47] Bis zur Verabschiedung von Resolution 1244 (1999) beschränkte sich der Sicherheitsrat darauf, die humanitäre Lage im Kosovo zu verurteilen sowie eine Beendigung der Kämpfe und die sofortige Aufnahme eines Dialogs zu fordern.[48]

Die NATO wurde erstmals im Herbst 1998 tätig. Zu diesem Zeitpunkt waren die Flüchtlingszahlen nach den schweren Kämpfen im Kosovo dramatisch angestiegen und es häuften sich Berichte über weit verbreitete Übergriffe auf die Zivilbevölkerung und andere Menschenrechtsverletzungen. Außerdem zeichnete sich ab, dass Maßnahmen des Sicherheitsrates am Widerstand Russlands scheitern würden. Vor diesem Hintergrund fasste der NATO-Rat Ende September 1998 den Beschluss, Jugoslawien aus der Luft anzugreifen und so zum Einlenken zu zwingen.[49] Dieser Beschluss wurde jedoch wieder ausgesetzt, als die jugoslawische Regierung die Kampfhandlungen im Kosovo einstweilen einstellte.[50]

Nach dem Ausbruch der Kämpfe im Kosovo wurde auch die Balkan-Kontaktgruppe aktiv. Die Balkan-Kontaktgruppe ist eine informelle ad hoc Ar-

---

44 UN-Sicherheitsrat, Resolution Nr. 1160 (1998), UN Doc. S/RES/1160 vom 31.03.1998, Ziffern 4 und 8.

45 Resolution 1160, Ziffer 5.

46 UN-Sicherheitsrat, Resolution 1186 (1998), UN Doc. S/RES/1186 vom 21.07.1998.

47 M. Eisele, Die Vereinten Nationen und Kosovo, in: J. Reuter/K. Clewing (Hrsg.), Der Kosovo Konflikt: Ursachen, Verlauf, Perspektiven (2000), S. 487. Der Grund für das Veto Chinas war, dass Mazedonien Taiwan völkerrechtlich anerkannt hatte.

48 Siehe UN-Sicherheitsrat, Resolution 1199 (1998), UN Doc. S/RES/1199 vom 23.09.1998; Resolution 1203 (1998), UN Doc. S/RES/1203 vom 24.10.1998; Resolution 1239 (1999), UN Doc. S/RES/1239 vom 14.05.1999.

49 G. Joetze (Fn. 3), S. 36.

50 G. Joetze (Fn. 3), S. 42.

beitsgruppe, die sich im Zuge der Kriege in Kroatien und Bosnien-Herzegowina gebildet hatte. Ihr gehören Vertreter der USA, Großbritanniens, Frankreichs, Italiens, Deutschlands und Russlands an. Die Balkan-Kontaktgruppe beschloss Ende Januar 1999, die Konfliktparteien zu Verhandlungen nach dem Vorbild der Konferenz von Dayton einzuladen. Diese Konferenz fand in Rambouillet bei Paris im Februar 1999 statt. Die Kontaktgruppe legte den Konfliktparteien einen Vertragsentwurf vor, der nach dem Vorbild des Dayton-Abkommens Grundelemente für eine politische Lösung des Konflikts enthielt. Der Entwurf sah eine weit reichende Autonomie des Kosovo innerhalb der Bundesrepublik Jugoslawien vor. Den Autonomiestatus sollte ein internationaler Beamter nach dem Vorbild des Hohen Repräsentanten in Bosnien-Herzegowina überwachen. Außerdem sollte eine internationale Schutztruppe die Autonomie des Kosovo absichern. Nach dem Ablauf von drei Jahren sollte eine internationale Konferenz über den endgültigen Status der Provinz entscheiden, an der neben Jugoslawien auch Vertreter der Bevölkerung des Kosovo teilnehmen sollten.[51] Zunächst lehnten sowohl die serbische als auch die Kosovo-albanische Seite den Entwurf ab, so dass die Konferenz von Rambouillet ergebnislos endete. Im März fand in Paris die zweite Runde der Verhandlungen statt. Nach massivem Druck der US Verhandlungsdelegation stimmte die albanische Delegation dem Vertragsentwurf schließlich zu. Die jugoslawische Seite blieb jedoch bei ihrer Ablehnung.

Die NATO setzte den im September 1998 gefassten Beschluss nach dem Scheitern der Konferenz von Rambouillet wieder in Kraft, Jugoslawien durch Luftangriffe zum Einlenken zu zwingen. Die Operation „Allied Force“ begann am 24.03 und dauerte bis zum 10.06.1999.[52] Russland und China lehnten die Luftangriffe der NATO strikt ab. Ungeachtet dessen bestand aber Einigkeit darüber, dass eine politische Lösung des Kosovo-Konflikts nur unter Beteiligung Russlands gefunden werden konnte. Da weder die Vereinten Nationen noch die Kontaktgruppe als politisches Forum für Verhandlungen mehr zur Verfügung standen, verlagerten sich die Aktivitäten auf die Gruppe der G-8. Nachdem sich die Außenminister der USA und Russlands darauf einigen konnten, dass Grundlage der politischen Lösung des Kosovo-Konflikts eine Resolution des UN-Sicherheitsrates sein sollte, fixierten die Außenminister der G-8 Anfang Mai die wesentlichen Bestandteile einer solchen Resolution.[53] Kernstück der politischen Lösung sollte ein Abzug der jugoslawischen Sicherheitskräfte aus dem Kosovo und eine Entwaffnung der UÇK sowie die Unterstellung des Kosovo unter internationale zivile und Sicherheitspräsenzen bis zur Klärung des endgültigen politischen Status des Kosovo sein. In der Folge begannen Verhandlungen mit der

---

51 Interim Agreement for Peace and Self-Government in Kosovo (Rambouillet-Abkommen), 23.02.1999, UN Doc. S/1999/648.

52 C. Giersch (Fn. 29), S. 443.

53 G. Joetze (Fn. 3), S. 106.

jugoslawischen Führung über die von der G-8 formulierten Bedingungen, die Milošević Anfang Juni akzeptierte. Die jugoslawische Armee und die NATO nahmen daraufhin im mazedonischen Grenzort Kumanowo Waffenstillstandsverhandlungen auf. Am 06.06.1999 unterzeichneten beide Seiten ein militärtechnisches Abkommen zur Regelung des Abzugs der jugoslawischen Armee aus dem Kosovo. Die jugoslawischen Sicherheitskräfte verließen am 10.06.1999 das Kosovo. Am selben Tage setzte die NATO die Luftangriffe auf Jugoslawien aus, woraufhin der UN-Sicherheitsrat die Resolution 1244 verabschiedete.[54] Die ersten Einheiten der NATO-geführten Kosovo Force (KFOR) und ein Vorauskommando der Vereinten Nationen rückten am 11.06.1999 im Kosovo ein.

So begrüßenswert die Einbindung der Vereinten Nationen in den Friedensprozess in Kosovo nach dem Alleingang der NATO gegen Jugoslawien auch war, so problematisch war, dass das Generalsekretariat der Vereinten Nationen zu keinem Zeitpunkt in die Verhandlung und die Vorbereitung für Resolution 1244 eingebunden war.[55] Während die militärischen Fragen recht detailliert geregelt wurden, ist die Resolution bei der Einrichtung, dem Aufbau, den Aufgaben und den Befugnissen der internationalen Verwaltung eher vage.[56] Angesichts der umfassenden Verantwortung, die Resolution 1244 der „zivilen Präsenz" überträgt, stellte dies das Generalsekretariat vor erhebliche Probleme.

---

54 G. Joetze (Fn. 3), S. 160.

55 Vgl. E. Lagrange, La Mission Intérimaire des Nations Unies au Kosovo, nouvel essai d'administration directe d'un territoire, in: AFDI 45 (1999), S. 339, die die Ansicht vertritt, dem Sicherheitsrat seien die Regelungen diktiert worden, die er dann als Zwangsmaßnahme verabschiedete.

56 M. Eisele (Fn. 47), S. 489.

B. Die United Nations Interim Administration Mission in Kosovo

In der Resolution 1244 erteilt der Sicherheitsrat dem UN-Generalsekretär den Auftrag, die internationale Zivilpräsenz im Kosovo zu errichten. In Ziffer 10 der Resolution heißt es:

> [The Security Council a]uthorizes the Secretary-General, with the assistance of relevant international organizations, to establish an international civil presence in Kosovo in order to provide an interim administration for Kosovo under which the people of Kosovo can enjoy substantial autonomy within the Federal Republic of Yugoslavia, and which will provide transitional administration while establishing and overseeing the development of provisional democratic selfgoverning institutions to ensure conditions for a peaceful and normal life for all inhabitants of Kosovo; [...]

Unmittelbar nach der Verabschiedung von Resolution 1244 begann der UN-Generalsekretär mit der Umsetzung des Auftrags zur Bildung einer internationalen Zivilpräsenz, die die Bezeichnung *United Nations Interim Administration Mission in Kosovo* (UNMIK) erhielt. In zwei Berichten an den Sicherheitsrat vom 12.06.1999 und 12.07.1999 stellte der UN-Generalsekretär das operative Konzept zu Struktur, Aufgaben und Befugnissen der UNMIK vor.[57] Auf der Grundlage von Resolution 1244 und den genannten Berichten werden im Folgenden zunächst die Aufgaben der UNMIK aus Resolution 1244 beschrieben (I.), bevor der Aufbau der UNMIK dargestellt wird (II.).

I. Aufgaben der UNMIK gemäß Resolution 1244

Ziffer 11 der Resolution 1244 überträgt der internationalen Zivilpräsenz ein umfassendes Mandat und eine Fülle von Aufgaben im Zusammenhang mit der Übergangsverwaltung des Kosovo durch die Vereinten Nationen. In seinem Bericht vom 12.07.1999 hob der UN-Generalsekretär die große Herausforderung hervor, die das Mandat für die Vereinten Nationen bedeutet:

> The Security Council has mandated the United Nations with an unprecedented challenge in Kosovo. [...] The United Nations welcomes the opportunity to rise to the challenge of restoring peace, security, good governance and development

[57] Report of the Secretary-General Pursuant to Paragraph 10 of Security Council Resolution 1244 (1999), UN Doc. S/1999/672 vom 12.06.1999; Report of the Secretary-General on the United Nations Interim Administration Mission in Kosovo, UN Doc. S/1999/779 vom 12.07.1999.

> to the shattered society of Kosovo. Such a mission goes to the heart of the purposes and principles of the Organization.[58]

Obgleich dies nicht das erste Mal war, dass die Vereinten Nationen die Verwaltung eines Territoriums übernahmen, hat es zuvor keinen Fall gegeben, bei dem eine UN-Mission so vielfältige und anspruchsvolle Aufgaben über einen längeren Zeitraum erfüllen musste.

Von ihrer Zielrichtung her lassen sich die der UNMIK übertragenen Aufgaben in zwei Gruppen einteilen. Die erste Gruppe von Aufgaben zielt auf die Beseitigung der unmittelbaren Folgen des bewaffneten Konflikts und die Schaffung von Sicherheit für die Bewohner des Kosovo im weitesten Sinne. Gemeinsam mit der KFOR, deren Aufgaben in Ziffer 9 der Resolution geregelt sind, soll die UNMIK ein erneutes Ausbrechen der Gewalt im Kosovo verhindern. Eine besondere Bedeutung kommt dabei der humanitären Hilfe zu, die die internationale Zivilpräsenz gemeinsam mit internationalen humanitären Organisationen unterstützen soll. Ferner hat die Ermöglichung der Rückkehr aller Flüchtlinge und Vertriebenen in ihre Heimat nach den massenhaften Vertreibungen der Zivilbevölkerung während des bewaffneten Konfliktes für die UNMIK Priorität. Die UNMIK soll aber auch allgemein für die Aufrechterhaltung der öffentlichen Sicherheit und Ordnung durch lokale und internationale Polizeikräfte sorgen. Die maßgeblichen Vorschriften der Ziffer 11 der Resolution 1244 lauten:

> [The Security Council d]ecides that the main responsibilities of the international civil presence will include: [...]
>
> (h) Supporting, in coordination with international humanitarian organizations, humanitarian and disaster relief aid;
>
> (i) Maintaining civil law and order, including establishing local police forces and meanwhile through the deployment of international police personnel serve in Kosovo; [...]
>
> (k) Assuring the safe and unimpeded return of all refugees and displaced persons to their homes in Kosovo; [...]

Die zweite Gruppe von Aufgaben betrifft den Wiederaufbau des Kosovo in politischer, sozialer und wirtschaftlicher Hinsicht. Dabei geht es zum einen um die Bildung einer politischen Struktur, die es der Bevölkerung des Kosovo ermöglicht, substanzielle Autonomie und Selbstverwaltung innerhalb Jugoslawiens auszuüben, bis der endgültige Status des Kosovo bestimmt ist. Der Bevölkerung des Kosovo sollen im Rahmen dieser Struktur schrittweise Selbstverwaltungsrechte unter Aufsicht der Vereinten Nationen eingeräumt werden. Diese Rechte

---

[58] Report of the Secretary-General, 12.07.1999 (Fn. 57), Ziffern 120 und 126.

sollen Institutionen wahrnehmen, die durch demokratische Wahlen legitimiert sind. In Ziffer 10 der Resolution 1244 heißt es hierzu:

> [The Security Council d]ecides that the main responsibilities of the international civil presence will include:
>
> (a) Promoting the establishment, pending a final settlement, of substantial autonomy and self-government in Kosovo, taking full account of annex 2 and of the Rambouillet accords (S/1999/648);
>
> (b) Performing basic civilian administrative functions where and as long required;
>
> (c) Organizing and overseeing the development of provisional institutions for democratic and autonomous self-government pending a political settlement, including the holding of elections;
>
> (d) Transferring, as these institutions are established, its administrative responsibilities while overseeing and supporting the consolidation of Kosovo's local provisional institutions and other peacebuilding activities; [...]

Diesem Auftrag ist die UNMIK insbesondere durch die Schaffung der *Provisional Institutions of Self-Government* nachgekommen, deren Aufbau und Zuständigkeiten unten näher beschrieben werden.[59]

Zusätzlich zur Schaffung einer politischen Struktur für die Dauer der internationalen Verwaltung des Kosovo unter soll die UNMIK einen politischen Prozess zur Klärung des endgültigen politischen Status des Kosovo in Gang setzen. Die maßgeblichen Vorschriften in Ziffer 10 der Resolution 1244 lauten:

> [The Security Council d]ecides that the main responsibilities of the international civil presence will include: [...]
>
> (e) Facilitating a political process designed to determine Kosovo's future status, taking into account the Rambouillet accords (S/1999/648);
>
> (f) In a final stage, overseeing the transfer of authority from Kosovo's provisional institutions to institutions established under a political settlement; [...]

Dieser Prozess hat im November 2005 – mehr als sechs Jahre nach der Entsendung der UNMIK – mit der Ernennung des ehemaligen finnischen Präsidenten *Martti Ahtisaari* zum Sonderbeauftragten des UN-Generalsekretärs für die Statusverhandlungen begonnen.[60] Zuvor hatte der norwegische Diplomat *Kai Eide*

---

[59] Zu den Provisional Institutions of Self-Government siehe unten S. 27 ff.

[60] Siehe Letter from the President of the Security Council Addressed to the Secretary-General, UN Doc. S/2005/709 vom 10.11.2005.

als Sondergesandter des UN-Generalsekretärs nach einer Prüfung der Lage im Kosovo die Aufnahme von Statusverhandlungen empfohlen.[61]

Darüber hinaus soll die UNMIK grundlegende zivile Verwaltungsaufgaben wahrnehmen, solange und soweit dies notwendig ist. Hierunter fallen beispielsweise die Schul- und Bildungsverwaltung, das Gesundheits- und Sozialwesen und andere Aufgaben. Der Sicherheitsrat überträgt der UNMIK ferner die Aufgabe, die Menschenrechte zu schützen und zu fördern. Von Bedeutung für die vorliegende Untersuchung ist schließlich die Aufgabe, den Wiederaufbau grundlegender Infrastruktur und anderen wirtschaftlichen Wiederaufbau zu unterstützen. In Ziffer 10 heißt es:

> [The Security Council d]ecides that the main responsibilities of the international civil presence will include: [...]
>
> (b) Performing basic civilian administrative functions where and as long required; [...]
>
> (g) Supporting the reconstruction of key infrastructure and other economic reconstruction;
>
> (j) Protecting and promoting human rights; [...]

Leopold von Carlowitz spricht in Anbetracht dieser zwei Gruppen von Aufgaben der UNMIK von einer funktionalen Dualität, nämlich der Aufgabe zur Gewährleistung der Sicherheit und der Aufgabe zum Wiederaufbau des Kosovo.[62]

II. Aufbau der UNMIK

Der Aufbau der UNMIK spiegelt die vielfältigen Aufgaben wieder, die Resolution 1244 der internationalen Administration überträgt. Darüber hinaus ist die Struktur Ausdruck eines politischen Kompromisses über die Trägerschaft der internationalen zivilen Präsenz. Innerhalb der internationalen Gemeinschaft hatte es vor Verabschiedung von Resolution 1244 Differenzen darüber gegeben, welche Organisation Träger der Zivilpräsenz im Kosovo sein sollte. Frankreich hatte zunächst die EU bevorzugt, während sich die USA für eine Führung der Zivilpräsenz durch die OSZE ausgesprochen hatte. Deutschland und Großbri-

---

[61] Siehe Letter from the Secretary-General Addressed to the President of the Security Council, A Comprehensive Review of the Situation in Kosovo, UN Doc. S/2005/635 vom 07.10.2005.

[62] L. von Carlowitz, Crossing the Boundary from the International to the Domestic Legal Realm: UNMIK Lawmaking and and Property Rights in Kosovo, in: Global Governance 10 (2004), S. 308.

tannien wollten ein UN-Mandat für die internationale Verwaltung.[63] Der Kompromiss sah vor, dass die Vereinten Nationen die Zivilpräsenz führen sollten. Die EU und die OSZE sollten aber so weit wie möglich in Struktur und Arbeit der UN-Mission im Kosovo einbezogen werden. Aus diesem Grund ermächtigt der Sicherheitsrat den UN-Generalsekretär dazu, die internationale Zivilpräsenz mit Hilfe anderer internationaler Organisationen einzurichten.[64]

Der Kompromiss wurde von den Vereinten Nationen nicht zuletzt aus praktischen Gesichtspunkten bereitwillig umgesetzt. Von Beginn an war klar, dass die der internationalen Zivilpräsenz von Resolution 1244 übertragenen Aufgaben die Leistungsfähigkeit einer einzelnen internationalen Organisation übersteigen würden. Daher sollte eine Struktur geschaffen werden, die die Beteiligung verschiedener internationaler Organisationen ermöglicht. Die an der Mission beteiligten Organisationen Vereinte Nationen, OSZE und EU sollten in die Zivilpräsenz integriert werden, damit sie ihre spezifischen Kenntnisse und Erfahrungen sowie ihre personellen, finanziellen und technischen Ressourcen bestmöglich einbringen können.[65] Gleichzeitig sollten Lehren aus den Erfahrungen der internationalen Gemeinschaft in Bosnien-Herzegowina gezogen werden, wo mangelnde Koordination zwischen internationalen Organisationen und schwache Strukturen zu Reibungsverlusten und Ineffizienzen geführt hatten.[66] Um dies im Kosovo zu vermeiden, wurde eine klare Hierarchie mit eindeutig definierten Befehlsstrukturen geschaffen.[67]

Die für die UNMIK charakteristische Pfeilerstruktur spiegelt diese Vorgabe wider. Den Aufgaben folgend, die Resolution 1244 der internationalen Zivilpräsenz überträgt, gliedert sich die UNMIK in vier Hauptbestandteile, den so genannten Pfeilern:

63 G. Joetze (Fn. 3), S. 146.
64 Ziffer 10 Resolution 1244.
65 Report of the Secretary-General, 12.07.1999 (Fn. 57), Ziffer 118.
66 M. Steiner, Drei Mal Kosovo, Vortrag an der Humboldt Universität Berlin am 12.11.2002, http//www.rewi.hu-berlin.de/jura /ex/tms/sp/steiner_ de.pdf (31.07.2006), S. 3.
67 Report of the Secretary-General, 12.06.1999 (Fn. 57), Ziffer 2.

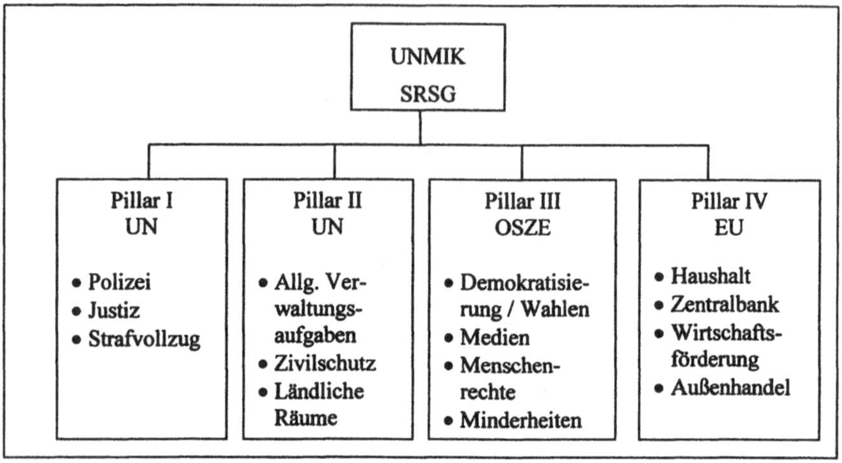

Abb.: Pfeilerstruktur der UNMIK

Pfeiler I ist für Sicherheit und Justiz, Pfeiler II für die allgemeine Verwaltung, Pfeiler III für Menschenrechte und Aufbau demokratischer Institutionen und Pfeiler IV für den wirtschaftlichen Wiederaufbau zuständig.
In Übereinstimmung mit ihren Aufgaben aus Ziffer 10 der Resolution 1244 hat die UNMIK einen Teil ihrer Aufgaben nach Inkrafttreten des Verfassungsrahmens für die vorläufige Selbstverwaltung in Kosovo im Mai 2001 auf die so genannten *Provisional Institutions of Self-Government* (PISG) übertragen. Auf Kommunalebene sind demokratisch gewählte Gemeinderäte und Verwaltungsdirektoren unter der Aufsicht internationaler Administratoren tätig.

1. Der Sondergesandte des UN-Generalsekretärs

An der Spitze der UNMIK steht ein Sondergesandter des UN-Generalsekretärs (Special Representative of the Secretary-General, SRSG).[68] Er wird vom UN-Generalsekretär nach Absprache mit dem Sicherheitsrat ernannt und hat den Rang eines Untergeneralsekretärs der Vereinten Nationen.[69] Der SRSG trägt die Gesamtverantwortung für die Mission und ist für die Koordinierung der verschiedenen beteiligten Organisationen und Unterorganisationen der Vereinten Nationen zuständig.[70] Er ist gegenüber den Leitern der vier Pfeiler weisungsbe-

[68] Ziffer 6 Resolution 1244.
[69] Report of the Secretary-General, 12.06.1999 (Fn. 57), Ziffer 4.
[70] Report of the Secretary-General, 12.06.1999 (Fn. 57), Ziffer 3.

fugt, um die Kohärenz und Effizienz der Arbeit der Mission zu gewährleisten.[71] Erster SRSG war von Juli 1999 bis Januar 2001 *Dr. Bernard Kouchner* (Frankreich). Ihm folgte *Hans Haekkerup* (Dänemark), der das Amt von Januar 2001 bis Dezember 2001 ausübte. *Michael Steiner* (Deutschland) war von Februar 2002 bis Juli 2003 SRSG im Kosovo. Von August 2003 bis Juni 2004 leitete *Harri Holkerri* (Finnland) die UNMIK. *Sören Jessen-Petersen* (Dänemark) stand von Juli 2004 bis August 2006 an der Spitze der UNMIK. Derzeit hat *Joachim Rücker* (Deutschland) das Amt des SRSG inne. Der SRSG hat fünf Stellvertreter, einen ständigen Stellvertreter und die Leiter der vier Pfeiler der UNMIK.[72]

2. Die vier Pfeiler der UNMIK

Die Vereinten Nationen leiten die Pfeiler I und II. Pfeiler I ist zuständig für die Aufrechterhaltung der zivilen öffentlichen Ordnung. Dies geschieht sowohl mithilfe lokaler Polizeikräfte, die der Pfeiler I ausbildet und beaufsichtigt, als auch mithilfe einer internationalen Polizeitruppe.[73] Neben der Polizei ist die Justizverwaltung dem Pfeiler I unterstellt, deren Aufgabe in der Schaffung und Unterhaltung einer unabhängigen, unparteiischen und multiethnischen Justiz besteht.[74] Im Kosovo sind neben der lokalen Justiz auch internationale Richter und Staatsanwälte hauptsächlich auf dem Gebiet des Strafrechts tätig. Schwerpunkte der Arbeit des Pfeilers I sind zunehmend die Bekämpfung des organisierten Verbrechens, insbesondere des Drogen- und Menschenhandels, des Terrorismus und die Verfolgung von Kriegsverbrechen in Zusammenarbeit mit dem Internationalen Strafgerichtshof für das ehemalige Jugoslawien.[75]

Pfeiler II ist zuständig für allgemeine Regierungs- und Verwaltungsaufgaben. Nach der Bildung der Selbstverwaltungsinstitutionen im Jahr 2001 sind dies noch der Zivilschutz durch das *Department for Civil Protection*, allgemeine Verwaltungsaufgaben durch das *Department for Administrative Affairs*, Infra-

---

[71] Report of the Secretary-General, 12.07.1999 (Fn. 57), Ziffer 46.

[72] Die Amtsbezeichnung der Stellvertreter des SRSG lautet „Deputy Special Representative of the Secretary-General“ bzw. „Principal Deputy Special Representative of the Secretary-General“, im Folgenden „DSRSG“ und „PDSRSG“.

[73] Report of the Secretary-General on the United Nations Interim Administration Mission in Kosovo, UN Doc. S/2002/1126 vom 13.10.2002, Anhang I, S. 11 f.

[74] Report of the Secretary-General, 12.07.1999 (Fn. 57), Ziffer 66.

[75] Report of the Secretary-General on the United Nations Interim Administration Mission in Kosovo, UN Doc. S/2001/565 vom 07.06.2001, Ziffern 39 f.; Report of the Secretary-General on the United Nations Interim Administration Mission in Kosovo, UN Doc. S/2001/926 vom 02.10.2001, Ziffern 48 ff.

strukturmaßnahmen durch das *Department for Infrastructure* und Angelegenheiten der ländlichen Räume durch das *Department for Rural Affairs*.[76]

Die OSZE hat die Verantwortung für den Pfeiler III übernommen, dessen wichtigste Aufgaben die Unterstützung bei Aufbau und Arbeit demokratischer Strukturen, die Förderung der Menschenrechte, der Rechtsstaatlichkeit und des Minderheitenschutzes in Kosovo sind.[77]

Die EU leitet den Pfeiler IV, der für den wirtschaftlichen Wiederaufbau des Kosovo verantwortlich ist.[78] Rechtsgrundlage der Tätigkeit der EU im Rahmen der von den Vereinten Nationen geleiteten internationalen Administration ist ein Beschluss des Rates der Europäischen Union vom 29.07.1999.[79] Die allgemeine Zuständigkeit für wirtschaftspolitische Maßnahmen ist seit 2001 zunehmend auf die PISG übertragen worden. Der Pfeiler IV ist aber für einige Bereiche von besonderer Bedeutung weiterhin zuständig. Ihm unterstehen die Finanzverwaltung des Kosovo durch das *Fiscal Affairs Office*, die Bankenaufsicht und Zentralbank durch die *Banking and Payments Authority of Kosovo*, die *Central Regulatory Unit* für Angelegenheiten der Wirtschaftsverwaltung und die Zollverwaltung des UNMIK *Customs Service*. Nicht zu Pfeiler IV in formeller Hinsicht gehören die *Kosovo Trust Agency* und die *Public Utilities Regulatory Commission*. Beides sind unabhängige Anstalten, die aber personell und finanziell eng mit dem Pfeiler IV verknüpft sind.[80]

Zusätzlich zu ihrem Engagement für den Pfeiler IV der UNMIK ist die EU über die Europäische Wiederaufbauagentur (*European Agency for Reconstruction*, EAR) im Kosovo tätig. Die EAR ist zuständig für die Umsetzung von Hilfs- und Unterstützungsprogrammen der EU in Serbien, Montenegro und in Mazedonien. Im Kosovo liegt der Schwerpunkt der Arbeit auf dem Wiederaufbau zerstörter oder maroder Infrastruktur. Für die Instandsetzung von Kraftwerken und andere Maßnahmen zur Wiederherstellung der Elektrizitätsversorgung hat die EAR seit 1999 insgesamt 408 Millionen Euro aufgewendet, was etwa 40 % des Gesamtbudgets der EAR im Kosovo entspricht.[81] Seit der Bildung der PISG sind weitere Schwerpunkte der EAR die Förderung und Unterstützung der neu geschaffe-

---

76 Report of the Secretary-General on the United Nations Interim Administration Mission in Kosovo, UN Doc. S/2002/62 vom 15.01.2002, Ziffer 15.

77 Vgl. Beschluss Nr. 305 des Permanenten Rates der OSZE vom 01.07.1999, PC.DEC/305, Amtsblatt des Permanenten Rates Nr. 237, Tagesordnungspunkt 2.

78 Pfeiler IV wird von (Acting) DSRSG *Paul Acda* (Großbritannien) geleitet.

79 Beschluß 1999/522/GASP, Amtsblatt der EG Nr. L 201 vom 31.07.1999, S. 1.

80 Siehe zur KTA, ihrer Struktur und ihren Aufgaben unten S. 66 ff.

81 EAR, Quarterly Report to the European Parliament, Juli-September 2005, http://ear.europa.eu/publications/main/news-a1c2y3.htm (31.07.2006), Ziffer 4.

nen politischen und sozialen Strukturen. Im Hinblick auf die vorliegende Untersuchung erwähnenswert ist ferner das Hilfsprogramm der EAR für die Privatisierung von gesellschaftlichen Unternehmen durch die Kosovo Trust Agency.[82] Die EAR und die Europäische Kommission haben das Privatisierungsvorhaben des Pfeilers IV von Beginn an aktiv unterstützt und gefördert. Obwohl die EAR eng mit der UNMIK und insbesondere mit dem Pfeiler IV zusammenarbeitet, ist sie kein Bestandteil der UNMIK.

3. Die Provisional Institutions of Self-Government

Bereits in Resolution 1160 hatte sich der Sicherheitsrat die Forderung der internationalen Gemeinschaft zu Eigen gemacht, den Status des Kosovo zu verbessern und ihm substanzielle Autonomierechte einzuräumen.[83] Aus dieser Forderung wurde in Ziffer 10 der Resolution 1244 ein Auftrag an die UNMIK. Bereits während der zeitweiligen Unterstellung des Kosovo unter internationale Verwaltung soll die Bevölkerung „substanzielle Autonomie innerhalb der Bundesrepublik Jugoslawien genießen können".[84] Die UNMIK begann bald nach der Übernahme der Hoheitsgewalt mit der Bildung von politischen Strukturen, die Träger der substanziellen Autonomierechte sein sollten.

Dieser Auftrag stellt eine große Herausforderung für die UNMIK dar, denn er macht es erforderlich, verschiedenste Ziele und Anforderungen miteinander zu vereinbaren.[85] Die UNMIK musste eine politische Struktur schaffen, die der Bevölkerung des Kosovo eine weitgehende demokratische Teilhabe an der Verwaltung der Provinz ermöglicht. Diese Struktur durfte aber nur provisorischen Charakter haben, um nicht die Statusfrage vorwegzunehmen. Notwendig war auch, dass die UNMIK die Kontrolle über die politische Struktur behielt, um ihrer Verantwortung für das Kosovo gerecht zu werden. Schließlich musste die UNMIK sie gewährleisten, dass die Minderheiten im Kosovo an der Selbstverwaltung ausreichend beteiligt und nicht von den mehrheitlichen Kosovo-Albanern an die Seite gedrängt werden.

---

[82] EAR, Quarterly Report to the European Parliament, Juli-September 2005 (Fn. 81), Ziffer 4.

[83] Ziffer 5 Resolution 1160.

[84] Ziffer 10 Resolution 1244.

[85] Vgl. Report of the Secretary-General on the United Nations Interim Administration Mission in Kosovo, UN Doc. S/2000/878 vom 18.09.2000, Ziffer 9.

Diese Vorgaben setzte die UNMIK im *Constitutional Framework for Provisional Self-Government in Kosovo* um, der am 15.05.2001 in Kraft trat.[86] Der Verfassungsrahmen stellt einen weitgehend gelungenen Kompromiss zwischen den widerstreitenden Interessen dar. Einerseits trägt er den Forderungen der albanischen Bevölkerungsmehrheit nach einer weitgehenden Beteiligung an der Verwaltung des Kosovo Rechnung. Gleichzeitig wird der Eindruck vermieden, mit dem Verfassungsrahmen würde der politische Status des Kosovo vorweggenommen. Die UNMIK hatte stets Begehrlichkeiten nach der Schaffung von quasi-souveränen Strukturen, etwa durch die Bezeichnung des Dokuments als Verfassung, der Einrichtung eines Verfassungsgerichts und durch die Terminierung eines Referendums über die Unabhängigkeit des Kosovo, eine Absage erteilt.[87] Die UNMIK kam der albanischen Bevölkerungsmehrheit aber insoweit entgegen, dass die Selbstverwaltungsinstitutionen wie staatliche Organe bezeichnet werden. Die *Provisional Institutions of Self-Government* (PISG) sind nach dem Verfassungsrahmen die Versammlung des Kosovo, der Präsident des Kosovo und die Regierung.[88] Schließlich hatte der Schutz der Rechte und Interessen aller Bevölkerungsgruppen sowie die Souveränität und territoriale Integrität Serbiens bei der Ausarbeitung des Verfassungsrahmens für die UNMIK Priorität.[89]

Die PISG haben begrenzte Aufgaben und Befugnisse auf dem Gebiet der Gesetzgebung, Verwaltung und Rechtssprechung. Der Verfassungsrahmen grenzt die Zuständigkeitsbereiche der UNMIK und der PISG ab. Die Zuständigkeiten der PISG – die übertragenen Machtbefugnisse (*transferred powers*) – reichen zwar sehr weit, sind aber im Verfassungsrahmen abschließend aufgezählt.[90] In dem für die vorliegende Arbeit besonders interessierenden Bereich der Wirtschaftspolitik sind die PISG verantwortlich für die Finanz- und Wirtschaftspolitik, Haushaltsfragen, das Zollwesen, den Außen- und Binnenhandel, Industriepolitik und Investitionen, Arbeit und soziale Sicherheit, Transport, Post, Telekommunikation sowie für die Informationstechnologie.

Im Gegensatz zu den *transferred powers* zählt der Verfassungsrahmen die bei der UNMIK verbleibenden Zuständigkeiten nur beispielhaft auf. Sie werden als

---

86 Regulation 2001/9 „On a Constitutional Framework for Provisional Self-Government in Kosovo“, UN Doc. UNMIK/REG/2001/9 vom 15.05.2001, im Folgenden: „Verfassungsrahmen“. Zur Analyse des Verfassungsrahmens aus staats- und völkerrechtlicher Sicht siehe C. Stahn (Fn. 13), S. 531 ff.; A. Hajrullahu/M. Salumun, Der Verfassungsrahmen für die Provisorische Selbstverwaltung in Kosovo, in: Südosteuropa 51 (2002), S. 122 ff.

87 Report of the Secretary-General, 07.06.2001 (Fn. 75), Ziffer 22.

88 Ziffer 1.5 Regulation 2001/9.

89 Report of the Secretary-General, 07.06.2001 (Fn. 75), Ziffer 20.

90 Ziffer 5 Regulation 2001/9.

Vorbehaltsbefugnisse bezeichnet (*reserved powers*).[91] Für die Unternehmensprivatisierung von Bedeutung ist, dass die UNMIK für die Verwaltung von öffentlichen, staatlichen und gesellschaftlichen Unternehmen und die Regulierung von öffentlichen und gesellschaftlichen Unternehmen zuständig bleibt.[92] Ziffer 8.1 des Verfassungsrahmens lautet:

> The powers and responsibilities of the Provisional Institutions of Self-Government shall not include certain reserved powers and responsibilities, which will remain exclusively in the hands of the SRSG. These reserved powers shall include: [...]
>
> (q) Authority to administer public, state and socially-owned property in accordance with the relevant UNMIK legislation in force, in cooperation with the Provisional Institutions of Self-Government;
>
> (r) Regulation of public and socially-owned enterprises after having consulted the Economic and Fiscal Council and the Provisional Institutions of Self-Government; [...]

Alle Zuständigkeiten im Zusammenhang mit der Privatisierung von gesellschaftlichen Unternehmen und der Verwaltung öffentlicher Unternehmen liegen daher weiterhin ausschließlich bei der UNMIK.

Die höchste repräsentative und legislative Selbstverwaltungsinstitution ist die Versammlung. Sie hat 120 Sitze, von denen 20 für Vertreter von Minderheiten reserviert sind.[93] Die Versammlung hat in den Bereichen das Gesetzgebungsrecht, in denen nach dem Verfassungsrahmen eine Zuständigkeit der PISG besteht. Die von ihr verabschiedeten Rechtsakte werden in Abgrenzung zu den Regulations des SRSG als Gesetze bezeichnet.[94] Die Versammlung wählt den Präsidenten des Kosovo und bestätigt den vom Präsidenten vorgeschlagenen Premierminister und die Minister seines Kabinetts.

Der Präsident des Kosovo hat hauptsächlich repräsentative Aufgaben. Er soll die Einheit der Bevölkerung erhalten und die Funktionsfähigkeit der PISG gewährleisten. Nach Absprache mit dem SRSG vertritt er das Kosovo nach außen[95], wobei allerdings zentrale Bereiche der Außenbeziehungen dem SRSG vorbehalten sind.[96] Der Präsident schlägt der Versammlung den Premierminister vor.[97]

---

91 Ziffer 8 Regulation 2001/9.

92 Ziffer 8.1. lit. q) und r) Regulation 2001/9.

93 Ziffer 9.1.2 und 9.1.3 Regulation 2001/9.

94 Ziffer 9.1.26 lit.a) Regulation 2001/9.

95 Ziffer 9.2.1 und 9.2.2 Regulation 2001/9.

96 Siehe zu den Materien, die sich der SRSG auf dem Gebiet der auswärtigen Beziehungen Kosovos vorbehalten hat, Ziffer 8.1. lit. i) Regulation 2001/9 (internationale Beziehungen auf rechtlichem Gebiet), lit. m (Abschluss von Verträgen mit Staaten und internationalen

Die Regierung besteht aus dem Premierminister und Fachministern, von denen mindestens zwei einer anderen Volksgruppe als der in der Versammlung am stärksten vertretenen angehören müssen.[98] Mit dieser Regelung soll sichergestellt werden, dass mindestens ein Serbe und ein Mitglied einer weiteren Volksgruppe in der Regierung vertreten sind.

Der Verfassungsrahmen enthält ferner grundlegende Bestimmungen zur Rechtssprechung durch das Oberste Gericht des Kosovo, die Distriktgerichte und die Gemeindegerichte. Es besteht ein allgemeiner Anspruch auf Rechtsschutz gegen Verwaltungsakte der Regierung oder einer der Regierung unterstellten Behörde durch unabhängige und unparteiische Gerichte.[99] Darüber hinaus wird eine Kammer des Obersten Gerichtes mit einer Sonderzuständigkeit für Fragen im Zusammenhang mit der Auslegung des Verfassungsrahmens eingerichtet.[100] Die Kammer kann ein von der Versammlung erlassenes Gesetz für unvereinbar mit dem Verfassungsrahmen oder mit grundlegenden internationalen Menschenrechtsinstrumenten erklären. Eine Zuständigkeit der Kammer für Klagen gegen Maßnahmen des SRSG, der UNMIK, der KFOR oder einzelner Mitarbeitern der UNMIK oder der KFOR besteht dagegen nicht. Ferner besteht eine Kammer des Obersten Gerichts mit einer Sonderzuständigkeit für Privatisierungssachen.[101]

4. Selbstständige Einrichtungen

Der Verfassungsrahmen enthält eine Rechtsgrundlage für die Einrichtung von selbstständigen Einrichtungen und Anstalten, die nicht zu den PISG gehören und die bestimmte Aufgaben der internationalen Verwaltung des Kosovo übernehmen können. Ziffer 11.2 des Verfassungsrahmens lautet:

> The bodies and offices specified above, and such other independent bodies and offices as may be established by law, shall have the powers, obligations, and composition specified in the legal instruments by which they are established.

Eine selbstständige Einrichtung im Sinne der Ziffer 11.2 des Verfassungsrahmens ist die Kosovo Trust Agency, der Befugnisse zur Verwaltung öffentlicher

---

Organisationen), lit. n) (Überwachung der Einhaltung von Verpflichtungen aus von der UNMIK abgeschlossenen völkerrechtlichen Verträgen), lit. o) (Außenbeziehungen, nach Rücksprache und in Abstimmung auch in den Bereichen, die den PISG übertragen sind).

97 Ziffer 9.2.4 lit. b) Regulation 2001/9.

98 Ziffer 9.3.4 und 9.3.5 Regulation 2001/9.

99 Ziffer 9.4.2 und 9.4.3 Regulation 2001/9.

100 Ziffer 9.4.11 Regulation 2001/9.

101 Zu dieser Kammer siehe unten 2. Teil, Abschnitt D.II.6., S. 83 f.

und gesellschaftlicher Unternehmen sowie die Privatisierung des Vermögens gesellschaftlicher Unternehmen übertragen sind.[102] Weitere selbstständige Einrichtungen sind beispielsweise die *Central Election Commission*[103] und die *Banking and Payments Authority of Kosovo* (BPK)[104].

Trotz ihrer Selbstständigkeit sind die Maßnahmen solcher Einrichtungen wie der Kosovo Trust Agency der UNMIK völkerrechtlich zuzurechnen. Die UNMIK kann sich für die Schaffung von selbstständigen Einrichtungen auf eine implizite Ermächtigung des Sicherheitsrates stützen. Sie hat von Beginn ihrer Tätigkeit von der Möglichkeit Gebrauch gemacht, einen Teil ihrer Aufgaben auf spezialisierte Einrichtungen zu übertragen. Der Sicherheitsrat hat gegen diese Praxis nie Einwände erhoben. Ein Beispiel hierfür ist die BPK, die bereits im November 1999 geschaffen wurde, um die Aufgaben einer Zentralbank sowie einer Girozentrale zu übernehmen. Der UN-Generalsekretär informierte den Sicherheitsrat über die Bildung der BPK in seinem Bericht vom 23.12.1999.[105] Der Sicherheitsrat hat dies nicht kommentiert. Auch die Gründung der Kosovo Trust Agency als selbstständige Einrichtung hat der Sicherheitsrat stillschweigend gebilligt. In Ziffer 11.2 des Verfassungsrahmens hat die UNMIK diese Befugnis auf eine rechtliche Grundlage gestellt.

Die Befugnis der UNMIK zur Bildung von selbstständigen Einrichtungen hat allerdings nicht zur Folge, dass sie sich damit ihrer völkerrechtlichen Verantwortung in dem fraglichen Bereich entziehen kann. Die UNMIK durfte zwar die Kosovo Trust Agency mit einer privatrechtlichen Teilrechtsfähigkeit versehen und Ansprüche Privater auf das Haftungskapital der Einrichtung begrenzen.[106] Die völkerrechtliche Verantwortung konnte die UNMIK dagegen nicht auf die Kosovo Trust Agency abwälzen. Dies ergibt sich daraus, dass die völkerrechtliche Verantwortung die internationale Organisation als Ganze trifft. Weder die UNMIK als Nebenorgan des Sicherheitsrates noch die Kosovo Trust Agency als eine von der UNMIK geschaffene Einrichtung sind eigene Völkerrechtssubjek-

---

[102] Regulation 2002/12 „On the Establishment of the Kosovo Trust Agency", UN Doc. UNMIK/REG/2002/12 vom 13.06.2002, Ziffer 1.

[103] Regulation 2000/21 „On the Establishment of a Central Election Commission", UN Doc. UNMIK/REG/2000/21 vom 18.04.2000 i.d.F. von Regulation 2000/65 „Ameding UNMIK Regulation 2000/21 On the Establishment of a Central Election Commission", UN Doc. UNMIK/REG/2000/65 vom 19.12.2000.

[104] Regulation 1999/20 „On the Banking and Payments Authority of Kosovo", UN Doc. UNMIK/REG/1999/20 vom 15.11.1999 i.d.F. von Regulation 2001/24 „Amending Regulation 1999/20 On the Banking and Payments Authority of Kosovo", UN Doc. UNMIK/REG/2001/24 vom 01.10.2001.

[105] Report of the Secretary-General on the United Nations Interim Administration Mission in Kosovo, UN Doc. S/1999/1250 vom 23.12.1999, Ziffer 99.

[106] Vgl. Ziffern 1 und 17 Regulation 2002/12.

te.[107] Eine eigene völkerrechtliche Haftung der UNMIK oder der Kosovo Trust Agency ist daher ausgeschlossen.

[107] Siehe zur Einordnung der UNMIK als Nebenorgan des Sicherheitsrates 3. Teil, Abschnitt A.I.1., unten S. 88 ff.

Zweiter Teil
Unternehmensprivatisierung durch die UNMIK

Zu den Aufgaben der UNMIK aus Resolution 1244 gehört der wirtschaftliche Wiederaufbau. Der Erfüllung dieser Aufgabe soll die Unternehmensprivatisierung dienen. Mit ihr bezweckt die UNMIK die Schaffung von Investitionsanreizen im Kosovo, indem attraktive Vermögenswerte von Unternehmen privaten Investoren zum Kauf angeboten werden. So sollen der wirtschaftliche Aufschwung des Kosovo gefördert und Arbeitsplätze geschaffen werden. Dies ist auch dringend erforderlich. Die Wirtschaftslage im Kosovo ist äußerst angespannt. Nicht zuletzt für die Festigung der politischen Stabilität hat die Verbesserung der wirtschaftlichen Lage im Kosovo daher eine zentrale Bedeutung.

Im Folgenden sollen die tatsächlichen Hintergründe der Unternehmensprivatisierung sowie das von der UNMIK eingeführte Privatisierungsverfahren dargestellt werden. Nach einer Beschreibung der Lage der Wirtschaft im Kosovo (A.) werden zwei Rechtsinstitute des jugoslawischen Wirtschaftsrechts vorgestellt, die für die Prüfung der völkerrechtlichen Zulässigkeit und insbesondere der Vereinbarung mit der menschenrechtlichen Eigentumsgarantie relevant sind. Dabei handelt es sich um das gesellschaftliche Eigentum und um die gesellschaftlichen Unternehmen (B.). Danach werden privatisierungsrechtliche Vorschriften des jugoslawischen und serbischen Rechts vorgestellt (C.) Diese sind für die Prüfung der Verhältnismäßigkeit der Privatisierungsregelung der UNMIK von Bedeutung. Dabei wird es nämlich darauf ankommen, ob die UNMIK die gesellschaftlichen Unternehmen auch durch Anwendung serbischen Rechts hätte privatisieren können. Im letzten Abschnitt wird die Privatisierungsstrategie der UNMIK beschrieben. Darin wird zunächst auf Versuche der UNMIK eingegangen, die Wirtschaft des Kosovo und die gesellschaftlichen Unternehmen ohne Privatisierung wieder zu beleben, bevor die Unternehmensprivatisierung durch die von der UNMIK zu diesem Zweck errichtete Privatisierungsbehörde, der Kosovo Trust Agency, näher vorgestellt wird (D.).

A. Die Wirtschaft des Kosovo

Die Wirtschaftsordnung des Kosovo speist sich aus den von der UNMIK und der PISG auf dem Gebiet des Wirtschaftsrechts erlassenen Rechtsakten sowie aus dem Recht der SFR Jugoslawien, der Bundesrepublik Jugoslawien, des Staatenbunds Serbien-Montenegro und Serbiens; in geringerem Umfange existieren Regelungen der autonomen Provinz Kosovo aus der Zeit vor der Beseitigung der

Autonomie im Jahre 1989. Diese Wirtschaftsordnung ist gekennzeichnet durch ihren Übergangscharakter. Sie ist von der Grundkonzeption sozialistisch geprägt, enthält aber bereits einige Ansätze für eine marktwirtschaftliche Ausrichtung. Dies erklärt sich daraus, dass die jugoslawische Führung in den späten achtziger Jahren eine Reihe von Reformen in Angriff nahm, die der von einer seit Jahren andauernden schweren Krise gebeutelten Wirtschaft Jugoslawiens wieder auf die Beine verhelfen sollte. Dennoch blieben einige der Grundfesten des jugoslawischen Wirtschaftsmodells unverändert. Nach der Aufhebung der Autonomie des Kosovo am 23.03.1989 und dem Zerfall der SFR Jugoslawien zwei Jahre später führten die Nachfolgerepubliken in unterschiedlicher Intensität und Entschlossenheit den Reformkurs fort. Die Bundesrepublik Jugoslawien fiel hinter das fortschrittlichere Slowenien und bald auch hinter Kroatien zurück, wofür die Kriege in Kroatien, Bosnien-Herzegowina und im Kosovo sowie die staatskapitalistische Ausrichtung des Milošević-Regimes mitverantwortlich waren. Doch auch in der Bundesrepublik Jugoslawien wurden zaghafte Schritte hin zu einer Liberalisierung der Wirtschaft unternommen.[108] Die UNMIK machte diese Schritte rückgängig, indem sie in der Regulation 1999/24 das im Kosovo geltende Recht auf den Stand vom 22.03.1989 zurückversetzte. Daher herrscht im Kosovo die paradoxe Situation, dass die von den Vereinten Nationen unter maßgeblicher Beteiligung der Staaten Westeuropas und Nordamerikas verwaltete Provinz in wichtigen Bereichen wie der Unternehmensverfassung eine sozialistischere Rechts- und Wirtschaftsordnung hat als die übrigen Nachfolgerepubliken Jugoslawiens. Viele der alten sozialistischen Rechtsinstitute existieren im Kosovo wieder, die anderswo längst abgeschafft worden sind.

Im Folgenden wird zuerst eine Einführung in die jugoslawische Wirtschaftsordnung gegeben (I.). Danach wird die Lage der Wirtschaft des Kosovo beschrieben (II.).

I. Die jugoslawische Wirtschaftsordnung

Nach der Gründung der SFR Jugoslawien im Jahr 1945 begann die Staatsführung mit dem Aufbau eines Wirtschaftssystems nach sowjetischem Vorbild.[109] Das Privateigentum an Produktionsmitteln wurde abgeschafft und fast alle Wirtschaftsbetriebe und Banken verstaatlicht. Doch als es im Jahr 1948 zum Bruch zwischen Jugoslawien und der Sowjetunion kam, begann ein Prozess des Umdenkens und eine ideologische und wirtschaftspolitische Emanzipation von der

---

[108] M. Uvalić, Privatisation and Corporate Governance in Serbia (FR Yugoslavia), 2001, http://www.wiiw.ac.at/balkan/files/Uvalic.pdf (31.07.2006).

[109] H. Lydall, Yugoslav Socialism: Theory and Practice (1984), S. 66.

Sowjetunion. Dieser Prozess führte zur Entwicklung der Theorie vom Staatskapitalismus. Nach dieser Theorie sollten die Produzenten, also die Arbeiter, und nicht der Staat die ausschließliche Befugnis zur Wirtschaftslenkung haben. Dies bedeutete eine Abkehr vom sowjetischen Modell, bei dem alle Produktionsmittel im Eigentum des Staates standen und dieser durch den Plan verbindliche Vorgaben für die Wirtschaftstätigkeit machte. Nach Auffassung Jugoslawiens hatte die Planwirtschaft eine neue Klasse der Staatskapitalisten und Bürokraten geschaffen, die ihre Macht zur Mehrung des eigenen Vorteils einsetzte. Man war der Ansicht, dass eine verfestigte, mächtige und einflussreiche staatliche Bürokratie, wie sie in der Sowjetunion entstanden war, mit dem Ziel einer kommunistischen Gesellschaft unvereinbar war.[110] In Jugoslawien wurde daher ein dritter Weg propagiert, der eine Alternative sowohl zur kapitalistischen Marktwirtschaft als auch zur sowjetischen Planwirtschaft sein sollte. Hervorstechende Merkmale dieser so genannten sozialistischen Marktwirtschaft waren dezentrale wirtschaftliche Entscheidungsprozesse durch Selbstverwaltung der Arbeiter und die Abschaffung des Staatseigentums.[111]

Auf der Grundlage der Theorie des Staatskapitalismus wurden in den fünfziger Jahren die grundlegenden Voraussetzungen für das jugoslawische Wirtschaftssystem geschaffen. Die Planwirtschaft wurde wieder abgeschafft und in den verstaatlichten Unternehmen wurde die Arbeiterselbstverwaltung eingeführt. Mit dem gesellschaftlichen Eigentum wurde eine neue Eigentumsform geschaffen, die an die Stelle des Privateigentums und des Staatseigentums trat.[112] Der Staat, der sich anfangs noch weit reichende Befugnisse bei der Wirtschaftslenkung vorbehalten hatte, zog sich schrittweise aus dem Wirtschaftsleben zurück. In der Folge wurden die Rechte der Arbeiter weiter ausgedehnt.[113]

Die Arbeiterselbstverwaltung basierte auf dem Gedanken, dass alle Arbeiter eines Unternehmens gemeinsam durch gewählte Arbeiterräte über die Geschäftspolitik entscheiden sollten. Die Geschäftsführung wurde von den Arbeitern gewählt und war diesen verantwortlich. In der Praxis zeigte sich jedoch rasch, dass die Arbeiter der Unternehmen oftmals keinen engagierten Gebrauch von ihren Rechten zur Selbstverwaltung machten. Das System wurde daher bereits in den siebziger Jahren grundlegend reformiert. Das Gesetz über die assoziierte Arbeit von 1976 schuf als neue verbindliche Unternehmensform die Organisation der

[110] H. Lydall (Fn. 109), S. 69.
[111] C. Prout, Market Socialism in Yugoslavia (1985), S. 13.
[112] C. Prout (Fn. 111), S. 13; T. Borić (Fn. 4), S. 38 ff.
[113] C. Prout (Fn. 111), S. 56.

assoziierten Arbeit.[114] Als Alternative zu Marktwirtschaft und Planwirtschaft wurde die Absprachenwirtschaft eingeführt.[115] Die Organisationen der assoziierten Arbeit sollten die Beteiligung der Arbeiter an den innerbetrieblichen Entscheidungsprozessen stärken, während die Absprachewirtschaft die zentrale Steuerung der Volkswirtschaft und das Gewinnstreben der Unternehmen ermöglichen sollte.[116] Diese Reformen konnten jedoch die wirtschaftlichen Probleme in Jugoslawien nicht lösen, zu deren Hauptursachen die Nachteile und Unzulänglichkeiten der Absprachenwirtschaft und der Arbeiterselbstverwaltung sowie die schwierige weltwirtschaftliche Lage in den siebziger Jahren gehörten.

Ende der achtziger Jahre wurde noch einmal unter Ministerpräsident *Ante Marković* ein Versuch unternommen, das jugoslawische Wirtschaftssystem grundlegend zu reformieren. Die so genannten Marković-Reformen umfassten eine Reihe von Gesetzen und Gesetzesänderungen, die bis 1989 in Kraft traten. Die wichtigsten dieser Gesetze, auf die in den nächsten Abschnitten näher eingegangen wird, sind das Unternehmensgesetz und das Gesetz über gesellschaftliches Kapital. Neben einer stärkeren marktwirtschaftlichen Ausrichtung der Wirtschaft und der Einführung von Sondereigentum an Produktionsmitteln und Unternehmen bezweckten diese Gesetze eine grundlegende Überarbeitung der Arbeiterselbstverwaltung. Als neue Wirtschaftssubjekte wurden die gesellschaftlichen Unternehmen geschaffen. Privateigentum und Genossenschaftseigentum an Unternehmen und Produktionsmitteln wurden neben dem gesellschaftlichen Eigentum zugelassen. Darüber hinaus wurden die Möglichkeiten des Staates und insbesondere der Gemeinden weitgehend abgeschafft, auf die Besetzung der Leitungsposten und die Geschäftspolitik der Unternehmen Einfluss zu nehmen.

Die Marković-Reformen kamen aber zu spät und konnten die strukturellen Probleme der jugoslawischen Wirtschaft nicht lösen. Die Wirkungslosigkeit der Reformen beruhte nicht zuletzt auf den politischen Entwicklungen in Jugoslawien, die zum Austritt von Slowenien und Kroatien und zum Zerfall Jugoslawiens im Jahr 1991 führten.

---

[114] Gesetz über die assoziierte Arbeit, SL SFRJ 1976 Nr. 53, 1983 Nr. 57 und 1987 Nr. 85, deutsche Übersetzung in: Parlament der SFR Jugoslawien (Hrsg.), Das Gesetz über Assoziierte Arbeit (1977).

[115] Zu den Merkmalen der Absprachenwirtschaft siehe S. Pürner, Die GmbH als neugeschaffene Form ausländischer Investition in Jugoslawien (1991), S. 21 ff.

[116] C. Höcker-Weyand, Die Rechtsinstitute und Rechtsinstitutionen des jugoslawischen Selbstverwaltungssystems (1980), S. 90 ff. und S. 111 ff.

II. Die Lage der Wirtschaft im Kosovo

Das Kosovo war der wirtschaftlich schwächste Teil Jugoslawiens und wurde von der Krise des jugoslawischen Wirtschaftssystems in besonderem Maße getroffen.[117] Zusätzlich verstärkten die politischen Entwicklungen im Kosovo seit Ende der achtziger Jahre und schließlich die bewaffnete Auseinandersetzung zwischen 1996 und 1999 die wirtschaftlichen Probleme. Seitdem die UNMIK im Jahr 1999 die Verwaltung des Kosovo übernahm, hat sich die wirtschaftliche Lage etwas entspannt. Grundlegende Probleme der Wirtschaft des Kosovo sind jedoch weiterhin ungelöst.

1. Entwicklung bis 1999

Die Wirtschaft des Kosovo beruht traditionell auf der Landwirtschaft und auf der Ausbeutung von Bodenschätzen. Die industrielle Basis ist schwach und im Wesentlichen auf die Lebensmittelverarbeitung und die Rohstoffindustrie beschränkt. Zwar war es ein Anliegen der jugoslawischen Wirtschaftspolitik, im Kosovo produzierendes Gewerbe durch Ansiedlung großer Zulieferer insbesondere für die Automobilindustrie anzusiedeln. Diese Maßnahmen waren jedoch weitgehend erfolglos, wofür in erster Linie wirtschaftliche Ineffizienz und politische Instabilität im Kosovo verantwortlich waren. Das Kosovo war nicht in der Lage, zu den reicheren Republiken im Norden aufzuschließen, sondern viel sogar immer weiter zurück.

Bis heute ist der Großteil der Bevölkerung des Kosovo in der Landwirtschaft beschäftigt, wobei kleine Familienbetriebe vorherrschend sind. Die Rohstoffvorkommen im Kosovo umfassen Mineral- und Buntmetallvorkommen, insbesondere Blei, Zink und Silber.[118] Die Rohstoffindustrie ist im Minenkombinat Trepca zusammengefasst, welches eine herausragende Stellung in der Wirtschaftsstruktur des Kosovo einnimmt.[119] Das Kombinat umfasst etwa 40 Minen im Nord- und Ostkosovo sowie weiterverarbeitende Betriebe der Chemie- und Batterieproduktion.[120]

---

[117] M. Palairet, Ramiz Sadiku: A Case Study in the Industrialisation of Kosovo, in: Soviet Studies 44 (1992), S. 899.

[118] Für einen Überblick über die Rohstoffvorkommen im Kosovo siehe Mining Journal, Special Edition, Kosovo – Land of Opportunity for European Mining and Energy (2005), http://www.kosovo-mining.org/kosovoweb/en/downloads/publications/basicContentParagraphs/08/document/article.pdf (30.08.2006).

[119] International Crisis Group, Trepca: Making Sense of the Labyrinth (1999), S. 1.

[120] International Crisis Group, Trepca: Making Sense of the Labyrinth (Fn. 119), S. 1.

Mit der Wirtschaft des Kosovo ging es seit Beginn der achtziger Jahre stetig bergab. Die Situation verschlechterte sich erheblich, als zusätzlich zur galoppierenden Inflationsrate und einer stetig steigenden Auslandsverschuldung 1988 die Wirtschaftsförderung der jugoslawischen Zentralregierung auslief, nachdem Slowenien und Kroatien eine weitere Unterstützung der ärmeren Republiken und Provinzen verweigert hatten.[121] In der Folge gingen Investitionen und Produktion im Kosovo erheblich zurück und die Konsumausgaben von Unternehmen und privaten Haushalten im Kosovo sanken.[122] Als der gesamtjugoslawische Markt in der Folge des Zerfalls des Zentralstaats zusammenbrach, verloren viele der Unternehmen im Kosovo ihre oftmals einzigen Abnehmer. Einen erheblichen Anteil am Niedergang der Wirtschaft des Kosovo hatten auch die steigenden ethnischen Spannungen seit Anfang der achtziger Jahre.[123]

Der Niedergang der Wirtschaft des Kosovo beschleunigte sich in den neunziger Jahren. Im Jahr 1996 betrug die Wirtschaftsleistung nur noch ein Drittel des Werts von 1971. Die industrielle Basis verkam rasch. Streiks der albanischen Arbeiter und deren spätere Entlassung führten zu dauerhaften Produktionsunterbrechungen. Zahlreiche Unternehmen wurden mit serbischen Unternehmen zwangsfusioniert. Oft wurden die kosovarischen Unternehmen zu Ersatzteillagern umfunktioniert, da Investitionsgüter aufgrund der Sanktionen der Vereinten Nationen gegen Jugoslawien nicht mehr nach Serbien geliefert werden durften. Ausrüstungsgegenstände und Maschinen wurden im Kosovo demontiert, um sie in serbischen Unternehmen einzusetzen.[124] Mitte der neunziger Jahre stieg aufgrund der kollabierenden Wirtschaft und insbesondere der Massenentlassungen albanischer Arbeiter durch die serbische Regierung die Arbeitslosigkeit weiter an. In der Folge entstand eine halblegale Privatwirtschaft im Kosovo, in der sich die Bewohner hauptsächlich durch Handel und Kleingewerbe über Wasser hielten.[125] Viele Kosovo-Albaner zogen ins westliche Ausland, insbesondere nach Deutschland und in die Schweiz.

Der bewaffnete Konflikt tat ein Übriges, um die Wirtschaft des Kosovo vollends zum Erliegen zu bringen. Die Luftangriffe der NATO und die Kämpfe zwischen UÇK und jugoslawischen Sicherheitskräften verursachten teilweise erhebliche Schäden an der wirtschaftlichen Infrastruktur. Kriegsbedingte Zerstörungen wa-

---

[121] H. Roggemann, Zur Verfassungsdiskussion in der SFR Jugoslawien. Rechts- und gesellschaftspolitische Aspekte gegenwärtiger Sozialismusreform, in: ROW 33 (1989), S. 274.

[122] World Bank, Kosovo, Federal Republic of Yugoslavia, Economic and Social Reforms for Peace and Reconciliation (2001), S. 2.

[123] M. Palairet (Fn. 117), S. 909.

[124] International Crisis Group, Strategy for Economic Development (Fn. 2), S. 20.

[125] World Bank, (Fn. 122), S. 92.

ren insbesondere an Wohngebäuden und Höfen zu verzeichnen.[126] In einigen Teilen des Kosovo wurden Strom- und Wasserleitungen sowie Straßen beschädigt oder zerstört.[127] Durch die Kämpfe und die Flüchtlingsbewegungen kam zwischen 1998 und 1999 praktisch jegliche wirtschaftliche Tätigkeit zum Erliegen. Die meisten Betriebe stellten die Arbeit ein, da die Belegschaft nicht mehr zur Arbeit erschien.

2. Entwicklung seit der Übernahme der Verwaltung des Kosovo durch die UNMIK

Seitdem die UNMIK im Juni 1999 die Verwaltung des Kosovo übernahm, beginnt sich die Wirtschaft langsam zu erholen. Nach einer Phase rapiden Anstiegs pendelte sich das Wirtschaftswachstum zwischen 2002 und 2004 bei etwa 4 % ein.[128] 2005 war das Wirtschaftswachstum leicht rückläufig. Eine spürbare Verringerung der Arbeitslosigkeit, weiterhin das größte wirtschaftliche Problem des Kosovo, steht jedoch weiterhin aus.[129]

Die Privatwirtschaft erlebt einen spürbaren Aufschwung. 2003 gab es ca. 50.000 Privatunternehmen in Kosovo. Dabei handelt es sich zumeist um Familienbetriebe, die überwiegend in den Sektoren Dienstleistung und Handel tätig sind.[130] Die positive Entwicklung ist hauptsächlich auf einen Bauboom nach dem bewaffneten Konflikt und auf gesteigerten Konsum zurückzuführen, von dem der Handel profitiert. Produzierendes Gewerbe und Industrie gibt es dagegen kaum. Zwar wird in den Bereichen der Grundstoff- und lebensmittelverarbeitenden Industrie ein Wachstumspotential gesehen.[131] Bislang wurde dieses Potential aber kaum genutzt, wofür insbesondere die hohen Kapitalkosten und die Rechtsunsicherheit verantwortlich sind. Ausländische Investitionen gibt es kaum. Der ungeklärte politische Status, der niedrige Bildungs- und Qualifizierungsgrad der Arbeitnehmer, die immer noch angespannte Sicherheitslage und schlechte Infrastrukturbedingungen wiegen schwerer als Garantien der internationalen Verwaltung, eine geringe Steuerbelastung und Lohnkosten, die zu den niedrigsten in

---

[126] World Bank, (Fn. 122), S. 3.

[127] World Bank, (Fn. 122), S. 5.

[128] Vgl. UNMIK European Union Pillar, Kosovo Outlook 2004, http://www.euinkosovo.org/upload/Kosovo%20Economic%20Outlook%202004.pdf (31.07.2006), S. 9.

[129] UNMIK European Union Pillar, The Economic Foundations of Status. Kosovo Outlook 2005, http://www.Euinkovo.org/upload/The%20Economic%20Foundations%20of%20-Status%20Kosovo%20Economic%20Outlook%20202006.pdf (31.07.2006), S. 3.

[130] UNMIK, Fact Sheet Kosovo, http://www.unmikonline.org/eu/index_ fs.pdf (31.07.2006), S. 3.

[131] International Crisis Group, Strategy for Economic Development (Fn. 2), S. 26.

Europa zählen. Dabei hat insbesondere die Statusfrage abschreckende Wirkung, da viele Investoren offenbar nicht darauf vertrauen, dass ihre Investitionen auch nach einer Klärung des politischen Status des Kosovo gesichert sind.[132] Die Unruhen im Kosovo vom März 2004 haben dem Vertrauen von Investoren zusätzlich einen Dämpfer versetzt.[133]

Von zentraler Bedeutung für die Wirtschaft des Kosovo sind weiterhin die gesellschaftlichen Unternehmen, von denen es im Kosovo etwa 500 gibt. Sie sind hauptsächlich im produzierenden Gewerbe, der Bauwirtschaft, der Landwirtschaft, dem Handel und im Tourismus tätig.[134] Schätzungsweise entfallen auf die gesellschaftlichen Unternehmen etwa 90 % der industriellen Basis, 50 % der Handelsflächen und 20 % der landwirtschaftlich genutzten Flächen.[135] Vor 1999 beschäftigten die gesellschaftlichen Unternehmen ca. 60.000 Mitarbeiter, heute noch etwa ein Drittel.[136] Allerdings sind bis auf einige Unternehmen in den Bereichen der lebensmittelverarbeitenden Industrie und der Bauwirtschaft die meisten gesellschaftlichen Unternehmen in ihren ursprünglichen Tätigkeitsfeldern nicht mehr aktiv. Während zahlreiche Unternehmen die Geschäftstätigkeit vollständig eingestellt haben, generieren andere in begrenztem Umfang Umsatz durch die Vermietung und Verpachtung der von ihnen genutzten Liegenschaften und Gebäuden an Privatunternehmen.[137] Dementsprechend liegt die Auslastung der gesellschaftlichen Unternehmen nach Schätzungen der UNMIK bei 30 %.[138]

Die gesellschaftlichen Unternehmen haben in allen Bereichen mit massiven Schwierigkeiten zu kämpfen. Neben den ungeklärten Eigentumsverhältnissen und dem Wegbrechen der traditionellen Märkte im ehemaligen Jugoslawien stellt insbesondere der mangelnde Zugang zu Eigen- und Fremdkapital die Unternehmen vor erhebliche Probleme. Investitionen sind praktisch unmöglich, obwohl den gesellschaftlichen Unternehmen seit den achtziger Jahren kein Kapital mehr zugeflossen ist und die von ihnen genutzten Anlagen oftmals zerstört oder in desolatem Zustand sind. Ein weiteres Problem ist das Fehlen qualifizierter Arbeitnehmer unter den Kosovo-Albanern, die oftmals nicht über notwendige Fähigkeiten im Management und Produktion verfügen. Wegen ihrer systema-

---

[132] International Crisis Group, Strategy for Economic Development (Fn. 2), S. 2.

[133] UNMIK European Union Pillar, Kosovo Outlook 2004, (Fn. 128).

[134] Kosovo Trust Agency, How Do I Bid for an SOE?, http://kta-kosovo.org/howtobid/how-to-bid-eng.pdf (22.07.2006).

[135] Kosovo Trust Agency, How Do I Bid for an SOE? (Fn. 134), S. 1.

[136] Kosovo Trust Agency, How Do I Bid for an SOE? (Fn. 134), S. 1.

[137] D. Eyre/A. Wittkowsky, Privatisation in Kosovo: The Political Economy of Property Rights and Stability in a Peace-Building Mission, in: Südosteuropa Mitteilungen 4 (2002), S. 23.

[138] UNMIK, Fact Sheet Kosovo (Fn. 130), S. 3.

tischen Ausgrenzung aus den gesellschaftlichen Unternehmen seit 1989 haben viele nur veraltete Kenntnisse.[139] Zahlreiche serbische Spezialisten haben das Kosovo verlassen.

Die UNMIK und die Geberinstitutionen waren sich von Beginn an einig, dass eine Belebung der Wirtschaft des Kosovo allein durch Investitionen „auf der grünen Wiese" wegen der politischen Unsicherheiten über den künftigen Status und der Zurückhaltung vieler Investoren nicht zu erreichen war.[140] Welche Maßnahmen aber für eine Verbesserung der Situation der gesellschaftlichen Unternehmen ergriffen werden sollten, war innerhalb der UNMIK lange umstritten, bis schließlich eine Einigung über ein Verfahren zur Privatisierung der Vermögenswerte der gesellschaftlichen Unternehmen erzielt werden konnte. Diese Entwicklung wird unten im Zusammenhang mit der Kosovo Trust Agency näher dargestellt.[141]

---

[139] World Bank (Fn. 122), S. 28.

[140] A. Rapp, Gesellschaftliches Eigentum und Privatisierung. Die KTA – eine Treuhandanstalt für den Kosovo, in: Vereinte Nationen 51 (2003), S. 167.

[141] Siehe zu den Maßnahmen der UNMIK zur Aktivierung der gesellschaftlichen Unternehmen und zur Privatisierung der gesellschaftlichen Unternehmen 2. Teil, Abschnitt D.I., unten S. 59 ff.

B. Einige wichtige Rechtsinstitute des jugoslawischen Wirtschaftsrechts

Im folgenden Abschnitt werden zwei Rechtsinstitute des jugoslawischen Wirtschaftsrechts vorgestellt, die für die Beurteilung der Unternehmensprivatisierung durch die UNMIK von Bedeutung sind, nämlich das gesellschaftliche Eigentum (I.) und die gesellschaftlichen Unternehmen (II.). Bei dem gesellschaftlichen Eigentum handelt es sich um die in der SFR Jugoslawien vorherrschende Eigentumsform. Die gesellschaftlichen Unternehmen waren die von der jugoslawischen Wirtschaftsverfassung vorgeschriebenen Wirtschaftssubjekte für die Arbeit mit Produktionsmitteln in gesellschaftlichem Eigentum. Eine eingehende Betrachtung dieser Rechtsinstitute ist für die Prüfung erforderlich, ob die Unternehmensprivatisierung verhältnismäßig ist und ob der Schutzbereich einiger Menschenrechte, wie das Recht auf Schutz des Eigentums oder die Koalitionsfreiheit, eröffnet ist.

I. Das gesellschaftliche Eigentum

In der jugoslawischen Wirtschaftsordnung nahm das Rechtsinstitut des gesellschaftlichen Eigentums eine herausragende Stellung ein. Es sollte das Privateigentum weitestgehend ersetzen. Wie der Sozialismus sowjetischer Prägung lehnte auch die jugoslawische Ideologie das Privateigentum an Produktionsmitteln ab. Das Privateigentum wurde für die Ausbeutung der Arbeiter verantwortlich gemacht, da im Kapitalismus nur dem Eigentümer der Produktionsmittel der von den Arbeitern geschaffene Mehrwert zusteht. Weil der Arbeiter fremdbestimmt arbeitet, so die Argumentation, führt das Privateigentum außerdem zu einer zunehmenden Entfremdung des Arbeiters vom Produkt seiner Arbeit.[142] Der Sozialismus jugoslawischer Prägung unterschied sich also vom sowjetischen System nicht in der Ablehnung des Privateigentums, sondern darin, was an seine Stelle treten solle. Während in der Sowjetunion das Staatseigentum weitgehend das Privateigentum ersetzt hatte, suchte man in Jugoslawien auch nach einer Alternative zum Staatseigentum. Der Nachteil des sowjetischen Modells wurde darin gesehen, dass sich dort eine neue Klasse von Planungsbürokraten herausgebildet hatte. In Jugoslawien wurde kritisiert, dass auch in der Sowjetunion die Arbeiter ausgebeutet würden, da die Staatsbürokratie den von den Arbeitern geschaffenen Mehrwert abschöpfe und zu ihrem eigenen Vorteil nutze. In einer Planwirtschaft sowjetischer Prägung sei die Entfremdung des Arbeiters von seiner Arbeit sogar noch schlimmer als in einer Marktwirtschaft, weil an die Stelle einer kleinen Zahl von Privateigentümern der Staat als über-

[142] S. Pürner (Fn. 115), S. 8.

mächtiger Monopoleigentümer trete.[143] Die jugoslawische Antwort bestand darin, dass niemandem – weder dem Staat noch einer Privatperson – das Verfügungsrecht über Produktionsmittel und die damit hergestellten Produkte zustehen sollte.

1. Rechtsnatur des gesellschaftlichen Eigentums

Trotz der prominenten Stellung des gesellschaftlichen Eigentums in der jugoslawischen Wirtschaftsordnung warf die Bestimmung seiner Rechtsnatur bis in die jüngste Zeit Schwierigkeiten auf.[144] Die jugoslawische Rechtslehre war sich darüber uneinig, ob das gesellschaftliche Eigentum einen Rechtsträger hat, beispielsweise die Gesellschaft, oder nicht.[145] In der Verfassung von 1974 entschied sich der Gesetzgeber für die so genannte Nichteigentumskonzeption und definierte das gesellschaftliche Eigentum als „Nicht-Recht", also als Negation eines Rechtes: Niemand durfte ein Eigentumsrecht an gesellschaftlichen Produktionsmitteln haben. Weder der Staat oder einzelne Betriebe noch Gruppen von Bürgern oder Einzelpersonen waren berechtigt, sich Sachen und Rechte in gesellschaftlichem Eigentum anzueignen.[146] Das gesellschaftliche Eigentum stand damit jeder denkbaren Form von Partikulareigentum entgegen. Es war ein Recht ohne Rechtsträger.

Das Fehlen einer Zuordnung von Sachen und Rechten zu einem bestimmten Rechtsträger entsprach dem mit dem gesellschaftlichen Eigentum verfolgten Zweck. Das Privateigentum und das Staatseigentum als Grundlage einer dinglichen Rechtsbeziehung wurden für die Ausbeutung der Arbeiter und für die Entfremdung der Arbeiter von ihrer Arbeit verantwortlich gemacht. Dies sollte das gesellschaftliche Eigentum vermeiden, indem das Eigentumsrecht als Zuordnungsinstrument abgeschafft wurde. Es sollte verhindert werden, dass sich je-

---

[143] S. Pürner (Fn. 115), S. 8.

[144] Vgl. S. Pürner (Fn. 115), S. 10, der von einer „ungeheuren Buntheit" von Ansichten über die Rechtsnatur des gesellschaftlichen Eigentums spricht und den jugoslawischen Ideologen Horvat mit den Worten zitiert, es habe „sich leider noch kein Professor der Rechte gefunden ..., der den Sinn [des] Begriffes [gesellschaftliches Eigentum] rechtlich definiert".

[145] Einen Überblick über die verschiedenen Ansichten zur Frage nach dem Rechtsträger des gesellschaftlichen Eigentums gibt T. Borić (Fn. 4), S. 32 ff. Vgl. auch S. Pürner (Fn. 115), S. 9, und C. Höcker-Weyand (Fn. 116), S. 49 jeweils m.w.N.

[146] Vgl. Jugoslawische Verfassung von 1974, Grundprinzipien, Abschnitt III. Siehe auch L. Ude, Eigentumsumwandlung der Unternehmen in Slowenien, in: C. Tomuschat (Hrsg.), Eigentum im Umbruch: Restitution, Privatisierung und Nutzungskonflikte im Europa der Gegenwart (1996), S. 95.

mand anderes den durch die Arbeiter geschaffenen Mehrwert aneignet.[147] Legitimationsgrundlage für die Güteraneignung sollte nicht ein Eigentumsrecht, sondern ausschließlich die Arbeit des Menschen sein.[148]

Entscheidend für die Begriffsbestimmung des gesellschaftlichen Eigentums ist daher, dass es – entgegen seiner Bezeichnung als Eigentum – keine dingliche Rechtsbeziehung zwischen einer Sache und einer Person begründete, sondern eine rechtliche Beziehung zwischen arbeitenden Menschen.[149] Allerdings enthielt die Verfassung von 1974 keine Aussagen darüber, welche Rechte sich aus dieser Rechtsbeziehung ergaben. Die Verfassung enthielt nur die Ablehnung des herkömmlichen Eigentumsbegriffs und erschöpfte sich in einer Negativabgrenzung.

2. Gesellschaftliche Mittel und andere Objekte des gesellschaftlichen Eigentums

Alle Investitions- und Konsumgüter vom Rohstoff über Halbzeug bis zum Fertigprodukt standen in gesellschaftlichem Eigentum. Auch Bodenschätze und andere Naturreichtümer waren gesellschaftliches Eigentum[150], genau wie Grundstücke, soweit sie Bauland waren. An landwirtschaftlich genutzten Flächen war Privateigentum bis zu einer Betriebsgröße von 30 ha. erlaubt.[151] Privateigentum bestand ferner an Konsumgütern, die der Endverbraucher zur Befriedigung seiner Bedürfnisse erwarb.[152] Auch an Gebäuden, Wohnungen, landwirtschaftlichen Kleinbetrieben und dem von ihnen bewirtschafteten Land sowie kleinen Gewerbebetrieben war Privateigentum erlaubt.

Bestimmte Sachen und Rechte, die Betriebe für ihre Wirtschaftstätigkeit nutzten, wurden als Mittel in gesellschaftlichem Eigentum oder als gesellschaftliche Mittel bezeichnet. Nicht unter den Begriff der gesellschaftlichen Mittel fielen allerdings Grundstücke und Immobilien. Daher kann der Begriff der gesellschaftlichen Mittel nicht mit dem Begriff der Produktionsfaktoren gleichgesetzt werden, der neben Kapital (Geld- und Sachmittel) auch Boden und Arbeit um-

---

[147] C. Höcker-Weyand (Fn. 116), S. 46.
[148] Verfassung von 1974, Grundsätze III, Abs. 5. Siehe C. Höcker-Weyand (Fn. 116), S. 51.
[149] S. Pürner (Fn. 115), S. 9.
[150] Verfassung von 1974, Artikel 12.
[151] Verfassung von 1974, Artikel 80 und 81 i.d.F. des Verfassungszusatzes XXIII Abs. 2.
[152] A. Aliu, Social Property in Kosova: A Special Approach on Legal Status of Construction and Farm Land (2002), S. 1.

fasst.[153] Was unter den Begriff der gesellschaftlichen Mittel fiel, definierte das Gesetz über die assoziierte Arbeit von 1976.[154] Gesellschaftliche Mittel wurden in Arbeits- und Geschäftsmittel, Grundmittel und Umlaufmittel unterteilt. Arbeits- und Geschäftsmittel waren Sachen, die die Arbeiter in den Betrieben nutzen und die sie als Produkt ihrer Arbeit hervorbrachten. Ebenfalls unter den Begriff der Arbeits- und Geschäftsmittel fielen Geldmittel, die die Arbeiter durch den Verkauf der von ihnen hergestellten Produkte erwarben. Grundmittel waren Sachen, die die Arbeits- und Geschäftsmittel bilden, deren Gebrauchsdauer ein Jahr überstieg und deren Wert teilweise auf die Produkte übertragen und aus den erzielten Einnahmen in Form der Amortisation wieder erneuert wurde. Die übrigen Arbeits- und Geschäftsmittel galten als Umlaufmittel. Nach diesen Definitionen waren Anlagen, Maschinen und andere Ausrüstung Grundmittel, während Rohstoffe, Halbzeug, Fertigprodukte und Geldmittel der Betriebe Umlaufmittel waren.

3. Nutzungsrechte an gesellschaftlichem Eigentum

Das gesellschaftliche Eigentum sollte eine möglichst effektive und gemeinnützige Nutzung der Ressourcen ohne Ausbeutung und Entfremdung der Arbeiter gewährleisten. Um dieses Ziel zu erreichen, war es notwendig zu bestimmen, wer mit Sachen und Rechten in gesellschaftlichem Eigentum arbeiten durfte. Zu diesem Zweck wies der Staat den Betrieben Nutzungsrechte an Sachen und Rechten im gesellschaftlichen Eigentum zu.[155] Ein Nutzungsrecht gewährte quasi-dingliche Befugnisse über eine Sache oder ein Recht, durfte aber nur entsprechend seiner Bestimmung und zum Wohle aller ausgeübt werden.[156] Das Nutzungsrecht war daher Bindungen unterworfen, die dem absoluten Charakter des dinglichen Rechts in einer auf dem Privateigentum aufbauenden Ordnung fremd sind. Das Nutzungsrecht begründete ein Treuhandverhältnis zwischen dem jeweiligen Nutzer und der Gesellschaft. Innerhalb dieser Grenzen gewährte es ein Recht zum Besitz und das Recht zur tatsächlichen Nutzung einer Sache, d.h. diese zu gebrauchen, zu verarbeiten, zu vermischen oder zu verbrauchen.[157] Die Arbeiter hatten das Recht und die Pflicht, in ihren Betrieben die gesellschaftli-

[153] Gabler Wirtschaftslexikon, 15. Aufl., Bd. 3 (2000), S. 2494, Stichwort „Produktionsfaktoren".

[154] Gesetz über die assoziierte Arbeit, Artikel 227 ff.

[155] Wegen dieser Aufgabe des Staates wurde vertreten, dass sich hinter dem gesellschaftlichen Eigentum herkömmliches Staatseigentum versteckt. Diese These hat sich aber nicht durchgesetzt, vgl. C. Höcker-Weyand (Fn. 116), S. 53.

[156] C. Höcker-Weyand (Fn. 116), S. 53.

[157] K. Medjad, Workers' Control as a Source of Customary Ownership Rights: Evidence from the Privatization in the Former Yugoslav Republics (2002), S. 4.

chen Mittel dem Wesen und der Zweckbestimmung dieser Mittel entsprechend zu nutzen.

Nutzungsrechte an gesellschaftlichen Mitteln wurden nicht ausdrücklich und im Einzelfall erteilt, sondern beruhten unmittelbar auf dem Gesetz über die assoziierte Arbeit. Dem Staat wurden keine Befugnisse eingeräumt, konkrete Nutzungsrechte an einer bestimmten Sache wieder zu entziehen. Die Kontrolle der Gesellschaft über die Nutzung von gesellschaftlichen Mitteln knüpfte nicht an eine bestimmte Sache an, sondern an die Verwaltungstätigkeit des jeweiligen Betriebes. Die Gemeinden waren aber berechtigt, Betriebe ihrer Aufgaben zu entheben und einstweilige Maßnahmen zu ergreifen, wenn diese gesetzwidrig über gesellschaftliche Mittel verfügten, gesellschaftliche Mittel ihrer Zweckbestimmung zuwider nutzten oder die gesellschaftlichen Interessen bei der Nutzung, Verwaltung und Verfügung verletzten. Diese Befugnis spielte im Kosovo nach der Übernahme der Verwaltung durch die UNMIK eine Rolle. Die Kommunen versuchten, mithilfe dieser Befugnisse dem unkontrollierten Verbrauch gesellschaftlicher Mittel durch die gesellschaftlichen Unternehmen im Kosovo Herr zu werden.[158]

4. Reform des gesellschaftlichen Eigentums

Im Zuge der Wirtschaftsreformen Ende der achtziger Jahre unter Marković wurde das Rechtsinstitut des gesellschaftlichen Eigentums grundlegend überarbeitet.[159] Die Nichteigentumskonzeption wurde im Hinblick auf die im Produktionsprozess verwendeten gesellschaftlichen Mittel aufgegeben. Diese Mittel wurden den sie nutzenden Personen ausschließlich zugewiesen.[160] Die gesellschaftlichen Mittel standen zwar weiterhin im gesellschaftlichen Eigentum, waren aber nun bestimmten Unternehmen ausschließlich zugeordnet. Der maßgebliche Verfassungszusatz bestimmte, dass die Organisation assoziierter Arbeit Träger der Rechte und Pflichten im Rechtsverkehr in Bezug auf alle Mittel ist, über die sie verfügt und die sie in Übereinstimmung mit der Natur und dem Verwendungszweck dieser Mittel, der Verfassung und dem Gesetz nutzt.[161] Durch diese Zuordnung bekamen die von den gesellschaftlichen Unternehmen genutzten Produktionsmittel einen Rechtsträger. Das gesellschaftliche Eigentum wandelte sich zu einem „gesellschaftlichen Eigentumsrecht“[162] oder zu Grup-

---

[158] Siehe dazu 2. Teil, Abschnitt D.I.2., unten S. 62.
[159] Zusätze IX-XLVIII zur Verfassung von 1974, SL SFRJ 1988 Nr. 70.
[160] S. Pürner (Fn. 115), S. 42.
[161] Verfassungszusatz X Abs. 1; deutsche Übersetzung bei S. Pürner (Fn. 115), S. 56 Fn. 23.
[162] R. Šturanović, Changes in the SFRY Constitution, in: Yugoslav Survey 30 (1989), S. 8.

pen- oder Kollektiveigentum.[163] Gerade in dieser Zuordnung von Sache und Rechten zu bestimmten Rechtssubjekten und der Schaffung eines echten Eigentumsrechts lag das Hauptanliegen der Verfassungsreform.[164]

II. Die gesellschaftlichen Unternehmen

Außer auf dem gesellschaftlichen Eigentum basierte die jugoslawische Wirtschaftsordnung maßgeblich auf dem Prinzip der Arbeiterselbstverwaltung. Die jugoslawische Wirtschaftsordnung sah verbindliche Unternehmensformen für die Nutzung von Mitteln in gesellschaftlichem Eigentum vor. Die Verfassung dieser Unternehmen basierte auf dem Gedanken der Arbeiterselbstverwaltung. Das heißt, nur die Arbeiter sollten über alle Fragen innerhalb ihres Unternehmens durch gewählte Vertreter entscheiden.

Die Unternehmensformen veränderten sich über die Zeit. Die jüngste und heute im Kosovo wieder existierende Unternehmensform sind die gesellschaftlichen Unternehmen. Diese Unternehmensform wurde erst durch das Unternehmensgesetz von 1988 eingeführt. Zuvor existierten seit 1976 die als schwerfällig und ineffektiv angesehenen Grundorganisationen der assoziierten Arbeit.

1. Die Arbeiterselbstverwaltung

Im jugoslawischen Sozialismus war das Recht zur Selbstverwaltung bei der Arbeit mit gesellschaftlichen Mitteln das Pendant zum gesellschaftlichen Eigentum. Während das gesellschaftliche Eigentum das Verfügungsmonopol eines bestimmten Rechtssubjekts über die Produktionsmittel beseitigte, befasste sich das Recht zur Selbstverwaltung mit der Art und Weise, wie die Produktionsmittel wirtschaftlich genutzt werden konnten. Da nach jugoslawischem Verständnis nur die Arbeit und nicht das eingesetzte Kapital ein Recht auf Einkommen gab, musste eine Beziehung zwischen Arbeitern und gesellschaftlichem Eigentum hergestellt werden. Dies geschah unmittelbar durch die Verfassung, die das Recht auf Selbstverwaltung als unantastbares und unverletzliches Grundrecht garantierte.[165]

---

[163] S. Pürner (Fn. 115), S. 53 Fn. 6 m.w.N.

[164] Darauf wies Ministerpräsident Marković in einer Rede anlässlich seiner Wahl hin, vgl. Statement by Ante Marković in the Assembly of the SFRY on the Occasion of His Election to the Office of President of the Federal Executive Council, in: Yugoslav Survey 30 (1989), S. 41.

[165] Artikel 153 der Verfassung von 1974. Siehe C. Höcker-Weyand (Fn. 116), S. 37; S. Pürner (Fn. 115), S. 15.

Das Recht, mit Mitteln in gesellschaftlichem Eigentum zu arbeiten, war ein kollektives Recht und konnte nur innerhalb von Betrieben ausgeübt werden. Die betriebliche Organisationsform war gesetzlich vorgeschrieben. Alle Fragen, die sich aus dem Verhältnis zwischen Person und Sache ergaben, sollten von den Arbeitern des jeweiligen Betriebs gemeinsam entschieden werden.[166] Genau wie das gesellschaftliche Eigentum begründete das Recht auf Selbstverwaltung ein gesellschaftliches Rechtsverhältnis. Aus ihm ergab sich zum einen das Recht zur Nutzung der gesellschaftlichen Mittel. Zum anderen begründete das Recht auf Selbstverwaltung die gegenüber der Gesellschaft bestehende Pflicht, mit diesen Mitteln sorgsam umzugehen.

Bis 1988 konnte die Arbeit mit gesellschaftlichen Mitteln nur innerhalb von Grundorganisationen der assoziierten Arbeit stattfinden.[167] Die Grundorganisationen waren in Größe und Funktion nicht mit Gesamtunternehmen zu vergleichen, sondern eher mit einzelnen Betriebsteilen, Abteilungen oder Arbeitsgruppen.[168] Das als Teil der Marković-Reformen erlassene Unternehmensgesetz von 1988 schaffte die Grundorganisationen der assoziierten Arbeit ab. Diese wurden als zu klein, zu ineffektiv und zu starr angesehen. Das Unternehmensgesetz, das weitgehend das Gesetz über die assoziierte Arbeit ersetzte, gestaltete die Unternehmensverfassung grundlegend um.[169] An Stelle der Grundorganisationen der assoziierten Arbeit traten als neue betriebliche Organisationsform die gesellschaftlichen Unternehmen. Mehrere Grundorganisationen wurden zu einem gesellschaftlichen Unternehmen zusammengefasst.

2. Rechtsgrundlage und Organe gesellschaftlicher Unternehmen

Das Gesetz über Unternehmen (Unternehmensgesetz) trat am 01.01.1989 in Kraft, wurde aber bereits sechs Monate später umfassend überarbeitet.[170] Gegenstand des Unternehmensgesetzes waren die möglichen Unternehmensformen für wirtschaftliche Betätigung. Dabei unterschied es zwischen Eigentumsformen

166 S. Pürner (Fn. 115), S. 16.
167 Artikel 14 Abs. 2 und 34 Abs. 1 der Verfassung von 1974.
168 S. Pürner (Fn. 115), S. 16.
169 Gesetz über Unternehmen, SL SFRJ 1988 Nr. 77. Deutsche Übersetzung bei H. J. Moecke/R. Möckelmann, Jugoslawien – Gesetz über ausländische Anlagen und Gesetz über Unterneh-men von 1988 (1989), S. 39 ff.
170 Durch das Änderungsgesetz zum Gesetz über die Unternehmen, SL SFRJ 1989 Nr. 40, wurden mehr als ein Drittel aller Vorschriften des Unternehmensgesetzes geändert, 32 der 196 Ziffer gestrichen und 19 neue eingefügt, vgl. S. Pürner (Fn. 115), S. 45. 1990 wurde das Unternehmensgesetz erneut geändert (SL SFRJ 1990 Nr. 46).

einerseits und Gesellschaftsformen andererseits.[171] Zulässige Eigentumsformen waren das gesellschaftliche Eigentum, das Privateigentum, das Genossenschaftseigentum und das gemischte Eigentum. Nach dem neuen Grundsatz der Parallelität und Gleichbehandlung sollten alle Eigentumsformen nebeneinander existieren.[172] Die jeweilige Eigentumsform eines Unternehmens richtete sich nach der Eigentumsform seines Kapitals. Diese wiederum folgte aus der Eigentumsform der Mittel, mit denen das Unternehmen arbeitete. Gesellschaftliche Unternehmen arbeiteten ausschließlich mit Mitteln im gesellschaftlichen Eigentum, während private Unternehmen über Mittel im Privateigentum und genossenschaftliche Unternehmen über Mittel im genossenschaftlichen Eigentum verfügten. Gemischte Unternehmen hatten Kapital, das in verschiedenen Eigentumsformen stand.[173]

Organe des gesellschaftlichen Unternehmens waren die Belegschaftsversammlung, der Arbeiterrat sowie das geschäftsführende Organ. Das Unternehmensgesetz legte im Vergleich zum Gesetz über die assoziierte Arbeit die Rechte und Pflichten der einzelnen Organe neu fest und verschob die Schwerpunkte zulasten der Belegschaftsversammlung und des Arbeiterrates. Die Stellung der Geschäftsführung wurde gestärkt. Die Geschäfte des gesellschaftlichen Unternehmens führten zwar weiterhin grundsätzlich die Arbeiter.[174] Deren Selbstverwaltungsrechte beschränkte das Unternehmensgesetz aber auf Entscheidungen über Unternehmensziele und -resultate.[175] Die Belegschaftsversammlung verabschiedete das Statut des gesellschaftlichen Unternehmens. Das Statut hatte insbesondere Bestimmungen über Zusammensetzung, Wahl, Abberufung und Arbeitsbereich des Arbeiterrates sowie Rechte, Pflichten und Verantwortlichkeiten des geschäftsführenden Organs zu regeln.[176] Ferner legte das Statut die Grundsätze der Arbeit und Geschäftstätigkeit des gesellschaftlichen Unternehmens fest und bestimmte die Pflichten und Verantwortlichkeiten der Arbeiter. Das Verwaltungsorgan des gesellschaftlichen Unternehmens war der Arbeiterrat.[177] Der Arbeiterrat beschloss die interne Organisation des gesellschaftlichen Unternehmens, das Arbeitsprogramm und den Entwicklungsplan, legte die Grundlagen der Geschäftspolitik fest, ernannte die Mitglieder des geschäftsführenden Organs und lenkte, kontrollierte und bewertete dessen Arbeit. Darüber hinaus ent-

[171] H. J. Moecke/R. Möckelmann (Fn. 169), S. 10.
[172] Artikel 1 Abs. 2 Unternehmensgesetz.
[173] Die vorliegende Untersuchung befasst sich ausschließlich mit gesellschaftlichen Unternehmen, da diese die im Kosovo vorherrschende Unternehmensform ist.
[174] Artikel 3 Abs. 1 Unternehmensgesetz.
[175] M. Beckmann-Petey, Neues Gesellschafts- und Investitionsrecht in Jugoslawien, in: RIW 35 (1989), S. 273; S. Pürner (Fn. 115), S. 55.
[176] Artikel 46 Abs. 5, 65 Unternehmensgesetz.
[177] Artikel 47 Abs. 1, 49 Unternehmensgesetz.

schied der Arbeiterrat über die Gewinnaufteilung. Das geschäftsführende Organ konnte eine Einzelperson (Direktor) oder ein Kollegium (geschäftsführender Ausschuss) sein.[178] Das geschäftsführende Organ organisierte und leitete den Arbeitsprozess und die Geschäftstätigkeit des gesellschaftlichen Unternehmens.[179] Es vertrat das gesellschaftlichen Unternehmen nach außen.

3. Rechtsnatur und Eigentumsverhältnisse

Im Zusammenhang mit der Privatisierung stellt sich die Frage nach der Rechtsnatur und den Eigentumsverhältnissen der gesellschaftlichen Unternehmen. Bei den Eigentumsverhältnissen ist zu unterscheiden. Einerseits bedarf es der Klärung, ob und welche Rechte den gesellschaftlichen Unternehmen an den Mitteln im gesellschaftlichen Eigentum zustanden, die sie für ihre Geschäftstätigkeit nutzten. Andererseits stellt sich die Frage, ob die gesellschaftlichen Unternehmen selbst Eigentümer hatten.

a. Rechtsnatur der von gesellschaftlichen Unternehmen genutzten Mittel

Hinsichtlich der von den gesellschaftlichen Unternehmen genutzten Mittel hat die Verfassungsreform von 1988 Klarheit gebracht. Alle zum Unternehmensvermögen gehörenden Sachen und Rechte waren Teil der vom Unternehmen genutzten Mittel. Diese Mittel standen im gesellschaftlichen Eigentum. Indem die Verfassungsreform von 1988 die gesellschaftlichen Mittel den Unternehmen ausschließlich zuwies, die diese Mittel nutzten, und die Unternehmen Träger aller mit diesen Mitteln zusammenhängenden Rechte und Pflichten wurden, sind an den gesellschaftlichen Mitteln subjektive Eigentumsrechte entstanden. Dem steht nicht entgegen, dass das jugoslawische Recht daneben das Privateigentum als eigenes Rechtsinstitut kannte. Denn entscheidend für die Existenz von Rechtspositionen, die für die später interessierende Frage nach der Eröffnung des Schutzbereichs der menschenrechtlichen Eigentumsgarantie relevant sind, ist die subjektive Rechtsnatur solcher Positionen. Dass das gesellschaftliche Eigentum weiterhin Beschränkungen zugunsten der Allgemeinheit unterworfen war, die dem Privateigentum fremd waren, ist hierfür unbeachtlich. Es spricht daher einiges dafür, dass durch den Verfassungszusatz Nr. X die gesellschaftlichen Unternehmen ein zumindest eigentumsähnliches subjektives Recht an den von ihnen genutzten Vermögenswerten erworben haben.

---

[178] Artikel 53 Abs. 1 Unternehmensgesetz.
[179] Artikel 57 Abs. 1 Unternehmensgesetz.

Die Umwandlung des gesellschaftlichen Eigentums von einem subjektlosen Ordnungsprinzip zu einem Gruppen- oder Kollektiveigentum bezog sich auf die von den gesellschaftlichen Unternehmen genutzten Mittel. Indem der maßgebliche Verfassungszusatz den Begriff der Mittel verwendete, wurde ein Bezug zu der Definition der gesellschaftlichen Mittel im Gesetz über die assoziierte Arbeit hergestellt.[180] Diese Definition blieb auch nach der Verfassungsreform und dem Erlass des Unternehmensgesetzes weiter anwendbar. Nach dem Unternehmensgesetz traten nämlich nur die mit ihm unvereinbaren Bestimmungen des GAA außer Kraft. Das Unternehmensgesetz enthielt keine neue Definition des Begriffs der gesellschaftlichen Mittel.

b. Eigentumsverhältnisse an gesellschaftlichen Unternehmen

Anders sieht es mit den Eigentumsverhältnissen an den gesellschaftlichen Unternehmen selbst aus. Die Reformen von 1988/89 trafen hierzu keine Regelung. Für die spätere Prüfung der Vereinbarkeit der Unternehmensprivatisierung mit der menschenrechtlichen Eigentumsgarantie wird es darauf ankommen, ob die gesellschaftlichen Unternehmen Rechtsträger hatten, in deren Rechte die Unternehmensprivatisierung eingreift. Gegen die Existenz eines Rechtsträgers spricht, dass die gesellschaftlichen Unternehmen von ihrer Konzeption her lediglich ein organisatorischer Verband waren, der den Arbeitern die Arbeit mit den Mitteln in gesellschaftlichem Eigentum ermöglichen sollte. So wie das gesellschaftliche Eigentum bis zur Verfassungsreform von 1988 keinen Rechtsträger hatte, waren auch die gesellschaftlichen Unternehmen ohne Eigentümer. Weil gesellschaftliche Unternehmen juristische Personen ohne mitgliedschaftliche Struktur waren, führt auch der häufig angestellte Vergleich mit Gesellschaften nach westlichem Vorbild nicht weiter.[181] Gesellschaftliche Unternehmen in der Form, die sie durch das Unternehmensgesetz erhielten, waren rechtlich und wirtschaftlich verselbständigte Einheiten und bildeten einen Zweckverband von Mitteln. Am ehesten lassen sich gesellschaftliche Unternehmen daher mit wirtschaftlichen Stiftungen vergleichen, die ebenfalls weder Eigentümer noch Mitglieder haben und deren Vermögen nur entsprechend dem vom Stifter festgelegten Zweck genutzt werden darf.[182] Allerdings besteht ein gewichtiger Unterschied zwischen Stiftungen und gesellschaftlichen Unternehmen im Fehlen von Begünstigten am Unternehmensvermögen, wenn man nicht das Recht, das Vermögen wirtschaft-

---

[180] Siehe 2. Teil, Abschnitt B.I.3., oben S. 45.

[181] C. Höcker-Weyand (Fn. 116), S. 65.

[182] H. Berndt, Stiftung und Unternehmen: Rechtsvorschriften, Besteuerung, Zweckmäßigkeit, 7. Aufl. (2003), Rn. 25.

lich zu nutzen, als Begünstigung ansieht. In diesem Fall wären die Arbeiter die Begünstigten.

Es ist aber zu berücksichtigen, dass verschiedene Gruppen Rechte an und in Bezug auf gesellschaftliche Unternehmen hatten, die den Rechten der Gesellschafter juristischer Personen in Privateigentumssystemen ähneln. Es erscheint daher als möglich, dass das jugoslawische Recht einer dieser Gruppen eine Rechtsposition verlieh, aufgrund derer sie eine eigentümerähnliche Stellung innehatten. Als Rechtsträger in diesem Sinne kommen wegen des Systems die Arbeiterselbstverwaltung die Arbeiter der gesellschaftlichen Unternehmen und aufgrund der sozialistischen Ausrichtung des jugoslawischen Systems der Staat in Betracht. Der Frage nach dem Bestehen von Eigentumsrechten an gesellschaftlichen Unternehmen wird bei der Prüfung der Eröffnung des Schutzbereichs der menschenrechtlichen Eigentumsgarantie im 3. Teil der Arbeit nachgegangen.[183] Wie zu zeigen sein wird, können weder die Arbeiter noch der Staat aufgrund der ihnen zustehenden Rechte eigentumskräftige Positionen in Bezug auf gesellschaftliche Unternehmen geltend machen. Die verschiedenen ihnen zustehenden Rechte – etwa im Zusammenhang mit der Gründung oder Liquidation des Unternehmens, der Bestellung der Organe oder bei der Verteilung des Gewinns – sind derart auf die Arbeiter und den Staat verteilt worden, dass beiden nur ein Ausschnitt dieser Rechte zusteht, keiner von ihnen aber alle oder so viele Rechte ausüben kann, dass sich ihre Position zu einer eigentumsähnlichen Stellung verdichtet hätte.[184]

[183] Siehe 3. Teil, Abschnitt D.II.1.a., unten S. 199 ff.
[184] S. Pürner (Fn. 115), S. 92 f.

C. Privatisierungsrecht in Jugoslawien und Serbien

Im Hinblick auf Souveränitätsrechte Serbiens, die die UNMIK bei ihrer Rechtsetzung beachten muss, spielt das Verhältnismäßigkeitsprinzip eine wichtige Rolle. Ein möglicher Anknüpfungspunkt für die Prüfung der Verhältnismäßigkeit des von der UNMIK ausgearbeiteten Privatisierungskonzeptes ist, ob das serbische Recht Vorschriften enthält, die eine Privatisierung der gesellschaftlichen Unternehmen ermöglicht hätten und die die UNMIK anstelle der neuen Regelung hätte anwenden können. Das serbische Recht ist daher danach zu untersuchen, welche Möglichkeiten es für die Privatisierung gesellschaftlicher Unternehmen bietet.

Im Jugoslawien gab es im Zuge der grundlegenden Reformen unter Marković erste Regelungen für eine Privatisierung der gesellschaftlichen Unternehmen. Diese Ansätze wurden nach dem Zerfall Jugoslawiens in den neunziger Jahren in der Bundesrepublik Jugoslawien und in der Republik Serbien geringfügig weiterentwickelt. Nach der Demokratisierung in Serbien im Jahre 2001 wurde ein neues Privatisierungsgesetz verabschiedet, das eine Umwandlung der gesellschaftlichen Unternehmen in private Unternehmen ermöglicht. Die wichtigsten Merkmale beider Privatisierungsverfahren werden im Folgenden dargestellt.

I. Das Gesetz über gesellschaftliches Kapital von 1989

Mit dem Gesetz über gesellschaftliches Kapital von 1989 (GGK)[185] wurden in Jugoslawien erstmals die rechtlichen Möglichkeiten für eine Privatisierung von gesellschaftlichen Unternehmen geschaffen. Wird Privatisierung als ein Prozess verstanden, der die Rolle des Marktes und des Privatsektors in Bereichen stärkt, die zuvor der Sphäre des Staates unterstanden[186], dann handelt es sich bei dem GGK nicht um ein Privatisierungsgesetz im eigentlichen Sinne. Gegenstand des GGK ist nicht die Begründung von privaten Eigentumsrechten an vormals staatlichen Unternehmen und Produktionsmitteln. Da die gesellschaftlichen Unter-

---

[185] Gesetz über gesellschaftliches Kapital, SL SFRJ 1990 Nr. 46. Zuerst als „Gesetz über Verkehr mit und Verfügungen über gesellschaftliches Kapital“ erlassen (SL SFRJ 1989 Nr. 84), wurde es 1990 geändert, in Gesetz über gesellschaftliches Kapital umbenannt und durch die Vorschriften über die interne Kapitalumwandlung und Zeichnung durch die Arbeiter ergänzt. Englische Übersetzung des GGK in: V. Pechota, Central & Eastern European Legal Materials (1991). Siehe zum GGK M. Uvalić, Privatization in Disintegrating East European States: The Case of Former Yugoslavia (1994), S. 5.

[186] So die – beispielhafte – Definition von H. Feigenbaum/J. Henig, Privatization and Political Theory, in: Journal of International Affairs 50 (1997), S. 338.

nehmen nicht im Staatseigentum standen, ging es um ihre Überführung in definierbare Eigentumsformen und schließlich in Privateigentum. Das GGK ist das erste Gesetz einer ganzen Reihe von Regelwerken Jugoslawiens und seiner Nachfolgerepubliken, die dieses Ziel verfolgten.[187]

Zum Zweck der Umwandlung führte das GGK den Begriff des gesellschaftlichen Kapitals ein. Den Begriff des gesellschaftlichen Kapitals definierte das GGK als das Umlaufvermögen des umzuwandelnden Unternehmens abzüglich eines Anteils an nicht gedeckten Verlusten und zuzüglich eines Anteils an den Rücklagen und dem betriebsfremdem Vermögen.[188] Vereinfacht gesagt entsprach das gesellschaftliche Kapital damit den gesellschaftlichen Mitteln. Insofern war die Zuordnung der gesellschaftlichen Mittel durch die Verfassungsreform von 1988 eine notwendige Voraussetzung für die Privatisierung der gesellschaftlichen Unternehmen.

Das GGK regelte zwei unterschiedliche Verfahren für die Umwandlung gesellschaftlicher Unternehmen. Zum einen ermöglichte es eine Umwandlung des gesellschaftlichen Kapitals in privates Kapital und die Ausgabe von Anteilen an Arbeiter und andere Zeichnungsberechtigte (interne Kapitalumwandlung). Zum anderen konnte das Unternehmen an private Investoren verkauft werden (Unternehmensveräußerung). Das GGK folgte dem Grundsatz der autonomen Umwandlung, d.h. die Arbeiter eines gesellschaftlichen Unternehmens entschieden selbst, ob und in welcher Form sie das Unternehmen umwandeln wollten. Dem Staat standen unter gewissen Voraussetzungen Umwandlungserlöse zu. Er konnte aber keinen Einfluss auf Einleitung und Ablauf des Verfahrens nehmen.

Im folgenden Unterabschnitt wird zuerst das Privatisierungsverfahren nach dem GGK vorgestellt (1.) und im Anschluss auf die Änderungen des Privatisierungsrechts in der Bundesrepublik Jugoslawien und in Serbien in den Jahren 1996/97 eingegangen (2.).

---

[187] Für einen Überblick über die Privatisierungsgesetzgebung in Kroatien siehe T. Borić (Fn. 4), in der Bundesrepublik Jugoslawien und Serbien M. Uvalić, Privatisation and Corporate Governance in Serbia (FR Yugoslavia) (Fn. 108) und in Slowenien L. Ude (Fn. 146).

[188] Artikel 1 Abs. 3 GGK. Unter betriebsfremdes Vermögen (non-operative funds) dürften Vermögenswerte fallen, die nicht dem Unternehmenszweck unmittelbar dienen, wie Werkswohnungen und soziale und kulturelle Einrichtungen der Unternehmen.

1. Privatisierungsverfahren nach dem GGK

Das Verfahren der internen Umwandlung des gesellschaftlichen Kapitals diente dazu, das Kapital des gesellschaftlichen Unternehmens allmählich in privates Kapital umzuwandeln und dem Unternehmen neues Kapital durch den Verkauf interner Anteile zuzuführen.[189] Streng genommen sah das GGK nicht die Umwandlung des existierenden gesellschaftlichen Kapitals in privates Kapital vor. Vielmehr blieb das gesellschaftliche Kapital bestehen. Dem Unternehmen wurde durch das Privatisierungsverfahren neues, privates Kapital zugeführt. Es wandelte sich so zu einem gemischten Unternehmen, das sowohl über gesellschaftliches als auch über privates Kapital verfügte.[190] Durch die Zeichnung von neuen Anteilen nahm der Anteil des privaten Kapitals immer weiter zu. Das Umwandlungsverfahren glich daher mehr einer Kapitalerhöhung bei einer Kapitalgesellschaft als einer echten Privatisierung.

Das Privatisierungsverfahren favorisierte eine interne Umwandlung, da nur Arbeiter, frühere Arbeiter, sonstige inländische natürliche Personen und Pensionsfonds berechtigt waren, neue Anteile an dem gesellschaftlichen Unternehmen zu zeichnen.[191] Die Anteile konnten in Raten innerhalb von zehn Jahren bezahlt werden.[192] In der Praxis geschah dies zumeist durch Abzüge vom monatlichen Einkommen der Arbeiter.

Als Alternative zur internen Kapitalumwandlung sah das GGK die Möglichkeit vor, das gesellschaftliche Unternehmen oder einen Unternehmensteil direkt zu veräußern. Dies konnte sowohl durch den Verkauf von Anteilen an dem Unternehmen oder durch Veräußerung des Vermögens des Unternehmens geschehen.[193] Den Beschluss zum Verkauf des Unternehmens oder Unternehmensteils traf das Unternehmen selbst.[194] Der Käufer war in einem öffentlichen Bieterverfahren zu ermitteln. Allerdings stand der Erlös aus einem Verkauf des Unternehmens oder eines Teils einem staatlichen Fonds zu und nicht den Arbeitern des Unternehmens. Es bestanden daher keine Anreize für die Arbeiter eines Unternehmens, für eine direkte Veräußerung zu stimmen.

---

[189] Artikel 1a – 1k GGK.
[190] Artikel 1a Abs. 2 GGK.
[191] Artikel 1a Abs. 3 GGK.
[192] M. Uvalić (Fn. 185), S. 2.
[193] Artikel 1 Abs. 2 GGK.
[194] Artikel 2 Abs. 4 und 6 GGK.

2. Reformen des GGK in den Jahren 1996/97

Das GGK galt in der Bundesrepublik Jugoslawien bis 1996, als es durch ein neues Umwandlungsgesetz ersetzt wurde.[195] Dieses wurde im Jahr 1997 ergänzt durch ein Gesetz der Republik Serbien über die Eigentumsumwandlung.[196] Beide Gesetze behielten aber die materiellen Regelungen des GGK weitgehend bei. Weiterhin galt der Grundsatz der autonomen Umwandlung. Nur die Arbeiter des zu privatisierenden gesellschaftlichen Unternehmens entschieden über die Einleitung des Umwandlungsverfahrens. Auch das Verfahren der internen Kapitalumwandlung an Arbeiter und andere Berechtigte und die Ausgabe vergünstigter oder kostenloser Anteile wurde beibehalten. Den Zeichnungsberechtigten wurden Rabatte und Zahlungsaufschübe eingeräumt. Bis zu 60 % der Anteile konnten sogar gratis verteilt werden.

Die wichtigsten Änderungen des GGK durch das GPUK und das GKU betrafen die Einführung einer Pflicht zur Bewertung der zu privatisierenden Unternehmen und die Bildung einer staatlichen Bewertungsbehörde. Diese hatte die Bewertung der zu privatisierenden gesellschaftlichen Unternehmen zu prüfen und das Privatisierungsverfahren zu kontrollieren.[197] Außerdem wurde die Privatisierung von einer Genehmigung der Behörde abhängig gemacht.[198] Die Erlöse aus der Umwandlung gingen weiterhin ausschließlich an verschiedene staatliche Fonds der Republik Serbien und nicht an die Arbeiter.[199]

Die bevorzugte Ausgabe von Anteilen an Arbeiter und andere Zeichnungsberechtigte führte dazu, dass die Privatisierungen nach dem GPUK und dem GKU Misserfolge wurden. Den Unternehmen wurde dadurch kaum neues Kapital zugeführt. Insbesondere wirkte sich negativ aus, dass ausländische Investoren faktisch von der Beteiligung an der Privatisierung ausgeschlossen waren.[200] Ein weiterer Nachteil des GPUK und des GKU bestand darin, dass die vom Milošević-Regime gesteuerte Bewertungsbehörde erheblichen Einfluss auf das Privatisierungsverfahren nehmen konnte. Insbesondere im Kosovo kam es so zu fragwürdigen Privatisierungen von gesellschaftlichen Unternehmen.[201]

---

195 Bundesgesetz über die grundlegenden Prinzipien für die Umwandlung gesellschaftlichen Kapitals, SL SRJ 1996 Nr. 29, im Folgenden „GPUK".

196 Gesetz über die Kapitalumwandlung, SG RS 1997 Nr. 32, im Folgenden „GKU".

197 Artikel 2 GPUK; Artikel 3, 5 und 39 GKU.

198 Artikel 35 GKU.

199 Artikel 18 GKU.

200 T. Kojović, The Privatization Process in the Republic of Serbia: Legal Framework, in: Journal of East European Law 8 (2001), S. 238 f.

201 International Crisis Group, A Strategy for Economic Development (Fn. 2), S. 20.

II. Das Privatisierungsgesetz von 2001

Nach dem Sturz des Milošević-Regimes nahm die neue serbische Regierung marktwirtschaftliche Reformen in Angriff. Ein wichtiger Bestandteil der Reformen ist das im Juni 2001 verabschiedete Privatisierungsgesetz.[202] Dieses Gesetz stellt eine Abkehr von einigen der Prinzipien des GGK und der auf ihm aufbauenden Gesetze dar. So erlaubt das Privatisierungsgesetz nicht mehr eine Aufteilung der Mehrheit des gesellschaftlichen Kapitals an Arbeiter oder andere Berechtigte. Vielmehr müssen mindestens 70 % des Kapitals von einem einzelnen Käufer erworben werden.[203] Damit soll sichergestellt werden, dass die Mehrheit des Kapitals auf einmal privatisiert wird. Dieser Anteil darf nur dann verringert werden, wenn sich kein Interessent für eine Kapitalmehrheit von 70 % findet.[204] Der verbleibende Teil des Kapitals wird kostenlos an die Arbeiter und andere Bürger verteilt.[205]

Unternehmen werden entweder im Wege eines Bieterverfahrens oder durch Auktion privatisiert. Der Unterschied zwischen beiden Verfahren besteht darin, dass die neu gegründete Privatisierungsagentur im Bieterverfahren Vorgaben für die Abgabe von Angeboten machen kann. Bieter müssen ihren Angeboten Investitions- und Geschäftspläne, Umweltpläne und Sozialpläne beifügen.[206] Das Bieterverfahren ist für die Privatisierung von Großunternehmen mit gesamtwirtschaftlicher Bedeutung gedacht. Kleine und mittelgroße gesellschaftliche Unternehmen werden im Wege der Auktion verkauft. Hier kann die Privatisierungsagentur ebenfalls zusätzliche Anforderungen für den Verkauf des Unternehmens festlegen, etwa bestimmte Investitionsverpflichtungen oder Arbeitsplatzgarantien.[207] Es ist aber möglich, Unternehmen an den höchstbietenden Bieter ohne solche Verpflichtungen zu verkaufen.

Die Erlöse aus dem Verkauf der Unternehmen fließen einem Fonds der Republik Serbien zu.[208] Das Privatisierungsgesetz macht genaue Vorgaben für die Verwendung der Erlöse. Empfänger sollen unter anderem Opfer von Enteignun-

---

[202] Privatisierungsgesetz, SG RS 2001 Nr. 38, im Folgenden „Privatisierungsgesetz". Eine deutsche Übersetzung des Privatisierungsgesetzes ist auf der Webseite der serbischen Privatisierungsagentur unter http://www.priv.yu/pravni_okvir/pdf/d-zakon_o_privatizaciji.pdf verfügbar (23.07.2006).

[203] Artikel 25 Privatisierungsgesetz.

[204] Artikel 25 Privatisierungsgesetz.

[205] T. Kojović (Fn. 200), S. 252.

[206] T. Kojović (Fn. 200), S. 252.

[207] Artikel 38 Privatisierungsgesetz. Siehe T. Kojović (Fn. 200), S. 253.

[208] Artikel 41 Privatisierungsgesetz.

gen nach 1945 und soziale Einrichtungen sein.[209] Dem Staat steht ein Teil der Erlöse zu, wenn er Forderungen gegen das privatisierte Unternehmen hat oder Sicherheiten für Forderungen Dritter gestellt hat.[210]

Die Privatisierungsagentur ist zuständig für die Durchführung der Privatisierungen. Grundsätzlich leiten die Unternehmen das Verfahren selbst ein. Jedoch kann die Agentur das Verfahren eröffnen, wenn das Unternehmen keinen entsprechenden Beschluss innerhalb einer vorgeschriebenen Frist von vier Jahren seit dem Inkrafttreten des Privatisierungsgesetzes gefasst hat.[211] Die Privatisierungsagentur kann gesellschaftliche Unternehmen vor ihrer Privatisierung umstrukturieren.[212] Unter den Begriff der Umstrukturierung fallen Umwandlungen des Unternehmens durch Verschmelzung oder Aufnahme, Spaltungen des Unternehmens, Veräußerungen von Unternehmensteilen, Änderungen der Rechtsform eines Unternehmens sowie Schließung von unprofitablen Unternehmensteilen.[213] Gläubiger des Unternehmens können im Zuge der Umstrukturierung Forderungen ganz oder teilweise abschreiben.[214]

---

209 Artikel 60 f. Privatisierungsgesetz.

210 Artikel 60 Privatisierungsgesetz.

211 Artikel 14 Privatisierungsgesetz.

212 Artikel 19 und 20 Privatisierungsgesetz.

213 Artikel 2 VO über das Verfahren und die Art und Weise für die Umstrukturierung von Un-ternehmen und anderen juristischen Personen, SG RS 2001, Nr. 38. Eine deutsche Übersetzung der VO kann unter http://www.priv.yu/pravni_okvir/pdf/d-uredba_restrukt .pdf abgerufen werden (23.07.2006).

214 Artikel 20 Privatisierungsgesetz.

D. Maßnahmen der UNMIK zur Wiederbelebung der gesellschaftlichen Unternehmen im Kosovo

Bei der Erfüllung ihrer Aufgabe zum wirtschaftlichen Wiederaufbau aus Ziffer 11 lit. g) der Resolution 1244 hat die UNMIK vier Schwerpunkte gesetzt. Erstens ist es nach wie vor eine ihrer wichtigsten Aufgaben, die Versorgung der Bevölkerung mit grundlegenden Leistungen der Daseinsvorsorge wie Elektrizität, Gas und Wasser sicherzustellen. Zweitens ist es erforderlich, im Kosovo ein eigenes Steuer- und Haushaltssystem für die Finanzierung des Gemeinwesens zu schaffen und zu unterhalten. Drittens hat die UNMIK der Aufgabe zum wirtschaftlichen Wiederaufbau die Verpflichtung entnommen, im Kosovo die rechtlichen und ökonomischen Fundamente einer funktionierenden und stabilen Marktwirtschaft zu schaffen. Viertens stand von Beginn der Mission an die Frage im Raum, wie die UNMIK mit den vorgefundenen wirtschaftlichen Strukturen und insbesondere mit den gesellschaftlichen Unternehmen im Kosovo umgehen sollte. Nach langwierigen Diskussionen entschied sich die UNMIK schließlich dazu, die gesellschaftlichen Unternehmen im Kosovo zu privatisieren.

Der Wiederbelebung des Potentials der gesellschaftlichen Unternehmen oder zumindest ihres Vermögens kommt bei der weiteren Entwicklung der Wirtschaft des Kosovo eine Schlüsselrolle zu. Die Privatisierung ist eine der ambitioniertesten, aber auch umstrittensten und politisch schwierigsten Maßnahmen der UNMIK. Es dauerte drei Jahre, bis sich die UNMIK intern auf das anzuwendende Privatisierungsverfahren einigen konnte. Aber auch nach der Aufnahme der Tätigkeit der Privatisierungsbehörde, der Kosovo Trust Agency, bleibt die Unternehmensprivatisierung ein hochpolitisches Thema. Es hat teilweise heftige Auseinandersetzungen zwischen der UNMIK, den PISG, den Arbeitern der gesellschaftlichen Unternehmen, der Regierung Serbiens und den internationalen Gebern gegeben. Differenzen innerhalb der UNMIK und der Gebernationen sowie mit Serbien betrafen die Befugnis der UNMIK zur Unternehmensprivatisierung als solche, das anzuwendende Verfahren und die Berücksichtigung von Auslandsschulden kosovarischer Unternehmen. Die Arbeiter gesellschaftlicher Unternehmen und die PISG kritisierten insbesondere die Regeln über die Verteilung der Privatisierungserlöse und die von UNMIK zunächst ausdrücklich ausgeschlossene Möglichkeit, von Investoren Arbeitsplatzgarantien und andere Zusagen zu verlangen. Eine weitere Auseinandersetzung betraf die Person einer Generaldirektorin der Kosovo Trust Agency, der Vertreter der Kosovo-Albaner Parteilichkeit zugunsten Serbiens vorwarfen. Der Forderung nach Entlassung der Generaldirektor musste sich der SRSG schließlich beugen.

Auch rechtlich nimmt die Unternehmensprivatisierung eine herausgehobene Stellung ein. Wie kaum eine andere Maßnahme der UNMIK greift sie tief in die Rechts- und Wirtschaftsordnung des Kosovo und Serbiens ein. Als Grundlage für die Prüfung der Völkerrechtsmäßigkeit der Unternehmensprivatisierung im dritten Teil der vorliegenden Arbeit ist der folgende Abschnitt den Maßnahmen gewidmet, die die UNMIK zu Wiederbelebung der gesellschaftlichen Unternehmen im Kosovo ergriffen hat. Der Abschnitt beginnt mit einer Beschreibung der Strategien der UNMIK zur Wiederbelebung des wirtschaftlichen Potentials der gesellschaftlichen Unternehmen vor der Privatisierung (I.). Diese Strategien werden insbesondere eine Rolle bei der Prüfung der Verhältnismäßigkeit spielen. Dabei wird es um die Frage gehen, ob der UNMIK als Alternative zur Privatisierung Mittel für die Wiederbelebung des Potentials der gesellschaftlichen Unternehmen zur Verfügung standen, die weniger tief in die Rechtsordnung Serbiens eingegriffen hätten. Der zweite Unterabschnitt ist der Unternehmensprivatisierung durch die UNMIK gewidmet (II.). Es werden die Entstehungsgeschichte der Unternehmensprivatisierung, der Aufbau, die Aufgaben und die Befugnisse der Kosovo Trust Agency und das Privatisierungsverfahren dargestellt. Ein Schwerpunkt liegt dabei auf der eigentlichen Privatisierung durch das Spin-Off-Verfahren, das Gegenstand der völkerrechtlichen Prüfung im 3. Teil der Arbeit ist.

I. Maßnahmen vor Erlass der KTA-Regulation

Auf die Lage der Wirtschaft des Kosovo und der gesellschaftlichen Unternehmen Ende der neunziger Jahre ist bereits eingegangen worden.[215] Als die UNMIK im Juni 1999 die Verwaltung des Kosovo übernahm, herrschten in vielen gesellschaftlichen Unternehmen chaotische Verhältnisse. Die Unternehmen lagen nach der jugoslawischen Wirtschaftskrise und den serbischen Sondermaßnahmen im Kosovo am Boden. Hinzu kam, dass das vorwiegend serbische Management in vielen Fällen das Kosovo verlassen hatte.[216] Verschiedene Gruppen versuchten seitdem, die Kontrolle über die gesellschaftlichen Unternehmen zu erlangen. Selbsternannte Geschäftsführer übernahmen Unternehmen und nutzten ihre Stellung aus, um sich zu bereichern. Diebstähle, Unterschlagungen und Veruntreuungen waren an der Tagesordnung. Die UNMIK reagierte auf diese Entwicklungen nur langsam und unentschlossen. Hierfür waren Unsicherheiten über die Rechtsnatur der gesellschaftlichen Unternehmen, über das anwendbare Recht und die eigenen Befugnisse sowie Differenzen innerhalb der UNMIK und

[215] Siehe 2. Teil, Abschnitt A.II., oben S. 37 ff.
[216] A. Rapp (Fn. 140), S. 167.

zwischen den Vereinten Nationen und den wichtigsten Gebern verantwortlich.[217] Erschwerend kam hinzu, dass die UNMIK zu Beginn nicht über die erforderlichen personellen und finanziellen Ressourcen im wirtschaftlichen Bereich verfügte. Die UNMIK unterstellte sich den gesamten gesellschaftlichen Sektor der Wirtschaft des Kosovo und übertrug die Kontrolle über die Unternehmen einem Department, das im September 2001 nur 21 Mitarbeiter hatte, davon 11 internationale.[218] Da sich bald abzeichnete, dass eine Privatisierung der gesellschaftlichen Unternehmen auf Widerstände innerhalb der UNMIK stoßen würde, begann der Pfeiler IV mit der Entwicklung von alternativen Strategien für die Aktivierung des wirtschaftlichen Potentials der gesellschaftlichen Unternehmen.

Nach einem kurzen Überblick über die Rechtsgrundlagen der Tätigkeit der UNMIK im Bereich der gesellschaftlichen Unternehmen im Kosovo (1.) werden diese Strategien im Folgenden vorgestellt. Dabei handelte es sich um die Kontrolle der gesellschaftlichen Unternehmen auf der Grundlage der Vorschriften des Unternehmensgesetzes (2.), um eine unmittelbare Verwaltung der Unternehmen durch UNMIK selbst (3.) und um die Verpachtung von gesellschaftlichen Unternehmen (4.).

1. Rechtsgrundlagen

In ihrem ersten Rechtsakt unterstellte sich die UNMIK die Verwaltung des Eigentums der Bundesrepublik Jugoslawien und der Republik Serbien, das sich auf dem Gebiet des Kosovo befindet.[219] Regulation 2000/54 erweiterte diese Befugnis auf das gesellschaftliche Eigentum.[220] Beleg für die Unsicherheiten innerhalb der UNMIK über die Rechtsnatur des gesellschaftlichen Eigentums ist, dass die Regulation etwa bestehende Rechte an gesellschaftlichem Eigentum unberührt lässt.

Der Verfassungsrahmen belässt die Verwaltung von gesellschaftlichem und staatlichem Eigentum als vorbehaltene Materie in den Händen des SRSG. Auch

---

217 D. Eyre/A. Wittkowsky (Fn. 137), S. 22.

218 European Stability Initiative, The Ottoman Dilemma: Power and Property Relations under the United Nations Mission in Kosovo (2002), S. 3.

219 Ziffer 6 Regulation 1999/1 „On the Authority of the Interim Administration in Kosovo“, UN Doc. UNMIK/REG/1999/1 vom 25.07.1999.

220 Ziffer 6 Regulation 2000/54 „Amending UNMIK Regulation 1999/1, as amended, on the Authority of the Interim Administration in Kosovo”, UN Doc. UNMIK/REG/2000/54 vom 27.09.2000.

das Recht, öffentliche und gesellschaftliche Unternehmen zu regulieren, wird nicht auf die PISG übertragen.[221]

Indem die UNMIK die Befugnis für sich in Anspruch nahm, gesellschaftliches Eigentum zu verwalten, übernahm sie die Verantwortung für die etwa 500 gesellschaftlichen und etwa 60 öffentlichen Unternehmen im Kosovo. In Anlehnung an die herausgehobene Stellung der Gemeinden im jugoslawischen Selbstverwaltungssystem wurde innerhalb der UNMIK zunächst der internationalen Kommunalverwaltung die Verantwortung für das gesellschaftliche Eigentum und die gesellschaftlichen Unternehmen zugewiesen. Nach seiner Errichtung ging die Zuständigkeit für gesellschaftliche Unternehmen auf das *Department of Trade and Industry* über.[222] Diese Zuständigkeit ist Mitte 2002 auf die Kosovo Trust Agency übergegangen, die seitdem die gesellschaftlichen Unternehmen verwaltet.

2. Überwachung der gesellschaftlichen Unternehmen

Das System der Arbeiterselbstverwaltung wies den Kommunen Aufsichtsrechte über die gesellschaftlichen Unternehmen auf ihrem Gebiet zu. Nach dem Unternehmensgesetz hatten die Gemeinden die Aufgabe, diese Unternehmen zu beaufsichtigen und zu kontrollieren, ob die Arbeiter mit den eingesetzten gesellschaftlichen Mitteln effektiv und wirtschaftlich umgingen. Auf die chaotischen Zustände in vielen gesellschaftlichen Unternehmen reagierte die UNMIK zunächst mit dem Versuch, gemeinsam mit den neu geschaffenen Kommunalverwaltungen auf der Grundlage der Rechte aus dem Unternehmensgesetz gegen gesellschaftliche Unternehmen vorzugehen. So entließ die UNMIK die Geschäftsführer einiger gesellschaftlicher Unternehmen, bei denen offenkundig war, dass sie nicht wirtschaftlich arbeiteten oder versuchten, sich zu bereichern.[223] Die Gemeinden ihrerseits versuchten, Kontrolle über die gesellschaftlichen Unternehmen auszuüben, indem sie ihnen die Nutzung von Grundstücken untersagten. Zahlreiche gesellschaftliche Unternehmen waren dazu übergegangen, Einkünfte aus der Vermietung der ihnen zur Nutzung zugewiesenen Liegenschaften zu generieren.[224] Mit der Begründung, das jugoslawische Recht verbiete es Nutzern von Grundstücken in gesellschaftlichem Eigentum deren Vermietung und Verpachtung, versuchten die Kommunen den Unternehmen die Grundstücke zu entziehen und neu zu vergeben.

---

221 Ziffer 8.1 lit. q) und r) Regulation 2001/9. Siehe hierzu bereits 1. Teil, Abschnitt B.II.3., oben S. 27 ff.

222 Ziffer 2 Regulation 2000/63.

223 European Stability Initiative, The Ottoman Dilemma (Fn. 218), S. 12.

224 European Stability Initiative, The Ottoman Dilemma (Fn. 218), S. 9.

Der Erfolg dieser Strategie war jedoch begrenzt, so dass diese bereits Ende 2000 aufgegeben wurde. Zum einen fehlten der UNMIK die Ressourcen, um die gesellschaftlichen Unternehmen effektiv zu kontrollieren. Zum anderen hatten die Mitarbeiter vor Ort nicht genug Kenntnisse über die Arbeiterselbstverwaltung, um sich gegen die Geschäftsführer der Unternehmen in Konfliktfällen durchsetzen zu können.[225] Eine Rolle spielte auch, dass die Kommunen ihre Befugnisse oft in wenig transparenter Art und Weise ausübten und eigene Interessen verfolgten.

3. Verwaltung der gesellschaftlichen Unternehmen durch die UNMIK

Mit der Errichtung eines *Department of Trade and Industry* (DTI) beim Pfeiler IV änderte sich die Zuständigkeit für gesellschaftliche Unternehmen innerhalb der UNMIK.[226] Das DTI setzte gegenüber dem zu Pfeiler II gehörenden *Department of Local Administration* durch, dass nur das DTI die Befugnis zur Aufsicht über die gesellschaftlichen Unternehmen ausüben konnte.[227]

Die Lage in vielen gesellschaftlichen Unternehmen zwang das DTI, seine neuen Befugnisse rasch auszuüben. Im Oktober 2000 fanden unter der Aufsicht der UNMIK Kommunalwahlen statt, die zu einer Veränderung der politischen Machtverhältnisse in vielen Gemeinden führten. Die neuen Gemeinderäte begannen damit, die Geschäftsführung der auf ihrem Gebiet angesiedelten gesellschaftlichen Unternehmen mit Parteifreunden zu besetzen. In vielen gesellschaftlichen Unternehmen sorgte dies für Unruhe und löste Verteilungs- und Machtkämpfe aus.[228] Das DTI griff zu zwei Mitteln, um diese Auseinandersetzungen zu beenden. Zum einen sollten Konflikte um die Legitimität des Managements der betroffenen Unternehmen mit den Mechanismen der Arbeiterselbstverwaltung nach dem Unternehmensgesetz gelöst werden. Insbesondere sollten die Arbeiter die Geschäftsleitung der gesellschaftlichen Unternehmen neu wählen. Zum anderen sollten in Problemfällen internationale Interimsverwalter bis zur Klärung der Situation die Geschäfte der Unternehmen führen.[229] Dies führte zu einer Reihe von Konflikten mit den Kommunen, die auf ihre Befugnisse im Rahmen der Arbeiterselbstverwaltung beharrten und die Autorität der UNMIK nicht anerkannten.

---

[225] European Stability Initiative, The Ottoman Dilemma (Fn. 218), S. 13.

[226] Regulation 2000/63 „On the Establishment of the Administrative Department of Trade and Industry“, UN Doc. UNMIK/REG/2000/63 vom 07.12.2000.

[227] European Stability Initiative, The Ottoman Dilemma (Fn. 218), S. 13.

[228] D. Eyre/A. Wittkowsky (Fn. 137), S. 26.

[229] Ziffer 2.2 lit. a) Regulation 2000/63; siehe European Stability Initiative, The Ottoman Dilemma (Fn. 218), S. 13.

Die Einsetzung eines Interimsverwalters setzte eine Verfügung des SRSG des Inhalts voraus, das gesellschaftliche Unternehmen der Verwaltung durch die UNMIK zu unterstellen.[230] Da nicht alle übrigen beteiligten Stellen innerhalb der UNMIK der Eigenverwaltung von Unternehmen positiv gegenüber standen, verging bis zur Unterstellung eines Unternehmens unter direkte Verwaltung der UNMIK mitunter geraume Zeit. Insbesondere der juristische Dienst der UNMIK befürchtete bei einer Verwaltung der Unternehmen Haftungsrisiken.[231] Aufgrund dieser Schwierigkeiten wurden insgesamt nur sechs Unternehmen einer zeitweiligen Verwaltung durch das DTI unterstellt. Das DTI konnte bei keinem von ihnen mehr tun, als Streitigkeiten beizulegen und die Ruhe im Betrieb wiederherzustellen. Zu Umstrukturierungen, Modernisierungen oder Investitionen kam es nicht.

Die Fortführung der Arbeiterselbstverwaltung auf der Grundlage des Unternehmensgesetzes erwies sich ebenfalls als problematisch. Im Juli 2002 organisierte das DTI in 110 Unternehmen Wahlen zu den Arbeiterräten nach den Vorschriften des Unternehmensgesetzes.[232] Es zeigte sich aber, dass die UNMIK nicht in der Lage war, die politischen Kontrollinstanzen des Selbstverwaltungssystems zu ersetzen, so dass die darin vorgesehenen institutionellen Gegengewichte gegen unverantwortliche Entscheidungen der Arbeiter nicht mehr griffen.[233] Gesellschaftliche Unternehmen verbrauchten weitgehend unkontrolliert gesellschaftliche Mittel oder nutzten diese ausschließlich zu ihrem eigenen Vorteil. Ein weiteres Problem bestand in der praktischen Umsetzung der Vorschriften des Unternehmensgesetzes. Es erwies sich als fast unmöglich, die Zusammensetzung der Belegschaft eines gesellschaftlichen Unternehmens zu klären. Dies war aber notwendig, um entscheiden zu können, wer an Wahlen zu Arbeiterräten teilnehmen durfte. Die Arbeiterschaft vieler Unternehmen hatte sich durch die Entlassungswellen zu Beginn der neunziger Jahre, die bewaffnete Auseinandersetzung, die Flucht vieler Mitarbeiter und den Wegzug zahlreicher serbischer Arbeiter nach 1999 grundlegend verändert. Schließlich zeigten sich bald erneut die immanenten Defizite des Selbstverwaltungssystems, die bereits in den achtziger Jahren mitverantwortlich für die Wirtschaftskrise in Jugoslawien waren. Die Konstellation von schwachem Management und starker Belegschaft führte häufig dazu, dass die Arbeiter schmerzhafte Reformen und Umstrukturierungen ablehnten.[234]

---

[230] Ziffer 2.2 lit. a) Regulation 2000/63.
[231] D. Eyre/A. Wittkowsky (Fn. 137), S. 25.
[232] European Stability Initiative, The Ottoman Dilemma (Fn. 218), S. 15.
[233] D. Eyre/A. Wittkowsky (Fn. 137), S. 22.
[234] European Stability Initiative, The Ottoman Dilemma (Fn. 218), S. 18.

4. Verpachtung von gesellschaftlichen Unternehmen

Vor dem Hintergrund der Probleme bei der Verwaltung der gesellschaftlichen Unternehmen drängten das DTI und die internationalen Geberinstitutionen zunehmend darauf, die gesellschaftlichen Unternehmen für private Investoren zu öffnen und ihnen so dringend benötigtes Kapital zuzuführen. Da sich die UNMIK und das UN-Sekretariat jedoch nicht auf ein Vorgehen einigen konnten, entwickelte das DTI eine Kompromisslösung, wonach gesellschaftliche Unternehmen an Investoren nicht veräußert, sondern verpachtet werden konnten.[235] Investoren konnten das Recht erwerben, für einen Zeitraum von bis zu zehn Jahren gesellschaftliche Unternehmen zu nutzen. Im Gegenzug verpflichteten sich die Investoren, einen geringen Pachtzins zu zahlen und gegebenenfalls Arbeitsplatzgarantien abzugeben. So sollten die bislang brachliegenden Aktiva der gesellschaftlichen Unternehmen für den wirtschaftlichen Wiederaufbau eingesetzt werden, ohne die Klärung der Eigentumslage vorwegzunehmen.[236] Die vergleichsweise geringen Pachtzinsen wurden auf ein Treuhandkonto des verpachteten Unternehmens eingezahlt.[237]

Der Erfolg der Verpachtungsstrategie war allerdings begrenzt.[238] Zwar gelang es dem DTI bis Anfang 2002, zwölf Unternehmen an lokale oder internationale Investoren zu verpachten und Investitionszusagen in Höhe von 41 Millionen Euro zu erreichen.[239] Beschäftigungsgarantien wurden für 2.600 Arbeitsplätze abgegeben.[240] Dies entsprach jedoch nur zwei Prozent der 1999 im gesellschaftlichen Sektor beschäftigten Arbeiter.[241] Es zeigte sich, dass sich eine Verpachtung nicht für alle gesellschaftlichen Unternehmen gleichermaßen eignete, um die Unternehmen mit frischem Kapital zu versorgen. Auch wurden Beschäftigungszusagen häufig nicht eingehalten. Einige der erfolgreichen Verpachtungen betrafen Unternehmen, die bis 1999 operativ waren und daher nur geringe Investitionen erforderten. Bei anderen Verpachtungen standen nicht die gesellschaftlichen Unternehmen selbst im Vordergrund, sondern lediglich die von ihnen genutzten Grundstücke. Schließlich fiel bei der Beurteilung der Verpachtungsstrategie ins

---

[235] Ziffer 2.2 lit. f) Regulation 2000/63. Siehe Report of the Secretary-General on the United Nations Interim Administration Mission in Kosovo, UN Doc. S/2000/1196 vom 15.12.2000, Ziffer 82.

[236] International Crisis Group, A Strategy for Economic Development (Fn. 2), S. 21.

[237] European Stability Initiative, The Ottoman Dilemma (Fn. 218), S. 18.

[238] A. Rapp (Fn. 140), S. 168.

[239] Report of the Secretary-General, 02.10.2001 (Fn. 75), Ziffer 55.

[240] Report of the Secretary-General, 15.01.2002 (Fn. 76), Ziffer 38.

[241] International Crisis Group, A Strategy for Economic Development (Fn. 2), S. 21.

Gewicht, dass diese beim DTI bei begrenztem Erfolg erhebliche administrative Ressourcen band.[242]

II. Die Privatisierung der gesellschaftlichen Unternehmen durch die Kosovo Trust Agency

Im Folgenden wird die Privatisierung der gesellschaftlichen Unternehmen durch die Kosovo Trust Agency beschrieben. Nach einem Überblick über den Entstehungsprozess des Privatisierungsverfahrens (1.) werden die Rechtsgrundlagen für die Tätigkeit der Kosovo Trust Agency geklärt (2.) sowie ihr Aufbau (3.) und ihr Zuständigkeitsbereich (4.) erläutert. Es folgt eine Beschreibung des Privatisierungsverfahrens und anderer Befugnisse der Kosovo Trust Agency (5.) sowie der Rechtsschutzmöglichkeiten gegen Privatisierungsmaßnahmen (6.). Der Unterabschnitt schließt mit einem kurzen Überblick über die praktischen Erfahrungen der Privatisierung (7.).

1. Entstehungsprozess

Bereits seit Ende 1999 wurde innerhalb der UNMIK die Frage diskutiert, ob ihr Mandat eine vollständige Privatisierung der gesellschaftlichen Unternehmen umfasst. Bereits im Bericht des UN-Generalsekretärs vom 23.12.1999 heißt es, die Strategie zur Entwicklung des Privatsektors umfasse unter anderem die Umwandlung von lebensfähigen öffentlichen in private Unternehmen sowie die Liquidation von insolventen Unternehmen.[243]

Im Laufe des Jahres 2000 nahmen innerhalb und außerhalb der UNMIK die Bedenken zu, ob Resolution 1244 eine Befugnis zur Privatisierung der gesellschaftlichen Unternehmen verleiht. In dieser Frage standen sich der von der EU geleitete Pfeiler IV mit dem DTI und die wichtigen Geber EU, USA und Weltbank auf der einen und der von den Vereinten Nationen geleitete Pfeiler II und Teile des UN-Sekretariats in New York auf der anderen Seite gegenüber.[244] Das DTI versuchte, innerhalb der UNMIK einen Konsens herbeizuführen und untersuchte in einem Weißbuch die verschiedenen Optionen für die Unternehmensprivatisierung. Darin sprach es sich für eine Privatisierung der gesellschaftlichen Unternehmen aus. Dies sei der einzige Weg, den Unternehmen einen Zugang zu

---

[242] Siehe hierzu European Stability Initiative, The Ottoman Dilemma (Fn. 218), S. 20 ff.

[243] Report of the Secretary-General on the United Nations Interim Administration Mission in Kosovo, UN Doc. S/1999/1250 vom 23.12.1999, Ziffern 104 und 105.

[244] D. Eyre/A. Wittkowsky (Fn. 137), S. 22.

frischem Kapital zu eröffnen, den fortschreitenden Wertverfall dieser Unternehmen zu stoppen und sie wettbewerbsfähig für die Zukunft zu machen.[245] Im Laufe des Jahres 2000 entwickelte das DTI verschiedene Privatisierungsmodelle, die jedoch alle am Widerstand des Pfeilers II und dem juristischen Dienst des UN-Sekretariats scheiterten.[246] Das DTI prüfte auch die Erfolgsaussichten einer Privatisierung der gesellschaftlichen Unternehmen auf der Grundlage des GGK. Es war angedacht, einen Fonds zu gründen und auf ihn 40 % des umgewandelten gesellschaftlichen Kapitals zu übertragen. 60 % sollte an die Arbeiter der gesellschaftlichen Unternehmen verteilt werden.[247] Die Anwendung des GGK durch die UNMIK wurde aber insbesondere deswegen verworfen, da es für das DTI sehr schwierig gewesen wäre, alle Berechtigten nach dem GGK zu ermitteln. Probleme wurden auch in der Bewertung des gesellschaftlichen Kapitals gesehen.

Der juristische Streit über die Zulässigkeit der Unternehmensprivatisierung konzentrierte sich auf zwei Fragen. Zum einen bestanden verschiedene Auffassungen darüber, ob und inwieweit die UNMIK als Interimsadministration berechtigt ist, in Eigentumsrechte an Unternehmen einzugreifen. Eine besondere Bedeutung hatte die Frage, ob die gesellschaftlichen Unternehmen im Staatseigentum Serbiens standen. Denn dann würde die UNMIK durch eine Privatisierung Staatseigentum enteignen. Hintergrund dieser Überlegungen war, dass das gesellschaftliche Eigentum vielfach als eine Variante des in den übrigen sozialistischen Staaten vorherrschenden Staatseigentums gesehen wurde[248], zumal andere sozialistische Rechtsordnungen den Begriff des gesellschaftlichen Eigentums ebenfalls kannten und es sich dort eindeutig um Staatseigentum handelte.[249] Erst allmählich setzte sich die Erkenntnis durch, dass das gesellschaftliche Eigentum in Jugoslawien gerade kein Staatseigentum war.[250] Zum anderen wurden mögliche Haftungsrisiken für die Vereinten Nationen bei der Privatisierung durch die UNMIK im Kosovo diskutiert.[251]

---

[245] D. Eyre/A. Wittkowsky (Fn. 137), S. 23.

[246] D. Eyre/A. Wittkowsky (Fn. 137), S. 23; World Bank, (Fn. 122), S. 99 ff.

[247] International Crisis Group, A Strategy for Economic Development (Fn. 2), S. 21.

[248] Vgl. World Bank, (Fn. 122), S. 30: „It seems appropriate to equate social ownership with state ownership …"

[249] C. Höcker-Weyand (Fn. 116), S. 46 m.w.N.

[250] Siehe in diesem Zusammenhang auch die Einschätzung von C. Höcker-Weyand (Fn. 116), S. 55, aus dem Jahr 1980, wonach die Theorie, dass Titular des gesellschaftlichen Eigentums der Staat ist, in der jugoslawischen Lehre nicht mehr vertreten wurde.

[251] Siehe zu den juristischen Argumenten für und wider die Privatisierungsbefugnis der UNMIK 3. Teil, Abschnitt B.I.2.c., unten S. 129.

Die Positionen waren bis Ende 2001 unüberbrückbar, so dass die Privatisierung zunächst zurückgestellt wurde. Die Diskussion lebte erst wieder auf, als sich herausstellte, dass sich die Verpachtung von Unternehmen nicht als Strategie für den gesamten gesellschaftlichen Sektor eignete. Hinzu kam, dass die sich verschärfenden Probleme in einigen gesellschaftlichen Unternehmen, erhöhter politischer Druck der Geber und nicht zuletzt der politische Willen des damaligen SRSG *Michael Steiner* dazu führten, dass sich die Positionen annäherten und Anfang 2002 Einigung über einen Kompromissvorschlag erzielt wurde.[252]

Der Kompromiss sah vor, die Befugnisse der UNMIK zur Verwaltung von öffentlichen und gesellschaftlichen Unternehmen, die bislang von verschiedenen Departments ausgeübt wurden, in einer neu zu gründenden Treuhandanstalt zu bündeln, der Kosovo Trust Agency (KTA). Außerdem wurde mit dem Spin-Off-Verfahren ein Instrument geschaffen, für Investoren attraktive Vermögenswerte aus den gesellschaftlichen Unternehmen herauszulösen und zu verkaufen, um diese so für den wirtschaftlichen Wiederaufbau nutzbar zu machen. Der juristische Dienst hatte den Standpunkt von Pfeiler IV akzeptiert, dass es sich bei dem gesellschaftlichen Eigentum nicht um Staatseigentum handelt. Darüber hinaus sollte eine Beteiligung lokaler Institutionen an der Arbeit der KTA sichergestellt und die PISG im Rechtsetzungsverfahren konsultiert werden. Etwaige Haftungsrisiken für die Vereinten Nationen sollten dadurch minimiert werden, dass die KTA als Anstalt mit eigenem Haftungskapital konzipiert wurde. Ferner sah der Kompromiss vor, eine Kammer beim Obersten Gericht des Kosovo für Privatisierungssachen einzurichten, um Rechtsschutzmöglichkeiten für Betroffene im Privatisierungsverfahren zu schaffen.

Wie bei allen Maßnahmen der UNMIK wurde die Regierung Serbiens zu den Beratungen über die Privatisierung der gesellschaftlichen Unternehmen nicht hinzugezogen. Erwartungsgemäß nahm sie eine kritische Haltung gegenüber den Plänen der UNMIK ein. In einem Beschluss vom 09.05.2002 befürwortete die serbische Regierung grundsätzlich die Privatisierung und den Ansatz, den gesellschaftlichen Sektor mithilfe von Investitionen wieder zu beleben. Die Regierung verlangte jedoch, dabei auch jugoslawische und serbische Interessen zu berücksichtigen. Insbesondere die Tatsache, dass Serbien weiterhin die Auslandsschulden bedienen müsse, die Kosovo zugeordnet werden können, dürfte nicht unberücksichtigt bleiben. Außerdem dürften Gläubigerrechte durch die Privatisierung nicht in Mitleidenschaft gezogen werden, da es hauptsächlich serbische Banken seien, die kosovarischen Unternehmen Darlehen gewährt hätten. In dem Beschluss heißt es:

---

[252] D. Eyre/A. Wittkowsky (Fn. 137), S. 31.

> The Government of the Republic of Serbia fully supports the beginning of the privatization process of the companies in Kosovo and Metohia. [...] It is clear that it is not possible to carry out any [...] restructuring measures without prior creditors' consent. [...] Any privatization attempt as described in the UNMIK concept cannot be legally sustainable and thereby is a risk that the whole idea on the privatization might be discredited. [...] It is clear in advance that privatization income will be insufficient to fully reimburse the creditors. It is unacceptable to ignore the creditors' business interests that they might possibly effectuate in a bankruptcy settlement process. The concept creates a false impression that all steps are taken for the creditors' benefit, that the Kosovo Trust Agency knows what is in their best interest, but, at the same time, the creditors themselves have no input whatsoever into the process. [...] This concept completely disregards the foreign debts of the companies in Kosovo and Metohija with sovereign guarantees that total to $1.4 billion. [...] As an absurd result, the Republic of Serbia is to pay the debts of the companies in Kosovo and Metohia without having any control over the companies' assets.[253]

Auswirkungen auf die Privatisierungsstrategie der UNMIK hatte dieser Beschluss nicht.

Die EU unterstützte die Privatisierungspläne der UNMIK von Beginn an. Die Impulse hierzu gingen wesentlich vom Pfeiler IV aus, der der EU unterstellt ist. Die Europäische Kommission hat wiederholt ihre Bereitschaft unterstrichen, die Privatisierung von gesellschaftlichen Unternehmen durch die KTA mithilfe von fachlicher Beratung, technischer Hilfe und der Bereitstellung weiterer finanzieller Mittel zu unterstützen.[254]

2. Rechtsgrundlagen und Rechtsnatur der KTA

Die Regulation 2002/12 „On the Establishment of the Kosovo Trust Agency" (KTA-Regulation) trat im Juni 2002 in Kraft.[255] Die KTA-Regulation wurde im April 2005 nach längeren Diskussionen über das Privatisierungsverfahren überarbeitet.[256] Ausführungsvorschriften über die Umwandlung von gesellschaftlichen Unternehmen in Gesellschaften enthält eine Administrative Direction vom

---

[253] Beschluss der serbischen Regierung Nr. 023 – 7019/2002-1 vom 09.05.2002.

[254] Siehe Europäische Kommission, A European Future for Kosovo, KOM (2005) 156 final vom 20.04.2005.

[255] Regulation 2002/12 „On the Establishment of the Kosovo Trust Agency", UN Doc. UNMIK/REG/2002/12 vom 13.06.2002.

[256] Regulation 2005/18 „Amending UNMIK Regulation No. 2002/12 on the Establishment of the Kosovo Trust Agency", UN Doc. UNMIK/REG/2005/18 vom 22.04.2005.

19.05.2005.[257] Regelungen über das Privatisierungsverfahren enthält ferner die im Mai 2003 erlassene Regulation 2003/13 „On the Transformation of the Right of Use to Socially-Owned Immovable Property“ (Land-Use-Regulation).[258] Auch diese Regulation wurde überarbeitet.[259] Regulation 2005/48 „On the Reorganisation and Liquidation of Enterprises and their Assets under the Administrative Authority of the Kosovo Trust Agency“ verleiht der KTA Befugnisse im Zusammenhang mit Restrukturierungen und Liquidationen von zahlungsunfähigen oder insolventen Unternehmen.[260] Die Kammer für Privatisierungssachen beim Obersten Gericht des Kosovo wurde im Juni 2002 durch Regulation 2002/13 „On the Establishment of a Special Chamber of the Supreme Court of Kosovo on Kosovo Trust Agency Related Matters" (Special-Chamber-Regulation) errichtet.[261] Die Verfahrensordnung für Klagen gegen Entscheidungen der KTA ist in der Administrative Direction 2003/13 vom 11.06.2003 enthalten.[262]

Die KTA ist eine unabhängige Anstalt.[263] Sie hat Rechtspersönlichkeit, ist in eigenem Namen Träger von Rechten und Pflichten und kann vor Gericht klagen und verklagt werden. Die KTA ist Treuhänder der ihr unterstellten öffentlichen und gesellschaftlichen Unternehmen.[264] Die KTA ist mit einem Haftungskapital von 10 Millionen Euro ausgestattet.[265] Sie haftet nur in Höhe dieses Haftungskapitals und nur für eigene Verbindlichkeiten, nicht aber für Verbindlichkeiten der Unternehmen oder Vermögen, die sie verwaltet.[266] Die Konstruktion einer unabhängigen Anstalt mit eigenem Kapital wurde gewählt, um eine Haftung der

---

257 Administrative Direction 2005/6 „Implementing UNMIK Regulation No. 2002/12 on the Establishment of the Kosovo Trust Agency, as Amended“, UN Doc. UNMIK/AD/2005/6 vom 19.05.2005.

258 Regulation 2003/13 „On the Transformation of the Right of Use to Socially-Owned Immovable Property“, UN Doc. UNMIK/REG/2003/13 vom 09.05.2003.

259 Regulation 2004/45 „Amending UNMIK Regulation No. 2003/13 on the Transformation of the Right of Use to Socially-Owned Immovable Property“, UN Doc. UNMIK/REG/2004/ 45 vom 19.11.2004.

260 Regulation 2005/48 „On the Reorganisation and Liquidation of Enterprises and their Assets under the Administrative Authority of the Kosovo Trust Agency“, UN Doc. UNMIK/ REG/2005/48 vom 21.11.2005.

261 Regulation 2002/13 „On the Establishment of a Special Chamber of the Supreme Court of Kosovo on Kosovo Trust Agency Related Matters", UN Doc. UNMIK/REG/2002/13 vom 13.06.2002.

262 Administrative Direction 2002/13 „Implementing UNMIK Regulation No. 2002/12 on the Establishment of a Special Chamber of the Supreme Court of Kosovo on Kosovo Trust Agency Related Matters“, UN Doc. UNMIK/DIR/2003/13 vom 11.06.2003.

263 Ziffer 1 KTA-Regulation.

264 Ziffer 2.2 lit. a) KTA-Regulation.

265 Ziffer 17 KTA-Regulation.

266 Ziffer 18.1 und 18.2 KTA-Regulation.

UNMIK und der Vereinten Nationen soweit wie möglich auszuschließen. Allerdings dürfte die Haftungsbegrenzung nur auf zivilrechtliche Ansprüche Privater anwendbar sein. Es ist zweifelhaft, ob die UNMIK bzw. die Vereinten Nationen durch die Bildung der KTA einseitig ihre völkerrechtliche Verantwortlichkeit ausschließen kann. Denn die KTA ist kein selbstständiges Völkerrechtssubjekt, das eine eigene Haftung trifft.[267]

3. Aufbau der KTA

Die Organe der KTA sind der Vorstand, der geschäftsführende Direktor und zwei stellvertretende geschäftsführende Direktoren.[268] Der mit acht Direktoren besetzte Vorstand übt alle Befugnisse der KTA aus.[269] Der Vorstand setzt sich aus einer gleichen Zahl von kosovarischen und internationalen Direktoren zusammen.[270] Von Amts wegen sind die Leiter der Pfeiler II und IV und der stellvertretende Leiter des Pfeilers IV Mitglieder des Vorstands. Vorstandsvorsitzender ist stets der Leiter des Pfeilers IV. Der geschäftsführende Direktor muss der vierte internationale Direktor sein.[271] Die kosovarischen Direktoren werden vom SRSG ernannt. Drei von ihnen müssen Minister der Regierung sein, wobei ein Direktor der serbischen Bevölkerungsgruppe angehören muss. Der vierte kosovarische Direktor ist der Präsident des Gewerkschaftsbundes Kosovos.[272] Beschlüsse des Vorstands werden mit einfacher Mehrheit gefasst. Bei Stimmengleichheit entscheidet die Stimme des Vorstandsvorsitzenden.[273] Allerdings ist für Beschlüsse von besonderer Bedeutung eine qualifizierte Mehrheit von fünf Stimmen erforderlich, so dass in diesen Fällen die Zustimmung mindestens eines kosovarischen Vorstandsmitglieds benötigt wird. Der Vorstand ist als Organ und seine Mitglieder einzeln verpflichtet, die Resolution 1244, die KTA-Regulation, das im Kosovo anwendbare Recht und die Satzung, Geschäftsordnungen und Richtlinien der KTA zu achten.[274] Der SRSG hat das Recht, jede Entscheidung des Vorstands aufzuheben oder zu ändern, wenn sie diesen Voraussetzungen nicht entsprechen.[275]

---

[267] Siehe hierzu bereits 1. Teil, Abschnitt B.II.4., oben S. 30 f.
[268] Ziffer 11.1 KTA-Regulation.
[269] Ziffer 11.2 und 12.1 KTA-Regulation.
[270] Ziffer 12.1 KTA-Regulation.
[271] Ziffer 12.3 KTA-Regulation.
[272] Ziffer 12.2 KTA-Regulation.
[273] Ziffer 14.7 KTA-Regulation.
[274] Ziffer 24.2 KTA-Regulation.
[275] Ziffer 24.3 KTA-Regulation.

4. Zuständigkeitsbereich der KTA

Die KTA hat die Befugnis, öffentliche und gesellschaftliche Unternehmen zu verwalten, die am oder nach dem 31.12.1988 im Kosovo registriert waren. Ferner ist sie befugt, Vermögenswerte zu verwalten, die sich auf dem Territorium des Kosovo befinden und die am oder nach dem 22.03.1989 in gesellschaftlichem Eigentum standen. Schließlich ist die KTA berechtigt, Minderheitsbeteiligungen an gesellschaftlichen Unternehmen zu verwalten, die am oder nach dem 31.12.1988 im Kosovo registriert waren. Ziffer 5.1 lit. a) der KTA-Regulation bestimmt:

> The Agency shall have the authority to administer
>
> (i) Publicly-owned Enterprises and Socially-owned Enterprises that were registered in Kosovo as at 31 December 1988 or any subsequent date (whether or not such Enterprise was the subject of a Transformation);
>
> (ii) any assets located in the territory of Kosovo (whether organized into an entity or not), which comprised socially- owned property as at 22 March 1989 or any subsequent date (whether or not the subject of a Transformation), subject to Section 5.1(b) below; and
>
> (iii) Minority Stakes in Socially-owned Enterprises that were registered in Kosovo as at 31 December 1988 or any subsequent date (whether or not such Enterprise was the subject of a Transformation).

Während sich das Datum des 23.03.1989 auf den Tag der Beseitigung der Autonomie des Kosovo bezieht, dürfte der Stichtag des 31.12.1988 gewählt worden sein, um den Stand am Ende des letzten Kalenderjahres festzuhalten, bevor sich die politische Lage im Kosovo verschlechterte.

Gesellschaftliche Unternehmen definiert die KTA-Regulation als Unternehmen, die unter Artikel 2 Abs. 1 oder Abs. 2 Unternehmensgesetz fallen, ohne öffentliche Unternehmen zu sein. Die genannten Vorschriften des Unternehmensgesetzes beziehen sich auf Unternehmen, deren Kapital ausschließlich in gesellschaftlichem Eigentum steht, und Unternehmen mit ausschließlich genossenschaftlichem Kapital.[276] Außerdem sind solche Unternehmen gesellschaftliche Unternehmen im Sinne der KTA-Regulation, die im Zeitpunkt ihrer Gründung unter Artikel 2 Abs. 3 Unternehmensgesetz fielen. Dabei handelt es sich um gemischte Unternehmen, bei denen der überwiegende Teil des Kapitals gesellschaftliches Eigentum ist oder deren Vermögenswerte mehrheitlich in gesellschaftlichem Eigentum stehen.[277] Minderheitsbeteiligungen im Sinne der KTA-

[276] Unternehmen mit ausschließlich genossenschaftlichem Kapital bleiben im Folgenden unberücksichtigt.

[277] Ziffer 3 KTA-Regulation.

Regulation beziehen sich auf den verbleibenden Anteil an einem Unternehmen, das im Zeitpunkt seiner Gründung ein gemischtes Unternehmen im Sinne des Artikel 2 Abs. 3 Unternehmensgesetz war und dessen Vermögenswerte überwiegend in Privateigentum stehen oder die Mehrheit des Kapitals des Unternehmens privates Kapital ist.[278]

Die Befugnis der KTA zur Verwaltung der unter diese Definition fallenden Unternehmen und Minderheitsbeteiligungen besteht unabhängig davon, ob sie bereits Gegenstand einer Umwandlung waren.[279] Den Begriff der Umwandlung definiert Ziffer 3 der KTA-Regulation wie folgt:

> Transformation means, any of the following with respect to a legal entity: a merger, transformation, (re-) registration, incorporation as a joint stock or limited liability company or partnership or other legal entity, bankruptcy, liquidation, insolvency, organization into a distinct form or other entity or any other event or process by which any of the following is altered with respect to that entity: its legal identity, form or nature or the nature of its ownership, or of its capital or its seat, and where any such event or process or any part thereof took place at any time between 22 March 1989 and 13 June 2002.

Das Datum des 22.03.1989 bezieht sich auf die Aufhebung der Autonomie des Kosovo, während am 13.06.2002 die KTA-Regulation in Kraft trat. Die Begriffsbestimmung der Umwandlung bewirkt, dass die Zuständigkeit der KTA für ein Unternehmen daher nicht entfällt, wenn ein Unternehmen auf der Grundlage des GGK, des GPUK oder des GEU bereits ein Umwandlungs- oder Privatisierungsverfahren durchgeführt hat. Die Frage, wie die KTA Privatisierungen behandeln soll, die nach 1989 stattgefunden haben, erwies sich als äußerst kontrovers und war mitverantwortlich dafür, dass das Privatisierungsverfahren monatelang nicht fortgeführt wurde.[280] Die Änderung der KTA-Regulation vom Frühjahr 2005 stellt nun klar, dass frühere Privatisierungsverfahren die Zuständigkeit der KTA nicht berühren. Solche Verfahren sind nur zu berücksichtigen, um die Identität möglicher Eigentümer der gesellschaftlichen Unternehmen für die Verteilung von Privatisierungserlösen zu klären, solange solche Verfahren in nicht diskriminierender Weise durchgeführt wurden. In Ziffer 5.4 KTA-Regulation heißt es:

> (a) If an Enterprise was the subject of a Transformation, such Transformation shall not affect the rights and powers of the Agency [...].

---

[278] Ziffer 3 KTA-Regulation.

[279] Ziffer 5.1 lit. a) und 5.4 lit. a) KTA-Regulation.

[280] Siehe hierzu 2. Teil, Abschnitt D.II.7., unten S. 84 ff.

(b) As part of determination of the identity of the Owners and the distribution of the Proceeds, if the Agency finds that:

(i) the Transformation was based on and carried out in full compliance with Applicable Law, [...] and

(ii) the Transformation was neither discriminatory, nor in breach of the principles of the European Convention of Human Rights,

then the Transformation shall be taken into account for the sole purpose of identification of the Owners and distribution of the Proceeds. If the Agency finds that the Transformation does not meet the requirements of either (i) or (ii) above, then in relation to the determination of the identification of the Owner(s) and distribution of the Proceeds to them, the Agency shall disregard the Transformation.

5. Das Spin-Off-Verfahren und andere Befugnisse der KTA

Die KTA hat verschiedene Befugnisse im Zusammenhang mit der Verwaltung von gesellschaftlichen Unternehmen. Erstens hat die KTA hat das Recht, gesellschaftliche Unternehmen zu verwalten. Zweitens darf sie das Spin-Off-Verfahren durchführen, d.h. das Vermögen der Unternehmen auf Tochtergesellschaften ausgliedern und diese Gesellschaften veräußern. Dieses Verfahren ist Gegenstand der völkerrechtlichen Prüfung im 3. Teil dieser Arbeit, Drittens ist die KTA befugt, gesellschaftliche Unternehmen zu liquidieren.[281]

a. Unmittelbare Verwaltung der gesellschaftlichen Unternehmen durch die KTA

Im Hinblick auf die Grenzen der ihr zur Verfügung stehenden Mittel verwaltet die KTA die ihr unterstellten Unternehmen hauptsächlich durch Beaufsichtigung der Geschäftsführung. Die Leitung der täglichen Geschäfte obliegt weiterhin dem Management und den anderen Organen der Unternehmen.[282] Die KTA kann sich die Verwaltung eines Unternehmens aber jederzeit unmittelbar unterstellen, wenn sie dies für erforderlich hält, um seinen Wert oder die Wirtschaftlichkeit zu erhalten oder die Unternehmensführung zu verbessern. Die KTA bedarf hierfür, anders als noch das DTI gemäß Regulation 2000/63, keiner Einzelermächtigung durch den SRSG. Erforderlich ist lediglich ein Vorstandsbeschluss.[283]

---

[281] Ziffer 6 KTA-Regulation.

[282] Ziffer 7.1 und 7.2 KTA-Regulation.

[283] Ziffer 15.2 KTA-Regulation.

Die KTA-Regulation enthält keine abschließende Aufzählung der Verwaltungsrechte, die der KTA in Bezug auf die ihr unterstellen Unternehmen zustehen.[284] Diese sind praktisch unbegrenzt und verleihen der KTA eine Stellung, die mit der eines Alleingesellschafters vergleichbar ist.[285] Die KTA kann die Geschäftsführung eines Unternehmens auswechseln. Sie darf die Zusammensetzung und die Befugnisse von Organen gesellschaftlicher und öffentlicher Unternehmen nach ihren Vorstellungen verändern und neue Organe schaffen und zu diesem Zweck die Satzung aufheben, ändern oder eine neue Satzung erlassen. Die KTA kann verbindliche Richtlinien für die Geschäftstätigkeit bestimmter Unternehmen erlassen sowie sich deren Konten und anderen Aktiva direkt unterstellen. Ferner hat die KTA unbeschränkten Zugang zu Büchern, Unterlagen und Dokumenten der Unternehmen. Sie hat das Recht, von Angestellten, Vertrags- oder Geschäftspartnern und anderen Personen Informationen über das Unternehmen zu verlangen. Sie darf Unternehmen und ihre Liegenschaften betreten und untersuchen. Die KTA kann mit Dritten Management-, Umstrukturierungs- oder Umorganisierungsverträge oder Pachtverträge abschließen. Sie hat die Befugnis, Unternehmen selbst umzustrukturieren, indem sie Tochtergesellschaften der Unternehmen gründet und verwaltet und Vermögenswerte der Unternehmen auf Tochtergesellschaften überträgt. Die KTA hat ferner das Recht, Unternehmen in Kapitalgesellschaften umzuwandeln oder in mehrere Unternehmen oder Gesellschaften aufzuspalten. Sie kann Aktivitäten der Unternehmen an andere Auftragnehmer vergeben. Schließlich hat die KTA das Recht, Konkursverfahren über das Vermögen von Unternehmen einzuleiten und diese Unternehmen im Konkursverfahren zu vertreten.

b. Spin-Off-Verfahren

Die KTA hat ferner die Befugnis, im Rahmen des Spin-Off-Verfahrens das Vermögen gesellschaftlicher Unternehmen ganz oder teilweise auszugliedern, zu veräußern und so zu privatisieren.

aa. Rechtsgrundlage und Ablauf des Spin-Off-Verfahrens

Die maßgebliche Vorschrift in Ziffer 6.2 der KTA-Regulation lautet:

> [W]ith respect to Enterprises (other than Publicly-owned Enterprises and their assets) under the administrative authority of the Agency [...], the Agency shall

[284] Ziffer 6.1 KTA-Regulation.

[285] A. Rapp (Fn. 140), S. 169.

> [...] have authority to take the following actions that the Agency considers appropriate:
>
> (a) to establish one or more corporate subsidiaries of such an Enterprise and transfer part or all of the assets of such Enterprise to such subsidiaries [...];
>
> (b) to sell all or part of the shares of subsidiaries established under paragraph (a) above [...];
>
> (c) to liquidate such Enterprises [...]; and
>
> (d) to dispose of monies and other assets of such Enterprises.

Ziffer 8 der KTA-Regulation regelt den Ablauf des Spin-Off-Verfahren. Zunächst gründet die KTA im Namen des gesellschaftlichen Unternehmens eine oder mehrere Tochtergesellschaften in der Rechtsform einer Aktiengesellschaft oder einer Gesellschaft mit beschränkter Haftung.[286] Die KTA entscheidet für jeden einzelnen Fall, ob neben den Vermögenswerten des gesellschaftlichen Unternehmens auch dessen Verbindlichkeiten auf die Tochtergesellschaft übertragen werden. Die Anteile an der Tochtergesellschaft sind Eigentum des gesellschaftlichen Unternehmens, werden aber von der KTA nach den Vorschriften der KTA-Regulation verwaltet.[287]

Nach der Übertragung der Vermögenswerte auf die neu gegründete Tochtergesellschaft – der so genannten „NewCo" – kann die KTA alle oder einen Teil der Anteile an der Gesellschaft im Namen des gesellschaftlichen Unternehmens an einen Dritten veräußern.[288]
Das Spin-Off-Verfahren berührt nicht die Rechtsnatur des oder etwaige Eigentumsrechte an dem gesellschaftlichen Unternehmen. Ziffer 8.7 KTA-Regulation bestimmt:

> Any action taken by the Agency under this section shall be without prejudice to ownership titles in the relevant Enterprise.

Das Unternehmen bleibt daher als juristische Person erhalten. Durch das Spin-Off-Verfahren wird nicht das gesellschaftliche Unternehmen selbst, sondern nur sein Vermögen privatisiert. Die Unternehmen wandeln sich durch die Ausgliederung ihres Vermögens im ersten Schritt des Spin-Off-Verfahrens in Holdinggesellschaften um. Bilanziell tritt an die Stelle ihrer Rechte an den übertragenen Vermögenswerten das Eigentum an den Anteilen der neu gegründeten NewCo.

---

[286] Ziffer 8.2 KTA-Regulation.

[287] Ziffer 8.1 KTA-Regulation. Andere Ansicht A. Rapp (Fn. 140), S. 169, wonach die KTA Inhaberin der Anteile der neu gegründeten Tochtergesellschaften ist.

[288] Ziffer 8.4 KTA-Regulation.

Die Privatisierung der Vermögenswerte erfolgt im Moment der Ausgliederung und nicht erst bei der späteren Veräußerung der Anteile an der Tochtergesellschaft an einen Investor. Diese stellt einen Rechtsträgerwechsel und keine Eigentumsumwandlung dar.

Nach Ansicht der UNMIK verschlechtert sich durch das Spin-Off-Verfahren weder die Stellung der potentiellen Eigner der gesellschaftlichen Unternehmen noch die der Gläubiger, solange die KTA einen Kaufpreis erzielt, der dem wirtschaftlichen Wert der ausgegliederten Aktiva entspricht. Die Erlöse, die außerdem von der KTA treuhänderisch verwaltet werden und deshalb gesichert sind, stehen den Gläubigern und potentiellen Eignern zu. Die UNMIK argumentiert, dass dadurch der Unternehmenswert erhalten wird und Gläubiger und Eigner mit dem Anspruch auf die erlösten Geldmittel sogar besser stünden, da diese wertbeständiger seien als die veräußerten Sachwerte. Denn nun sei der Unternehmenswert nicht länger durch fortschreitende Unterinvestition und Wirtschaftskriminalität in seinem Bestand bedroht.

Die Veräußerung der Tochtergesellschaft erfolgt in einem Bieterverfahren nach genau festgelegten Regeln. Dabei wird zwischen dem einfachen und dem so genannten Special Spin-Off-Verfahren unterschieden.[289] Beim einfachen Spin-Off-Verfahren wird ausschließlich dem höchsten Gebot der Zuschlag erteilt.[290] Das einfache Verfahren kommt bei kleineren bis mittleren Unternehmen aus allen Branchen zur Anwendung. Der Großteil der gesellschaftlichen Unternehmen wird im Wege des einfachen Spin-Off privatisiert. Wird ein gesellschaftliches Unternehmen im Wege des Special Spin-Off-Verfahrens privatisiert, können vom Erwerber zusätzlich Investitions- und Arbeitsplatzzusagen verlangt werden. Dieses Verfahren wendet die KTA bei großen und gesamtwirtschaftlich bedeutenden Unternehmen an.

bb. Einräumung von Nießbrauchsrechten an Grundstücken

Von Bedeutung für das Spin-Off-Verfahren sind ferner die Befugnisse der KTA zur Umwandlung von Nutzungsrechten an Grundstücken, die gesellschaftliche Unternehmen nutzen.[291] Diese Nutzungsrechte fallen nicht unter den Begriff der gesellschaftlichen Mittel nach dem Unternehmensgesetz bzw. nach dem

---

[289] Kosovo Trust Agency, How Do I Bid for an SOE? (Fn. 134), S. 2.

[290] Kosovo Trust Agency, Model Rules of Tender for Spin-Off Privatization of Socially-Owned Enterprises, http://www.kta-kosovo.org/ktareg/tenderruleseng.pdf (23.07.2006), Ziffer 10.1.

[291] Vgl. T. Schoen, Gesetzgebung der UN-Verwaltung im Kosovo zum Grundstücksrecht, in: WIRO 14 (2005), S. 111.

GGK.[292] Sie können den gesellschaftlichen Unternehmen nach den Vorschriften des jugoslawischen Rechts daher nicht eindeutig zugewiesen werden. Allerdings handelt es sich bei diesen Nutzungsrechte oftmals um die einzigen Vermögenswerte, die für Investoren von Interesse sind.

Um eine Rechtsgrundlage für die Übertragung dieser Nutzungsrechte auf die NewCo-Gesellschaften zu schaffen, erließ die UNMIK die Land-Use-Regulation. Nach den Bestimmungen der Regulation wandelt sich ein Nutzungsrecht eines gesellschaftlichen Unternehmens an einem Grundstück im Moment seiner Übertragung auf eine NewCo im Zuge des Spin-Off-Verfahrens in ein 99-jähriges Nießbrauchrecht.[293] Dieses gewährt das Recht zur Nutzung, zur Übertragung und zur Belastung des Grundstücks.[294] Dabei stellt die Land-Use-Regulation klar, dass Änderungen des Eigentums an dem Grundstück, an dem der Nießbrauch besteht, keinen Einfluss auf das Nießbrauchrecht haben.[295] Mithilfe des Nießbrauchrechts sollen Investoren ein Grundstück unbeschränkt wirtschaftlich nutzen können, ohne dass eine abschließende Klärung der Eigentumslage an Grundstücken in gesellschaftlichem Eigentum notwendig ist.

cc. Verteilung des Veräußerungserlöses

Der Erlös aus der Veräußerung der Anteile an der NewCo steht dem gesellschaftlichen Unternehmen zu. Das Unternehmen hat jedoch keinen Zugriff auf den Erlös, da dieser von der KTA treuhänderisch verwaltet wird.[296] 80 % des Erlöses erhalten die Gläubiger des gesellschaftlichen Unternehmens sowie etwaige Eigentümer. Diese Regelung soll das verbleibende Restrisiko im Zusammenhang mit der Klärung von Eigentumsrechen an gesellschaftlichen Unternehmen reduzieren. Sollte zu einem späteren Zeitpunkt festgestellt werden, dass es doch Eigentümer gesellschaftlicher Unternehmen gab, können diese an den Veräußerungserlösen beteiligt werden.

Ursprünglich hatten nur Eigentümer und Gläubiger einen Anspruch auf die Verkaufserlöse aus dem Spin-Off-Verfahren. Nachdem Arbeitnehmervertreter gegen den Ausschluss der Beteiligung der Arbeiter gesellschaftlicher Unternehmen an Verkaufserlösen protestiert hatten, wurde in der Land-Use-Regulation ein Recht der Arbeiter und ehemaligen Arbeiter aufgenommen, sie an den Erlösen

---

[292] Siehe hierzu 2. Teil, Abschnitt B.I.2., oben S. 44 f.
[293] Ziffer 2.1 Land-Use-Regulation.
[294] Ziffer 2.2 Land-Use-Regulation.
[295] Ziffer 8 Land-Use-Regulation.
[296] Ziffer 8.5 und 8.6 KTA-Regulation.

zu beteiligen.[297] Damit soll die besondere Beziehung der Arbeiter zu den gesellschaftlichen Unternehmen sowie die Folgen des Spin-Off-Verfahrens für diese Beziehung berücksichtigt werden.[298] Heute erhalten die Arbeiter des gesellschaftlichen Unternehmens 20 % der Erlöse aus einer Spin-Off-Privatisierung.

Als das DTI gesellschaftliche Unternehmen auf der Grundlage des Unternehmensgesetzes verwaltete, erwies sich insbesondere die Bestimmung der Unternehmenszugehörigkeit der Arbeiter als problematisch. Die Land-Use-Regulation weist dem Arbeiterrat des Unternehmens die Aufgabe zu, die Arbeiter zu bestimmen, die an dem Erlös aus der Veräußerung der Tochtergesellschaft beim Spin-Off-Verfahren beteiligt werden sollen.[299] Berechtigt sind Arbeiter, die zum Zeitpunkt der Privatisierung beim betreffenden Unternehmen beschäftigt sind und es zwei Jahre ununterbrochen waren sowie Arbeiter, die zum Zeitpunkt der Privatisierung nicht Beschäftigte sind, dem Unternehmen aber mindestens fünf Jahre zwischen dem 01.03.1989 und dem 01.03.2003 angehört hatten.[300] Drei Viertel des zu verteilenden Betrages sollen zu gleichen Anteilen an alle Berechtigten und ein Viertel je nach Dauer der Betriebszugehörigkeit zugeteilt werden.[301] Die KTA hat die Liste der Berechtigten zu prüfen, um Benachteiligungen und Diskriminierungen auszuschließen. Der Rechtsweg zur Kammer für Privatisierungsfragen des Obersten Gerichts Kosovos steht solchen Personen offen, die nicht in die Liste der Berechtigten aufgenommen oder deren Betriebszugehörigkeit nicht berücksichtigt worden ist.[302]

dd. Beispiele für Spin-Off-Privatisierungen

Die Kosovo Trust Agency hat bisher insgesamt achtzehn Privatisierungsrunden durchgeführt, von denen fünfzehn abgeschlossen sind. Um einen Eindruck über die privatisierten Unternehmen, die erzielten Erlöse und die unterschiedlichen Spin-Off-Verfahren zu geben, soll im Folgenden beispielhaft die fünfte Privatisierungsrunde näher beschrieben werden.

Die Kosovo Trust Agency eröffnete die fünfte Privatisierungsrunde am 10.05.2005. Sie umfasste Vermögenswerte von 15 gesellschaftlichen Unternehmen, die die Kosovo Trust Agency in insgesamt 29 NewCo ausgegliedert hatte.

---

297 Ziffer 10 Land-Use-Regulation.
298 Ziffer 10.1 Land-Use-Regulation.
299 Ziffer 10.2 Land-Use-Regulation.
300 Ziffer 10.3 Land-Use-Regulation.
301 Ziffer 10.4 Land-Use-Regulation.
302 Ziffer 10.5 Land-Use-Regulation.

Dreizehn der Unternehmen wurden im Wege des normalen Spin-Off und zwei Unternehmen mittels Special Spin-Off privatisiert.[303]

Die dreizehn Unternehmen im normalen Spin-Off-Verfahren betrafen kleine mittelständische Betriebe aus den Bereichen Handwerk, Landwirtschaft und Industrie. Die Höchstgebote blieben überwiegend unter 500.000 Euro. Nur für zwei Unternehmen, die beide besonders attraktive Grundstücke in Pristina nutzen, wurden Gebote von über 2 Millionen Euro erzielt. In der fünften Privatisierungsrunde standen folgende NewCo zum Verkauf:

NewCo	**Geschäftszweck**	**Vermögenswerte**	**Höchstes Gebot (€)**
Plastika (Pristina)	Kunststoffverarbeitung (außer Betrieb)	12.000 m² Grundstück; 2 Fabrikgebäude; 2 Lagerhäuser; 1 Verwaltungsgebäude	2.262.360
Farmed (Pristina)	Pharmagroßhandel	11.000 m² Grundstück; 400 m² Büroraum, 7700 m² Lagerraum, 2 Kühlräume, Testlabor	3.251.250
Elast (Peja)	Reifenreparaturwerkstatt (außer Betrieb)	3000 m² Fabrikgebäude; 3.600 m² Fertigungshalle, 3,58 ha Land	233.333
Elast Warehouse (Peja)	Gummifabrik (außer Betrieb)	4500 m² Fabrikgebäude; 1,41 ha Land	318.000
Banja e Kllokotit Agricultural Land (Kllokotit)	Landwirtschaft	22 ha Land; 310 m² Gebäude	454.545
Agromorava Motel (Viti)	Motel	924 m² Gebäude; 96 m² Anbau; 25 m² Lagerhaus	216.750
Agromorava Electrical Mill (Viti)	Getreidemühle	Getreidemühle 2.166 m²; Verwaltungsgebäude; Lagerhaus; 6653 m² Grundstück	72.800
Agromorava Ramjan (Viti)	Landwirtschaft	315 ha Land	354.785
Teuta (Gjilan)	Textilherstellung (insbes. Uniformen, außer Betrieb)	Kleine Produktionsanlage; Büros; Nähmaschinen	71.500
Kosova Hidroteknika (Pristina)	Tiefbau	Kleines Verwaltungsgebäude; Baugeräte; Grundstück	Keine Gebote

303 Kosovo Trust Agency, Pressemitteilung vom 10.05.2005, Kosovo Trust Agency Launches 5th Wave of Privatisation.

NewCo	Geschäfts-zweck	Vermögenswerte	Höchstes Gebot (€)
Paper Factory (Lipjan)	Papier und Pappe	Fabrikgebäude mit Papiermaschinen; Verwaltungsgebäude	333.333
Paper Factory Parcela (Lipjan)	Papier und Pappe	2 Grundstücke, insgesamt 1.410 m^2	Keine Gebote
Perparimi Old Tile Factory F3 (Skenderaj)	Ziegelei (außer Betrieb)	18.262 m^2 Grundstück; Ziegelei	128.000
Produkt Bakery (Peje)	Bäckerei	4000 m^2 Gebäude; 1,12 ha Grundstück; 2 Fertigungslinien Bj. 1986	691.250
Produkt Warehouse Hekurudhes (Peja)	Lagerhaus	2100 m^2 Fläche; 0,23 ha Grundstück	179.027
Produkt Warehouse Bus Station (Peja)	Lagerhaus	360 m^2 Fläche; 0,09 ha Grundstück	274.660
Teuta Carpet Factory (Istog)	Teppichherstellung (außer Betrieb)	2.400 m^2 Fläche; 0,45 ha Grundstück; Maschinen	131.250
Teuta Warehouse (Istog)	Lagerhaus	2.500 m^2 Fläche; 3 Gebäude; 880 m^2 Lagerhaus; 0,88 ha Grundstücke	55.555
Farm Vitak - Qubrel LLC (Skenderaj)	Landwirtschaft	300 ha Land	29.000
Farm Leqine (Skenderaj)	Landwirtschaft	293 ha Land	151.250
Farm Trnavc-Prekaz (Skenderaj)	Landwirtschaft	170 ha Land	176.300
Farm Makërmal (Skenderaj)	Landwirtschaft	30 ha Land	Keine Gebote
Drenica New Shopping Mall (Skenderaj)	Einzelhandel	3.650 m^2 Ladenfläche; 2.277 m^2 Grundstück	122.800
Drenica Old Shopping Mall (Skenderaj)	Einzelhandel	1.154 m^2 Ladenfläche; 577 m^2 Grundstück	186.250
Celiku Metal Construction (Gjilan)	Metallverarbeitung	8.861 m^2 Fertigungs- und Verwaltungsgebäude; 46.000 m^2 Grundstücke	626.626
Priteks Production (Prizren)	Allg. Industrie	2.500 m^2 Fertigungshalle	101.250
Printeks Warehouse (Prizren)	Lagerhaus	Lagerhaus	40.960

Zusätzlich zu diesen Unternehmen privatisierte die KTA in der 5. Privatisierungsrunde Vermögenswerte eines größeren gesellschaftlichen Unternehmens im Wege des Special Spin-Off. Dabei handelte es sich um den Mineralbrunnen „Banja e Kllokotit" in Vita. Das Unternehmen verkaufte mehr als 60 Millionen Liter Mineralwasser im Jahr 2004 und beschäftigte über 100 Mitarbeiter. Auf die NewCo hatte die KTA die beiden Mineralbrunnen, Grundstücke mit einer Gesamtgröße von 3,5 ha und die Abfüllanlage übertragen. Das höchste Gebot belief sich auf 1,68 Millionen Euro und umfasste Arbeitsplatzgarantien sowie eine Investitionszusage.

Ein weiteres Beispiel für einen Special Spin-Off bietet das Baustahlunternehmen FAN aus Podujevo, dessen Vermögen in der siebten Runde privatisiert wurde. Das Höchstgebot für FAN lag bei 2,31 Millionen Euro. Zusätzlich gab der Bieter eine Investitionszusage über 2,8 Millionen Euro ab und gab eine Arbeitsplatzgarantie für 236 Arbeiter ab.[304]

c. Liquidation von gesellschaftlichen Unternehmen

Ferner hat die KTA die Befugnis, gesellschaftliche Unternehmen zu liquidieren, wenn dies dem Interesse der Gläubiger oder der Eigentümer des Unternehmens entspricht.[305] Diese Befugnis soll die KTA in die Lage versetzten, die Vermögenswerte solcher gesellschaftlichen Unternehmen, bei denen keine Chance auf eine Wiederbelebung mehr besteht, für Investoren zugänglich zu machen.

Liquidationen erfolgen nach den Vorschriften der Regulation 2005/48.[306] Leitet die KTA die Liquidation eines gesellschaftlichen Unternehmens ein, gehen alle Befugnisse der Geschäftsführung und der Aufsichtsorgane auf einen Liquidationsausschuss über, dessen Mitglieder von der KTA bestimmt werden.[307] Die KTA kann einen Antrag bei einem Gericht stellen, bei dem eine Klage gegen ein zu liquidierendes gesellschaftliches Unternehmen anhängig ist, dass das Verfahren einstweilen suspendiert wird.[308] Ferner hat die KTA das Recht, Rechtsgeschäfte des zu liquidierenden Unternehmens anzufechten, die bis zu 90 Tage vor der Veröffentlichung des Liquidationsbeschlusses getätigt wurden.[309]

---

[304] Kosovo Trust Agency, Pressemitteilung vom 28.09.2005, KTA Announces Special Spin-Off Results for the Second and Final Round of Bidding for NewCo FAN.

[305] Ziffer 6.2 lit. c) und 9 KTA-Regulation.

[306] Ziffer 43.4 Regulation 2005/48.

[307] Ziffer 43.3 lit. c) (i) i.V.m. Ziffer 11 Regulation 2005/48.

[308] Ziffer 9.3 KTA-Regulation.

[309] Ziffer 9.4 KTA-Regulation.

6. Rechtsschutz gegen Maßnahmen der KTA

Eines der Hauptanliegen der Rechtsabteilung der UNMIK und des juristischen Dienstes des UN-Sekretariats in New York war die Schaffung von Rechtsschutzmöglichkeiten für etwaige Eigentümer im Rahmen des Privatisierungsverfahrens. Damit sollte einerseits verhindert werden, dass die Vereinten Nationen von übergangenen Eigentümern oder Gläubigern vor internationalen Gerichten auf Schadenersatz in Anspruch genommen wird. Andererseits wurde darauf verwiesen, dass aufgrund der Bindung der UNMIK an die EMRK wegen Artikel 6 Abs. 1 EMRK ein Rechtsweg bestehen müsse. Um diese Bedenken auszuräumen wurde Regulation 2002/13 über eine Kammer für Privatisierungssachen erlassen.

Die Kammer für Privatisierungssachen ist Teil des Obersten Gerichts des Kosovo. Sie ist aber weitgehend unabhängig, da sie eine eigene Geschäftsstelle hat und gesondert finanziert wird. Sie ist mit fünf Richtern besetzt, von denen drei internationale Richter sein müssen. Einer der internationalen Richter ist der Vorsitzende. Die Privatisierungskammer ist ausschließlich zuständig für Klagen gegen Entscheidungen und andere Maßnahmen der KTA, auf Ersatz von Schäden aus Maßnahmen oder Entscheidungen der KTA, gegen Unternehmen, solange sie unter der Verwaltung der KTA stehen, auf die Festsetzung von Zwangsmitteln der Rechte der KTA und auf Anfechtung von Rechtshandlungen im Rahmen einer Liquidation eines Unternehmens.[310]

Klagebefugt sind nur Personen, die behaupten, in Eigentumsrechten oder sonstigen dinglichen Rechten verletzt zu sein. Ferner sind Gläubiger gesellschaftlicher Unternehmen sowie andere Personen klagebefugt, die ein finanzielles Interesse geltend machen können. Die KTA und die Unternehmen und Gesellschaften unter ihrer Verwaltung sind stets klagebefugt.[311] Klagen auf Aufhebung von Maßnahmen oder Handlungen sowie auf Schadenersatz können gegen die KTA gerichtet werden. Unternehmen und Gesellschaft unter Verwaltung der KTA sind passivlegitimiert für Klagen auf Zahlung, Herausgabe oder Feststellung eines bestehenden Rechts an einem Gegenstand, der sich im Besitz des Unternehmens befindet. Allerdings schränkt Ziffer 10.3 der Special-Chamber-Regulation die Möglichkeit für Herausgabeklagen ein. Sobald die KTA einen Vermögenswert im Rahmen des Spin-Off-Verfahrens auf eine Tochtergesellschaft eines gesellschaftlichen Unternehmens übertragen hat, können Dritte nicht mehr auf Herausgabe der Sache klagen, sondern nur noch auf Wertersatz für die Sache. Mit dieser Regelung soll verhindert werden, dass Dritte durch die Erhebung von

[310] Ziffer 4 Special-Chamber-Regulation.
[311] Ziffer 5.1 Special-Chamber-Regulation.

Herausgabeklagen das Spin-Off-Verfahren blockieren. Klagen können auch gegen eine Person gerichtet werden, gegen die eine Maßnahme der KTA durchgesetzt werden soll oder die Partei einer angefochtenen Rechtshandlung ist.[312] Es besteht eine Klagefrist von neun Monaten seit Kenntnis der anspruchsbegründenden Tatsachen.[313]

Die Kammer für Privatisierungssachen nahm am 16.06.2003 ihre Arbeit auf.[314] Bis zum Januar 2004 wurden 25 Klagen zur Kammer für Privatisierungssachen erhoben, von denen aber der Großteil mangels Zuständigkeit an andere Spruchkörper verwiesen wurde.[315] Der ehemalige Vorsitzende der Kammer, *John Murphy*, wird zitiert, dass sich die Zahl der Fälle auf bis zu 700 erhöhen könnte.[316] Da die Kammer für Privatisierungssachen keine Statistiken über ihre Tätigkeit veröffentlicht, ist nicht bekannt, wie viele Klagen seitdem tatsächlich eingereicht worden sind.

7. Praktische Erfahrungen

Nach der Errichtung der KTA begann diese zunächst damit, ein Bestandsverzeichnis der gesellschaftlichen Unternehmen im Kosovo anzulegen und diese für die Privatisierung vorzubereiten. Gleichzeitig wurden interne Richtlinien insbesondere für das Spin-Off-Verfahren erarbeitet. Die ersten Auktionen fanden Mitte 2003 statt. Dabei konnten 26 gesellschaftliche Unternehmen privatisiert werden.[317] Allerdings geriet das Verfahren kurz danach ins Stocken. Gründe hierfür waren die Kündigung des geschäftsführenden Direktors der KTA, der befürchtet hatte, er könne für rechtswidrige Privatisierungen persönlich haftbar gemacht werden. Außerdem war bekannt geworden, dass es während der ersten Auktion Bieterabsprachen gegeben hatte.[318] Ein weiterer Unsicherheitsfaktor betraf eine Klage von übergangenen Bietern gegen die KTA vor einem Bundesgericht in den USA, die allerdings zurückgenommen wurde.[319]

---

312 Ziffer 5.2 Special-Chamber-Regulation.

313 Ziffer 6 Special-Chamber-Regulation.

314 Report of the Secretary-General on the United Nations Interim Administration Mission in Kosovo, UN Doc. S/2003/675, Ziffer 47 vom 26.06.2003.

315 J. Wechtler, Alternative Dispute Resolution in the Special Chamber of Kosovo's Supreme Court,http://www.pbosnia.kentlaw.edu/resources/legal/kosovo/wechtler.htm (23.07.2006), S. 5 m.w.N.

316 J. Wechtler (Fn. 315), S. 6.

317 A. Rapp (Fn. 140), S. 170.

318 UNMIK European Union Pillar, Kosovo Outlook 2004 (Fn. 128), S. 17.

319 United States District Court for the Southern District of New York, Case No. 03-CV-7935, Wood Indstries, LLC vs. The United Nations, The United Nations Mission in Kosovo, and Kosovo Trust Agency. Siehe zu diesem Verfahren H. Perritt, Brief of

Unterdessen übten die PISG und Vertreter der Arbeiter der gesellschaftlichen Unternehmen im Kosovo heftige Kritik daran, dass die gesellschaftlichen Unternehmen ausschließlich an den höchstbietenden Interessenten verkauft werden sollten. Sie äußerten die Sorge, dass es bei einem Verkauf ausschließlich an den Höchstbietenden zu einer Verschleuderung der gesellschaftlichen Unternehmen kommen könne, ohne dass dies nachhaltige positive Auswirkungen auf die Wirtschaft des Kosovo hat.[320] Hinzu kam, dass die Arbeiter der großen gesellschaftlichen Unternehmen nachdrücklich Beschäftigungsgarantien forderten. Ursprünglich hatte sich der Pfeiler IV während der Verhandlungen über die KTA-Regulation dagegen gewehrt, der KTA aufzugeben, von Investoren Beschäftigungs- oder sonstige Zusagen zu erwirken. Da solche Zusagen nur über Preisnachlässe zu erreichen seien, wäre der dem Treuhandgedanken der KTA innewohnende Wertausgleich bedroht.

Die UNMIK bat daraufhin den juristischen Dienst des UN-Sekretariats in New York um eine Prüfung des angewandten Privatisierungsverfahrens. Der juristische Dienst kam insbesondere zu dem Ergebnis, dass die KTA solche Unternehmen nicht privatisieren dürfe, die nach dem 22.03.1989 Gegenstand von Umwandlungs- oder Privatisierungsverfahren waren, wenn diese Verfahren in nicht diskriminierender Art und Weise und in Übereinstimmung mit den maßgeblichen gesetzlichen Vorschriften erfolgt waren.[321]

Die Rechtsansicht des juristischen Dienstes löste heftige Auseinandersetzungen mit den PISG aus. Die PISG vertraten die Meinung, alle Umwandlungen und Privatisierungen nach dem 22.03.1989 seien diskriminierender Natur. In der Folge nahmen die Vertreter der PISG im Vorstand der KTA an Vorstandssitzungen nicht mehr teil, so dass die KTA handlungsunfähig war.[322] Der SRSG nahm demgegenüber eine unnachgiebige Haltung ein und wies den Leiter des Pfeilers IV an, die Privatisierung ungeachtet der Weigerung der PISG, sich an der Arbeit der KTA zu beteiligen, fortzusetzen.[323] Gleichzeitig wurden jedoch die Verhandlungen zwischen der UNMIK und der PISG über Änderungen der KTA-Regulation und der internen Richtlinien fortgesetzt. Im Frühjahr wurde ein Kompromiss erzielt und das Special Spin-Off-Verfahren für große gesellschaft-

Amicus Curiae Government of Kosovo in Support of Defendant KTA's Motion to Dismiss, http://operation-kosovo.Kentlaw.edu/amicus/Amicus%20Brief-posted-web.htm#_ftnl (23.07.2006). Der Schriftsatz wurde wegen der Klagerücknahme nicht eingereicht.

320 A. Rapp (Fn. 140), S. 170.

321 UNMIK European Union Pillar, Kosovo Outlook 2004 (Fn. 128), S. 17 f.

322 UNMIK European Union Pillar, Kosovo Outlook 2004 (Fn. 128), S. 18.

323 UNMIK European Union Pillar, Kosovo Outlook 2004 (Fn. 128), S. 18.

liche Unternehmen eingeführt.[324] Die KTA änderte auf der Grundlage dieses Kompromisses ihre internen Richtlinien. Die Privatisierung wurde im Sommer 2004 fortgesetzt.

Unterdessen gingen die Gespräche mit dem juristischen Dienst über dessen Bedenken weiter. Im Frühjahr 2005 konnte die UNMIK den juristischen Dienst überzeugen, dass eine Einzelfallprüfung über die Rechtmäßigkeit von Privatisierungen und Umwandlungen im Kosovo nach 1989 praktisch nicht zu leisten sei. Dies hätte es erfordert, Sachverhalte zu aufzuklären, die 10 bis 15 Jahre zurückliegen. In vielen Fällen wäre die Prüfung gar nicht möglich gewesen, was bedeutet hätte, dass die betroffenen Unternehmen gar nicht hätten privatisiert werden können.[325] Auf der Grundlage der Einigung mit dem juristischen Dienst wurde die KTA-Regulation im April 2005 geändert. Nun ist geregelt, dass die KTA alle gesellschaftlichen Unternehmen im Kosovo privatisieren darf, ohne Rücksicht darauf, ob diese bereits Gegenstand einer Umwandlung oder Privatisierung waren. Diese Frage ist nur von Bedeutung für die Auskehr des Erlöses nach einer erfolgreichen Privatisierung.

Seitdem versucht die KTA, die durch die Auseinandersetzungen mit den PISG und den Diskussionen mit dem juristischen Dienst verlorene Zeit wieder aufzuholen. Nach Aussage des Leiters des Pfeilers IV soll 90 % des Gesamtwertes der gesellschaftlichen Unternehmen im Kosovo bis Ende 2006 privatisiert werden.[326] Bis Ende 2005 wurden mehr als 150 NewCo-Gesellschaften veräußert und Barerlöse von etwa 130 Millionen Euro sowie Investitionszusagen von etwa 45 Millionen Euro erzielt.[327]

---

324 UNMIK EU Pillar IV, Pressemitteilung vom 22.06.2004, KTA to launch a third wave of privatisation tenders immediately.

325 UNMIK EU Pillar IV, Pressemitteilung vom 22.04.2005, SRSG Relaunches Privatisation by Signing Amended KTA Regulation.

326 UNMIK EU Pillar IV, Pressemitteilung vom 22.04.2005 (Fn. 325).

327 UNMIK European Union Pillar, The Economic Foundations of Status. Kosovo Outlook 2005 (Fn. 129), S. 13.

Dritter Teil
Die Völkerrechtmäßigkeit der Unternehmensprivatisierung

Durch die Tätigkeit der UNMIK vollzieht sich im Kosovo eine tief greifende Umgestaltung der Wirtschaftsstruktur. Nach der Ausgliederung ihres Vermögens bestehen die überwiegend brachliegenden gesellschaftlichen Unternehmen nur noch als Holdinggesellschaften fort. Investoren erwerben die neu gegründeten Tochtergesellschaften und übernehmen damit das Vermögen der gesellschaftlichen Unternehmen, um dieses für ihre unternehmerische Tätigkeit zu nutzen. Nach Abschluss der Privatisierung wird der gesellschaftliche Sektor der Wirtschaft keine Bedeutung mehr haben. Auf Betreiben der Vereinten Nationen wandelt sich das Wirtschaftssystem im Kosovo so von einem sozialistischen System zu einer Marktwirtschaft. Das in der KTA-Regulation geregelte Spin-Off-Verfahren zeigt dabei beispielhaft, wie tief die Vereinten Nationen durch die Ausübung der Hoheitsgewalt in die Rechts- und Wirtschaftsordnung des Kosovo eingreifen. Die Unternehmensprivatisierung bietet sich deshalb als Gegenstand einer Untersuchung über die juristischen Anforderungen an die Rechtssetzungstätigkeit der Vereinten Nationen im Kosovo an.

Anhand des Spin-Off-Verfahrens werden im dritten Teil der Untersuchung die juristischen Rahmenbedingungen für die Rechtsetzung durch die Vereinten Nationen erarbeitet. Eingangs werden einige völkerrechtliche Vorfragen geklärt, die für die nachfolgende Prüfung der Völkerrechtsmäßigkeit der Unternehmensprivatisierung von Bedeutung sind (A.). Es werden die Rechtsnatur des durch Resolution 1244 geschaffenen Regimes und die Rechtsordnung des Kosovo unter UN-Verwaltung untersucht. Bei der anschließenden Prüfung der Völkerrechtmäßigkeit des Spin-Off-Verfahrens wird zunächst der Frage nachgegangen, ob der UNMIK grundsätzlich die Befugnis zur Unternehmensprivatisierung zusteht (B.). Der dritte Abschnitt befasst sich allgemein mit den völkerrechtlichen Anforderungen an Rechtsakte der UNMIK (C.). Im letzten Abschnitt werden die erarbeiteten Ergebnisse auf das Spin-Off-Verfahren angewandt und es wird geprüft, ob das Verfahren den völkerrechtlichen Anforderungen an Rechtsakte der UNMIK entspricht (D.).

A. Völkerrechtliche Vorfragen

I. Rechtsnatur des durch Resolution 1244 geschaffenen Regimes

Im Folgenden wird das durch die Resolution 1244 im Kosovo geschaffene Regime von verschiedenen Seiten beleuchtet, um den territorialen Status des Kosovo unter UN-Verwaltung und die Rechtsnatur der UNMIK zu bestimmen. Zunächst ist die Stellung der UNMIK im institutionellen Gefüge der Vereinten Nationen von Interesse (1.). Danach wird der territoriale Status des Kosovo und die Rechtsnatur der UN-Verwaltung behandelt (2.). Schließlich wird die UNMIK in den Kontext früherer Friedenseinsätze der Vereinten Nationen eingeordnet (3.).

1. Die UNMIK im institutionellen Gefüge der Vereinten Nationen

Von Interesse für eine völkerrechtliche Betrachtung der UNMIK ist zunächst ihre Einordnung in das institutionelle Gefüge der Vereinten Nationen. Nach allgemeiner Ansicht sind Friedensmissionen, die der Sicherheitsrat zur Aufrechterhaltung des Friedens und der internationalen Sicherheit aufstellt, Nebenorgane der Vereinten Nationen.[328] Dies gilt auch für die UNMIK. Sie hat ihre Grundlage in einer Resolution des Sicherheitsrates, in der die UNMIK zur Wiederherstellung von Frieden und Sicherheit im Kosovo errichtet wurde. Für die Eigenschaft der UNMIK als Nebenorgan spricht ferner, dass sie ihre Tätigkeit für eine unbegrenzte Zeit ausübt. Sie hat eine komplexe interne Struktur und einen Mitarbeiterstab von mehreren Tausend ständigen und temporären Mitarbeitern unter der Leitung eines Sondergesandten des UN-Generalsekretärs. Die UNMIK ist daher ein Nebenorgan der Vereinten Nationen.[329] Nebenorgane sind, unter der Voraussetzung dass sie in Übereinstimmung mit der Charta geschaffen wurden, Organe und damit Bestandteile der Vereinten Nationen.[330] Daraus folgt, dass die Maßnahmen und Handlungen der UNMIK den Vereinten Nationen zuzurechnen sind.

Während im Schrifttum Einigkeit über den Charakter der UNMIK als Nebenorgan herrscht, gibt es unterschiedliche Ansichten zu der Frage, welchem Hauptorgan die UNMIK zuzuordnen ist. *Irmscher* und *Hobe/Griebel* sehen in der

[328] A. Paulus, Article 29, in: B. Simma (Hrsg.), The Charter of the United Nations. A Commentary, Bd. 1, 2. Aufl. (2002), S. 554 Rz. 52.

[329] G. Jaenicke, Article 7, in: B. Simma (Hrsg.), The Charter of the United Nations. A Commentary, Bd. 1, 2. Aufl. (2002), S. 222 Rz. 18.

[330] IGH, Application for Review of Judgment No. 158 of the United Nations Administrative Tribunal, Advisory Opinion, ICJ Reports 1973, S. 173, Ziffer 18.

UNMIK ein Nebenorgan des UN-Generalsekretärs gemäß Artikel 98 i.V.m. Artikel 7 Abs. 2 UN-Charta.[331] Nach Ansicht von *Bothe/Marauhn* ist die UNMIK ein Nebenorgan der Vereinten Nationen ohne Zuordnung zu einem bestimmten Hauptorgan.[332] Für *Stahn*, *Ruffert*, *Paulus*, *Carlowitz* und *Muharremi* ist die UNMIK ein Nebenorgan des Sicherheitsrates gemäß Artikel 29 UN-Charta.[333]

Für die Einordnung der UNMIK als Nebenorgan des UN-Generalsekretärs spricht, dass der Sicherheitsrat die UNMIK nicht selbst schuf, sondern in Ziffer 10 den UN-Generalsekretär mit der Errichtung der internationalen Zivilpräsenz beauftragte. Ein weiterer Anhaltspunkt ist, dass ein Sondergesandter des UN-Generalsekretärs die Mission leitet. Auch das bei der UNMIK tätige ständige UN-Personal ist dem Sekretariat zugeordnet. Organisatorisch ist die Mission beim *Department of Peacekeeping Operations* aufgehängt. Dagegen spricht jedoch, dass der UN-Generalsekretär nur auf Weisung des Sicherheitsrates und nicht aus eigener Initiative tätig wurde und auch nicht konnte. Der Sicherheitsrat beschloss die Errichtung der UNMIK auf der Grundlage seiner Befugnisse aus Kapitel VII UN-Charta. Er legte die Aufgaben der UNMIK fest und definierte die maßgeblichen politischen Vorgaben, an die sich die UNMIK halten muss. Hinzu kommt, dass Ziffer 20 der Resolution 1244 den UN-Generalsekretär verpflichtet, dem Sicherheitsrat regelmäßig Bericht über die Arbeit der UNMIK zu erstatten.[334] Auch dies zeigt, dass der Sicherheitsrat in Bezug auf die UNMIK eine dem UN-Generalsekretär übergeordnete Stellung innehat. Die besseren Ar-

---

331 T. Irmscher, The Legal Framework for the Activities of the United Nations Interim Administration Mission in Kosovo: The Charter, Human Rights, and the Law of Occupation, in: GYIL 44 (2001), S. 355; S. Hobe/J. Griebel, Privatisierungsmaßnahmen der UNMIK im Kosovo – Mögliche Rechtmäßigkeitsgrenzen im Resolutionsmandat und im allgemeinen Völkerrecht, in: J. Bröhmer/R. Bieber/C. Calliess/C. Langenfeld/S. Weber/J. Wolf (Hrsg.), Internationale Gemeinschaft und Menschenrechte. Festschrift für Georg Ress zum 70. Geburtstag am 21. Januar 2005 (2005), S. 143 Fn. 16.

332 M. Bothe/T. Marauhn, UN Administration of Kosovo and East Timor: Concept, Legality and Limitations of Security Council-Mandated Trusteeship Administration, in: C. Tomuschat (Hrsg.), Kosovo and the International Community (2000), S. 228.

333 C. Stahn, The United Nations Transitional Administrations in Kosovo and East Timor: A First Analysis, in: Max Planck Yb UN Law 5 (2001), S. 146; M. Ruffert, The Administration of Kosovo and East-Timor by the International Community, in: ICLQ 50 (2001), S. 622; A. Paulus (Fn. 328), S. 553 Rz. 48; L. von Carlowitz, UNMIK Lawmaking between Effective Peace Support and Internal Self-Determination, in: AdV 41 (2003), S. 342; R. Muharremi, Treuhandverwaltung zwischen Friedenswahrung, Souveränität und Selbstbestimmungsrecht. Eine völkerrechtliche Analyse der Verwaltungsmission der Vereinten Nationen im Kosovo (2005), S. 19.

334 Der UN-Generalsekretär übermittelt dem Sicherheitsrat etwa drei Mal im Jahr Berichte über die UNMIK und die Lage im Kosovo. Die Berichte sind unter http://www.un.org abrufbar.

gumente sprechen daher dafür, die UNMIK als Nebenorgan des Sicherheitsrates im Sinne des Artikels 29 UN-Charta anzusehen.

2. Rechtsnatur des durch Resolution 1244 geschaffenen Regimes

Der Sicherheitsrat hat im Kosovo ein komplexes Regime geschaffen: Bis auf militärische Funktionen nimmt die UNMIK alle Aufgaben wahr, die unter normalen Umständen staatliche Organe zu erfüllen haben. Die UNMIK erlässt unmittelbar anwendbare Normen, ist verwaltend tätig und steht der Justizverwaltung vor. Serbien dagegen übt keine Hoheitsechte im Kosovo aus, obwohl Resolution 1244 an mehreren Stellen bekräftigt, dass das Kosovo bis zur Klärung des politischen Status weiterhin Teil Serbiens bleibt.

Es stellt sich die Frage, wie dieses Regime völkerrechtlich zu qualifizieren ist. Zur Beantwortung wird im Folgenden zunächst der Meinungsstand zur Frage des territorialen Status des Kosovo unter UN-Verwaltung und zur Rechtsnatur der UNMIK dargestellt (a.). Danach wird das völkerrechtliche Institut einer Trennung von territorialer Souveränität und Gebietshoheit erläutert, dass nach der hier vertretenen Ansicht für die Klärung der Rechtsnatur maßgeblich ist (b.). Im Anschluss wird der territoriale Status des Kosovo unter UN-Verwaltung und die Rechtsnatur der UNMIK mithilfe dieses Rechtsinstituts bestimmt (c.). Schließlich wird kurz auf frühere Territorialverwaltungen eingegangen, mit denen die UNMIK im Schrifttum häufig verglichen wird (d.).

a. Meinungsstand

Zum territorialen Status des Kosovo unter UN-Verwaltung und zur Rechtsnatur der UNMIK werden im Schrifttum unterschiedliche Meinungen vertreten. *Ruffert*, *Stahn*, *Bothe/Marauhn*, *Tomuschat*, *Yannis* und *de Wet* argumentieren, dass der Sicherheitsrat durch Resolution 1244 die Souveränität Serbiens über das Kosovo einstweilig suspendiert habe.[335] *Stahn* nennt das Kosovo eine faktisch sou-

[335] M. Ruffert (Fn. 333), S. 620; C. Stahn, International Territorial Administration in the former Yugoslavia: Origins, Developments and Challenges Ahead, in: ZaöRV 61 (2001), S. 135; M. Bothe/T. Marauhn (Fn. 332), S. 223; C. Tomuschat, Yugoslavia's Damaged Sovereignty over the Province of Kosovo, in: G. Kreijen (Hrsg.), State Sovereignty, and International Governance (2002), S. 325; A. Yannis, The Concept of Suspended Sovereignty in International Law and Its Implications in International Politics, in: EJIL 13 (2002), S. 1050; E. de Wet, The Direct Administration of Territories by the United Nations and its Member States in the Post Cold War Era: Legal Bases and Implications for National Law, in: Max Planck Yb UN Law 8 (2004), S. 331.

veränitätslose Zone und meint, Resolution 1244 beraube Serbien seiner souveränen Rechte über das Kosovo.[336] Weder Serbien noch die Vereinten Nationen übten wahre Souveränität über das Kosovo aus.[337] In einem weiteren Beitrag gemeinsam mit *Zimmermann* bezeichnet *Stahn* die UNMIK in Anlehnung an das Regime des Kapitels XII als eine *de facto* Treuhandverwaltung.[338] *Bothe/Marauhn* sehen in der UNMIK ebenfalls eine vom Sicherheitsrat mandatierte Treuhandverwaltung.[339] Auch *Eiff* zieht eine Parallele zum Treuhandsystem des Kapitels XII, kommt aber zum Schluss, dass das von Resolution 1244 geschaffene Regime als eine *sui generis*-Regelung anzusehen ist.[340] *Yannis* konstatiert eine Suspendierung der Souveränität Serbiens über das Kosovo und zieht daraus den Schluss, die Vereinten Nationen regierten die Provinz ohne Ansehung verbleibender Rechte Serbiens. Wie bei Treuhandverwaltungen gemäß Kapitel XII UN-Charta bestimme sich das Verhältnis zwischen Territorium, Bevölkerung und Hoheitsgewalt nicht nach den Regeln der Souveränität, sondern nach der Rechtsgrundlage, die sich aus einem völkerrechtlichen Vertrag oder aus einer Resolution des Sicherheitsrates ergeben könne. Erst nach der abschließenden Festlegung des politischen Status lebe die Souveränität des Staates auf, zu dessen Staatsgebiet das Territorium dann gehört.[341] In ähnlicher Weise äußerte sich der von der UNMIK eingesetzte Ombudsmann für das Kosovo, *Nowicki*, der die UNMIK als Ersatzstaat im Kosovo bezeichnete.[342] *Brand* beschreibt das Regime der Verwaltung des Kosovo durch die UNMIK als faktisches Protektorat und vertritt die These, im Kosovo herrsche eine „Abwesenheit von Staatlichkeit".[343] Auch *Caplan* nennt das durch die Resolution 1244 geschaffene Regime im Ko-

---

[336] C. Stahn, International Territorial Administration (Fn. 335), S. 135.

[337] C. Stahn, Constitution Without a State? (Fn. 13), S. 540.

[338] A. Zimmermann/C. Stahn, Yugoslav Territory, United Nations Trusteeship or Sovereign State? Reflections on the Current and Future Legal Status of Kosovo, in: Netherlands Journal of International Law 70 (2001), S. 448.

[339] M. Bothe/T. Marauhn (Fn. 332), S. 217 ff.

[340] H. Eiff, Die Vereinten Nationen als Staatengründer? Der Fall Kosovo, in: S. von Schorlemer (Hrsg.), Globale Probleme und Zukunftsaufgaben der Vereinten Nationen, Zeitschrift für Politik, Sonderband 1 (Baden-Baden 2006), S. 85.

[341] A. Yannis (Fn. 335), S. 1050.

[342] Ombudsperson Institution in Kosovo, Special Report No. 1, On the compatibility with recognized international standards of UNMIK Regulation No. 2000/47 on the Status, Privileges and Immunities of KFOR and UNMIK and Their Personnel in Kosovo (18 August 2000) and on the Implementation of the Above Regulation, 26.04.2001, S. 23; siehe auch J. Nilsson, UNMIK and the Ombudsperson Institution in Kosovo: Human Rights Protection in a United Nations "Surrogate State", in: Netherlands Quarterly of Human Rights 22 (2004), S. 412.

[343] M. Brand, Institution-Building and Human Rights Protection in Kosovo in the Light of UNMIK Legislation, in: Nordic Journal of International Law 70 (2001), S. 465 und 487.

sovo ein UN-Protektorat.[344] Für *Rossbacher* ist das Kosovo unter Verwaltung der UNMIK ein internationalisiertes Territorium.[345]

Gemeinsam ist den genannten Autoren, dass sie der Souveränität Serbiens nur geringe Bedeutung beimessen. Dem ist zuzugeben, dass Resolution 1244 einen Prozess mit dem Ziel vorsieht, unter Berücksichtigung des Abkommens von Rambouillet den künftigen Status des Kosovo zu bestimmen.[346] Am Ende dieses Prozesses kann daher ein unabhängiges Kosovo stehen. Der Bezug auf das Abkommen von Rambouillet verleiht der Forderung nach Unabhängigkeit auch einiges Gewicht. Das Abkommen hätte die endgültige Regelung des Kosovo-Konflikts maßgeblich vom Willen der Bevölkerung abhängig gemacht, die mehrheitlich für eine Unabhängigkeit ist. Andererseits ist zu berücksichtigen, dass die Resolution 1244 selbst jede Aussage über den Inhalt einer endgültigen Regelung vermeidet.[347] An mehreren Stellen wird neben dem Abkommen von Rambouillet auch auf die Souveränität und territoriale Integrität Serbiens als Grundsätze für eine endgültige Regelung hingewiesen. Aus Resolution 1244 kann daher keine Präferenz für eine bestimmte Lösung der Kosovo-Frage entnommen werden. Es findet keine Stütze im Wortlaut der Resolution 1244, wenn die Souveränitätsrechte Serbiens unter Hinweis auf den zukünftigen Klärungsprozess vernachlässigt werden.[348] Vielmehr ist der Umstand der fortbestehenden Souveränität Serbiens über das Kosovo trotz seiner Unterstellung unter eine UN-Verwaltung neben dem Recht der Bevölkerung auf substanzielle Autonomie und Selbstverwaltung eines der beiden entscheidenden Merkmale für die völkerrechtliche Qualifizierung des durch die Resolution 1244 geschaffenen Regimes.

b. Auseinanderfallen von territorialer Souveränität und Gebietshoheit

Möglicherweise haben die unterschiedlichen Bewertungen der verbleibenden Rechte Serbiens ihre Ursache darin, dass häufig pauschal von Souveränität gesprochen und nicht zwischen der territorialen Souveränität und der Gebietsho-

[344] R. Caplan, A New Trusteeship? The International Administration of War-Torn Territories (2002), S. 15.
[345] D. Rossbacher, Friedenssicherung am Beispiel der Interimsverwaltung der Vereinten Nationen im Kosovo (UNMIK). Die Zivilverwaltung als neue Form der Friedenssicherung (2004), S. 94.
[346] Ziffer 11 lit. e) Resolution 1244.
[347] C. Stahn, Constitution Without a State? (Fn. 13), S. 539.
[348] B. Knoll, United Nations Imperium: Horizontal and Vertical Transfer of Effective Control and the Concept of Residual Sovereignty in "Internationalized Territories", in: Austrian Review of International and European Law 7 (2002), S. 11. Siehe auch H. Eiff (Fn. 340), S. 83.

heit unterschieden wird. In diesem Zusammenhang ist aber zu berücksichtigen, dass obwohl die Gebietshoheit unter normalen Umständen aus der territorialen Souveränität folgt, territoriale Souveränität und Gebietshoheit auseinander fallen können.[349] Die territoriale Souveränität kennzeichnet die Zugehörigkeit eines bestimmten Territoriums zum Gebiet eines Staates. Die Gebietshoheit, die der Staat auf diesem Territorium ausübt, umfasst alle auf das Territorium (und nicht auf seine Bewohner) bezogenen Hoheitsrechte.[350]

Ein Auseinanderfallen von territorialer Souveränität und Hoheitsgewalt ist dem Völkerrecht nicht fremd.[351] Es gibt eine Fülle von Fallgestaltungen, bei denen Staaten zugunsten anderer Staaten auf die Ausübung ihrer Hoheitsgewalt auf einem bestimmten Territorium verzichteten.[352] Als Beispiel für eine Trennung von territorialer Souveränität und Hoheitsgewalt auf vertraglicher Grundlage mag die Überlassung des Gebiets von Kiautschou an das Deutsche Reich durch China im Jahr 1898 dienen. In dem Pachtvertrag war geregelt, dass China seine souveränen Rechte im Kiautschou-Gebiet für die Dauer der Pacht nicht ausüben wird.[353] Die Hoheitsgewalt übte das Deutsche Reich aus, während die territoriale Souveränität bei China verblieb.

Ein weiteres Beispiel für die Trennung von territorialer Souveränität und Gebietshoheit sind Besetzungen von Gebieten im Kriegsfall. Eine solche Besetzung führt zur Übernahme der Gebietshoheit durch die feindliche Besatzungsmacht, ohne die territoriale Souveränität des Gegners über das besetzte Gebiet aufzuheben.[354] Dies folgt aus dem in Artikel 2 Ziffer 4 UN-Charta statuierten Gewaltverbot, das einem Erwerb der territorialen Souveränität über ein Territorium durch Krieg oder andere Aggressionshandlungen entgegensteht.

Es gibt auch Beispiele für die vollständige Übernahme der Hoheitsgewalt über ein Gebiet durch internationale Organisationen bei fortbestehender territorialer Souveränität. In diesem Zusammenhang ist insbesondere die Verwaltung des

---

349 Vgl. zu dieser Unterscheidung E. Lauterpacht, The Contemporary Practice of the United Kingdom in the Field of International Law – Survey and Comment, in: ICLQ 5 (1956), S. 411. Siehe auch D. Smyrek, Internationally Administered Territories – International Protectorates? An Analysis of Sovereignty over Internationally Administered Territories with Special Reference to the Legal Status of Post-War Kosovo (2006), S. 38 ff.

350 I. Brownlie, Public International Law, 6. Aufl. (2003), S. 106. Siehe auch B. Knoll (Fn. 348), S. 7.

351 B. Knoll (Fn. 348), S. 7.

352 Siehe hierzu die Beispiele bei I. Brownlie (Fn. 350), S. 103 ff.

353 I. Brownlie (Fn. 350), S. 110 m. w. N.; D. Smyrek (Fn. 349), S. 42.

354 Y. Dinstein, The International Law of Belligerent Occupation and Human Rights, in: Israel Yearbook of Human Rights 8 (1978), S. 106; I. Brownlie (Fn. 350), S. 107.

Saargebiets durch den Völkerbund von 1920 bis 1935 zu nennen. Nach dem Ersten Weltkrieg akzeptierte das Deutsche Reich im Versailler Vertrag eine Unterstellung des Saargebiets unter eine Völkerbundverwaltung. Dies sollte es Frankreich ermöglichen, die Bodenschätze des Saargebiets als Teil der von Deutschland zu leistenden Reparationen auszubeuten. Gleichzeitig sollte durch die Völkerbundverwaltung eine Annexion des Saargebiets durch Frankreich verhindert werden.[355] Die Regierungsgewalt im Saargebiet übte eine internationale Regierungskommission aus, deren Mitglieder der Völkerbund einsetzte. Die Regierungskommission war dem Völkerbundrat verantwortlich.[356] Das Saargebiet blieb unter der Verwaltung des Völkerbunds weiterhin Teil des Deutschen Reiches. Der Versailler Vertrag ließ aber offen, ob das Saargebiet nach Beendigung der Völkerbundverwaltung zurück an das Deutsche Reich oder an Frankreich fallen würde. Diese Frage wurde von der Bevölkerung in einer Volksabstimmung im Jahre 1935 mehrheitlich zugunsten der Zugehörigkeit des Saargebiets zum Deutschen Reich entschieden.

Die UN-Verwaltung des Kosovo weist einige Parallelen zur Völkerbundverwaltung der Saar auf. In beiden Fällen übernahm eine internationale Organisation die Verwaltung eines Territoriums. Während der Ausübung der Gebietshoheit durch die internationale Organisation bleibt bzw. blieb das Territorium jedoch weiterhin Teil des betroffenen Staates. Im Kosovo, wie seinerzeit an der Saar, ist der endgültige politische Status des Territoriums offen und soll maßgeblich durch Beteiligung der Bevölkerung bestimmt werden.[357] Ein Unterschied zwischen der Völkerbundverwaltung des Saargebiets und der UNMIK liegt in der Rechtsgrundlage für die Übernahme der Verwaltung. Während die Völkerbundverwaltung des Saargebiets auf dem Versailler Vertrag basierte, beruht die UNMIK auf einer Resolution des Sicherheitsrates auf Grundlage von Kapitel VII der UN-Charta.

Ein Beispiel für eine Trennung von territorialer Souveränität und Gebietshoheit und der Übernahme der Hoheitsgewalt durch die Vereinten Nationen vor der

355 R. Wilde, From Danzig to East Timor and Beyond: The Role of International Territorial Administration, in: AJIL 95 (2001), S. 589.

356 F. Münch, Saar Territory, in: R. Bernhardt (Hrsg.), EPIL, Bd. 4 (2000), S. 271 ff.; S. Ratner, The New UN Peacekeeping. Building Peace in Lands of Conflict after the Cold War (1995), S. 91 ff.; A. Zimmermann/C. Stahn (Fn. 338), S. 430; O. Korhonen, International Governance in Post-Conflict Societies, in: Leiden Journal of International Law 14 (2001), S. 504 f.

357 Ein tatsächlicher Unterschied zwischen dem Saargebiet und dem Kosovo besteht allerdings darin, dass im Saargebiet nicht die Bevölkerung, sondern der Nachbarstaat Frankreich eine Loslösung vom Deutschen Reich wollte, während die Mehrheit der Bevölkerung des Kosovo die Unabhängigkeit von Serbien anstrebt.

UNMIK ist die Übergangsverwaltung in Ostkroatien in den Jahren 1996 bis 1998. Das an der Grenze zu Serbien liegende Ostslawonien war Teil der jugoslawischen Teilrepublik Kroatien und mit dieser 1991 unabhängig geworden. Die serbische Minderheit in Ostkroatien erklärte aber ihre Unabhängigkeit von Kroatien und wurde während des folgenden Krieges von der Bundesrepublik Jugoslawien unterstützt. Im November 1995 einigten sich die kroatische Regierung und Vertreter der serbischen Bevölkerung in Ostslawonien auf die Errichtung einer Übergangsverwaltung durch die Vereinten Nationen.[358] Daraufhin verabschiedete der Sicherheitsrat auf der Grundlage seiner Befugnisse aus Kapitel VII UN-Charta die Resolution 1037 (1996), in der er die Bildung einer Übergangsverwaltung anordnete.[359] Die *United Nations Transitional Administration for Eastern Slavonia, Baranja and Western Sirmium* (UNTAES) hatte den Auftrag, die Wiederherstellung der Gebietshoheit Kroatiens in diesem Teil seines Staatsgebiets zu beaufsichtigen.[360] Zu den Aufgaben der UNTAES gehörte außerdem, die Region zu entwaffnen, die Rückkehr von Flüchtlingen zu gewährleisten, Wahlen zu organisieren und die Funktionsfähigkeit des öffentlichen Dienstes wiederherzustellen. Hierfür standen der UNTAES hauptsächlich exekutive Befugnisse zu; sie konnte aber Rechtsakte erlassen, die nach Beendigung ihres Mandats außer Kraft traten.

Die genannten Beispiele zeigen, dass eine Trennung von territorialer Souveränität und Gebietshoheit auf unterschiedlichen Sachverhalten beruhen kann. Grundlage kann in erster Linie ein völkerrechtlicher Vertrag zwischen dem Inhaber der territorialen Souveränität und dem Übernehmer der Gebietshoheit sein. Sowohl die Völkerbundverwaltung im Saarland als auch die UN-Verwaltung Ostkroatiens beruhten auf völkerrechtlichen Verträgen. Bei der Fallgruppe der Besetzung feindlicher Territorien im Kriegsfall beruht die Trennung von territorialer Souveränität und Gebietshoheit allein auf den Regelungen des Kriegsvölkerrechts, ohne dass es auf eine Vereinbarung der beteiligten Staaten oder Organisationen ankäme. Mit der Unterstellung des Kosovo unter eine UN-Verwaltung durch Resolution 1244 liegt nun ein neuer Fall vor. Hier beruht die Trennung von territorialer Souveränität und Gebietshoheit ausschließlich auf einer Resolution des Sicherheitsrates auf Grundlage von Kapitel VII UN-Charta, ohne dass Serbien als betroffener Staat der Resolution zugestimmt hat. In jüngster Zeit ist eine weitere Fallgruppe hinzugekommen. Nach der Besetzung des Irak im Jahr 2003 trennte der Sicherheitsrat in Resolution 1483 (2003) auf der Grundlage von Kapitel VII UN-Charta die territoriale Souveränität über den Irak von der Ge-

358 Basic Agreement on the Region of Eastern Slavonia, Baranja and Western Sirmium between the Government of the Republic of Croatia and the local Serbian Community of 12.11.1996, abgedruckt in: ILM 35 (1996), S. 186 f.

359 Resolution 1037 (1996), UN Doc. S/RES/1037 vom 15.01.1996.

360 Siehe zur UNTAES C. Stahn, UN Transitional Administrations (Fn. 333), S. 132 f.

bietshoheit, indem er die Hoheitsgewalt vollständig auf eine von den USA und Großbritannien geleitete Übergangsbehörde übertrug.[361]

c. Völkerrechtlicher Status des Kosovo unter UN-Verwaltung

Mithilfe der Rechtsfigur des Auseinanderfalles von territorialer Souveränität und Gebietshoheit lässt sich der territoriale Status des Kosovo unter UN-Verwaltung und die Rechtsnatur der UNMIK beschreiben. Eines Rückgriffs auf Rechtsinstitute wie dem eines faktischen Treuhandgebietes[362], faktischen Protektorates[363] oder auf ein neues Konzept der suspendierten Souveränität[364] bedarf es daher nicht. Indem die Resolution 1244 mehrfach die Zugehörigkeit des Kosovo zu Jugoslawien hervorhebt, lässt sie die territoriale Souveränität unberührt. Dagegen wird die Gebietshoheit Serbiens über das Kosovo durch die Unterstellung unter eine UN-Verwaltung bis zur Klärung des endgültigen politischen Status suspendiert. Resolution 1244 bewirkt daher ein Auseinanderfallen von territorialer Souveränität und Gebietshoheit. Insofern kann man mit *Tomuschat* die UN-Verwaltung des Kosovo durchaus mit der Besatzung Deutschlands durch die Alliierten nach 1945 vergleichen.[365]

Ein Auseinanderfallen von territorialer Souveränität und Gebietshoheit hat zur Folge, dass das Recht zum Besitz und zur Kontrolle des Gebiets einschließlich der aus der Gebietshoheit fließenden Hoheitsrechte auf die Verwaltungsmacht übergeht. Die Gebietshoheit umfasst die Regelungshoheit, die Durchsetzungshoheit und die Rechtsanwendungshoheit.[366] Dabei ist zu beachten, dass nur die Gebietshoheit auf die Verwaltungsmacht übergeht. Andere aus der Souveränität fließende Rechte und Freiheiten kann der Inhaber der Gebietshoheit nicht wahrnehmen. Insbesondere darf er über das verwaltete Territorium nicht verfügen, indem er es einem anderen Staat überlässt oder die Staatsgrenzen verändert. Auch die Personalhoheit darf er nicht ausüben. Die der Gebietshoheit unterworfenen Personen bleiben Staatsangehörige des Staates, zu dessen Gebiet das verwaltete Territorium gehört. Auf die Situation im Kosovo bezogen bedeutet dies, dass die UNMIK die Gebietshoheit einschließlich der von ihr umfassten Rechte und Befugnisse ausübt. Bei Serbien verbleiben jedoch alle diejenigen souveränen Rechte, die nicht zur Gebietshoheit gehören. Dazu gehören insbesondere das

---

[361] Ziffer 4 Resolution 1483 (2003), UN Doc. S/RES/1483 vom 22.05.2003. Siehe E. de Wet (Fn. 335), S. 295.
[362] A. Zimmermann/C. Stahn (Fn. 338), S. 448.
[363] M. Brand (Fn. 343), S. 465 und 487.
[364] A. Yannis (Fn. 335), S. 1050.
[365] C. Tomuschat (Fn. 335), S. 336.
[366] I. Brownlie (Fn. 350), S. 297.

Recht, über das Territorium des Kosovo völkerrechtlich zu verfügen, und die Personalhoheit. Letzteres hat die UNMIK auch stets betont.[367]

Fallen Souveränität und Gebietshoheit auseinander, so entsteht zwischen dem Inhaber der Souveränität und dem Inhaber der Gebietshoheit ein Treuhandverhältnis.[368] Der Treuhänder kann die Gebietshoheit nicht nach seinem Gutdünken und im ausschließlichen Eigeninteresse ausüben. Aus dem Recht zur Ausübung der Gebietshoheit auf dem Territorium folgen bestimmte Pflichten des Treuhänders. Diese Pflichten bestehen in erster Linie gegenüber den auf dem Territorium lebenden Personen, die der Hoheitsgewalt des Treuhänders unterworfen sind. Denn die Ausübung hoheitlicher Gewalt ist nach modernem Verständnis kein Selbstzweck, sondern hat vorrangig der Wohlfahrt dieser Menschen zu dienen.[369] Damit ist aber nicht gesagt, dass gegenüber dem territorialen Souverän keine Rechte bestünden. Vielmehr muss der Inhaber der Gebietshoheit solche Rechte des territorialen Souveräns beachten, die keinen Bezug zu den Bewohnern des verwalteten Territoriums haben. Abzulehnen ist daher die von *Carlowitz* vertretene Ansicht, der Souveränität Serbiens werde bereits dadurch hinreichend Rechnung getragen, dass die UNMIK die völkerrechtlichen Pflichten Serbiens gegenüber den Bewohnern des Kosovo erfülle.[370]

Charakteristisch für Fälle des Auseinanderfallens von Souveränität und Gebietshoheit ist daher eine Dreiecksbeziehung: Der Inhaber der Gebietshoheit, die seiner Hoheitsgewalt unterworfenen Personen und der Staat als Inhaber der territorialen Souveränität sind durch wechselseitige Rechte und Pflichten miteinander

---

367 Siehe zur Personalhoheit Regulation 2000/18 „On Travel Documents", UN Doc. UNMIK/REG/2000/18 vom 29.03.2000. Die von der UNMIK ausgegebenen „Travel Documents" sollen den Bewohnern des Kosovo Reisen in das Ausland ermöglichen, ohne dass diese bei serbischen Behörden Reisepässe beantragen müssen. Ziffer 1.2 der Regulation stellt klar, dass die Ausgabe von UNMIK-Reisedokumenten die Staatsangehörigkeit des Inhabers unberührt lässt und nicht etwa eine neue Staatsangehörigkeit begründet.

368 Siehe hierzu die Beispiele bei I. Brownlie (Fn. 350), S. 103 ff. Brownlie bezeichnet solche Territorien als *territorium sub judice* und vergleicht die Rechtslage mit den Rechten eines Sequesters nach römischem Recht. Unter den Begriff eines *territorium sub judice* fallen nach Brownlies Verständnis Territorialregime, bei denen die Übernahme der Hoheitsgewalt nicht gleichzeitig zum Erwerb der Souveränität führt, das verwaltete Territorium durch den Übergang der Hoheitsgewalt aber auch nicht herrenlos wird.

369 D. Thürer, Der Wegfall effektiver Staatsgewalt: „The Failed State", in: Berichte der Deutschen Gesellschaft für Völkerrecht 34 (1996), S. 15. Siehe auch M. Kotzur, Die Weltgemeinschaft im Ausnahmezustand? Politische Einheitsbildung im Zeichen der Prävention – eine Skizze, in: AdV 42 (2004), S. 384, der sich für eine „menschenrechtliche Neukonzeption des Souveränitätsprinzips" ausspricht.

370 L. von Carlowitz (Fn. 333), S. 345.

verbunden. Genau so stellt sich die Situation im Kosovo unter UN-Verwaltung dar. Die UNMIK übt die Gebietshoheit aus, der die Bevölkerung des Kosovo unterworfen ist. Die territoriale Souveränität hat weiterhin Serbien inne. In diesem Dreieck sind aus Sicht der UNMIK zwei Rechtsverhältnisse zu unterscheiden, die von grundlegender Bedeutung für Reichweite und Schranken ihrer Befugnisse sind. Das eine Rechtsverhältnis existiert zwischen der UNMIK und Serbien, das andere zwischen der UNMIK und den ihrer Hoheitsgewalt unterworfenen Personen. Die UNMIK hat die sich aus diesen Rechtsverhältnissen jeweils ergebenden Rechte bei der Ausübung der Hoheitsgewalt zu beachten. Diese stellen daher Schranken der Gebietshoheit dar. Im Abschnitt C. der Arbeit werden diese Schranken im Einzelnen für Rechtsetzungsmaßnahmen der UNMIK herausgearbeitet.[371] Welche Rechte Serbiens und der Bewohner des Kosovo konkret im Fall der Unternehmensprivatisierung bestehen und ob das Spin-Off-Verfahren diesen Schranken entspricht, ist Gegenstand von Abschnitt D.[372]

d. Vergleich mit anderen Territorialverwaltungen des Völkerbunds und der Vereinten Nationen

Der Vollständigkeit halber soll an dieser Stelle kurz auf andere Fälle von Territorialverwaltungen durch internationale Organisationen eingegangen werden. Für die Verwaltung eines Territoriums durch einen anderen Staat oder eine internationale Organisation gibt es zahlreiche historische Vorbilder. Insofern hat sich der Sicherheitsrat mit der Unterstellung des Kosovo unter UN-Verwaltung eines Instruments bedient, dessen Ursprünge bis ins 19. Jahrhundert zurückreichen.[373] Die UNMIK wird häufig in den Kontext solcher früherer Territorialverwaltungen eingeordnet.[374]

Neben der bereits erwähnten Verwaltung des Saargebiets übernahm der Völkerbund auch die Verantwortung für die Stadt Danzig. Der Versailler Vertrag unterstellte die nach dem Ersten Weltkrieg gegründete Freie Stadt Danzig dem Schutz des Völkerbunds. Der Völkerbund übernahm in Danzig jedoch nicht die Gebietshoheit. Sein Schutz erschöpfte sich in der Einsetzung eines Hochkommissars, der keine unmittelbaren Verwaltungsbefugnisse ausübte, sondern als Vermittler zwischen der Freien Stadt und Polen diente.[375]

---

[371] Siehe Abschnitt C., unten S. 149 ff.

[372] Siehe Abschnitt D., unten S. 183 ff.

[373] Frühe Formen multi- und internationaler Territorialadministrationen behandelt M. Ydit, Internationalised Territories: From the "Free City of Cracow" to the "Free City of Berlin" (1961).

[374] So etwa von D. Rossbacher (Fn. 345), S. 109 ff., und D. Smyrek (Fn. 349), S. 57 ff.

[375] C. Stahn, UN Transitional Administrations (Fn. 333), S. 124.

Außer der Verwaltung Ostkroatiens durch die UNTAES gibt es weitere Beispiele für Territorialverwaltungen der Vereinten Nationen. In den Jahren 1962 und 1963 übernahm die Vereinten Nationen die Hoheitsgewalt über den westlichen Teil von Neu-Guinea (West-Irian). Auf der Grundlage einer Vereinbarung zwischen den Niederlanden und Indonesien beaufsichtigte die *United Nations Temporary Executive Authority* (UNTEA) den Übergang der ehemaligen niederländischen Kolonie zu Indonesien.[376] Weitere Beispiele für Territorialverwaltungen der Vereinten Nationen sind die 1978 errichtete *United Nations Transition Group in Namibia* (UNTAG)[377] und die *United Nations Transitional Authority in Cambodia*, die Übergangsverwaltung der Vereinten Nationen in Kambodscha (UNTAC) im Jahr 1991.[378] Kurz nach Resolution 1244 verabschiedete der Sicherheitsrat im Oktober 1999 die Resolution 1272, in der er Osttimor einer Übergangsverwaltung der Vereinten Nationen unterstellte, der *United Nations Transitional Administration in East Timor* (UNTAET).[379]

Die genannten Territorialadministrationen können insofern mit der UNMIK verglichen werden, als der Völkerbund oder die Vereinten Nationen dort die Verwaltungsmacht stellte. Im Übrigen unterscheiden sich diese Fälle von der UNMIK insbesondere im Hinblick auf den völkerrechtlichen Status des verwalteten Territoriums sowie auf das Ausmaß der übernommenen Hoheitsgewalt. Der Völkerbund und die Vereinten Nationen übernahmen in Danzig und in Kambodscha eine Garantiefunktion für die Einhaltung eines bestimmten territorialen Regimes. Namibia unterstand als Mandats- und später Treuhandgebiet keiner staatlichen Souveränität, wie Richter *Sir Arnold McNair* in seinem Sondervotum im *South West Africa* Fall hervorhob.[380] Auch in West-Irian und Osttimor mussten die Vereinten Nationen keine Souveränitätsrechte berücksichtigen. In West-Irian beaufsichtigten die Vereinten Nationen den Übergang von einem territorialen Status auf den anderen. Das Territorium gehörte nicht mehr zum Kolonialreich der Niederlande und noch nicht zu Indonesien. Während ihrer Tätigkeit hatte die UNTEA daher allenfalls die Interessen des zukünftigen Souveräns Indonesien zu berücksichtigen. Auch in Osttimor spielten fortbestehende Souveränitätsrech-

---

[376] Agreement between the Republic of Indonesia and the Kingdom of the Netherlands Concerning West New Guinea (West Irian), 15.08.1962, U.N.T.S. 437 (1962), S. 273 ff. Siehe C. Stahn, UN Transitional Administrations (Fn. 333), S. 124 f.

[377] Siehe C. Stahn, International Territorial Administration (Fn. 335), S. 129 f.

[378] Die UNTAC war von den Bürgerkriegsparteien beauftragt worden, die Einhaltung und Durchsetzung des Friedensvertrages sicherzustellen. Zur UNTAC siehe M. W. Doyle/ A. Suzuki, Transitional Authority in Cambodia, in: T. Weiss (Hrsg.), The United Nations and Civil Wars (1995), S. 127-149.

[379] Resolution 1272 (1999), UN Doc. S/RES/1272 vom 25.10.1999.

[380] Siehe IGH, International Status of South West Africa, Sondervotum von Richter Sir Arnold McNair, ICJ Reports 1950, S. 150.

te keine Rolle. Als die UNTAET auf Grundlage von Resolution 1272 die Verwaltung von Osttimor übernahm, unterstand die ehemalige portugiesische Kolonie keiner staatlichen Souveränität und glich insofern einem Treuhandgebiet.[381] Bis auf Australien hatte die Staatengemeinschaft die von Indonesien geltend gemachten Ansprüche über Osttimor nie anerkannt. Die frühere Kolonialmacht Portugal hatte vor Verabschiedung von Resolution 1272 auf seine Souveränitätsrechte verzichtet.[382]

Die UNTAET unterscheidet sich mithin von der UNMIK in erster Linie darin, dass bei ihr keine staatliche Souveränität über das verwaltete Territorium fortbestand. Nach der hier vertretenen Auffassung ist aber gerade der Umstand, dass das Kosovo weiterhin zu Serbien gehört, entscheidend für die völkerrechtliche Bewertung der UNMIK. Trotz der auffälligen Ähnlichkeiten und Parallelen zwischen den UN-Missionen im Kosovo und in Osttimor lassen sich daher mit einem Vergleich zwischen ihnen keine wesentlichen Erkenntnisse in Bezug auf Rechtsnatur und völkerrechtliche Anforderungen an die Tätigkeit der Vereinten Nationen im Kosovo gewinnen.

3. Die UNMIK als Friedensmission

Die Trennung von territorialer Souveränität und Gebietshoheit im Kosovo durch Resolution 1244 dient der Wiederherstellung von Frieden und Sicherheit. Die UNMIK ist eine Friedensmission, die man nicht nur aus der Perspektive der Übernahme der Gebietshoheit betrachten, sondern auch in den Kontext früherer Maßnahmen der Friedenssicherung auf Grundlage von Kapitel VI und VII UN-Charta einordnen kann. UN-Friedensmissionen werden üblicherweise in verschiedene Generationen unterteilt:[383]

Den ersten Typus bilden die Blauhelm-Einsätze. Solche Friedensmissionen haben die Aufgabe, Waffenstillstände zu überwachen und als Puffer zwischen den

---

381 So auch D. Smyrek (Fn. 349), S. 138.

382 J. Chopra, Introductory Note to UNTAET Regulation 13, in: ILM 39 (2000), S. 937. Siehe zum Hintergrund der Entsendung der UNTAET C. Stahn, UN Transitional Administrations (Fn. 333), S. 110 ff.; B. Kondoch, The United Nations Administration of East Timor, in: Journal of Conflict and Security Law 6 (2001), S. 245 ff.; M. Benzing, Midwifing a New State: The United Nations in East Timor, in: Max Planck Yb UN Law 9 (2005), S. 295-372.

383 Einen Überblick über die verschiedenen Generationen von Friedenseinsätzen gibt D. Rossbacher (Fn. 345), S. 24 ff. Kritisch zur Unterteilung von Friedenseinsätzen in verschiedene Generationen R. Wilde, Representing International Territorial Administration: A Critique of Some Approaches, in: EJIL 15 (2004), S. 73 ff.

Konfliktparteien zu fungieren. Sie basieren auf den drei konzeptionellen Grundpfeilern Konsens, Neutralität und der Anwendung von Gewalt nur zur Selbstverteidigung.[384]

Beim zweiten Typus von Friedensoperationen geht es nicht nur darum, die Einhaltung eines Waffenstillstandes zu überwachen. Zusätzlich soll die Friedensmission zur Lösung des jeweiligen Konfliktes beitragen. Friedenseinsätze der zweiten Generation sind geprägt durch ihre Dynamik und durch ihre Multidimensionalität, da sie auch Aufgaben in nichtmilitärischen Bereichen haben.[385] Hierzu gehören insbesondere militärische Demobilisierung, humanitäre Hilfe, die Organisation von Wahlen und die Bildung von Polizeikräften. Weitere typische Aufgaben sind die Einhaltung und der Schutz der Menschenrechte, die Rückführung von Flüchtlingen und Vertriebenen und der Wiederaufbau zerstörter Infrastruktur.[386] Schließlich soll häufig der betroffene Staat bei der Reform staatlicher Strukturen und der Justiz unterstützt werden.[387] Diese neu hinzugekommenen Aufgaben bezeichnete UN-Generalsekretär *Boutros-Ghali* in seiner Agenda for Peace als „Peacebuilding".[388] Peacebuilding will die tieferen Ursachen eines Konfliktes beseitigen, zu denen insbesondere mangelnde wirtschaftliche Entwicklung und Demokratie gezählt wird. Im Konfliktgebiet soll ein politisch-wirtschaftliches System aufgebaut werden, in dem die Konfliktparteien und die Bevölkerung wieder friedlich zusammenleben und ihre Konflikte ohne Anwendung von Gewalt lösen können.[389] Dabei wird üblicherweise der konsensuale Charakter des Peacebuilding hervorgehoben.[390] Zustimmung des und Zusammenarbeit mit den Behörden des betroffenen Staates sind, soweit sie existie-

---

384 W. Kühne, UN-Friedenseinsätze verbessern – die Empfehlungen der Brahimi-Kommission, in: S. von Schorlemer (Hrsg.), Praxishandbuch UNO. Die Vereinten Nationen im Lichte globaler Herausforderungen (2003), S. 716.

385 W. Kühne (Fn. 384), S. 716.

386 S. K. Han, Building a Peace that Lasts: The United Nations and Post-Civil War Peace-Building, in: New York University Journal of International Law and Politics 26 (1994), S. 875.

387 L. von Carlowitz (Fn. 333), S. 350 m.w.N.

388 Siehe grundlegend zum Peacebuilding: Report of the Secretary-General Pursuant to the Statement Adopted by the Summit Meeting of the Security Council on 31 January 1992: An Agenda for Peace – Preventive Diplomacy, Peacemaking and Peace-Keeping (Agenda for Peace), UN Doc. A/47/277-S/24111 vom 17.06.1992, Ziffern 55-59; Report of the Secretary-General on the Work of the Organization. Supplement to an Agenda for Peace: Position Paper of the Secretary-General on the Occasion of the Fiftieth Anniversary of the United Nations, UN Doc. A/50/60-S/1995/1 vom 03.01.1995, Ziffern 47-56; C. Drews, Post-Conflict Peace-Building (2001); L. von Carlowitz (Fn. 333), S. 352 ff.; S. K. Han (Fn. 386), S. 837 ff.

389 W. Kühne (Fn. 384), 717.

390 Siehe Agenda for Peace (Fn. 388), Ziffer 58; Erklärung des Präsidenten des Sicherheitsrates vom 20.02.2001, UN Doc. S/PRST/2001/5; C. Drews (Fn. 388), S. 93.

ren, eine der grundlegenden Kriterien für die Erarbeitung einer Peacebuilding-Strategie.[391] Auch Friedensmissionen des zweiten Typus basieren daher auf der Zustimmung der Konfliktparteien. Gewalt darf die Friedenstruppe nur zur Selbstverteidigung einsetzen.

Der dritte Typus von Friedensmissionen wurde entwickelt, als verschiedene Einsätze der zweiten Generation am Unwillen der Konfliktparteien scheiterten, die Auseinandersetzung endgültig zu beenden. Daher wurden Friedensmissionen geschaffen, deren Peacebuilding-Aufgaben mit einer Befugnis zur Anwendung von Waffengewalt ergänzt wurden, dem so genannten robusten Mandat.[392] Solche Missionen basieren auf einer Resolution des Sicherheitsrates auf Grundlage von Kapitel VII UN-Charta. Die Friedenstruppe soll so auch unter Rückgriff auf militärische Gewalt gegen die Konfliktparteien die Voraussetzungen für den Wiederaufbau schaffen können.[393]

Ordnet man Resolution 1244 in diese Unterteilung von Friedenseinsätzen ein, so fällt auf, dass sie eine Friedensmission ins Leben ruft, die Elemente aller drei Typen verbindet: UNMIK und KFOR haben die Aufgabe, den Waffenstillstand zwischen den jugoslawischen Sicherheitskräften und der UÇK zu überwachen und zu verhindern, dass die bewaffnete Auseinandersetzung erneut ausbricht. Dieses Element entspricht dem ersten Typ von Friedenseinsätzen. Zusätzlich erteilt Resolution 1244 insbesondere der KFOR ein robustes Mandat. Ziffer 9 lit. a) verleiht der KFOR die Befugnis, den Waffenstillstand auch mit militärischer Gewalt durchzusetzen, falls dies notwendig sein sollte. Die KFOR soll außerdem die UÇK entwaffnen.[394] KFOR und UNMIK haben ferner die Aufgabe, die öffentliche Sicherheit im Kosovo aufrechtzuerhalten.[395] Dieser auf die Wiederherstellung der Sicherheit im Kosovo gerichtete Bestandteil des Mandats entspricht der dritten Generation von Friedenseinätzen. Daneben hat die UNMIK ein umfassendes Wiederaufbaumandat übertragen bekommen. Sie soll die politischen, sozialen und wirtschaftlichen Ursachen des Konflikts im Kosovo beheben und die Grundlage dafür schaffen, dass die Bewohner in Zukunft ein Leben in Frieden und Wohlstand leben können. Insofern kann man die UNMIK in die Tradition früherer Peacebuilding-Missionen der zweiten Generation stellen. Dabei stellt die UNMIK insofern eine Weiterentwicklung des Peacebuilding dar, als eine Zustimmung des betroffenen Staates nicht zwingend erforderlich ist. Um ein erneutes Ausbrechen von Konflikten zu verhindern und die tiefer lie-

---

[391] C. Drews (Fn. 388), S. 93.
[392] L. von Carlowitz (Fn. 333), S. 350.
[393] W. Kühne (Fn. 384), S. 717.
[394] Ziffer 9 lit. b) Resolution 1244.
[395] Ziffer 9 lit. d), Ziffer 10 lit. i) Resolution 1244.

genden Ursachen eines Konflikts zu beheben, kann auf einen Konsens mit dem betroffenen Staat verzichtet werden.[396]

Vor dem Hintergrund des komplexen und facettenreichen Mandats, das Resolution 1244 der UNMIK erteilt, ordnen einige Autoren die Friedensmission im Kosovo einem vierten Typ von Friedenseinsätzen zu.[397] Bei der UNMIK verbinden sich verschiedene Elemente anderer Typen von Friedensoperationen. Diese Elemente werden organisatorisch unter eine Territorialverwaltung zusammengefasst, die auf dem fraglichen Territorium allein die Hoheitsgewalt ausübt. Die Territorialverwaltung stellt gewissermaßen die Klammer dar, die die verschiedenen Aktivitäten der Friedensmission unter einem Dach zusammenfasst.

II. Rechtsordnung des Kosovo unter UN-Verwaltung

Rechtsgrundlage der Unternehmensprivatisierung durch das Spin-Off-Verfahren ist die KTA-Regulation. Für die Prüfung der Völkerrechtsmäßigkeit dieser Vorschrift stellt sich die Vorfrage nach der Rechtsnatur der von der UNMIK gesetzten Rechtsakte und allgemein der Rechtsordnung des Kosovo unter UN-Verwaltung.

Durch die rege Gesetzgebungstätigkeit der UNMIK ist im Kosovo eine einzigartige Rechtsordnung entstanden, bei der sich Normen aus verschiedenen Rechtsquellen zu einem gemischten System aus Völkerrecht und nationalem Recht verbinden.[398] Diese Rechtsordnung speist sich aus mehreren Quellen. Die UNMIK hat die einzelnen Bestandteile dieser Rechtsordnung in Regulation 1999/24 definiert.[399] Dabei handelt es sich um UNMIK-Regulations (1.), Gesetze der Versammlung des Kosovo (2.) und Normen des jugoslawischen Rechts (3.). Diese Bestandteile der Rechtsordnung stehen in einem Verhältnis der Normenhierarchie mit UNMIK-Regulations an der Spitze bis hinab zu Normen des jugoslawischen Rechts (4.).

---

[396] So aber F. Kirgis, Security Council Governance of Postconflict Societies: A Plea for Good Faith and Informed Decision Making, in: AJIL 95 (2001), S. 580.

[397] W. Kühne (Fn. 384), S. 718; L. von Carlowitz (Fn. 333), S. 350.

[398] M. Bothe/T. Marauhn (Fn. 332), S. 228 f.; M. Ruffert (Fn. 333), S. 622.

[399] Regulation 1999/24 „On the Law Applicable in Kosovo“, UN Doc. UNMIK/REG/1999/24 vom 12.12.1999.

1. UNMIK-Regulations

Gemäß Ziffer 1.1 lit. a) der Regulation 1999/24 sind die von der UNMIK erlassenen Regulations und andere Rechtsakte Bestandteile des anwendbaren Rechts im Kosovo. UNMIK-Regulations sind Rechtsnormen, die in allgemeiner Weise Rechte und Pflichten für natürliche und juristische Personen im Kosovo begründen. Sie enthalten abstrakt-generelle Gebote und Verbote. Regulations sind auf eine Vielzahl von Fällen anwendbar und bedürfen zu ihrer Wirksamkeit keines weiteren Umsetzungsaktes. Die Wirkung der Verordnungen entspricht daher derjenigen von innerstaatlichen Gesetzen. Zwischen UNMIK-Regulations und innerstaatlichen Gesetzen gibt es aber einen großen Unterschied, zumindest soweit es sich um Gesetze von Staaten mit einer parlamentarischen Demokratie als Staatsform handelt. Der Geltungsgrund innerstaatlicher Gesetze ergibt sich aus dem Verfassungsrecht. In Demokratien sind Gesetze verbindlich, weil sie von Parlamenten erlassen werden, deren Mitglieder vom Volk gewählt sind. Im Gegensatz dazu beruhen UNMIK-Regulations nicht auf einer Verfassung, sondern leiten ihren Geltungsgrund aus Resolution 1244 und aus der UN-Charta her.

UNMIK-Regulations sind gleichzeitig Recht des Kosovo und Normen des Völkerrechts.[400] Letzteres ergibt sich daraus, dass sie als Teil des Organisationsrechts der Vereinten Nationen Völkerrechtsqualität besitzen. UNMIK-Regulations werden von der UNMIK erlassen, einem Nebenorgan des Sicherheitsrates. Nebenorgane sind, unter der Voraussetzung dass sie in Übereinstimmung mit der Charta geschaffen wurden, Organe der Vereinten Nationen und Teil der Organisation.[401] Normen, die von einem Organ einer internationalen Organisation auf Grundlage ihrer Satzung, einem völkerrechtlichen Vertrag, geschaffen werden, sind als Sekundärrechtsakte dieser Organisation ebenfalls Teil des Völkerrechts.[402] Das gilt auch für solches Sekundärrecht, das dem innerstaatlichen Recht gleicht, weil es von den Vereinten Nationen in Ausübung von Hoheitsrechten über ein Territorium erlassen wurde und dort unmittelbar anwendbar ist.[403]

UNMIK-Regulations richten sich an Personen, die sich auf dem Territorium des Kosovo aufhalten. Sie verpflichten oder berechtigen diese Personen unmittelbar. Insofern enthalten UNMIK-Regulations einen Durchgriff der Vereinten Natio-

---

400 E. de Wet (Fn. 335), S. 331.

401 IGH, Application for Review of Judgment No. 158 of the United Nations Administrative Tribunal (Fn. 330), S. 173, Ziffer 18.

402 I. Seidl-Hohenveldern/G. Loibl, Das Recht der Internationalen Organisationen einschliesslich der Supranationalen Gemeinschaften, 7. Aufl. (2000), S. 218 ff. Rz. 1501-1505.

403 I. Seidl-Hohenveldern/G. Loibl (Fn. 402), S. 218 ff. Rz 1501-1505.

nen auf Individuen. Bemerkenswert an diesem Durchgriff ist, dass er nicht auf einer völkerrechtlichen Pflicht oder einem Recht der Adressaten der Regulations beruht. Anders als beispielsweise im Falle der Kriegsverbrechertribunale für das ehemalige Jugoslawien[404] und für Ruanda[405], deren Urteile einen strafrechtlichen Durchgriff zur Durchsetzung der Normen des internationalen Strafrechts darstellen, setzen UNMIK-Regulations keine unmittelbaren völkerrechtlichen Pflichten ihrer Adressaten um. Im Schrifttum sind Durchgriffe von Maßnahmen des Sicherheitsrates auf Individuen grundsätzlich auf Kritik gestoßen. Insbesondere *Arangio-Ruiz* hielt einen solchen Durchgriff nur für den Extremfall militärischer Zwangsmaßnahmen auf der Grundlage von Artikel 42 UN-Charta für gerechtfertigt.[406] Allerdings stammt diese Äußerung aus dem Jahr 1990 und bezog sich nicht konkret auf die Rechtsetzung einer UN-Territorialverwaltung auf der Grundlage von Kapitel VII. Zu berücksichtigen ist auch, dass die Mitgliedstaaten der Vereinten Nationen positiv auf die Unterstellung des Kosovo unter eine UN-Verwaltung reagiert haben.[407] Auch ohne unmittelbare völkerrechtliche Pflichten ihrer Adressaten wird ein Durchgriff der UNMIK-Regulations überwiegend für zulässig erachtet.[408]

Zusätzlich zu ihrer Durchgriffswirkung richten sich UNMIK-Regulations mittelbar auch an Serbien. Implizit enthalten sie nämlich die Pflicht, den Eingriff in die Regelungshoheit (als Teil der Gebietshoheit) auf dem Staatsgebiet Serbiens zu dulden. Dies kann man mit dem Vorgang vergleichen, durch den das Recht der Europäischen Gemeinschaft in ihren Mitgliedstaaten Geltung erlangt. In beiden Fällen ist eine Rechtsordnung für unmittelbar anwendbare Rechtsnormen einer internationalen Organisation geöffnet worden. Freilich erfolgt die Öffnung der jeweiligen Rechtsordnungen für das Recht der Europäischen Gemeinschaft durch verfassungsrechtliche Maßnahmen der Mitgliedstaaten selbst, während im

---

404 International Tribunal for the Prosecution of Persons Responsible for Serious Violations of International Humanitarian Law in the Former Yugoslavia since 1991 (ICTY). Rechtsgrundlage des ICTY ist die vom Sicherheitsrat auf Grundlage von Kapitel VII erlassene Resolution 827 (1993).

405 International Tribunal for the Prosecution of Persons Responsible for Serious Violations of International Humanitarian Law Committed in the Territory of Rwanda and Rwandan Citizens Responsible for such Violations Committed in the Territory of Neighbouring States (ICTR). Rechtsgrundlage des ICTR ist die Resolution 955 (1994) des Sicherheitsrates.

406 G. Arangio-Ruiz, Le domaine réservé – L'organisation internationale et le rapport entre droit international et droit interne, in: Receuil des Cours 225 (1990-VI), S. 411 f.

407 J. A. Frowein/N. Krisch, Introduction to Chapter VII, in: B. Simma (Hrsg.), The Charter of the United Nations. A Commentary, Bd. 1, 2. Aufl. (2002), S. 716 Rz. 45 m.w.N.

408 J. A. Frowein/N. Krisch (Fn. 407), S. 716 Rz. 45. Siehe auch M. Herdegen, Die Befugnisse des UN Sicherheitsrates: aufgeklärter Absolutismus im Völkerrecht? (1998), S. 32 ff.

Fall der Unterstellung eines Gebiets unter Verwaltung der Vereinten Nationen auf Grundlage von Kapitel VII UN-Charta die Rechtsordnung im Wege einer Zwangsmaßnahme geöffnet wird.[409]

Für die Prüfung der Rechtmäßigkeit der KTA-Regulation bedeutet ihre Rechtsnatur als völkerrechtliche Norm, dass sie mit höherrangigen Normen des Völkerrechts vereinbar sein muss.[410] Wegen der in der Regulation enthaltenen Duldungspflicht ist es dagegen nicht erforderlich, die KTA-Regulation an dem innerstaatlichen Verfassungsrecht Serbiens zu messen.

2. Gesetze der Versammlung des Kosovo

Neben den von der UNMIK erlassenen Regulations sind die von der Versammlung des Kosovo verabschiedeten Gesetze Teil der Rechtsordnung. Gesetze sind subsidiäre Rechtsakte, die die Versammlung auf Grundlage des Verfassungsrahmens erlässt.[411] Jedoch hat die Versammlung das Gesetzgebungsrecht nur in den Bereichen, in denen eine Zuständigkeit der PISG besteht.[412] In diesem Fall hat die Versammlung auch das Recht, zuvor erlassene Verordnungen aufzuheben, zu ergänzen oder zu ersetzen.[413] Das Gesetzgebungsrecht ist daher nicht unbegrenzt, wie dies bei Parlamenten in Demokratien der Fall ist. Die UNMIK bleibt für von ihr festgelegte Bereiche von besonderer politischer Bedeutung weiterhin allein zuständig.[414] Darüber hinaus behält die UNMIK die Auffangzuständigkeit und Oberhoheit über die Verwaltung des Kosovo. Der SRSG ist auch nicht gehindert, die Zuständigkeitsverteilung zu seinen Gunsten wieder zu verändern.

3. Serbisches Recht

Die UNMIK hat in den sieben Jahren ihrer Tätigkeit eine stattliche Zahl von Regulations erlassen. Allerdings würde es dem Mandat der UNMIK zuwiderlau-

---

409 C. Stahn, UN Transitional Administrations (Fn. 333), S. 146, der allerdings den Geltungsgrund der von der UNMIK erlassenen Verordnungen außer aus Resolution 1244 auch aus der Zustimmung Serbiens ableitet. Siehe auch J. Friedrich, UNMIK in Kosovo: Struggling with Uncertainty, in: Max Planck Yb UN Law 9 (2005), S. 240.

410 Vgl. M. Bothe/T. Marauhn (Fn. 332), S. 228.

411 Vgl. Ziffer 1.1 lit. a) Regulation 1999/24.

412 Ziffer 9.1.1 und 9.1.26 lit. a) Regulation 2001/9.

413 Ziffer 9.1.1 und Ziffer 9.1.26 lit. a) Regulation 2001/9.

414 Siehe die nicht abschließende Aufzählung der Zuständigkeiten der UNMIK in Ziffer 8 Regulation 2001/9.

fen und ihre Ressourcen übersteigen, wollte sie das gesamte vor der Übernahme der Hoheitsgewalt im Juni 1999 geltende Recht durch neue Vorschriften ersetzen. Das Recht Serbiens gilt daher im Kosovo weiter, allerdings mit wesentlichen Einschränkungen. Dieses Recht setzt sich aus weiter geltenden Normen der SFR Jugoslawien, der Bundesrepublik Jugoslawien, des Staatenbundes Serbien/Montenegro, der Republik Serbien und des kosovarischen Provinzrechts zusammen.[415] Während der Großteil der Normen des serbischen Rechts völkerrechtlich unbedenklich sein dürfte, sind einige Vorschriften und Gesetze mit dem Mandat der UNMIK oder mit internationalen Menschenrechtsstandards unvereinbar. Dies gilt insbesondere für die nach der Abschaffung der Autonomie des Kosovo im März 1989 erlassenen Normen, die eine Benachteiligung der Kosovo-Albaner oder eine Ausweitung der Rechte der jugoslawischen Sicherheitskräfte bezweckten. Eine Fortgeltung oder sogar Anwendung dieser Normen durch die UNMIK kam offensichtlich nicht in Frage. Die UNMIK musste daher frühzeitig festlegen, welche Vorschriften des jugoslawischen Rechts weiter gelten und welche nicht.[416]

Die UNMIK bestimmte zunächst, dass die vor dem 24.03.1999, dem Beginn der NATO-Luftangriffe auf Serbien, anwendbaren Gesetze weiterhin in Kraft blieben, solange sie nicht mit internationalen Menschenrechtsstandards, mit den Aufgaben der UNMIK oder mit UNMIK-Regulations unvereinbar waren. Ziffer 3 der Regulation 1999/1 lautet:

> The laws applicable in the territory of Kosovo prior to 24 March 1999 shall continue to apply in Kosovo insofar as they do not conflict with [human rights] standards […], the fulfillment of the mandate given to UNMIK under United Nations Security Council resolution 1244 (1999), or the present or any other regulation issued by UNMIK.

Die damit verbundene grundsätzliche Fortgeltung des serbischen Rechts stieß jedoch auf massive Proteste der Kosovo-Albaner. Es wurde argumentiert, die gesamte Gesetzgebung im Kosovo nach der Abschaffung der Autonomie sei diskriminierend gewesen. Serbische Gesetze seien entweder menschenrechtswidrig oder nicht demokratisch legitimiert, weil die Bevölkerung des Kosovo an ihrem Zustandekommen nicht beteiligt worden sei.[417] Die UNMIK gab dieser

---

415 Der Begriff „serbisches Recht“ umfasst im Folgenden Rechtsnormen Serbiens, der früheren SFR Jugoslawien, der Bundesrepublik Jugoslawien, des Staatenbundes Serbien-Montenegro sowie Normen der früheren Republik Serbien und das kosovarische Provinzrecht.

416 Vgl. Report of the Panel on United Nations Peace Operations (Brahimi-Report), UN Doc. A/55/305-S/2000/805 vom 17.08.2000, Ziffer 79.

417 Report of the Secretary-General, 12.07.1999 (Fn. 57), Ziffer 36; Report of the Secretary-General, 23.12.1999 (Fn. 105), Ziffer 55 f. Siehe auch H. J. Strohmeyer, Collapse and

Kritik nach und änderte die Definition des anwendbaren Rechts. Nach der nun geltenden Definition ist das am 22.03.1989 im Kosovo geltende Recht weiter anwendbar, dem letzten Tag vor der Abschaffung der Autonomie des Kosovo. Ziffer 1.1 der Regulation 1999/24 lautet:

> The law applicable in Kosovo shall be:
>
> (a) The regulations promulgated by the Special Representative of the Secretary-General and subsidiary instruments issued thereunder; and
>
> (b) The law in force in Kosovo on 22 March 1989.
>
> In case of a conflict, the regulations and subsidiary instruments issued thereunder shall take precedence.

Normen, die nach dem Stichtag des 22.03.1989 in Kraft getreten sind, gelten nur unter engen Voraussetzungen. Ziffer 1.2 der Regulation 1999/24 bestimmt:

> If a court of competent jurisdiction or a body or person required to implement a provision of the law determines that a subject matter or situation is not covered by the laws set out in section 1.1 of the present regulation but is covered by another law in force in Kosovo after 22 March 1989 which is not discriminatory and which complies with [international human rights standards], the court, body or person shall, as an exception, apply that law.

Die geänderte Festlegung des anwendbaren Rechts hatte zur Folge, dass die gesamte Rechtsentwicklung in Jugoslawien bzw. Serbien seit 1989 im Kosovo rückgängig gemacht wurde. Dies führte zu erheblicher Unsicherheit darüber, welche Normen in der Praxis anwendbar sind und welche nicht.[418] Auch waren negative Auswirkungen auf die Rechtssicherheit und Rechtsanwendung die Folge, da homogen gewachsene Rechtsentwicklungen durchtrennt wurden. Der Ombudsmann für das Kosovo, *Novicki*, ging sogar so weit, die Situation des anwendbaren Rechts im Kosovo als rechtliches Chaos zu beschreiben.[419]

Wegen der Definition des anwendbaren Rechts muss die UNMIK nun prüfen, ob bestimmte Änderungen serbischer Gesetze im Kosovo anwendbar sind. Diese Prüfung wird jedoch dadurch erschwert, dass konsolidierte Gesetzesfassungen zum Stichtag 22.03.1989 nicht existierten. Daher agiert die UNMIK oftmals in

---

Reconstruction of a Judicial System: The United Nations Missions in Kosovo and East Timor, in: AJIL 95 (2001), S. 58.

418 European Commission for Democracy through Law (Venice Commission), Opinion on Human Rights in Kosovo: Possible Establishment of Review Mechanisms, Opinion no. 280/2004, 11.10.2004, abgedruckt in: Human Rights Law Journal 25 (2004), S. 276-292, Rz. 57; M. Brand (Fn. 343), S. 470.

419 Ombudsperson Institution in Kosovo, Fourth Annual Report 2003-2004, S. 8.

einer rechtlichen Grauzone, weil nicht sicher ist, ob eine Norm des serbischen Rechts vor oder nach dem 22.03.1989 in Kraft getreten ist. Insofern ist es nicht verwunderlich, dass bald nach der Änderung der Definition des anwendbaren Rechts Probleme in der täglichen Arbeit der UNMIK insbesondere in solchen Bereichen auftraten, die gar nicht Gegenstand der Diskussionen um die Fortgeltung des serbischen Rechts waren. Dabei war es insbesondere um Normen des Strafrechts gegangen sowie um Vorschriften, die die albanische Bevölkerungsmehrheit offen diskriminierten. Die Definition des anwendbaren Rechts wirkt sich aber ohne Unterschied auf alle Rechtsgebiete aus. Ein gutes Beispiel für diese Auswirkungen ist das Unternehmensgesetz. Nach der Definition in Regulation 1999/24 gilt im Kosovo nur die erste Fassung des Unternehmensgesetzes, nicht aber die – umfassenden – Änderungen, da diese nach dem 23.03.1989 in Kraft getreten sind.[420]

4. Normenhierarchie

Um eine Konsistenz der Rechtsordnung sicherzustellen, musste die UNMIK nicht nur festlegen, welche Normen im Kosovo anwendbar sind, sondern auch das Rangverhältnis dieser Normen klären. Das Rangverhältnis ergibt sich in erster Linie daraus, dass UNMIK-Regulations und andere Rechtsakte völkerrechtliche Normen und Sekundärrecht der Vereinten Nationen sind. UNMIK-Regulations müssen mit höherrangigen Normen der Vereinten Nationen vereinbar sein, also mit der zugrunde liegenden Resolution 1244 und mit der UN-Charta.[421] Da die UNMIK ein Organ der Vereinten Nationen ist, sind für sie ferner alle Völkerrechtsnormen verbindlich, die für die Vereinten Nationen bindend sind. Dies sind Verträge, bei denen die Vereinten Nationen Partei sind, und insbesondere Normen des Völkergewohnheitsrechts mit allgemeiner Geltung, die auch für internationale Organisationen verbindlich sind und deren Anwendungsbereich eröffnet ist, soweit die UN-Charta deren Geltung nicht ausschließt.

Die UN-Charta, Resolution 1244 und andere völkerrechtliche Normen bilden den völkerrechtlichen Überbau der Rechtsordnung des Kosovo unter UN-Verwaltung. Unterhalb der UNMIK-Regulations setzt sich die Normhierarchie weiter fort. Im Rang unter den Regulations stehen die so genannten *Administrative Directions* und die Gesetze der Versammlung des Kosovo. Der Vorrang der Regulations vor den Gesetzen der Versammlung ist nicht ausdrücklich geregelt. Der Verfassungsrahmen statuiert nur einen Vorrang des Verfassungsrahmens

---

[420] Siehe zum Unternehmensgesetz und zu seinen Änderungen 2. Teil, Abschnitt B.II.2., oben S. 48 ff.

[421] M. Bothe/T. Marauhn (Fn. 332), S. 229.

vor den Gesetzen der Versammlung.[422] Der Vorrang der UNMIK-Regulations ergibt sich aber daraus, dass der Verfassungsrahmen die Befugnisse der UNMIK nicht einschränkt.[423] Da die UNMIK das Gesetzgebungsmonopol hat und sie lediglich die Ausübung dieser Befugnis teilweise auf die Versammlung delegiert hat, kann sie den Verfassungsrahmen jederzeit ändern.[424]

Im Rang neben den UNMIK-Regulations und über den Gesetzen der Versammlung des Kosovo stehen ferner international anerkannte Menschenrechte und Grundfreiheiten.[425] Die PISG sind als Institutionen verpflichtet, die Menschenrechte und Grundfreiheiten zu achten, so dass Gesetze mit ihnen vereinbar sein müssen.

Im Rang unterhalb der von der Versammlung erlassenen Gesetze steht das fortgeltende jugoslawische Recht. Zwar enthält weder der Verfassungsrahmen noch eine andere UNMIK-Regulation eine Kollisionsnorm zwischen Rechtsakten der PISG und dem jugoslawischen Recht. Der Vorrang ergibt sich aber aus Regulation 1999/24. Danach gehen nicht nur UNMIK-Regulations dem jugoslawischen Recht vor, sondern auch subsidiäre Rechtsakte.[426] Gesetze der Versammlung des Kosovo basieren auf der Delegation der Rechtsetzungsbefugnis in Regulation 2001/9 und sind daher subsidiäre Rechtsakte im Sinne der Regulation 1999/24.[427] Das Verhältnis der Normen des jugoslawischen Bundesrechts, des serbischen Republikrechts und des kosovarischen Provinzrechtes untereinander richtet sich nach den Vorschriften des jugoslawischen und serbischen Verfassungsrechts. Auf der untersten Stufe der Normenhierarchie stehen Normen des jugoslawischen Rechts, die zwischen dem 22.03.1989 und dem 10.06.1999 erlassen worden sind. Diese sind nur ausnahmsweise und im Einzelfall anwendbar.[428]

---

[422] Ziffer 14.1 Regulation 2001/9.
[423] Ziffer 12 Regulation 2001/9.
[424] Ziffer 14.3 Regulation 2001/9.
[425] Ziffer 3.2 Regulation 2001/9.
[426] Ziffer 1.1 Regulation 1999/24.
[427] So auch C. Stahn, Constitution without a State (Fn. 13), S. 546.
[428] Ziffer 1.3 Regulation 1999/24.

B. Befugnis zur Unternehmensprivatisierung

Voraussetzung für die Völkerrechtsmäßigkeit der Unternehmensprivatisierung ist, dass sie vom Mandat der UNMIK umfasst ist. Denn jede Maßnahme der Vereinten Nationen und ihrer Organe, die in Rechte anderer Völkerrechtssubjekte eingreift, muss von einer Ermächtigung gedeckt sein. Anders als ein Staat besitzen die Vereinten Nationen keine originären Kompetenzen.[429] Wie jede internationale Organisation haben die Vereinten Nationen nur diejenigen Befugnisse, die ihr ihre Gründer ausdrücklich oder implizit verliehen haben.[430] Für die Prüfung der Völkerrechtskonformität der Unternehmensprivatisierung durch die UNMIK im Kosovo ist daher zunächst die Befugnis zu dieser Maßnahme zu ermitteln. Hierfür wird zuerst die Resolution 1244 untersucht (I.). Im Anschluss wird die Grundlage für die Verleihung der Befugnisse durch die Resolution 1244 geprüft (II.).

I. Befugnis der UNMIK aus Resolution 1244 zur Unternehmensprivatisierung

Resolution 1244 trifft keine Aussage über die Befugnisse, die der UNMIK zur Erfüllung ihrer Aufgaben zustehen. Die Resolution verleiht der UNMIK nicht einmal ausdrücklich die Befugnis zur Rechtsetzung. Alle UNMIK-Regulations beziehen sich daher in ihrer Präambel außer auf Resolution 1244 auch auf die von ihr selbst erlassene Regulation 1999/1 als Rechtsgrundlage. In Ziffer 1.1 der Regulation 1999/1 heißt es:

> All legislative and executive authority with respect to Kosovo, including the administration of the judiciary, is vested in UNMIK and is exercised by the Special Representative of the Secretary-General.

Die UNMIK konnte sich für den Erlass der Bestimmung der Ziffer 1.1 der Regulation 1999/1 auf die Interpretation des Mandats durch den UN-Generalsekretär berufen. Dieser führt in seinem Bericht vom 12.07.1999 aus:

> The Security Council, in its resolution 1244 (1999), has vested in the interim civil administration authority over the territory and people of Kosovo. All legislative and executive powers, including the administration of the judiciary, will, therefore, be vested in UNMIK. [...] [The Special Representative] will be

---

[429] H. Schermers/N. Blokker, International Institutional Law, 3. Aufl. (1995), S. 141 § 209.

[430] IGH, Reparation for Injuries Suffered in the Service of the United Nations, Advisory Opinion, ICJ Reports 1949, S. 180.

> empowered to regulate within the areas of his responsibilities laid down by the Security Council in its resolution 1244 (1999). [...] In the performance of the duties entrusted to UNMIK, the Special Representative will, as necessary, issue legislative acts in the form of regulations.[431]

Jedoch kann es für die Wirksamkeit und Reichweite der Befugnisse der UNMIK allein auf Regulation 1999/1 und die Auslegung des Mandats durch den UN-Generalsekretär nicht ankommen. Denn beide handeln nicht aus eigenem Recht, sondern nur wegen und aufgrund der vom Sicherheitsrat erteilten Ermächtigung.[432] Weder der UN-Generalsekretär noch die UNMIK selbst können beschließen, dass ihr die Befugnis zur Rechtsetzung im Kosovo zustehen soll. Hierfür ist ausschließlich entscheidend, welche Befugnisse und Kompetenzen die Resolution 1244 der UNMIK verleiht.

Im Folgenden wird daher untersucht, ob sich aus Resolution 1244 ein Mandat zur Unternehmensprivatisierung ergibt. Dabei wird zunächst geprüft, ob die UNMIK allgemein zur Rechtsetzung im Kosovo befugt ist (1.), bevor auf die sachliche Kompetenz zur Unternehmensprivatisierung eingegangen wird (2.).

1. Befugnis zur Rechtsetzung

Die Resolution 1244 enthält keine ausdrücklichen Aussagen darüber, welche Befugnisse der UNMIK bei der Verwaltung des Kosovo zustehen. Es ist daher erforderlich, die Resolution auszulegen. Im Folgenden wird zuerst erläutert, wie Resolutionen des Sicherheitsrates auszulegen sind (a.), bevor diese Regeln auf Resolution 1244 angewandt werden (b.).

a. Auslegung von Resolutionen des Sicherheitsrates

Resolutionen des Sicherheitsrates sind Sekundärrechtsakte eines Hauptorgans der Vereinten Nationen und damit Völkerrechtsnormen. Daher ist für ihre Auslegung ebenfalls das Völkerrecht maßgeblich. Das Völkerrecht enthält jedoch weder geschriebene noch gewohnheitsrechtliche Regeln für die Auslegung von Sekundärrechtsakten von Organen internationaler Organisationen oder der Vereinten Nationen im Allgemeinen und Resolutionen des Sicherheitsrates im Besonderen. Hinweise darüber, wie Resolutionen des Sicherheitsrates auszulegen sind, lassen sich aber aus den Grundsätzen über die authentische und die autoritative Auslegung gewinnen (aa.). Ferner ist zu untersuchen, ob und inwieweit

---

[431] Report of the Secretary-General, 12.07.1999 (Fn. 57), Ziffern 35, 39, 41.
[432] Ziffer 10 Resolution 1244.

allgemeine Auslegungsregeln für völkerrechtliche Verträge herangezogen werden können (bb.). Schließlich ist eine unmittelbare oder entsprechende Anwendbarkeit der Bestimmungen der Wiener Vertragsrechtskonvention auf die Auslegung von Resolutionen des Sicherheitsrates zu prüfen (cc.).

aa. Authentische oder autoritative Auslegung

Verbindliche Interpretationen von Völkerrechtsnormen existieren in den Formen der authentischen und der autoritativen Auslegung. Die authentische Interpretation einer Norm stammt vom Urheber der interpretierten Norm. Als Urheber gilt derjenige, der die fragliche Norm aufheben oder ändern kann.[433] Bei völkerrechtlichen Verträgen sind dies die Vertragsparteien als Herren des Vertrages, die jederzeit die Bedeutung einer Norm klarstellen können. Dabei sind die Grenzen zur vertragsändernden Modifikation fließend.[434] Das Recht zur authentischen Interpretation ist übertragbar. Der Urheber einer Norm kann einem Dritten das Recht zur verbindlichen Auslegung einräumen. Eine solche Auslegung bindet dann auch den Urheber unbeschadet seines Rechts, die Norm zu ändern oder aufzuheben. In diesem Fall spricht man vom Recht zur autoritativen Interpretation.[435]

Die Befugnis zur authentischen Auslegungen von Resolutionen liegt allein beim Sicherheitsrat.[436] Nur er ist berechtigt, Resolutionen aufzuheben oder zu ändern. Denkbar sind autoritative Interpretationen von Resolutionen. Der Sicherheitsrat kann ein anderes Organ der Vereinten Nationen dazu ermächtigen, eine Resolution verbindlich auszulegen. Eine solche Ermächtigung muss aber ausdrücklich erfolgen, um zu vermeiden, dass das in der UN-Charta angelegte institutionelle Gleichgewicht umgangen wird. Denn die besonderen Befugnisse des Sicherheitsrates aus der Charta werden von den Mitgliedstaaten gerade und nur wegen dieses institutionellen Rahmens akzeptiert.[437] Eine Ermächtigung zur verbindlichen Auslegung der vom Sicherheitsrat geschaffenen Rechtsakte durch ein anderes Organ birgt die Gefahr der Umgehung dieses institutionellen Gleichgewichts.[438]

---

[433] StIGH, Delimitation of the Polish-Czechoslovakian Frontier (question of Jaworzina), Advisory Opinion, 06.12.1923, PCIJ Series B, Nr. 8, S. 37.

[434] A. Stein, Der Sicherheitsrat der Vereinten Nationen und die Rule of Law (1999), S. 67.

[435] A. Stein (Fn. 434), S. 67 m.w.N. zur verbindlichen Auslegung völkerrechtlicher Verträge.

[436] M. Wood, The Interpretation of Security Council Resolutions, in: Max Planck Yb UN Law 2 (1998), S. 82.

[437] D. Sarooshi, The United Nations and the Development of Collective Security. The Delegation by the UN Security Council of its Chapter VII Powers (1999), S. 24 f.

[438] J. A. Frowein/N. Krisch (Fn. 407), S. 713 Rz. 33.

Vor einer Auslegung muss daher geprüft werden, ob der Sicherheitsrat selbst oder ein von ihm ermächtigtes Organ die Resolution verbindlich interpretiert hat. Denn eine solche Interpretation würde jeder anderen Auslegung vorgehen.

bb. Allgemeine Auslegungsregeln

Wenn es keine authentische oder autoritative Interpretation gibt, muss der Inhalt einer Resolution durch Auslegung ermittelt werden. Ziel der Auslegung ist die Verwirklichung des in der Resolution zum Ausdruck kommenden Willens des Sicherheitsrates im Lichte der jeweiligen Umstände.[439] Bei der Auslegung können die allgemeinen Regeln des Völkerrechts für die Auslegung von Normen herangezogen werden. Dies sind die Wortlautauslegung, die funktionale Auslegung und die systematische Auslegung. Danach hat sich eine Auslegung in erster Linie am Wortlaut der fraglichen Resolution zu orientieren. Im Anschluss ist nach dem Zweck der Resolution zu fragen. Schließlich ist die Resolution systematisch unter Berücksichtigung der darin enthaltenen Normen sowie anderer Maßnahmen und Entscheidungen zu interpretieren.[440]

Der Wortlaut einer Resolution umfasst die Präambel, den Text sowie etwaige Anhänge und Anlagen. Grundsätzlich sind Resolutionen in allen sechs Arbeitssprachen des Sicherheitsrates verbindlich. Dem englischen Text kommt aber eine besondere Bedeutung zu, da Resolutionsentwürfe fast immer auf Englisch vorbereitet werden.[441] Bei der Wortlautauslegung ist der vornehmlich politische Charakter von Resolutionen zu berücksichtigen. Es können daher an ihren Wortlaut nicht die gleichen Anforderungen an Klarheit und Konsistenz gestellt werden wie an Rechtstexte. Resolutionen sind häufig absichtlich unklar und mehrdeutig, um Raum für politische Kompromisse zu schaffen, die es Staaten ermöglichen, für einen Entwurf zu stimmen oder sich zu enthalten.[442] Eine zu enge Wortlautauslegung ist daher unangebracht.

Neben dem Wortlaut ist der vom Sicherheitsrat mit einer Resolution verfolgte Zweck zu ermitteln. Bei mehreren möglichen Bedeutungen eines in einer Resolution verwendeten Begriffes ist derjenigen der Vorzug zu geben, die dem angestrebten Zweck am ehesten zur Wirksamkeit verhilft. Dieser Zweck ergibt sich aus dem Text selbst und insbesondere aus den Erwägungen in der Präambel. Al-

---

[439] M. Wood (Fn. 436), S. 95.

[440] Siehe IGH, Legal Consequences for States of the Continued Presence of South Africa in Namibia (South-West Africa) Notwithstanding Security Council Resolution 276, Advisory Opinion, ICJ-Reports 1971, S. 53, Ziffer 114.

[441] M. Wood (Fn. 436), S. 80 f. und 88.

[442] M. Wood (Fn. 436), S. 82.

lerdings ist zu berücksichtigen, dass die teleologische Auslegung von Resolutionen des Sicherheitsrates auf Grundlage von Kapitel VII im Schrifttum umstritten ist. In Anbetracht des politischen Kompromisscharakters vieler Resolutionen und den mitunter tiefen Eingriffen in die Souveränität der Mitgliedstaaten lehnen *Frowein/Krisch* die teleologische Auslegung ab. Entscheidend könne nicht der Wille des Sicherheitsrates sein, sondern nur der objektive Empfängerhorizont.[443] Unklarheiten sollen zulasten des Sicherheitsrates gehen, so dass Resolutionen auf Grundlage von Kapitel VII UN-Charta im Zweifel eng auszulegen seien. Es gelte der Auslegungsgrundsatz, dass Einschränkungen der Souveränität im Zweifel gering ausfallen sollen.[444]

Dieser Sichtweise kann entgegengehalten werden, dass die UN-Charta dem Sicherheitsrat Instrumente an die Hand geben will, mit denen er auf Friedensbedrohungen und Friedensbrüche schnell und effektiv reagieren kann.[445] Eine nur am Wortlaut orientierte Auslegung ist mit dieser Vorgabe nicht leicht vereinbar, insbesondere wenn man den politischen Kompromisscharakter des Wortlauts vieler Resolutionen in Rechnung stellt. Für die Zulassung der teleologischen Interpretation von Resolutionen des Sicherheitsrates spricht auch, dass Gedanken der Wirksamkeit (*Effet Utile*) und der impliziten Befugnisse (*Implied Powers*) zu anerkannten und verbreiteten Methoden der Auslegung der UN-Charta zählen.[446] Nach der vom IGH anerkannten *Implied-Powers*-Lehre hat ein Organ einer internationalen Organisation im Zweifel alle zur Erfüllung seiner Aufgaben notwendigen Befugnisse. Soweit sich solche Befugnisse nicht ausdrücklich aus der maßgeblichen Rechtsgrundlage ergeben, sind sie in die Übertragung einer Aufgabe hineinzulesen. Im *Reparations for Injuries*-Gutachten führte der IGH aus:

> Under international law, the Organization must be deemed to have those powers which, though not expressly provided in the Charter, are conferred upon it by necessary implication as being essential to the performance of its duties.[447]

Mithilfe der Rechtsgedanken des *Effet Utile* und der *Implied Powers* soll eine Auslegung der UN-Charta ermöglicht werden, die die Ziele der Vereinten Nati-

---

[443] J. A. Frowein, Unilateral Interpretation of Security Council Resolutions – a Threat to Collective Security?, in: V. Götz/P. Selmer/R. Wolfrum (Hrsg.), Liber amicorum Günter Jaenicke – zum 85. Geburtstag (1998), S. 99.

[444] J. A. Frowein/N. Krisch (Fn. 407), S. 713 Rz. 35; J. A. Frowein (Fn. 443), S. 112.

[445] So auch J. A. Frowein/N. Krisch (Fn. 407), S. 705 Rz. 11.

[446] G. Ress, Interpretation, in: B. Simma (Hrsg.), The Charter of the United Nations. A Commentary, Bd. 1, 2. Aufl. (2002), S. 31, Rz. 35 f.

[447] IGH, Reparations for Injuries Suffered in the Service of the United Nations (Fn. 430), S. 182.

onen fördert. Auch bei der Auslegung von Rechtsakten, die auf Grundlage der UN-Charta erlassen wurden, können diese Institute fruchtbar gemacht werden. Denn solche Rechtsakte sind wichtige Mittel für die Umsetzung der Vorgaben und Ziele der UN-Charta. Die überzeugenderen Gründe sprechen daher dafür, bei der Auslegung einer Resolution auch deren Zweck zu ermitteln und zu berücksichtigen.[448]

Schließlich spielen systematische Erwägungen bei der Auslegung einer Resolution eine Rolle. Eine Resolution des Sicherheitsrates darf nicht isoliert betrachtet werden, sondern es müssen andere Beschlüsse und Äußerungen des Sicherheitsrates sowie vorbereitende Berichte des UN-Generalsekretärs zu der in der auszulegenden Resolution geregelten Frage berücksichtigt werden.[449]

cc. Auslegungsregeln der Wiener Vertragsrechtskonvention

Fraglich ist, ob zusätzlich die Regeln der Wiener Konvention für die Auslegung völkerrechtlicher Verträge (WVK) für die Auslegung von Resolutionen des Sicherheitsrates herangezogen werden können.

Eine unmittelbare Anwendung der WVK scheidet aus. Die WVK gilt nach ihrem Artikel 1 nur für Verträge zwischen Staaten. Resolutionen sind aber weder Verträge noch sind die Vereinten Nationen ein Staat. Auch eine analoge Anwendung der WVK begegnet Bedenken, da es grundlegende Unterschiede zwischen einer Resolution des Sicherheitsrates und einem völkerrechtlichen Vertrag gibt. Zwar setzt eine Resolution wie ein Vertrag für ihr Zustandekommen einen gewissen Grad an Willensübereinstimmung der im Sicherheitsrat vertretenen Staaten voraus.[450] Doch beruhen Geltungsgrund und Bindungswirkung von Resolutionen nicht auf dem Willen der an ihrem Zustandekommen beteiligten Rechtssubjekte, sondern allein auf der UN-Charta. Da Artikel 27 UN-Charta für die Verabschiedung von Resolutionen grundsätzlich einen Mehrheitsbeschluss ausreichen lässt, kann der Wille der Mitglieder des Sicherheitsrates für die Bin-

---

[448] Einen Überblick über den Meinungsstand zur Frage der Zulässigkeit der teleologischen Interpretation von Resolutionen des Sicherheitsrates gibt M. Byers, The Shifting Foundations of International Law: A Decade of Forceful Measures against Iraq, in: EJIL 13 (2002), S. 21 ff.

[449] IGH, Legal Consequences for States of the Continued Presence of South Africa in Namibia (South-West Africa) Notwithstanding Security Council Resolution 276 (Fn. 440), S. 53, Ziffer 114; M. Wood (Fn. 436), S. 87 und 89; J. A. Frowein/N. Krisch (Fn. 407), S. 713 Rz. 34.

[450] H. Thirlway, The Law and Procedure of the International Court of Justice 1960-1989. Part Eight, in: BYIL 67 (1996), S. 29.

dungswirkung einer Resolution nicht der entscheidende Gesichtspunkt sein. Die Bindungswirkung einer Resolution ist von der Zustimmung oder dem Willen des Adressaten unabhängig und ergibt sich allein aus Artikel 25 UN-Charta.[451] Resolutionen ähneln daher eher innerstaatlichen Gesetzen als völkerrechtlichen Verträgen, da auch bei Gesetzen der Bindungswille der Normadressaten unbeachtlich ist.[452]

Denkbar ist, die Auslegungsregeln in Artikel 31 und 32 WVK als Ausprägung allgemeiner Rechtsgedanken zu verstehen, die für verschiedene Arten von Normen herangezogen werden können. Bei der Grundregel des Artikels 31 Abs. 1 WVK spricht einiges für ein solches Verständnis. Danach ist ein Vertrag nach Treu und Glauben in Übereinstimmung mit der gewöhnlichen, seinen Bestimmungen in ihrem Zusammenhang zukommenden Bedeutung und im Lichte seines Zieles und Zwecks auszulegen. Mit der Berücksichtigung des Wortlauts, des systematischen Zusammenhangs und des Normzwecks gleicht diese Grundregel den oben dargestellten Grundregeln für die Auslegung von Resolutionen des Sicherheitsrates.

Von den übrigen Auslegungsregeln kommt als Ausprägung eines allgemeinen Rechtsgedankens nur die Bestimmung des Artikels 31 Abs. 3 lit. b) WVK in Betracht. Diese sieht vor, dass bei der Auslegung eines völkerrechtlichen Vertrages zu berücksichtigen ist, wie die Parteien den Vertrag angewandt und umgesetzt haben. Diese Regel kann mit Einschränkungen auch für die Auslegung von Resolutionen des Sicherheitsrates herangezogen werden.[453] Resolutionen auf Grundlage von Kapitel VII richten sich nicht nur an die Verantwortlichen für eine Bedrohung oder einen Bruch des Friedens oder eine Aggressionshandlung, sondern ermächtigen häufig auch Haupt- und Nebenorgane der Vereinten Nationen, andere internationale Organisationen oder Mitgliedstaaten zur Anwendung von Zwangsmaßnahmen. Der Sicherheitsrat setzt die von ihm verabschiedeten Resolutionen nur selten selbst um. Insofern kommt der Anwendungspraxis für durchaus ein Erkenntniswert zu, der bei der Auslegung einer Resolution zu berücksichtigen ist. Dabei ist aber zu beachten, dass die Anwendungspraxis nicht das allein maßgebliche Auslegungsinstrument sein darf, da dies auf eine Kompetenz-Kompetenz des Organs hinausliefe. Steht die Anwendung einer Resolution in erkennbarem Widerspruch zum Ergebnis der Auslegung anhand der übrigen Methoden, so deutet dies auf eine unzulässige Resolutionsfortbildung oder -verletzung hin.[454] Außerdem kann die Anwendungspraxis nur dann bei der Aus-

---

[451] J. A. Frowein (Fn. 443), S. 99.

[452] J. A. Frowein/N. Krisch (Fn. 407), S. 713 Rz. 34.

[453] Vgl. zur Bedeutung der Anwendungspraxis für die Auslegung H. Schermers/N. Blokker (Fn. 429), § 1344; A. Stein (Fn. 434), S. 90.

[454] So A. Stein (Fn. 434), S. 91.

legung einer Resolution berücksichtigt werden, wenn der Sicherheitsrat die fragliche Praxis billigt. Eine solche Billigung muss nicht in derselben Form erfolgen wie die auszulegende Norm, etwa durch eine erneute Resolution. Jede Äußerung des Sicherheitsrates ist von Bedeutung, die auf die Haltung des Organs schließen lässt. Ein Schweigen des Sicherheitsrates dürfte allerdings nicht ausreichen.

b. Auslegung von Resolution 1244

Mithilfe der Auslegungsregeln für Resolutionen des Sicherheitsrates wird Resolution 1244 im Folgenden danach untersucht, ob sie der UNMIK eine Befugnis zur Rechtsetzung im Kosovo verleiht.

aa. Verbindliche Auslegung

Zu prüfen ist zunächst, ob es eine verbindliche Auslegung der Resolution 1244 durch den Sicherheitsrat oder ein von ihm ermächtigtes Organ gibt. Eine verbindliche Interpretation des Sicherheitsrates liegt vor, wenn er sich zur Bedeutung ihrer Bestimmungen äußert und festlegt, wie diese zu verstehen sind. Eine solche Festlegung existiert in Bezug auf Resolution 1244 nicht. Zwar gibt es zahlreiche Äußerungen, in denen der Sicherheitsrat bestimmte Maßnahmen der UNMIK ausdrücklich billigt und begrüßt.[455] Auch hat der Sicherheitsrat stets betont, dass die UNMIK im Einklang mit dem in Resolution 1244 erteilten Mandat handelt. Eine solche Billigung der Anwendung einer Resolution durch ein dazu ermächtigtes Nebenorgan ist aber nicht das Gleiche wie eine Bestimmung der Bedeutung dieser Resolution durch den Sicherheitsrat selbst. Bei einer Billigung geht es um die Anwendung der Resolution auf einen konkreten Sachverhalt in einem Einzelfall, während eine authentische Interpretation den Sinn der Bestimmungen einer Resolution allgemein und für eine Vielzahl von Fällen verbindlich festlegt.

Darüber hinaus hat der Sicherheitsrat weder den UN-Generalsekretär noch den SRSG zur verbindlichen Auslegung von Resolution 1244 ermächtigt. Wie bereits erwähnt, ist der Sicherheitsrat zwar nicht grundsätzlich daran gehindert, sein Recht zur verbindlichen Auslegung zu übertragen. Unter der Voraussetzung, dass dies ausdrücklich geschieht, kann er ein anderes Organ der Vereinten

[455] Beispiele für solche Äußerungen sind die Erklärung des Präsidenten des Sicherheitsrates zum Erlass von Gesetzen zur Aufrechterhaltung der öffentlichen Sicherheit vom 05.10.2001, UN Doc. S/PRST/2001/27 und Erklärung des Präsidenten des Sicherheitsrates über die Wahlen vom November 2001 vom 16.03.2001, UN Doc. S/PRST/2001/8.

Nationen zur autoritativen Interpretation einer Resolution ermächtigen. Im Falle der Resolution 1244 gibt es allerdings keine solche Ermächtigung. Zwar deutet die grobmaschige Formulierung in Resolution 1244 darauf hin, dass dem UN-Generalsekretär und der UNMIK ein gewisser Auslegungs- und Ermessensspielraum zustehen soll.[456] Damit ist aber keine Ermächtigung zur verbindlichen Auslegung der Resolution verbunden.

Eine Ermächtigung zur verbindlichen Auslegung von Resolution 1244 könnte der Bericht des UN-Generalsekretärs vom 12.07.1999 enthalten. Darin billigt der UN-Generalsekretär dem SRSG das alleinige Recht zur Auslegung des ihm erteilten Mandats zu:

> [The SRSG] will enjoy the maximum civilian executive powers envisaged and vested in him by the Security Council in its resolution 1244 (1999), and will also be the final authority on their interpretation.[457]

Eine solche Auslegung bindet jedoch nicht den Sicherheitsrat und es ist zweifelhaft, ob sie Geltung gegenüber den Mitgliedstaaten haben kann. Denn ein Recht zur autoritativen Auslegung hätte der UN-Generalsekretär dem SRSG nur unter der Voraussetzung einer vorherigen Ermächtigung des Sicherheitsrates verleihen können. Dies ist jedoch nicht geschehen. Der UN-Generalsekretär kann daher dem SRSG kein Recht zur autoritativen Auslegung von Resolution 1244 übertragen. Die im Bericht vom 12.07.1999 enthaltene Aussage ist vielmehr so zu verstehen, dass diese nur Wirkungen im Kosovo entfaltet. Damit ist gemeint, dass der SRSG im Kosovo die höchste Instanz für die Auslegung von Resolution 1244 sein soll. Kein Gericht oder andere Stelle soll befugt sein, über die Rechtmäßigkeit der Handlungen des SRSG und der UNMIK zu entscheiden. Die zitierte Passage des Berichts vom 12.07.1999 hat dagegen nicht die Bedeutung, dass der SRSG die Befugnis haben soll, die Reichweite seines Mandats völkerrechtlich verbindlich und abschließend zu bestimmen. Als Ergebnis ist daher festzuhalten, dass es keine verbindliche Auslegung der Resolution 1244 gibt.

bb. Wortlaut

Der Wortlaut von Resolution 1244 einschließlich ihrer Präambel und den beiden Anhängen gibt keinen Aufschluss über die Befugnisse, die der UNMIK zustehen sollen.[458] Die Resolution legt in Ziffer 11 nur die Aufgaben der internationalen

---

[456] So S. Hobe/J. Griebel (Fn. 331), S. 143.

[457] Report of the Secretary-General, 12.07.1999 (Fn. 57), Ziffer 44.

[458] T. Garcia, La Mission d'Administration Intérimaire des Nations Unies au Kosovo (MINUK), in: Révue Générale du Droit International Public 104 (2000), S. 67. Kritisch

Zivilpräsenz fest.[459] Sie sagt aber nicht, welche Befugnisse die UNMIK zur Erfüllung dieser Aufgaben haben soll. Dies gilt für alle Sprachfassungen.[460] Auch kann in den Begriff der Aufgaben nicht ohne weiteres eine Verleihung von Befugnissen hineingelesen werden, da die Begriffe Aufgabe und Befugnis unterschiedliche Bedeutungen haben.[461] Während eine Aufgabe eine bestimmte Pflicht begründet, gewährt eine Befugnis das Recht, etwas zu tun. Das Fehlen von ausdrücklichen Befugniszuweisungen wird auch deutlich, wenn man Resolution 1244 mit der entsprechenden Vorschrift in Resolution 1272 vergleicht. Ziffer 1 der Resolution 1272 regelt nicht nur die Aufgaben der UNTAET, sondern auch ihre Befugnisse:

> [The Security Council] decides to establish, in accordance with the report of the Secretary-General, a United Nations Transitional Administration in East Timor (UNTAET), which will be endowed with overall responsibility for the administration of East Timor and will be empowered to exercise all legislative and executive authority, including the administration of justice.

Die Unterscheidung zwischen Aufgaben und Befugnissen ist dem Sicherheitsrat daher offenbar nicht fremd. Umso mehr erstaunt es, dass er in Resolution 1244 auf die Verleihung ausdrücklicher Befugnisse an die UNMIK verzichtete.

cc. Funktionale Auslegung

Weitere Erkenntnisse über die Befugnisse von UNMIK lassen sich im Wege einer funktionalen Auslegung von Resolution 1244 gewinnen. Bei der funktionalen Auslegung ist den Bestimmungen der Resolution 1244 diejenige Bedeutung zu geben, die für den mit der Resolution verfolgten Zweck am ehesten förderlich ist. Hierfür ist zunächst der Zweck der Resolution zu ermitteln. Dieser besteht darin, das Kosovo bis zur Klärung des endgültigen politischen Status von einer UN-Verwaltung verwalten zu lassen. Die Ausübung der Hoheitsgewalt durch

---

zur sprachlichen Ungenauigkeit von Resolution 1244 auch M. Bothe/T. Marauhn (Fn. 332), S. 226, und C. Tomuschat (Fn. 365), S. 324 f.

[459] Resolution 1244, Ziffer 11: "[The Security Council d]ecides that the main responsibilities of the international civil presence will include: …".

[460] Die französische Fassung spricht von „responsabilités“, im spanischen Text ist von „responsabilidades“ die Rede und auf russisch wird in Ziffer 11 der Begriff „обязанности“ verwendet. Alle diese Begriffe weisen der UNMIK Aufgaben zu und keine Befugnisse.

[461] Anders M. Brand (Fn. 343), S. 463. Nach seiner Ansicht lässt sich von der Aufzählung der Aufgaben in Resolution 1244 darauf schließen, dass die UNMIK die staatliche Souveränität über das Territorium des Kosovo vollständig ausüben soll, da die Resolution die Befugnisse der UNMIK nicht einschränke.

Organe Serbiens soll ausgeschlossen sein. Die UN-Verwaltung soll daher die serbischen Staatsorgane temporär, aber vollständig ersetzen.[462]

In Anbetracht des wenig aussagekräftigen Wortlauts der Resolution 1244 führt die teleologische Auslegung nicht weiter. Wie gezeigt sagt die Resolution zu den Befugnissen von UNMIK nichts aus. Es ist daher nicht möglich, von mehreren möglichen Interpretationen des Wortlauts diejenige auszuwählen, die den Zweck der Resolution 1244 am ehesten fördert. Weil die Resolution 1244 ausdrücklich nur Aufgaben und keine Befugnisse definiert, bietet sich dagegen die Anwendung der *Implied-Powers*-Lehre auf die UNMIK an. Danach stehen ihr im Zweifel diejenigen Befugnisse zu, die sie zur Erfüllung ihrer Aufgaben und damit zur Erreichung des mit ihrer Errichtung verfolgten Zwecks benötigt. Wenn die UNMIK das Kosovo bis zur Klärung des endgültigen Status an Stelle Serbiens verwalten soll, dann muss sie über die hierfür notwendigen Hoheitsrechte verfügen. Ohne umfassende legislative und exekutive Befugnisse wäre die UNMIK nicht in der Lage, das Kosovo zu verwalten, eine vorläufige politische Struktur zur Gewährleistung von substanzieller Autonomie und Selbstverwaltung zu schaffen und ihre vielfältigen übrigen Aufgaben zu erfüllen.[463] Die UNMIK muss daher die Befugnis haben, verbindliche Normen mit unmittelbarer Geltung für das Territorium und die Bevölkerung des Kosovo zu erlassen.[464]

dd. Anwendungspraxis

Zusätzlich zur funktionalen Auslegung von Resolution 1244 ist unter Heranziehung des Rechtsgedankens des Artikels 31 Abs. 3 lit. b) WVK zu prüfen, wie der UN-Generalsekretär und UNMIK die Bestimmungen der Resolution verstehen und anwenden. Wie die zu Beginn dieses Unterabschnitts wiedergegebenen Aussagen des UN-Generalsekretärs in seinem Bericht vom 12.07.1999 sowie die zitierte Bestimmung der Ziffer 1.1 der Regulation 1999/1 zeigen, gehen beide von einer legislativen Kompetenz der UNMIK aus.[465] Sie legen Resolution 1244 so aus, dass das vom Sicherheitsrat erteilte Mandat die Kompetenz zur Rechtssetzung im Kosovo umfasst.

---

[462] So auch R. Wilde (Fn. 355), S. 593; S. Hobe/J. Griebel (Fn. 331), S. 144 f.

[463] A. Yannis (Fn. 335), S. 1047; M. Bothe/T. Marauhn (Fn. 332), S. 225.

[464] Soweit die Frage nach der Grundlage für die Rechtsetzungskompetenz überhaupt diskutiert wird, ist dies die zumeist vorgebrachte Begründung. Siehe für viele nur E. Lagrange (Fn. 55), S. 362; M. Bothe/T. Marauhn (Fn. 332), S. 225; M. J. Matheson, United Nations Governance of Postconflict Societies, in: AJIL 95 (2001), S. 80; H. J. Strohmeyer (Fn. 417), S. 46; C. Stahn, Constitution without a State (Fn. 13), S. 540; L. von Carlowitz (Fn. 333), S. 342.

[465] Siehe oben S. 111 f.

Diese Anwendungspraxis entspricht dem Willen des Sicherheitsrates, der sich durchweg positiv über die Tätigkeit der UNMIK geäußert hat. Dies schließt eine Zustimmung zur Interpretation des Mandats ein. Zwar hat der Sicherheitsrat nur den ersten Berichts des UN-Generalsekretärs vom 12.06.1999 formell gebilligt.[466] Insbesondere zu den Ausführungen des UN-Generalsekretärs im Bericht vom 12.07.1999 zu den Befugnissen und Kompetenzen der UNMIK hat sich der Sicherheitsrat nicht geäußert. Aus den von den Vereinten Nationen veröffentlichten Dokumenten geht nur hervor, dass der Bericht dem Sicherheitsrat am 15.07.1999 vom Untergeneralsekretär für Friedensmissionen vorgelegt wurde.[467] Doch auch ohne formelle Billigung hat der Sicherheitsrat der UNMIK regelmäßig seine Unterstützung versichert.[468] Als Ergebnis der Auslegung der Resolution 1244 lässt sich daher festhalten, dass die UNMIK die Befugnis hat, auf dem Territorium des Kosovo verbindlich Recht zu setzen.

2. Befugnis zur Unternehmensprivatisierung

Neben der allgemeinen Rechtsetzungsbefugnis ist erforderlich, dass die UNMIK auch die materielle Befugnis zur Unternehmensprivatisierung hat. Die Resolution 1244 ist daher mithilfe der oben beschriebenen Grundsätzen danach auszulegen, ob sie der UNMIK eine solche Befugnis verleiht.

a. Wortlaut

Die für die Tätigkeit der UNMIK im wirtschaftlichen Bereich maßgebliche Vorschrift in Resolution 1244 ist Ziffer 11 lit. g). Diese Vorschrift lautet:

> [The Security Council d]ecides that the main responsibilities of the international civil presence will include: [...]
>
> (g) Supporting the reconstruction of key infrastructure and other economic reconstruction; [...]

Die UNMIK hat also die Aufgabe, den Wiederaufbau grundlegender Infrastruktur und den sonstigen wirtschaftlichen Wiederaufbau zu unterstützen. Ziffer 11 lit. g) nennt zwei Bereiche des Wiederaufbaus. Der zuerst genannte Begriff des Wiederaufbaus grundlegender Infrastruktur bezieht sich auf die Beseitigung von

---

[466] Letter from the President of the Security Council to the Secretary-General, UN Doc. S/1999/689 vom 17.06.1999.

[467] Report of the Security Council, 16.06.1999-15.06.2000, UN Doc. A/55/2, S. 15.

[468] Siehe z. B. Report of the Security Council Mission on the Implementation of Security Council Resolution 1244 (1999), UN Doc. S/2000/363 vom 29.04.2000.

Kriegsschäden. Die UNMIK hat danach das Straßen- und Wegenetz sowie die Elektrizitäts-, Wasser- und Gasleitungen wieder herzustellen. Weil es dabei nur um den physischen Wiederaufbau geht, erfasst der erste Teil von Ziffer 11 lit. g) nicht die Privatisierung des Vermögens der gesellschaftlichen Unternehmen.

Im Vergleich dazu ist der zweite Teil von Ziffer 11 lit. g) weiter formuliert. Mit dem dort verwendeten Begriff des sonstigen wirtschaftlichen Wiederaufbau kann zunächst eine Beseitigung von Schäden an anderen Wirtschaftsgütern als der Infrastruktur gemeint sein. Möglich ist aber auch ein abstraktes Verständnis. Der in der englischen Fassung verwendete Begriff *economic reconstruction* bedeutet neben physischer Wiederherstellung auch Sanierung und Wiederaufbau im übertragenen Sinne.[469] Er umfasst die Wiederherstellung oder Schaffung rechtlicher und volkswirtschaftlicher Rahmenbedingungen. Danach ließe sich die Privatisierung der gesellschaftlichen Unternehmen als Teil des wirtschaftlichen Wiederaufbaus begreifen. Die UNMIK verfolgt damit den Zweck, eine auf dem Privateigentum basierende Wirtschaftsordnung zu schaffen und so die Volkswirtschaft auf eine andere Grundlage zu stellen.

Die übrigen sprachlichen Fassungen von Resolution 1244 bestätigen weitgehend das Ergebnis der Auslegung des englischen Wortlauts. Die französische Fassung von Ziffer 11 lit. g) entspricht dem englischen Wortlaut. Dort ist von *relèvement de l'économie* die Rede, was nicht nur Wiederaufbau, sondern auch Wiederaufrichtung und Wirtschaftsbelebung bedeutet.[470] Von dieser Formulierung werden alle auf eine Verbesserung der gesamtwirtschaftlichen Lage abzielenden Maßnahmen erfasst, wozu auch eine Privatisierung von Unternehmen gehören kann. Der spanische Wortlaut spricht von *reconstrucción económica*, was wie im Englischen auch ein abstraktes Verständnis zulässt. Dagegen ist die russische Fassung enger formuliert. Dort ist von einem Wiederaufbau anderer wirtschaftlicher Objekte die Rede (*восстановлении других экономических объектов*), was die Aufgabe auf die physische Wiederherstellung zu beschränken scheint. Nach dem russischen Text hätte die UNMIK nur die sachliche Zuständigkeit für die Beseitigung von Kriegsschäden an der Infrastruktur und anderen Objekten.

Bis auf die russische Fassung lassen daher alle Fassungen die Auslegung zu, dass die UNMIK die sachliche Kompetenz zur Privatisierung gesellschaftlicher Unternehmen hat. Wie bereits erwähnt, kommt der englischen Fassung für die Auslegung allerdings eine herausgehobene Bedeutung zu, weil Resolutionen in aller Regel in Englisch entworfen und im Sicherheitsrat verhandelt werden.[471]

---

[469] Langenscheidts Handwörterbuch Englisch, 1. Aufl. (2000), Stichwort „reconstruction".
[470] Grand Dictionnaire Français-Allemand, nouvelle édition (1989), Stichwort „relèvement".
[471] M. Wood (Fn. 436), S. 80 f. und 88.

Vor diesem Hintergrund ist es gerechtfertigt, bei Unstimmigkeiten zwischen den verschiedenen sprachlichen Fassungen der Resolution dem englischen Wortlaut den Vorrang zu geben. Aus dem englischen Wortlaut von Ziffer 11 lit. g) kann auf die sachliche Kompetenz der UNMIK zur Privatisierung des Vermögens der gesellschaftlichen Unternehmen geschlossen werden.[472]

Neben Ziffer 11 lit. g) befassen sich auch Ziffern 13 und 17 von Resolution 1244 mit der Wirtschaft des Kosovo. In Ziffer 13 ermutigt der Sicherheitsrat die Mitgliedstaaten, einen Beitrag für den wirtschaftlichen und sozialen Wiederaufbau zu leisten:

> [The Security Council e]ncourages all Member States and international organizations to contribute to economic and social reconstruction as well as to the safe return of refugees and displaced persons, and emphasizes in this context the importance of convening an international donors' conference, particularly for the purposes set out in paragraph 11 (g) above, at the earliest possible date; [...]

Der Sicherheitsrat verwendet in Ziffer 13 den Begriff des Wiederaufbaus sowohl im Zusammenhang mit dem wirtschaftlichen als auch mit dem sozialen Wiederaufbau. Während der wirtschaftliche Wiederaufbau wie oben gezeigt eine konkrete und eine abstrakte Bedeutung haben kann, ist der Begriff des sozialen Wiederaufbaus nur abstrakt zu verstehen; er bezieht sich auf die Wiederherstellung von politischen und gesellschaftlichen Strukturen. Da der Sicherheitsrat für diese Wiederherstellung ebenfalls den Begriff des Wiederaufbaus gebraucht, spricht viel dafür, dass der wirtschaftliche Wiederaufbau zumindest auch abstrakt zu verstehen ist. Denn der Sicherheitsrat hätte einen anderen Begriff gewählt, wenn er den Wiederaufbau der Wirtschaft im Gegensatz zum sozialen Wiederaufbau nicht abstrakt verstanden hätte.

In Ziffer 17 begrüßt der Sicherheitsrat die Initiative der EU und anderer internationaler Organisationen, einen umfassenden Ansatz für die wirtschaftliche Entwicklung und Stabilisierung der von der Kosovo-Krise betroffenen Region zu entwickeln. Die Vorschrift lautet:

> [The Security Council w]elcomes the work in hand in the European Union and other international organizations to develop a comprehensive approach to the economic development and stabilization of the region affected by the Kosovo crisis, including the implementation of a Stability Pact for South Eastern Europe with broad international participation in order to further the promotion of democracy, economic prosperity, stability and regional cooperation; [...]

---

[472] So auch S. Hobe/J. Griebel (Fn. 331), S. 144.

In Ziffer 17 wählt der Sicherheitsrat andere Begriffe als den des Wiederaufbaus, um eine grundlegende Verbesserung der makroökonomischen Lage zu beschreiben. Dort ist von wirtschaftlicher Entwicklung und Stabilisierung die Rede. Diese Formulierung deckt sich mit dem letzten Prinzip in Anhang 1 der Resolution 1244:

> The G-8 Foreign Ministers adopted the following general principles on the political solution to the Kosovo crisis: [...]
>
> - comprehensive approach to the economic development and stabilization of the crisis region.

Auch in Anhang 2 findet sich dieselbe Formulierung unter Ziffer 9 wieder, wo ebenfalls von einem umfassenden Ansatz für die wirtschaftliche Entwicklung und Stabilisierung der Region einschließlich eines Stabilitätspaktes für Südosteuropa die Rede ist:

> Agreement should be reached on the following principles to move towards a resolution of the Kosovo crisis: [...]
>
> 9. A comprehensive approach to the economic development and stabilization of the crisis region. This will include the implementation of a stability pact for South-Eastern Europe with broad international participation in order to further promotion of democracy, economic prosperity, stability and regional cooperation.

Es besteht demnach ein Unterschied zwischen dem wirtschaftlichen Wiederaufbau einerseits, der zu den Aufgaben der UNMIK mit Unterstützung der Mitgliedstaaten der Vereinten Nationen gehört (Ziffern 11 lit. g) und 13), und der umfassenden wirtschaftlichen Entwicklung der gesamten Region andererseits, die maßgeblich von der EU gefördert werden und der der Stabilitätspakt für Südosteuropa dienen soll (Ziffer 17 und Anhänge 1 und 2). Diese Differenzierung bedeutet aber nicht, dass der Begriff des Wiederaufbaus in Ziffer 11 lit. g) eng auszulegen ist und wirtschaftspolitische Maßnahmen zur Ankurbelung der Wirtschaft ausschließt. Der umfassende wirtschaftliche Ansatz in Ziffer 17 bezieht sich auf die internationale und zwischenstaatliche Ebene und damit auf andere Arten von Maßnahmen, wie etwa die Stärkung des internationalen Handels. Rückschlüsse auf die Bedeutung des Begriffs des Wiederaufbaus oder die Reichweite der Zuständigkeit der UNMIK im wirtschaftspolitischen Bereich lässt die Formulierung in Ziffer 17 nicht zu.

Neben der Aufgabe zum wirtschaftlichen Wiederaufbau in Ziffer 11 lit. g) werden als Grundlage für die sachliche Kompetenz auch die Aufgaben der UNMIK gemäß Ziffer 11 lit. b) und i) genannt.[473] Nach Ziffer 11 lit. b) hat die UNMIK grundlegende Verwaltungsaufgaben im Kosovo zu erfüllen:

> [The Security Council d]ecides that the main responsibilities of the international civil presence will include: [...]
>
> (b) Performing basic civilian administrative functions where and as long as required; [...]

Resolution 1244 definiert den Begriff der grundlegenden Verwaltungsaufgabe nicht. Der Begriff ist auch einer juristischen Auslegung kaum zugänglich. Welche Bereiche als grundlegende Verwaltungsaufgaben anzusehen sind, hängt maßgeblich von der Aufgabenverteilung zwischen Staat und Gesellschaft in einem Gemeinwesen ab. Eine solche prinzipielle Aufgabenverteilung gibt es im Kosovo unter UN-Verwaltung nicht. Es dürfte jedoch möglich sein, diejenigen Verwaltungsaufgaben als grundlegend anzusehen, die der Befriedigung elementarer Bedürfnisse der Bevölkerung dienen. Zu solchen Bedürfnissen zählen die innere und äußere Sicherheit, Bildung, Gesundheitsversorgung und Leistungen der Daseinsvorsorge.[474] Wirtschaftspolitische Maßnahmen können dagegen nicht ohne Weiteres unter den Begriff der grundlegenden Verwaltungsaufgaben subsumiert werden. Wie weit der Staat Einfluss auf die Wirtschaft nimmt, hängt von seiner wirtschaftspolitischen Ausrichtung ab. In dieser Frage gibt es in der Staatengemeinschaft große Unterschiede. Konsens besteht in Marktwirtschaften höchstens darin, dass es die Aufgabe des Staates ist, einen rechtlichen Rahmen für die wirtschaftliche Betätigung des Einzelnen zu schaffen. Ein solcher Rechtsrahmen ist erforderlich, um die Ausübung der Privatautonomie und der wirtschaftlichen Freiheit zu ermöglichen und das Privateigentum als Grundlage der Marktwirtschaft zu schützen. Den Wortsinn des Begriffs der Verwaltungsaufgabe würde es dagegen überspannen, wenn man darunter auch die Neuordnung von Vermögenswerten im Rahmen eines Privatisierungsprogramms fassen würde. In letzter Konsequenz würde dies bedeuten, dass den Staat eine Privatisierungspflicht treffen würde. Denn wenn es sich dabei um eine grundlegende Verwaltungsaufgabe handelte, dann müsste der Staat Unternehmen privatisieren, um diese Aufgabe zu erfüllen. Eine solche Pflicht gibt es aber nicht. Daher ist die Privatisierung von Unternehmen keine grundlegende Verwaltungsaufgabe. Ziffer 11 lit. b) von Resolution 1244 kommt als Grundlage für die Privatisierung nicht in Betracht.

---

473 D. Eyre/A. Wittkowsky (Fn. 137), S. 22.

474 Vgl. K. Doehring, Unlawful Resolutions of the Security Council and their Legal Consequences, in: Max Planck Yb UN Law 1 (1997), S. 96.

Ziffer 11 lit. i) gibt der UNMIK auf, für die Aufrechterhaltung der öffentlichen Sicherheit zu sorgen:

> [The Security Council d]ecides that the main responsibilities of the international civil presence will include: [...]
>
> (i) Maintaining civil law and order, including establishing local police forces and meanwhile through the deployment of international police personnel to serve in Kosovo; [...]

Ziffer 11 lit. i) nennt als Mittel für die Aufrechterhaltung der öffentlichen Sicherheit die Aufstellung von Polizeikräften. Daraus ergibt sich, dass sich diese Aufgabe auf die Prävention und Verfolgung von Straftaten bezieht. Die Privatisierung der gesellschaftlichen Unternehmen durch das Spin-Off-Verfahren mag zwar den positiven Nebeneffekt haben, dass Verteilungskämpfe über Vermögenswerte der Unternehmen und andere Delikte in diesem Zusammenhang unterbleiben. Dabei handelt es sich aber nicht um den vorrangigen Zweck der Maßnahme. Die UNMIK möchte nicht Unternehmen privatisieren, um Straftaten vorzubeugen, sondern um die wirtschaftliche Lage im Kosovo zu verbessern. Ziffer 11 lit. i) scheidet daher als Kompetenzzuweisung für die Unternehmensprivatisierung aus.

Zusammenfassend lässt sich daher sagen, dass der Wortlaut von Ziffer 11 lit. g) der Resolution 1244 der UNMIK die sachliche Kompetenz für eine grundlegende Neuordnung der Wirtschaftsverfassung des Kosovo verleiht. Darunter fällt auch die Privatisierung des Vermögens der gesellschaftlichen Unternehmen durch das Spin-Off-Verfahren.

b. Sinn und Zweck

Aufschluss über die Reichweite der sachlichen Kompetenz der UNMIK im wirtschaftlichen Bereich gibt auch der vom Sicherheitsrat mit den maßgeblichen Vorschriften von Resolution 1244 verfolgte Zweck. Insbesondere aus Anhang 2 geht hervor, dass der Sicherheitsrat eine Modernisierung der volkswirtschaftlichen Rahmenbedingungen unter Einbeziehung eines regionalen Ansatzes als einen wichtigen Aspekt für die Lösung des Konflikts ansieht. Die Übertragung der Zuständigkeit für den wirtschaftlichen Wiederaufbau in Ziffer 11 lit. g) muss vor diesem Hintergrund gesehen werden. Denn damit bringt der Sicherheitsrat zum Ausdruck, dass nach seiner Vorstellung auch im Kosovo die Lösung wirtschaftlicher Probleme zur Bewältigung des Konflikts beitragen soll.[475] Weil der

---

[475] Vgl. S. Hobe/J. Griebel (Fn. 331), S. 144.

Konflikt seinen Ursprung im Kosovo hatte, wäre es widersprüchlich, wenn die Resolution einerseits die Bestrebungen für einen gemeinsamen Ansatz zur Verbesserung der wirtschaftlichen Lage in der Region begrüßte, das Kosovo aber von grundlegenden Modernisierungsmaßnahmen ausschlösse. Wenn nach der vorläufigen Lösung des Konflikts durch die Unterstellung des Kosovo unter internationale Verwaltung die Vereinten Nationen die Hoheitsgewalt in der Provinz ausüben, dann müssen sie die im Kosovo notwendigen wirtschaftspolitischen Maßnahmen ergreifen können.

Obgleich die Resolution keine Aussage darüber enthält, nach welchen Grundprinzipien der Wiederaufbau der Wirtschaft des Kosovo zu erfolgen hat, lässt sich aus der Bezugnahme auf das Abkommen von Rambouillet und auf den Stabilitätspakt für Südosteuropa eine Ausrichtung auf eine marktwirtschaftliche Ordnung ableiten. Nach Ziffer 11 lit. a) gehört es zu den Aufgaben der UNMIK, bei der Schaffung politischer Strukturen zur Ermöglichung substanzieller Autonomie im Kosovo das Abkommen von Rambouillet zu berücksichtigen. In dem Abkommen heißt es, die Wirtschaft des Kosovo solle auf den Grundsätzen der freien Marktwirtschaft basieren. Kapitel 4 Ziffer I.1 des Vertragsentwurfs lautet:

> The economy of Kosovo shall function in accordance with free market principles.[476]

Wenn die UNMIK das Abkommen von Rambouillet berücksichtigen soll, dann muss sie auch zur Schaffung einer marktwirtschaftlichen Ordnung befugt sein. Eines der grundlegenden Voraussetzungen für eine Marktwirtschaft ist das Privateigentum an Produktionsmitteln. Die Privatisierung dient gerade dazu, vergesellschaftete Sektoren der Wirtschaft zu öffnen und Vermögenswerte in gesellschaftlichem Eigentum in Privateigentum zu überführen.

Ein weiterer Hinweis auf die zu schaffende Wirtschaftsordnung lässt sich den Gründungsdokumenten des Stabilitätspaktes für Südosteuropa entnehmen, auf den Resolution 1244 in Ziffer 17 Bezug nimmt. Der Stabilitätspakt wurde am 10.06.1999 von allen Staaten Südosteuropas sowie aller dort engagierten internationalen Organisationen geschlossen.[477] Er soll zu Frieden, Demokratie, Wahrung der Menschenrechte und wirtschaftlichem Wohlstand in Südosteuropa

---

[476] Siehe Interim Agreement for Peace and Self-Government in Kosovo (Rambouillet accords), UN Doc. S/1999/648 vom 23.02.1999.

[477] Am Stabilitätspakt für Südosteruropa sind die folgenden Staaten und Organisationen beteiligt: Albanien, Bosnien-Herzegowina, Bulgarien, Kroatien, Ungarn, Rumänien, Russische Föderation, Slowenien, die ehemalige jugoslawische Republik Mazedonien, Türkei, USA, Kanada, Japan, EU, OSZE, Europarat, Vereinte Nationen, UNHCR, NATO, OECD, WEU, IMF, Weltbank, EIB und EBRD.

beitragen. In der Gründungserklärung heißt es unter Ziffer 10, dass ein Ziel der Zusammenarbeit unter anderem die Schaffung gesunder Marktwirtschaften und diversifizierter Eigentumsstrukturen durch Privatisierungen ist:

> To that end we pledge to cooperate towards: […]
>
> - creating vibrant market economies based on sound macro policies, markets open to greatly expanded foreign trade and private sector investment, effective and transparent customs and commercial/ regulatory regimes, developing strong capital markets and diversified ownership, including privatisation, leading to a widening circle of prosperity for all our citizens; […][478]

Die Teilnehmer des Stabilitätspaktes bekennen sich mithin zur Privatisierung als Grundvoraussetzung für eine wirtschaftliche Gesundung der Region. Hätte der Sicherheitsrat gerade das Kosovo von dieser wirtschaftspolitischen Grundentscheidung zugunsten der Privatisierung als Mittel der Wirtschaftsreform ausnehmen wollen, dann hätte er dies in Resolution 1244 deutlich zum Ausdruck gebracht. Da dies nicht geschehen ist, ist es nicht zu beanstanden, wenn sich die Wirtschaftspolitik der UNMIK auch an den Aussagen zur Privatisierung in Ziffer 10 des Stabilitätspaktes orientiert.

Die Übertragung der Aufgabe des wirtschaftlichen Wiederaufbaus hat daher den Zweck, nicht nur durch eine Beseitigung der Kriegsschäden, sondern auch mithilfe eines Aufbaus moderner und leistungsfähiger wirtschaftlicher Strukturen eine der Ursachen des Kosovo-Konflikts zu beseitigen. Diesem Zweck dient die Privatisierung. Mit ihrer Hilfe können veraltete wirtschaftliche Strukturen beseitigt, das wirtschaftliche Potential der gesellschaftlichen Unternehmen aktiviert, Investitionsanreize geschaffen und so zur Verringerung der Arbeitslosigkeit beigetragen werden.[479]

c. Anwendungspraxis

Die Auslegung des Wortlauts und des Zwecks von Ziffer 11 lit. g) der Resolution 1244 entspricht auch der heutigen Anwendungspraxis der UNMIK. Der UN-Generalsekretär und die UNMIK haben von Beginn an den Begriff des wirtschaftlichen Wiederaufbaus in Ziffer 11 lit. g) weit ausgelegt und daraus ein umfassendes Mandat zur wirtschaftlichen Entwicklung des Kosovo abgeleitet. Im Bericht vom 12.06.1999 ist bereits die Rede davon, dass das Mandat neben der

---

[478] Das Gründungsdokument des Stabilitätspaktes für Südosteuropa kann unter http://www.stabilitypact.org/constituent/990610-cologne.asp (30.07.2006) abgerufen werden.

[479] S. Hobe/J. Griebel (Fn. 331), S. 142; siehe auch M. J. Matheson (Fn. 464), S. 81.

physischen Wiederherstellung auch den Wiederaufbau des Wirtschafts- und Sozialsystems umfasst:

> 14. The tasks of reconstruction would be led by the European Union, and should be aimed at rebuilding the physical, economic and social infrastructure and systems of Kosovo and supporting the reactivation of public services and utilities. The range of tasks would be decided in consultation with the European Union. These could include near-term projects in the area of agriculture and markets, and activities relating to commerce; activities to re-establish essential public services and develop programmes for economic recovery; and long-term capital projects in the areas of housing, utilities, transportation and communications. [...] The overall plan for Kosovo should take into account the reconstruction and stabilization plans for the wider region.

Diesen Ansatz entwickelt der UN-Generalsekretär im Bericht vom 12.07.1999 weiter. Nach Auffassung des UN-Generalsekretärs besteht ein direkter Zusammenhang zwischen der Aufgabe, Kosovo zu befrieden und der Entwicklung einer gesunden Volkswirtschaft. In dem Bericht heißt es:

> 101. UNMIK has an obligation to promote peace and prosperity in Kosovo and to facilitate the development of an economic life that brings better prospects for the future. In paragraph 11 (g) of its resolution 1244 (1999), the Security Council mandates UNMIK to support the reconstruction of key infrastructure and other economic and social systems. [...]
>
> 103. The Special Representative will seek to create a viable, market-based economy and to develop a comprehensive approach to the economic and social development of Kosovo, taking into account, inter alia, the Stability Pact for Southeastern Europe. [...]
>
> 105. Reconstruction and economic recovery of Kosovo will occur in three overlapping phases, which will encompass immediate humanitarian relief, reconstruction and rehabilitation, and the creation of a viable market economy and equitable social system.

Diese Ausführungen gehen weit über eine enge Auslegung des Begriffs des sonstigen wirtschaftlichen Wiederaufbaus hinaus. Die Interpretation des UN-Generalsekretärs zeigt, dass nach seiner Vorstellung die UNMIK die ihr übertragene Hoheitsgewalt auch im wirtschaftlichen Bereich umfassend ausüben soll. Das Mandat wird als Auftrag zur Schaffung eines neuen juristischen und ökonomischen Fundaments für die Volkswirtschaft des Kosovo verstanden.

Trotz dieser Auslegung von Ziffer 11 lit. g) war innerhalb der UNMIK und im UN-Sekretariat lange Zeit umstritten, ob das Mandat für eine derart weit reichende Maßnahme wie einer Privatisierung der gesellschaftlichen Unternehmen ausreicht. Der Pfeiler II der UNMIK und der juristische Dienst des UN-

Sekretariats bezweifelten, dass Resolution 1244 Eingriffe in die Eigentumsordnung zulässt. Insbesondere wurde befürchtet, eine Privatisierung könne zu einem Entzug jugoslawischen Staatseigentums führen, was das Mandat der UNMIK nicht deckte. Solange die Rechtsnatur des gesellschaftlichen Eigentums nicht geklärt sei, sei es im Zweifel als Staatseigentum anzusehen. Der juristische Dienst verwies insbesondere auf einige Aussagen zur Rechtsnatur des gesellschaftlichen Eigentums im 14. Gutachten der Badinter-Kommission.[480] Diese Kommission war von der Europäischen Gemeinschaft im Jahr 1991 eingesetzt worden und hatte die Aufgabe, einige völkerrechtliche Fragen in Zusammenhang mit dem Zerfall der SFR Jugoslawien zu klären.[481] Das 14. Gutachten befasste sich mit Fragen der Staatennachfolge in das Vermögen der SFR Jugoslawien. Zum gesellschaftlichen Eigentum entschied die Kommission, dass dieses nicht nach den Grundsätzen der Staatennachfolge zu verteilen sei, solange das fragliche Unternehmen ausschließlich auf dem Gebiet einer einzigen Republik tätig sei.[482] Für den Fall jedoch, dass ein Unternehmen auf Bundesebene oder in mehreren Republiken operiere, falle das gesellschaftliche Eigentum unter deren Verfügung unter die Staatennachfolge, wenn das Unternehmen öffentliche Aufgaben im Namen des Bundes oder einer Republik erfülle. Deswegen seien solche Unternehmen, die keine öffentlichen Aufgaben wahrnehmen, als Privatunternehmen zu behandeln. In Anbetracht dieser Aussage im Schiedsgutachten wollte der juristische Dienst nicht ausschließen, dass bestimmte gesellschaftliche Unternehmen im Kosovo im Eigentum Serbiens stehen.[483]

Der Pfeiler IV der UNMIK bejahte demgegenüber stets ein Recht zur Privatisierung aus Resolution 1244. Seine Argumentation basierte zum einen auf der These, Ziffer 11 lit. g) von Resolution 1244 verpflichte die UNMIK zum wirtschaftlichen Wiederaufbau des Kosovo. Die UNMIK müsse daher Maßnahmen ergreifen dürfen, um die bestehenden wirtschaftlichen Strukturen wieder zu beleben. Da die UNMIK allein den gesellschaftlichen Sektor finanziell nicht sanieren könne, müsse sie die Voraussetzungen für einen Kapitalzufluss in die gesellschaftlichen Unternehmen schaffen. Zumindest sei es erforderlich, diejenigen

[480] International Conference on the Former Yugoslavia, Arbitration Commission, Opinion No. 14, abgedruckt in: ILM 32 (1993), S. 1593 ff.

[481] Der Schiedskommission gehörten die Präsidenten der Verfassungsgerichte Frankreichs, Deutschlands und Italiens, der Präsident des belgischen Arbitragegerichts und der Präsident des spanischen Verfassungstribunals an. Sie ist nach dem Präsidenten des französischen Verfassungsgerichts *Robert Badinter* benannt, dem Vorsitzenden der Schiedskommission.

[482] Arbitration Commission, Opinion No. 14 (Fn. 480), Ziffer 7.

[483] Siehe H. Correll, The Legal Counsel of the United Nations, Note to Mr. Alexander Borg-Olivier, The Legal Advisor of UNMIK, on UNMIK Draft Regulation on Kosovo Trust Agency (KTA), 23.12.2001, Rz. 23 (liegt dem Verfasser vor).

Aktiva der gesellschaftlichen Unternehmen nutzbar zu machen, die für einen wirtschaftlichen Wiederaufbau des Kosovo von Bedeutung seien. Darüber hinaus sei die UNMIK als treuhänderischer Verwalter des gesamten gesellschaftlichen Eigentums im Kosovo gehalten, den wirtschaftlichen Wert dieses Eigentums zu bewahren. In Anbetracht der im Kosovo herrschenden Verhältnisse sei aber damit zu rechnen, dass dieser Wert weiterhin rapide abnehme. Die Privatisierung der Unternehmen stelle die einzige Möglichkeit dar, den Wert der Unternehmen zu erhalten.[484]

Die gegensätzlichen Positionen konnten erst durch den bereits beschriebenen Kompromiss von Anfang 2002 überwunden werden.[485] Dieser wurde zum einen dadurch befördert, dass sich innerhalb der UNMIK zunehmend die Überzeugung durchsetzte, dass ein Wiederaufbau der Wirtschaft des Kosovo ohne Privatisierung der gesellschaftlichen Unternehmen bzw. ihres Vermögens nicht möglich ist. Zum anderen verband SRSG *Michael Steiner* die Entwicklung einer soliden Basis für eine Marktwirtschaft mit der Frage der Privatisierung und definierte dies als einen der Standards, die vor Klärung des politischen Status gewährleistet werden müssen. Vor dem Sicherheitsrat führte *Steiner* aus:

> Our second priority is to boost the economy. ... Getting the economic fundamentals right is therefore even more important. A key element is privatization. Privatization will not solve the problem in the short term, but it is the only basis for secure jobs in the long term.[486]

Der Sicherheitsrat hat die weite Auslegung von Ziffer 11 lit. g) sowie den Kompromiss über die Unternehmensprivatisierung akzeptiert. Seine formelle Billigung des vom UN-Generalsekretär in seinem ersten Bericht vom 12.06.1999 ausgearbeiteten Konzept schließt das Bekenntnis zur Schaffung marktwirtschaftlicher Strukturen im Kosovo durch die UNMIK ein. Im Brief des Präsidenten des Sicherheitsrates an den UN-Generalsekretär vom 17.06.1999 heißt es:

> I have the honour to refer to paragraph 18 of your report submitted pursuant to paragraph 10 of Security Council resolution 1244 (1999) (S/1999/672), of 12 June 1999 and, following consultations of the Council, to inform you that the

[484] UNMIK Pillar IV, Information Memorandum Provided to the Department of Peace Keeping Operations and the Office of the Legal Advisor on the Proposed Regulation on the Establishment of the Kosovo Trust Agency, 11.03.2002, S. 2 ff. (liegt dem Verfasser vor).

[485] D. Eyre/A. Wittkowsky (Fn. 137), S. 31. Siehe zum Entstehungsprozess der KTA-Regulation oben 2. Teil, D.II.1., S. 66 ff.

[486] Bericht von SRSG Michael Steiner an den Sicherheitsrat, Protokoll der Sitzung des Sicherheitsrates vom 24.04.2002, UN Doc. S/PV.4518.

members of the Council approve of the concept of operations for the United Nations Interim Administration Mission in Kosovo outlined in that report.[487]

Später machte sich der Sicherheitsrat mehrfach und eindeutig die von SRSG *Steiner* definierten Standards zu eigen und stellte sich auch hinter den von der UNMIK hergestellten Zusammenhang zwischen der Entwicklung einer lebensfähigen Marktwirtschaft und der Privatisierung gesellschaftlicher Unternehmen.[488] Äußerungen der Mitglieder des Sicherheitsrates zu den Privatisierungsplänen der UNMIK waren fast durchweg positiv.[489]

---

487 UN Doc. S/1999/689.

488 Erklärung des Präsidenten des Sicherheitsrates vom 24.04.2002, UN Doc. S/PRST/2003/1: „The Council reiterates its full support for the "Standards before Status" policy with postulated targets in the eight key areas: ... economy, ...". Siehe auch die Pressemitteilung vom 16.10.2003, UN Doc. SC/7901: „Consistent with the policy of 'standards before status', successful conduct of the direct dialogue would also contribute to the achievement of one of the eight internationally endorsed standards and to the implementation of resolution 1244."

489 Protokoll der Sitzung des Sicherheitsrates vom 24.04.2002, UN Doc. S/PV.4518: „Ireland especially welcomes the emphasis on economic reform and reconstruction, including, as we heard this morning, privatization ... ." (Irland); Protokoll der Sitzung des Sicherheitsrates vom 05.09.2002, UN Doc. S/PV.4605: „We support plans for privatization as an aid for the encouragement of investment into Kosovo." (Vereinigtes Königreich), „As regards the economic situation of Kosovo, we have taken note of the positive developments, especially the plans for privatizations." (Mauritius); Protokoll der Sitzung des Sicherheitsrates vom 06.11.2002, UN Doc. S/PV.4643: „In that regard, the European Union supports the work of the Kosovo Trust Agency in establishing clear property ownership, facilitating and protecting new investments, and putting idle assets into productive use." (Dänemark für die Präsi-dentschaft der EU); Protokoll der Sitzung des Sicherheitsrates vom 27.04.2003, UN Doc. S/PV.4242: „My delegation is encouraged to learn that the first six enterprises have been approved for privatization." (Vereinigte Staaten von Amerika); Protokoll der Sitzung des Sicherheitsrates vom 10.06.2003, UN Doc. S/PV.4770: „On the economic front, we believe that the privatization process must move forward without further delay. ... Privatization is the best hope for generating economic activity in Kosovo." (Vereinigte Staaten von Amerika), „Further incentive measures should be taken to that end, with strict respect for existing legal provisions, in order to accelerate the privatization process and to relaunch economic activity and create jobs." (Kamerun); Protokoll der Sitzung des Sicherheitsrates vom 10.06.2003, UN Doc. S/PV.4782: „The European Union supports Kosovo's economic recovery and development, and it reconfirms its commitment to get the privatization process under way." (Italien für die Präsidentschaft der Europäischen Union). Mexiko erbat in zwei Sitzungen zusätzliche Informationen über den Privatisierungsprozess, da dieser weitreichende und langfristige Folgen habe. Siehe die Protokolle der Sitzung des Sicherheitsrates vom 10.06.2003, UN Doc. S/PV.4770 und vom 03.07.2003, UN Doc. S/PV.4782.

Vor der Einigung über das Privatisierungskonzept hatte sich nur der Vertreter Russlands in mehreren Sitzungen gegen die Pläne der UNMIK gewandt.[490] Nach dem Erlass der KTA-Regulation schwenkte auch Russland auf die Linie der übrigen Mitglieder ein und akzeptierte die Privatisierung im Grundsatz. Bedenken äußerte der russische Vertreter weiterhin zu einigen Bestimmungen der KTA-Regulation.[491] Für den Sinneswandel Russlands war sicherlich mitverantwortlich, dass sich auch Serbien im Grundsatz für eine Privatisierung gesellschaftlicher Unternehmen in Kosovo aussprach und seine Kritik auf die Beteiligung an der Erarbeitung des Privatisierungsstrategie beschränkte.[492]

Zusammenfassend lässt sich daher festhalten, dass die Unternehmensprivatisierung vom Mandat der UNMIK aus Resolution 1244 gedeckt ist.

II. Vereinbarkeit der Ermächtigung zur Unternehmensprivatisierung mit der UN-Charta

Die Resolution 1244 verleiht der UNMIK die Befugnis, das Kosovo zu verwalten, dort Hoheitsrechte auszuüben und verbindlich Recht zu setzen. Sie ermächtigt die UNMIK ferner dazu, Maßnahmen zum wirtschaftlichen Wiederaufbau des Kosovo zu ergreifen, was die Kompetenz zur Privatisierung der gesellschaftlichen Unternehmen einschließt. Zu prüfen ist weiter, ob diese Ermächtigung völkerrechtskonform ist. Dies ist der Fall, wenn sie im Einklang mit der UN-Charta steht.

---

490 Siehe die Äußerungen des Vertreters der Russischen Föderation, Protokoll der Sitzung des Sicherheitsrates vom 11.05.2000, UN Doc. S/PV.4138, vom 09.06.2000, UN Doc. S/PV.4153 und vom 27.09.2000, UN Doc. S/PV.4200.

491 Diese betrafen die Behandlung der Verbindlichkeiten der zu privatisierenden Unternehmen, des serbischen und jugoslawischen Staatseigentums im Privatisierungsprozess sowie die Zusammenarbeit mit der jugoslawischen Regierung. Siehe Protokoll der Sitzung des Sicher-heitsrates vom 24.04.2002, UN Doc. S/PV.4518: „Another question concerns the issue of debts of the enterprises being privatized in Kosovo. We have heard that the international fi-nancial organizations estimate that those debts are between $1.2 and $1.4 billion. We also know that some of the loans were guaranteed by the Government of Serbia. The fate of property in Kosovo belonging to the Federal Republic of Yugoslavia and to Serbia is another issue relating to privatization. I should like to ask how UNMIK is resolving that issue with Belgrade."

492 Protokoll der Sitzung des Sicherheitsrates vom 10.06.2003, UN Doc. S/PV.4770: "[I]t is the position of my Government that the need for privatization in Kosovo and Metohija is undisputable. The method of establishing a privatization model without the participation of the Republic of Serbia as the largest creditor is, however, highly disputable." (Serbien-Montenegro).

Im Folgenden wird zunächst die Rechtsgrundlage der Ermächtigung zur Rechtsetzung und zur Unternehmensprivatisierung untersucht (1.). Wie zu zeigen sein wird, ergibt sich die Rechtsgrundlage für die der UNMIK verliehenen legislativen Befugnisse implizit aus ihrer Errichtung und der Übertragung umfassender Aufgaben. Es ist daher zu prüfen, ob die Unterstellung Kosovos unter eine UN-Verwaltung mit der Charta vereinbar ist (2.). Danach wird erörtert, ob eine Zustimmung Serbiens zu dieser Maßnahme vorlag und notwendig war (3.).

1. Grundlage der Ermächtigung

Es stellt sich die Frage, worin die Rechtsgrundlage für die Ermächtigung der UNMIK zur Rechtssetzung allgemein und zur Unternehmensprivatisierung im Besonderen aus Resolution 1244 zu sehen ist. Als Rechtsgrundlage kommt zum einen Kapitel VII UN-Charta in Betracht. Zum anderen können sich die Befugnisse der UNMIK implizit aus der Übernahme der Gebietshoheit im Kosovo und ihren umfassenden Aufgaben ergeben.

Auf den ersten Blick scheint die Rechtsgrundlage für die Ermächtigungen in Resolution 1244 unproblematisch zu sein: Der Sicherheitsrat beruft sich in der Präambel der Resolution auf seine Rechte aus Kapitel VII UN-Charta. Indem er das Kosovo einer UN-Verwaltung unterstellt, liegt es nahe, dass er diese damit auch zur Ausübung seiner Zwangsbefugnisse aus Kapitel VII ermächtigt. Bei näherer Betrachtung sind gegen diese Sichtweise jedoch Bedenken angebracht. Wenn die Rechtsgrundlage für die gesamte Tätigkeit der UNMIK in Kapitel VII läge, würde sie bei allen ihren Maßnahmen – und damit auch bei der Unternehmensprivatisierung – von einer Delegation der Befugnisse des Sicherheitsrates aus Kapitel VII Gebrauch machen. Das würde zum einen bedeuten, dass der Sicherheitsrat die Befugnis haben muss, jede Maßnahme an Stelle der UNMIK auch selber zu ergreifen. Denn der Sicherheitsrat kann die UNMIK nur mit solchen Befugnissen ausstatten, die er selber hat.[493] Zum anderen würde für alle Maßnahmen der UNMIK derselbe Rechtmäßigkeitsmaßstab gelten, wie für andere Zwangsmaßnahmen auf der Basis von Kapitel VII auch. Insbesondere müsste jede Maßnahme der UNMIK in einem hinreichend engen Zusammenhang zur Wiederherstellung von Frieden und Sicherheit im Kosovo stehen. Denn die UN-Charta erlaubt keine Anwendung der Zwangsbefugnisse des Kapitels VII für andere Zwecke als der Wiederherstellung von Frieden und Sicherheit.[494] Ver-

---

[493] Dies beruht auf dem allgemeinen Rechtsgrundsatz, dass niemand ein Recht übertragen kann, das ihm selbst nicht zusteht („nemo dat quod non habet“), vgl. H. Schermers/ N. Blokker (Fn. 429), S. 153 § 225; D. Sarooshi (Fn. 437), S. 20.

[494] M. Herdegen, Der Sicherheitsrat und die autoritative Konkretisierung des VII. Kapitels der UN-Charta, in: U. Beyerlin/M. Bothe/R. Hoffmann/E. U. Petersmann (Hrsg.), Recht

steht man aber unter dem Begriff des Friedens in erster Linie die Abwesenheit von Krieg und bewaffneter Gewalt, dann geht eine Wiederaufbaumaßnahme wie die Unternehmensprivatisierung weit über das hinaus, was erforderlich ist, damit im Kosovo Frieden herrscht. Dies gilt auch dann, wenn man die Ausweitung des Friedensbegriffs in der Resolutionspraxis des Sicherheitsrates seit dem Ende des Kalten Krieges in Rechnung stellt. Der Sicherheitsrat hat Bedrohungen oder Brüche des Friedens nicht mehr bloß im Falle internationaler bewaffneter Konflikte, sondern auch bei gravierenden Menschenrechtsverletzungen, Verletzungen von Normen des zwingenden Völkerrechts wie dem Verbot des Völkermordes oder bei anarchischen innerstaatlichen Zuständen angenommen.[495] Jedoch kann man eine funktionierende Marktwirtschaft oder eine geringe Arbeitslosigkeit nicht unter den so verstandenen Friedensbegriff subsumieren. Die Unternehmensprivatisierung, die diese Zielsetzung hat, wäre dann nicht erforderlich, um im Kosovo den Frieden wiederherzustellen.

Aus diesem Grund bezweifeln *de Hoogh* und *Carlowitz*, ob Maßnahmen des Wiederaufbaus einen hinreichend engen Bezug zur Wiederherstellung von Frieden und Sicherheit haben und damit auf Kapitel VII gestützt werden können.[496] Nach Ansicht von *de Hoogh* kommt als alternative Rechtsgrundlage insbesondere eine Zustimmung des jeweils betroffenen Staates in Frage.[497] Wendet man diese Auffassung auf die Unternehmensprivatisierung durch die UNMIK an, dann scheidet Kapitel VII als Rechtsgrundlage für die Verleihung der entsprechenden Befugnis aus Resolution 1244 aus. Diese würde sich vielmehr aus der

---

zwischen Umbruch und Bewahrung. Völkerrecht – Europarecht – Staatsrecht. Festschrift für Rudolf Bernhardt (1995), S. 103; M. Bothe/T. Marauhn (Fn. 332), S. 236; A. de Hoogh, Attribution or Delegation of (Legislative) Power by the Security Council? The Case of the United Nations Transitional Administration in East Timor (UNTAET), in: M. Bothe/B. Kondoch (Hrsg.), International Peacekeeping: The Yearbook of International Peace Operations (2002), S. 30.

495 M. Herdegen (Fn. 494), S. 113. Einen Überblick über die Resolutionspraxis des Sicherheitsrates seit 1990 gibt K. Dicke, National Interest vs. the Interest of the International Community – A Critical Review of Recent UN Security Council Practice, in: J. Delbrück/U. E. Heinz (Hrsg.), New Trends in International Lawmaking – International Legislation in the Public Interest (1996), S. 147 ff. Zu Entwicklungen und Wandlungen des Kriegsbegriffs siehe M. Kotzur, Krieg gegen den Terrorismus – politische Rhetorik oder neue Konturen des „Kriegsbegriffs“ im Völkerrecht?, in: AdV 40 (2002), S. 461.

496 A. de Hoogh (Fn. 494), S. 32 und 38. Der Beitrag von de Hoogh befasst sich mit der vergleichbaren Frage nach der Grundlage der legislativen Befugnisse der UNTAET in Osttimor. Seine Anmerkungen lassen sich aber auch auf die UNMIK übertragen. Siehe auch L. von Carlowitz (Fn. 333), S. 344. Vorsichtiger C. Tomuschat (Fn. 335), S. 339. Dagegen ist nach Ansicht von E. de Wet (Fn. 335), S. 337, ist die Rechtsgrundlage für spezifische UNMIK-Regulations Kapitel VII UN-Charta zu entnehmen, ohne dass dies problematisiert wird.

497 A. de Hoogh (Fn. 494), S. 32.

Zustimmung Serbiens ergeben, die ein Vertreter der Regierung in der Sitzung des Sicherheitsrates am 10.06.2003 erklärte.[498]

Eine weitere Möglichkeit besteht darin, die Grundlage der Befugnisse der UNMIK aus Resolution 1244 gar nicht aus Kapitel VII, sondern implizit aus der Übernahme der Gebietshoheit im Kosovo und aus den umfassenden Aufgaben der UNMIK abzuleiten. Hierfür spricht zunächst der Wortlaut von Resolution 1244, worin nirgendwo von einer Ermächtigung zur Ausübung von Befugnissen aus Kapitel VII die Rede ist. Der Sicherheitsrat macht vielmehr ausdrücklich nur für die Errichtung der UNMIK und die Unterstellung des Kosovo unter ihre Verwaltung von seinen Befugnissen aus Kapitel VII Gebrauch. Ferner steht es im Einklang mit dem Grundsatz der *Implied Powers*, wenn die legislativen Befugnisse und sachlichen Kompetenzen der UNMIK aus ihrer Errichtung und ihren Aufgaben entnommen werden.[499] Danach müssen die Organe der Vereinten Nationen diejenigen Befugnisse haben, die sie benötigen, um die ihnen übertragenen Aufgaben effektiv erfüllen zu können.[500] Vorraussetzung für die Rechtmäßigkeit der Verleihung legislativer Befugnisse und weit reichender sachlicher Kompetenzen an die UNMIK ist daher nicht, ob Maßnahmen des Wiederaufbaus auf Kapitel VII gestützt werden können und ob der Sicherheitsrat diese auch selber ergreifen könnte. Zu prüfen ist vielmehr, ob die Errichtung der UNMIK selbst mit der Charta vereinbar ist. Denn unter der Voraussetzung, dass die Errichtung eines Nebenorgans und die Übertragung bestimmter Aufgaben mit der Charta vereinbar sind, kommt es nicht darauf an, ob das Hauptorgan eigene Befugnisse auf das Nebenorgan übertragen hat.[501]

Diese Auffassung findet auch eine Stütze in der Rechtsprechung des IGH und des ICTY. Im *Effects of Awards*-Gutachten hatte der IGH die Frage zu beurteilen, ob die Schaffung des UN-Administrative Tribunal (UNAT) durch die Generalversammlung zulässig war. Das UNAT ist zuständig für die Entscheidung von Rechtsstreitigkeiten zwischen den Vereinten Nationen und ihren Bediensteten. Die Bindungswirkung der Urteile des UNAT war mit der Begründung bestritten worden, die Generalversammlung habe nicht die Kompetenz zur Schaffung eines Rechtssprechungsorgans. Die UN-Charta weise der Generalversammlung keinerlei Kompetenzen im Bereich der Rechtsprechung zu, weswegen diese das UNAT auch nicht mit entsprechenden Befugnissen ausstatten konnte. Dieses Argument wies der IGH zurück. Er stellte fest, dass die UN-Charta der Generalversammlung in der Tat keine Rechtsprechungsbefugnisse

---

498 Protokoll der Sitzung des Sicherheitsrates vom 10.06.2003, UN Doc. S/PV.4770.

499 E. de Wet (Fn. 335), S. 308.

500 IGH, Reparations for Injuries Suffered in the Service of the United Nations (Fn. 430), S. 182.

501 Siehe A. Paulus (Fn. 328), S. 542 Rz. 11.

verleiht. Darauf komme es aber nicht an. Vielmehr habe die Generalversammlung mit der Errichtung des UNAT von der ihr zustehenden Kompetenz zur Regelung des Dienstrechts aus Artikel 101 Abs. 2 UN-Charta Gebrauch gemacht. Der IGH führte aus:

> By establishing the Administrative Tribunal, the General Assembly was delegating the performance of its own functions: it was exercising a power which it had under the Charter to regulate staff relations. In regard to the Secretariat, the General Assembly is given by the Charter a power to make regulations, but not a power to adjudicate upon, or otherwise deal with, particular instances.[502]

Mit einem ähnlichen Argument griff *Tadić*, der erste Angeklagte vor dem ICTY, die Kompetenz des Tribunals an. Er trug vor, die Errichtung des ICTY sei mit der UN-Charta unvereinbar, da diese dem Sicherheitsrat kein Recht zur Rechtsprechung verleihe. Der Sicherheitsrat könne daher kein Nebenorgan mit der Befugnis zur Entscheidung über Anklagen wegen Kriegsverbrechen schaffen. Die Berufungskammer des ICTY wies dieses Argument mit ähnlichen Argumenten zurück wie der IGH im *Effects of Awards*-Gutachten. Der Sicherheitsrat habe das ICTY nicht mit Rechtssprechungskompetenzen ausgestattet, die er selbst nicht hat. Vielmehr habe er mit der Errichtung des ICTY von seiner Befugnis für Maßnahmen zur Wiederherstellung von Frieden und Sicherheit aus Kapitel VII UN-Charta Gebrauch gemacht. Die Berufungskammer führte aus:

> The establishment of the International Tribunal by the Security Council does not signify, however, that the Security Council has delegated to it some of its own functions or the exercise of some of its own powers. Nor does it mean, in reverse, that the Security Council was usurping for itself part of a judicial function which does not belong to it but to other organs of the United Nations according to the Charter. The Security Council has resorted to the establishment of a judicial organ in the form of an international criminal tribunal as an instrument for the exercise of its own principal function of maintenance of peace and security, i.e. as a measure contributing to the restoration and maintenance of peace in the former Yugoslavia.[503]

Die Argumentation des IGH im *Effects of Awards*-Gutachten und des ICTY im Urteil in der Sache *Tadić* lässt sich auf die legislativen Befugnisse und sachlichen Kompetenzen der UNMIK übertragen. Der Sicherheitsrat hat von seiner Befugnis zur Wiederherstellung von Frieden und Sicherheit aus Kapitel VII

---

[502] IGH, Effect of awards of compensation made by the U.N. Administrative Tribunal, Advisory Opinion, ICJ Reports 1954, S. 61.

[503] Siehe ICTY (Appeals Chamber), The Prosecutor v. Dusko Tadić a/k/a „Dule“, in: A. Klip/ G. Sluiter (Hrsg.), Annotated Leading Cases of International Criminal Tribunals, Band I: The International Criminal Tribunal for the former Yugoslavia 1993-1998 (1999), S. 47, Ziffer 38.

Gebrauch gemacht, als er in Resolution 1244 die UNMIK schuf und ihr weit reichende Aufgaben zur Verwaltung des Kosovo zuwies. Es kommt nicht darauf an, ob auch die legislativen Befugnisse und sachlichen Kompetenzen der UNMIK im Einzelnen auf Kapitel VII beruhen oder nicht. Entscheidend ist nur, ob die Errichtung der UNMIK als solche mit der Charta vereinbar ist. Ist dies der Fall, dann folgen die Befugnisse aus den Aufgaben, die Resolution 1244 zulässigerweise der UNMIK überträgt.

2. Zulässigkeit der Unterstellung des Kosovo unter UN-Verwaltung

Voraussetzung für die Rechtmäßigkeit der Verleihung der Befugnis zur Privatisierung der gesellschaftlichen Unternehmen im Kosovo durch die Resolution 1244 ist daher, dass der Sicherheitsrat die UNMIK schaffen und ihr die vollständige und umfassende Verwaltung des Kosovo übertragen durfte. Im Folgenden wird zunächst die Vorfrage erörtert, ob die Vereinten Nationen als internationale Organisation über die institutionelle Kompetenz verfügen, ein Territorium zu verwalten und dort Hoheitsrechte auszuüben (a.). Danach wird geprüft, ob der Sicherheitsrat diese Kompetenz durch Verabschiedung der Resolution 1244 auf der Grundlage von Kapitel VII ausüben durfte (b.).

a. Institutionelle Kompetenz der Vereinten Nationen zur Territorialverwaltung

Grundlegende Voraussetzung für die Zulässigkeit jeglichen Handelns der UNMIK im Kosovo ist, dass die Vereinten Nationen als internationale Organisation die Kompetenz haben, Territorien zu verwalten und dort Hoheitsrechte auszuüben. Die institutionelle Kompetenz einer internationalen Organisation ergibt sich aus ihrer Satzung.[504] Maßgeblich für die Kompetenz der Vereinten Nationen zur Verwaltung eines Territoriums ist daher die UN-Charta.

Artikel 81 UN-Charta enthält eine ausdrückliche Kompetenzzuweisung für die Verwaltung von Territorien. Die Vorschrift lautet:

> Jedes Treuhandabkommen enthält die Bestimmungen, nach denen das Treuhandgebiet zu verwalten ist, und bezeichnet die verwaltende Obrigkeit. Diese, im Folgenden als „Verwaltungsmacht“ bezeichnet, kann ein Staat oder eine Staatengruppe oder die Organisation sein.

---

[504] H. Schermers/N. Blokker (Fn. 429), S. 141 § 209.

Das Recht zur Verwaltung eines Treuhandgebietes schließt die Befugnis ein, dort Recht zu setzen, Recht zu sprechen und durchzusetzen. Artikel 81 kann folglich entnommen werden, dass die Vereinten Nationen grundsätzlich befugt sind, Hoheitsrechte einschließlich der Gebietshoheit auszuüben. Der Anwendungsbereich des Artikels 81 UN-Charta ist allerdings auf solche Territorien begrenzt, die nicht Teil des Gebiets eines souveränen Staates sind. Artikel 78 UN-Charta macht deutlich, dass unter das Treuhandsystem keine Hoheitsgebiete fallen, die Mitglied der Vereinten Nationen geworden sind. Zumindest Mitgliedstaaten der Vereinten Nationen dürfen daher nicht unter eine Treuhandverwaltung der Vereinten Nationen auf der Grundlage von Kapitel XII gestellt werden.

Einige Autoren im Schrifttum argumentieren, Artikel 78 und 81 seien so auszulegen, dass die Vereinten Nationen nur Gebiete verwalten dürfen, die gemäß Artikel 77 in den Anwendungsbereich des internationalen Treuhandgebietes einbezogen sind.[505] Insbesondere *Kelsen* vertrat die Ansicht, die Vereinten Nationen könnten als internationale Organisation nicht selbst Souveränitätsrechte ausüben. Daher dürften sie Hoheitsrechte nur in solchen Gebieten ausüben, die keiner staatlichen Souveränität unterliegen.[506] Dieser Ansicht ist jedoch entgegen zu halten, dass die Vereinten Nationen als internationale Organisation zwar keine territoriale Souveränität ausüben kann. Sie ist aber nicht daran gehindert, hoheitliche Befugnisse auf einem bestimmten Territorium wahrzunehmen, wenn ihre Satzung dies erlaubt oder der betroffene Staat zustimmt. Dies ergibt sich daraus, dass territoriale Souveränität und Gebietshoheit getrennt und von verschiedenen Völkerrechtssubjekten ausgeübt werden können.[507] Daher können die Vereinten Nationen auch Territorien verwalten, die zum Gebiet eines souveränen Staates gehören.[508]

Dagegen gibt der Wortlaut der Charta keinen Aufschluss darüber, ob die Kompetenz zur Ausübung der Hoheitsgewalt über ein Territorium in irgendeiner Weise sachlich beschränkt ist. Der UN-Charta lässt sich insbesondere keine Aussage dazu entnehmen, ob die Vereinten Nationen Unternehmen privatisieren dürfen. Ein Hinweis darauf, dass die Vereinten Nationen auch für die wirtschaft-

---

505 Vgl. die Nachweise bei C. Stahn, UN Transitional Administrations (Fn. 333), S. 135; M. Ruffert (Fn. 333), S. 614.

506 H. Kelsen, The Law of the United Nations (1951), S. 651.

507 I. Brownlie (Fn. 350), S. 106. Siehe zur Trennung von territorialer Souveränität und Gebietshoheit im Zusammenhang mit der Rechtsnatur der UNMIK oben S. 92 ff.

508 F. Seyerstedt, United Nations Forces: Some Legal Problems, in: BYIL 37 (1961), S. 453; E. Lauterpacht (Fn. 349), S. 411.

liche Entwicklung eines ihr unterstellten Territoriums zuständig sein können, enthält aber Artikel 76 lit. b) UN-Charta.[509] Die Vorschrift lautet:

> Im Einklang mit den in Artikel 1 dieser Charta dargelegten Zielen der Vereinten Nationen dient das Treuhandsystem hauptsächlich folgenden Zwecken: [...]
>
> b) den politischen, wirtschaftlichen, sozialen und erzieherischen Fortschritt der Einwohner der Treuhandgebiete und ihre fortschreitende Entwicklung zur Selbstregierung oder Unabhängigkeit so zu fördern, wie es den besonderen Verhältnissen eines jeden dieser Hoheitsgebiete und seiner Bevölkerung sowie deren frei geäußertem Wünschen entspricht und in dem diesbezüglichen Treuhandabkommen vorgesehen ist; [...]

Von Interesse in diesem Zusammenhang ist der Fall der Treuhandverwaltung der ehemaligen italienischen Kolonie Somaliland. Die Generalversammlung betraute Italien auf Grundlage von Kapitel XII und XIII UN-Charta mit der treuhänderischen Verwaltung des Territoriums.[510] Das zu diesem Zweck abgeschlossene Treuhandabkommen wies der Treuhandverwaltung umfassende Befugnisse zu. Es verpflichtete Italien unter anderem dazu, für die wirtschaftliche Entwicklung Somalilands zu sorgen.[511] In dem Abkommen ist zwar nicht von einem Recht zur Privatisierung die Rede. Es enthält aber Aussagen über die Verstaatlichung von Industriezweigen.[512] Die Verwaltung durfte Fiskalmonopole schaffen, um die finanzielle Ausstattung des Territoriums sicherzustellen. Ferner durften Monopolunternehmen für andere Zwecke gebildet werden, wenn die wirtschaftliche Entwicklung der Bevölkerung des Territoriums dies erforderte. Eine solche Bildung von Monopolen schließt typischerweise die Verstaatlichung oder Enteignung von Vermögenswerten ein.

Wenn es also zu den Aufgaben einer Treuhandverwaltung gehört, für die wirtschaftliche Entwicklung des Mandatsgebiets Sorge zu tragen und zu diesem Zweck staatliche Monopole zu schaffen, dann spricht viel dafür, dass auch die Unternehmensprivatisierung zulässig sein muss. Denn während eine Verstaatlichung von Wirtschaftsgütern im Zweifel subjektive Eigentums- und Vermögensrechte von natürlichen oder juristischen Personen verletzt, kann man davon ausgehen, dass durch eine Privatisierung von Staatsunternehmen im Zweifel kei-

---

509 Siehe D. Rauschning, Artikel 76, in: B. Simma (Hrsg.), The Charter of the United Nations. A Commentary, Bd. 2, 2. Aufl. (2002), S. 1109 Rz. 13 für einen Überblick über wirtschaftspolitische Maßnahmen von Treuhandverwaltungen.

510 Trusteeship Agreement for the Territory of Somaliland under Italian Administration, Approved by the General Assembly of the United Nations on 2 December 1950, U.N.T.S. 256 (1952), No. 381.

511 Artikel 3 Nr. 2 Trusteeship Agreement for the Territory of Somaliland.

512 Artikel 16 lit. b) und lit. c) Trusteeship Agreement for the Territory of Somaliland.

ne subjektiven eigentumskräftigen Rechte verletzt, sondern erst begründet werden.

Für die Frage der institutionellen Kompetenz der Vereinten Nationen zur Unternehmensprivatisierung bedeutet dies, dass sie gemäß Artikel 81 dieselben Befugnisse wie Staaten oder Staatengruppen haben, wenn sie die Verwaltung eines Treuhandgebietes übernehmen. Da keine Gründe dafür ersichtlich sind, dass die Privatisierung von Staatsunternehmen im Rahmen einer Treuhandverwaltung unzulässig ist, sind auch die Vereinten Nationen nicht daran gehindert, solche Maßnahmen zu ergreifen, wenn dies im Einklang mit dem jeweiligen Mandat geschieht. Ferner spricht viel dafür, dass die Befugnisse der Vereinten Nationen nicht geringer sind, wenn sie ein Territorium auf der Grundlage von anderen Vorschriften der UN-Charta oder mit Zustimmung des betroffenen Staats verwalten. Kapitel XII zeigt vielmehr die Bandbreite der Materien, für die eine Übergangsverwaltung Verantwortung übernehmen kann. Wenn Unternehmensprivatisierungen im Rahmen von Treuhandverwaltungen zulässig sind, dann gilt dies auch für andere Territorialverwaltungen.

b. Befugnis des Sicherheitsrates zur Errichtung einer Territorialverwaltung

Fraglich ist, ob der Sicherheitsrat die institutionelle Kompetenz der Vereinten Nationen zur Verwaltung von Territorien ausüben darf. Als Rechtsgrundlage kommt hierfür die Unterstellung eines Territoriums aufgrund der Zwangsbefugnisse aus Artikel 41 UN-Charta in Betracht. Darin sind Maßnahmen aufgeführt, die der Sicherheitsrat zur Wiederherstellung von Frieden und Sicherheit ergreifen darf. Zwar ist die Verwaltung von Territorien nicht als eine der zulässigen Zwangsmaßnahmen in Artikel 41 Satz 2 UN-Charta ausdrücklich genannt. Es ist aber anerkannt, dass die Aufzählung nicht abschließend ist.[513] Bis auf die Einschränkung in Satz 1, die militärische Maßnahmen aus dem Anwendungsbereich des Artikels 41 ausnimmt, entscheidet der Sicherheitsrat nach freiem Ermessen, wie auf eine konkrete Situation zu reagieren ist.

---

513 Siehe ICTY (Appeals Chamber), The Prosecutor v. Dusko Tadić a/k/a „Dule" (Fn. 440), S. 46, Ziffer 35 f.; ICTR, The Prosecutor v. Joseph Kanyabashi, Az. ICTR-96-15-T, in: A. Klip/G. Sluiter (Hrsg.), Annotated Leading Cases of International Criminal Tribunals, Bd. II: The International Criminal Tribunal for Rwanda 1994-1999 (2001), S. 18, Ziffer 27; L. von Carlowitz (Fn. 333), S. 342; T. D. Gill, Legal and Some Political Limitations on the Power of the UN Security Council to Exercise its Enforcement Powers under Chapter VII of the Charter, in: Netherlands Yearbook of International Law 26 (1995), S. 48; M. Bothe/T. Marauhn (Fn. 332), S. 230; E. de Wet (Fn. 335), S. 316; J. Friedrich (Fn. 409), S. 234.

Die Unterstellung eines Konfliktgebiets unter Verwaltung der Vereinten Nationen entspricht auch dem Zweck des Artikels 41. Wie die übrigen Vorschriften des Kapitels VII soll Artikel 41 dem Sicherheitsrat Möglichkeiten an die Hand zu geben, effektive und rasche Maßnahmen zur Wiederherstellung des Friedens unterhalb der Schwelle militärischer Gewalt zu ergreifen.[514] Der Sicherheitsrat muss in der Lage sein, auf eine Friedensbedrohung oder einen Friedensbruch individuell zu reagieren und diejenige Maßnahme auszuwählen, die am besten geeignet ist, den Frieden wiederherzustellen. Ein starrer und abschließender Katalog von Maßnahmen wäre unzweckmäßig. Deshalb sind nach Artikel 41 UN-Charta grundsätzlich alle Maßnahmen zulässig, die unterhalb der Schwelle militärischer Gewalt zur Wiederherstellung des Friedens beitragen können. Eine solche Maßnahme kann auch die zeitweise Unterstellung eines Konfliktgebiets unter eine UN-Verwaltung sein. In bestimmten Situationen kann es geboten sein, ein Gebiet dem Zugriff der Konfliktparteien zu entziehen und es für eine begrenzte Zeit von den Vereinten Nationen als neutralem Dritten verwalten zu lassen. Eine solche Vorgehensweise kommt dann in Frage, wenn die Konfliktparteien über die Zugehörigkeit des fraglichen Gebiets streiten. Die Einsetzung einer internationalen Übergangsverwaltung kann auch dann eine sinnvolle Maßnahme sein, wenn ein Konflikt auf der Art und Weise beruht, mit der der Staat seine Hoheitsgewalt ausübt.[515] In solchen Fällen liegt der Zweck der Maßnahme darin, dass die Übergangsverwaltung den betroffenen Staat und seine Organe auf dem Territorium für eine begrenzte Zeit vollständig ersetzt.[516] Bei einer UN-Verwaltung geht es deshalb nicht darum, nur punktuell tätig zu werden, etwa um die Konfliktparteien zu entwaffnen und die öffentliche Sicherheit zu gewährleisten. Vielmehr ist es ein charakteristisches Merkmal solcher Maßnahmen, dass die UN-Verwaltung während der Zeit bis zur Beilegung des Konflikts die gesamte Bandbreite staatlicher Aufgaben übernimmt, wozu typischerweise auch die Wirtschaftsverwaltung gehört.

In der Entstehungsgeschichte der UN-Charta lassen sich ebenfalls Hinweise dafür finden, dass der Sicherheitsrat Territorialverwaltungen auf der Grundlage von Artikel 41 errichten darf. Auf der Konferenz von San Francisco schlug Norwegen vor, dem Sicherheitsrat ausdrücklich die Befugnis zur Territorialverwaltung zu verleihen. Eine solche Befugnis sollte dann bestehen, wenn die fortdauernde Ausübung von Regierungsgewalt durch einen Staat eine Bedrohung des Friedens darstellt. Der Vorschlag wurde nur deswegen nicht angenommen, weil darin lediglich eine Klarstellung einer Befugnis des Sicherheitsrates gesehen wurde, die dieser ohnehin haben sollte. Man zog es daher vor, eine zu de-

---

514 J. A. Frowein/N. Krisch (Fn. 407), S. 705 Rz. 11 (generell zu Kapitel VII).

515 Vgl. R. Wilde (Fn. 355), S. 587 und 592.

516 C. Stahn, International Territorial Administration (Fn. 335), S. 136.

taillierte Aufzählung von möglichen Maßnahmen zu vermeiden, um das Handlungsermessen des Sicherheitsrates nicht unnötig einzuschränken.[517]

Die Errichtung einer Übergangsverwaltung durch den Sicherheitsrat ist auf systematische Bedenken gestoßen.[518] Diese hängen eng mit der bereits diskutierten Frage zusammen, ob eine Territorialverwaltung durch die Vereinten Nationen außerhalb des Treuhandsystems überhaupt zulässig ist.[519] Es wird aber auch spezifisch eine Unterstellung von Territorien unter eine UN-Verwaltung auf der Grundlage von Kapitel VII kritisiert. *Ruth Gordon* vertritt die Ansicht, dass Kapitel VII UN-Charta den Vereinten Nationen nicht das Recht zur Verwaltung von Territorien verleihe.[520] Als Argument führt sie insbesondere Artikel 78 ins Felde, wonach das Treuhandsystem keine Anwendung auf Mitglieder der Vereinten Nationen findet. Würde aber ein Staat auf der Basis von Kapitel VII einer UN-Verwaltung unterstellt, dann handele es sich um eine Treuhandverwaltung, die Artikel 78 gerade verhindern wolle. Daraus zieht *Gordon* den Schluss, der Sicherheitsrat habe nicht das Recht, einen Staat seiner Staatlichkeit, Souveränität oder Staatsgewalt zu berauben oder zu erklären, seine Souveränität sei zeitweise außer Kraft gesetzt oder auf die Vereinten Nationen übergegangen.[521] Mit

---

517 Siehe Documents of the United Nations Conference on International Organization, San Francisco 1945, Bd. XII, 354 f., Dok. Nr. 539 III/3/24, Ziffer 3. Nicht unerwähnt bleiben sollten aber in diesem Zusammenhang die kritischen Äußerungen des IGH zum Gewicht eines Arguments, ein bestimmter Vorschlag sei nicht in einen Vertrag aufgenommen worden. Siehe IGH, Legal Consequences for States of the Continued Presence of South Africa in Namibia (South-West Africa) Notwithstanding Security Council Resolution 276 (Fn. 440), S. 36, Ziffer 69. Für die Berücksichtigung von Vorschlägen, die als überflüssig abgelehnt worden waren, weil der Vertragstext bereits hin-reichend deutlich war, siehe aber H. Thirlway, The Law and Procedure of the International Court of Justice 1960-1989. Part Eight, in: BYIL 67 (1996), S. 30.

518 Die Diskussion entzündete sich am Vorschlag, sogenannte *Failed States* wie seinerzeit Somalia und Kambodscha UN-Verwaltungen zu unterstellen. Siehe G. Helman/S. Ratner, Saving Failed States, in: Foreign Policy 89 (1993), S. 3. Siehe zur Reaktion der internationalen Gemeinschaft auf das Phänomen der *Failed States* auch P. Lyon, The Rise and Fall and Possible Revival of International Trusteeship, in: Journal of Commonwealth & Comparative Politics 31 (1993), S. 96-110; D. Thürer (Fn. 369), S. 9-47; M. Herdegen, Der Wegfall effektiver Staatsgewalt, in: Berichte der Deutschen Gesellschaft für Völkerrecht 34 (1996), S. 49-85; J. Delbrück, „Failed States" – eine neue Aufgabe für den UN-Treuhandrat?, in: J. Ipsen/E. Schmidt-Jortzig (Hrsg.), Recht – Staat – Gemeinwohl. Festschrift für Dietrich Rauschning (2001), S. 427.

519 Siehe bereits 3. Teil, Abschnitt B.II.2.a., oben S. 139.

520 R. Gordon, Some Legal Problems with Trutseeship, in: Cornell International Law Journal 28 (1995), S. 301; dies., Saving Failed States: Sometimes a Neocolonialist Notion, in: American University Journal of International Law and Policy 12 (1997), S. 903.

521 R. Gordon, Some Legal Problems with Trusteeship (Fn. 520), S. 326.

einer solchen Maßnahme würde in den Kern der staatlichen Souveränität eingegriffen, was die UN-Charta nicht zulasse.

Dieser Ansicht ist zuzugeben, dass der Sicherheitsrat auf Grundlage von Kapitel VII einen Staat nicht seiner Existenz berauben darf.[522] Dennoch sprechen eine Reihe von Gründen gegen eine enge Auslegung der UN-Charta in dieser Frage. Zunächst beruht die Ansicht auf einem Umkehrschluss, der bei der Auslegung der UN-Charta grundsätzlich unzulässig ist.[523] Auch wenn Artikel 78 die Anwendung des Treuhandsystems auf Mitgliedstaaten der Vereinten Nationen untersagt, dürfen die Vereinten Nationen trotzdem einen Staat oder Teile eines Staates verwalten, solange es sich dabei nicht um eine Treuhandverwaltung handelt.[524] Denn nicht jede Verwaltung eines Territoriums ist notwendigerweise eine Treuhandverwaltung im Sinne des Kapitels XII. Eine Treuhandverwaltung betrifft Gebiete im Sinne des Artikels 77 Abs. 1, also insbesondere die bei der Gründung der Vereinten Nationen existierenden Mandatsgebiete des Völkerbundes. Das Ziel der Treuhandverwaltung besteht gemäß Artikel 76 lit. b) darin, diese Gebiete auf die Selbstverwaltung oder die Unabhängigkeit vorzubereiten. Verwalten die Vereinten Nationen ein Gebiet auf Grundlage anderer Vorschriften der UN-Charta oder aufgrund einer völkerrechtlichen Vereinbarung, dann handelt es sich dabei nicht um eine Treuhandverwaltung.

Auch der Schutzzweck von Artikel 78 spricht gegen eine Sperrwirkung der Vorschrift. Die Norm schützt die Souveränität der Mitgliedstaaten. Gerade dieser Schutz tritt jedoch dann zurück, wenn der Sicherheitsrat gemäß Artikel 1 Ziffer 1 und Artikel 2 Ziffer 7 Maßnahmen zur Wiederherstellung von Frieden und Sicherheit auf Grundlage von Kapitel VII trifft.[525] Im Übrigen gehen die Befugnisse des Sicherheitsrates nach Kapitel VII über die Kompetenzen der Vereinten Nationen im Rahmen des Treuhandsystems hinaus, so dass aus Kapitel XII keine Einschränkung der Rechte aus Kapitel VII herausgelesen werden kann.[526]

Für eine Befugnis des Sicherheitsrates, auf Grundlage von Kapitel VII eine Territorialverwaltung einzusetzen, spricht auch das Beispiel der UNTAES, der Übergangsverwaltung der Vereinten Nationen in Ostslawonien.[527] Zwar beruhte die Übernahme von Verwaltungsaufgaben durch die Vereinten Nationen auf ei-

---

[522] M. Herdegen (Fn. 408), S. 28.

[523] F. E. Hufnagel, UN-Friedensoperationen der zweiten Generation. Vom Puffer zur neuen Treuhand (1996), S. 303 f.

[524] E. de Wet (Fn. 335), S. 307.

[525] C. Stahn, International Territorial Administration (Fn. 335), S. 130; ders., UN Transitional Administrations (Fn. 333), S. 138; M. Bothe/T. Marauhn (Fn. 332), S. 234.

[526] C. Stahn, UN Transitional Administrations (Fn. 333), S. 138.

[527] Siehe zu UNTAES 3. Teil, Abschnitt A.I.2.b., oben S. 92 ff.

ner Vereinbarung zwischen der kroatischen Regierung und der serbischen Volksgruppe in Ostslawonien. Dennoch stützte sich der Sicherheitsrat für Resolution 1037 auf Kapitel VII. Ein weiteres Argument für eine Befugnis des Sicherheitsrates ist, dass die Mitgliedstaaten in der Generalversammlung die Errichtung der UNMIK auf Grundlage von Kapitel VII guthießen.[528] Darin kann eine kompetenzbegründende Zustimmung gesehen werden, auf die sich der Sicherheitsrat berufen kann.[529]

Zusammenfassend lässt sich daher festhalten, dass der Sicherheitsrat die den Vereinten Nationen zustehende institutionelle Kompetenz zur Übernahme der Gebietshoheit über Territorien, die keine Treuhandgebiete sind, auf der Grundlage von Kapitel VII UN-Charta ausüben darf. Da aufgrund der Situation im Kosovo ein Friedensbruch im Sinne des Artikels 39 UN-Charta vorlag und der Sicherheitsrat dies auch durch Beschluss festgestellt hat, konnte er Maßnahmen nach Kapitel VII zur Wiederherstellung des Friedens im Kosovo ergreifen.[530] Die Unterstellung des Kosovo unter die Verwaltung der Vereinten Nationen ist daher rechtmäßig.

3. Zustimmung Serbiens

Es stellt sich weiterhin die Frage, ob Serbien der Übernahme der Gebietshoheit im Kosovo durch die UNMIK zugestimmt hat und ob eine solche Zustimmung notwendig war. Einige Autoren im Schrifttum bejahen eine Zustimmung Serbiens unter Hinweis auf das militärtechnische Abkommen vom 10.06.1999 und der Akzeptanz zur Friedensvereinbarung für das Kosovo in Anhang 2 der Resolution 1244.[531] Andere sind der Ansicht, diese Vereinbarungen änderten an dem Charakter der UNMIK als Zwangsmaßnahme nichts.[532]

Der zweiten Ansicht ist zu folgen. Zulässigkeit und Legitimität der Unterstellung des Kosovo unter die Verwaltung der UNMIK beruhen ausschließlich auf Kapitel VII. Der von der NATO auf Serbien ausgeübte militärische Druck hat den Wert der Zustimmung erheblich verringert.[533] Denn vor Verabschiedung der

---

[528] Siehe die Resolutionen der Generalversammlung A/RES/53/241 vom 28.07.1999 und A/RES/54/245 vom 23.12.1999.

[529] E. de Wet (Fn. 335), S. 314 f.

[530] Resolution 1244, Präambel, 12. Erwägungsgrund.

[531] A. Zimmermann/C. Stahn (Fn. 338), S. 441; L. von Carlowitz (Fn. 333), S. 343; D. Smyrek (Fn. 349), S. 177 f.

[532] M. Ruffert (Fn. 333), S. 616; M. Bothe/T. Marauhn (Fn. 332), S. 233; C. Tomuschat (Fn. 335), S. 326; A. Yannis (Fn. 335), S. 1049; B. Knoll (Fn. 348), S. 25 f.

[533] M. Bothe/T. Marauhn (Fn. 332), S. 233; A. Yannis (Fn. 335), S. 1049.

Resolution bestand keine Einigung über die genauen Bedingungen der Tätigkeit der Vereinten Nationen im Kosovo.[534] Von Bedeutung ist ferner, dass Serbien in zwei Memoranden gefordert hat, die Vereinten Nationen sollten mit ihr ein Abkommen abschließen, das den Status der UNMIK und der KFOR näher regelt.[535] Serbien selbst sieht daher im Abkommen 10.06.1999 keine Zustimmung zur Übernahme der Hoheitsgewalt durch die UNMIK im Kosovo.

Eine Zustimmung Serbiens war aber auch gar nicht notwendig. Denn eine Zustimmung eines Staates kann nicht zu einer Ausweitung der Befugnisse des Sicherheitsrates führen. Genau wie die Ablehnung einer Resolution des Sicherheitsrates durch einen betroffenen Staat für deren Wirksamkeit unerheblich ist, kann eine Zustimmung den Sicherheitsrat nicht von den Vorgaben entbinden, welche die UN-Charta für Maßnahmen nach Kapitel VII enthält.[536] Die Zustimmung Serbiens hat daher eine eher politische als juristische Bedeutung.[537]

III. Zusammenfassung

Resolution 1244 unterstellt das Kosovo der Verwaltung durch die UNMIK. Die UNMIK ersetzt für die Dauer ihres Mandats vollständig den Staat Serbien und seine Organe. Die UNMIK übt im Kosovo die Gebietshoheit aus und hat die Befugnis, im Kosovo verbindlich Recht zu setzen. In sachlicher Hinsicht ist die UNMIK für den Wiederaufbau der Wirtschaft des Kosovo zuständig. Dabei handelt es sich um ein umfassendes Wiederaufbaumandat, das auch die Privatisierung des Vermögens der gesellschaftlichen Unternehmen umfasst.

Wird die UNMIK im Kosovo tätig, dann handelt sie nicht auf der Grundlage von delegierten Zwangsbefugnissen des Sicherheitsrates aus Kapitel VII. Die Befugnisse der UNMIK folgen aus der Zuweisung ihrer Aufgaben in Resolution 1244. Die UNMIK verfügt über die Befugnisse, die notwendig sind, damit sie ihre Aufgaben erfüllen kann. Es kommt daher nicht darauf, ob der Sicherheitsrat anstelle der UNMIK eine bestimmte Maßnahme ergreifen darf oder nicht. Entscheidend ist, ob die Errichtung der UNMIK und die Übertragung ihrer Aufgaben zulässig ist. Dies ist der Fall. Die Vereinten Nationen haben die institutionelle Kompetenz zur Verwaltung von Territorien. Diese Kompetenz darf der Sicherheitsrat auf der Grundlage von Kapitel VII ausüben, indem er ein Territorium einer UN-Verwaltung zur Wiederherstellung von Frieden und Sicherheit

[534] M. Bothe/T. Marauhn (Fn. 332), S. 233. Siehe auch M. Ruffert (Fn. 333), S. 616; C. Stahn, International Territorial Administration (Fn. 335), S. 116 bei Fn. 41.
[535] C. Tomuschat (Fn. 335), S. 326.
[536] C. Tomuschat (Fn. 335), S. 338 f.
[537] C. Tomuschat (Fn. 335), S. 338 f.

unterstellt. Daher ist es nicht zu beanstanden, dass sich der Sicherheitsrat in Resolution 1244 für die Errichtung der UNMIK auf seine Befugnisse aus Kapitel VII stützte. Eine Zustimmung Serbiens zur Übernahme der vollständigen Hoheitsgewalt im Kosovo lag nicht vor, war aber auch nicht erforderlich.

C. Völkerrechtliche Anforderungen an die Rechtsetzung durch die UNMIK

Durch den Erlass der Regulation 2002/12 und damit der Schaffung der Rechtsgrundlage des Spin-Off-Verfahrens für die Privatisierung der gesellschaftlichen Unternehmen im Kosovo hat die UNMIK von ihrer legislativen Befugnis und der sachlichen Kompetenz zur Unternehmensprivatisierung Gebrauch gemacht. Es stellt sich die Frage, ob diese Maßnahme völkerrechtskonform ist. Hierfür ist zunächst allgemein zu klären, welche völkerrechtlichen Vorgaben die UNMIK beachten muss, wenn sie ihre legislativen Befugnisse ausübt.

Man könnte der Auffassung sein, dass die UNMIK bis auf die Pflicht, in Übereinstimmung mit ihrem Mandat zu handeln, keinerlei weiteren Beschränkungen unterworfen ist. Auf den ersten Blick scheint Resolution 1244 dies nahe zu legen. Da sie das Recht der UNMIK zur Rechtsetzung im Kosovo nicht ausdrücklich erwähnt, trifft die Resolution auch keine Aussage zu den Anforderungen und Schranken, denen die von der UNMIK erlassenen Rechtsakte genügen müssen.[538] *Hobe/Griebel* vertreten die Ansicht, der einzige Rechtmäßigkeitsmaßstab für Maßnahmen der UNMIK sei aus dem Hinweis auf die Menschenrechte in Ziffer 11 lit. j) der Resolution 1244 zu entnehmen. Weitere Anforderungen bestünden nicht, da der Sicherheitsrat damit die Grenzen des Mandats der UNMIK abschließend beschrieben habe. Die Anwendbarkeit sonstiger individualschützender Regeln sei daher ausgeschlossen.[539]

Diese Ansicht überzeugt jedoch nicht. Der Sicherheitsrat kann die Grenzen des Mandats nur insoweit abschließend bestimmen und die UNMIK von der Beachtung von Völkerrechtsnormen freistellen, als er hierzu befugt ist. Dies ergibt sich aus dem Grundsatz, dass eine internationale Organisation wie die Vereinten Nationen als Völkerrechtssubjekt verpflichtet ist, alle Verpflichtungen zu achten, die ihr nach Regeln des allgemeinen Völkerrechts, ihrer Satzung und völkerrechtlichen Verträgen, deren Partei sie ist, zukommen.[540] Daher kann die Prüfung der Schranken der Rechtsetzungsbefugnis der UNMIK nicht allein auf die Resolution 1244 abstellen. Außerdem können nicht nur individualschützende Normen des allgemeinen Völkerrechts den Befugnissen der UNMIK Schranken setzen. Wegen der fortbestehenden Souveränität Serbiens über das Kosovo sind auch souveränitätsschützende Normen zu berücksichtigen. Die Resolution 1244

---

[538] O. Korhonen (Fn. 356), S. 500.
[539] So S. Hobe/J. Griebel (Fn. 331), S. 149.
[540] Vgl. IGH, Interpretation of the Agreement of 25 March 1951 between the WHO and Egypt, Advisory Opinion, ICJ Reports 1980, S. 89, Ziffer 37.

und die UN-Charta sind daher danach zu untersuchen, ob sie Rechte Serbiens und der Bewohner des Kosovo enthalten, die die UNMIK bei der Rechtsetzung beachten muss.

Die folgende Analyse der Schranken der Rechtsetzungskompetenz der UNMIK beruht auf zwei Grundgedanken. Erstens, UNMIK-Regulations sind Normen des Völkerrechts, die mit höherrangigen Normen vereinbar sein müssen. Höherrangige Normen sind zum einen die Resolution 1244 und die UN-Charta. Es kommen aber auch Normen des allgemeinen Völkerrechts als Schranken der Rechtssetzungskompetenz in Betracht, deren Anwendungsbereich eröffnet ist. Zweitens ist für die Ermittlung der Schranken der Rechtsetzungsbefugnis das Dreiecksverhältnis zwischen der UNMIK als Träger der Hoheitsgewalt im Kosovo, Serbien als Inhaber der territorialen Souveränität und den Bewohnern des Kosovo entscheidend. Aus den gegenüber Serbien und den Bewohnern des Kosovo bestehenden Treuhandverhältnissen lassen sich Rechte und Pflichten ableiten, die die Rechtsetzungsbefugnis der UNMIK einschränken können. Aus diesen Grundannahmen folgt, dass die Schranken der Rechtsetzungsbefugnis getrennt danach zu ermitteln sind, ob sie sich aus souveränitätsschützenden Rechten Serbiens (I.) oder aus individualschützenden Rechten der Bevölkerung des Kosovo (II.) ergeben.

I. Rechte Serbiens

Im Folgenden werden die Resolution 1244 (1.) und die UN-Charta (2.) danach untersucht, ob sich aus ihnen Rechte Serbiens ergeben, die die UNMIK bei der Rechtsetzung beachten muss.

1. Souveränitätsschützende Rechte aus Resolution 1244

a. Wortlaut und funktionale Auslegung

Resolution 1244 nimmt mehrfach auf die Souveränität Serbiens Bezug. In der Präambel der Resolution beruft sich der Sicherheitsrat auf die Ziele und Grundsätze der UN-Charta und bekräftigt die Souveränität und territoriale Unversehrtheit Jugoslawiens.[541] Ziffer 1 der Resolution verweist auf die Anhänge 1 und 2. In Anhang 1 wird mehrfach hervorgehoben, dass die Souveränität Jugoslawiens weiter bestehen soll. Der politische Prozess zur Schaffung einer Übergangsrah-

---

[541] Resolution 1244, Präambel, 1. und 10. Erwägungsgrund.

menvereinbarung soll die Prinzipien der Souveränität und territorialen Integrität Jugoslawiens berücksichtigen. Auch der Friedensvereinbarung für das Kosovo in Anhang 2 lässt sich entnehmen, dass das Kosovo Teil Jugoslawiens bleibt, bis sein endgültiger Status geklärt ist. Nach Ziffer 5 der Friedensvereinbarung soll die Bevölkerung des Kosovo Autonomie innerhalb Jugoslawiens genießen können. Ziffer 6 sieht die Rückkehr einer gewissen Zahl von jugoslawischen Sicherheitskräften in das Kosovo vor. Auch die Resolution selbst verweist an mehreren Stellen auf die Souveränität Jugoslawiens. Der politische Klärungsprozess, den die internationale zivile Präsenz gemäß Ziffer 11 lit. e) in Gang setzen soll, hat die Souveränität und territoriale Unversehrtheit zu berücksichtigen. In Ziffer 10 der Resolution ist davon die Rede, dass das Kosovo unter UN-Verwaltung substanzielle Autonomie innerhalb Jugoslawiens genießen soll. Da das heutige Serbien Rechtsnachfolger Jugoslawiens ist, beziehen sich die Verweise in der Resolution und ihren Anhängen auf Serbien. Aus dem Wortlaut der Resolution 1244 ergibt sich demnach, dass die Unterstellung des Kosovo unter UN-Verwaltung die territoriale Souveränität Serbiens unberührt lässt.

Dem entspricht auch der mit der Errichtung der UNMIK verfolgte Zweck. Bis der endgültige politische Status geklärt ist, soll das Kosovo vollständig von der Vereinten Nationen verwaltet werden, aber weiter zu Serbien gehören. Für die UNMIK bedeutet dies, dass sie keine Maßnahmen treffen darf, die den endgültigen territorialen Status des Kosovo präjudizieren oder vorwegnehmen.[542] Bis auf diese grundsätzlichen Aussagen zum territorialen Status des Kosovo lassen sich Resolution 1244 allerdings keine konkreten Vorgaben darüber entnehmen, in welcher Form die UNMIK die Souveränität Serbiens bei der Ausübung ihrer Befugnisse beachten muss.

b. Anwendungspraxis

Es ist daher von Interesse, welche Rechte Serbiens der UN-Generalsekretär und die UNMIK aus Resolution 1244 herauslesen. Im ersten Bericht des UN-Generalsekretärs vom 12.07.1999 geht der UN-Generalsekretär insbesondere auf die Rechtsetzung durch die UNMIK ein. Er entnimmt Resolution 1244 eine Pflicht der UNMIK, bei der Ausübung ihrer Rechtssetzungsbefugnis zugunsten von Serbien das Verhältnismäßigkeitsprinzip zu beachten. Die UNMIK soll die Gesetze der Bundesrepublik Jugoslawien und der Republik Serbien anwenden, soweit sie mit international anerkannten Menschenrechtsstandards und mit Regulations vereinbar sind, die der SRSG in Erfüllung seines Mandats erlässt.

[542] A. Zimmermann/C. Stahn (Fn. 338), S. 443.

Neue Rechtsakte soll sie nur dann erlassen, wenn und soweit dies erforderlich ist. In dem Bericht führt der UN-Generalsekretär aus:

> In implementing its mandate in the territory of Kosovo, UNMIK will respect the laws of the Federal Republic of Yugoslavia and of the Republic of Serbia insofar as they do not conflict with internationally recognized human rights standards or with regulations issued by the Special Representative in the fulfilment of the mandate given to the United Nations by the Security Council. [...]
>
> The authority vested in UNMIK will be exercised by the Special Representative. He will be empowered to regulate within the areas of his responsibilities laid down by the Security Council in its resolution 1244 (1999). In doing so, he may change, repeal or suspend existing laws to the extent necessary for the carrying out of his functions, or where existing laws are incompatible with the mandate, aims and purposes of the interim civil administration.[543]

Diesen Ausführungen des UN-Generalsekretärs zur Anwendung des Grundsatzes der Verhältnismäßigkeit auf die Rechtsetzung durch die UNMIK ist zuzustimmen. *Pichl* vertritt die Ansicht, dass die zitierte Passage aus dem Bericht vom 12.07.1999 ausschließlich Kompetenzen der UNMIK begründet und diese nicht einschränkt.[544] Dies überzeugt jedoch nicht. Der UN-Generalsekretär macht deutlich, dass das Gesetzgebungsrecht der UNMIK nicht uneingeschränkt besteht. Er postuliert einen Vorrang der Gesetzesausführung vor der Gesetzgebung, indem die UNMIK grundsätzlich zur Anwendung bestehenden Rechts verpflichtet wird. Sie ist nur unter der Voraussetzung von dieser Pflicht befreit und zum Erlass neuer Vorschriften berechtigt, dass das bestehende Recht menschenrechtswidrig ist oder das Mandat der UNMIK eine Neuregelung erforderlich macht.[545]

Das aus dem Vorrang der Gesetzesausführung vor der Gesetzgebung folgende Kontinuitätsgebot ist eine Ausprägung des Verhältnismäßigkeitsprinzips.[546] Denn die Ausführung bestehender Gesetze greift weniger tief in die Souveränität Serbiens ein als der Erlass neuer Rechtsvorschriften und die damit häufig einhergehende Aufhebung bestehender Normen. Die Gesetzgebung entfaltet dauer-

---

543 Report of the Secretary-General, 12.07.1999 (Fn. 57), Ziffern 36 und 39.

544 So E. Pichl, Kosovo – „Kriegsrecht“, Faustrecht und UN-Recht. Rechtliche Aspekte des Wiederaufbaus, in: Südosteuropa 48 (1999), S. 655.

545 M. J. Matheson (Fn. 464), S. 80 f.; H. Correll, The Role of the United Nations in Peacekeeping – Recent Developments from a Legal Perspective, Tagungsbeitrag, National Security Law in a Changing World: The Tenth Annual Review of the Field, 2000, S. 4, http://www.un.org/law/counsel/english/washingtonDec00.pdf (31.07.2006).

546 M. Bothe/T. Marauhn, The United Nations in Kosovo and East Timor – Problems of a Trusteeship Administration, in: International Peacekeeping 6 (2000), S. 155.

haftere und tiefere Wirkungen in dem verwalteten Territorium als die Anwendung existierender Gesetze, die jeweils Einzelfälle betrifft.

Für die Prüfung der Verhältnismäßigkeit einer Regulation kommt es daher darauf an, ob die UNMIK den mit der Regulation verfolgten Zweck auch durch eine Anwendung bestehender Vorschriften des Rechts Serbiens erreichen könnte. Dabei kommen aber nur solche Vorschriften des nationalen Rechts in Betracht, die mit internationalen Menschenrechtsstandards und dem Mandat der UNMIK vereinbar sind.

Wie oben ausgeführt, hielt sich die UNMIK zunächst an diese Vorgabe des UN-Generalsekretärs.[547] Nach Diskussionen mit Vertretern der Kosovo-Albaner änderte die UNMIK allerdings die Definition des anwendbaren Rechts. Gemäß Ziffer 1.1 Regulation 1999/24 sind nur solche Normen des serbischen Rechts im Kosovo anwendbar, die am 22.03.1989 galten. Später in Kraft getretene Normen sind gemäß Ziffer 1.2 Regulation 1999/24 nur ausnahmsweise und im Einzelfall anwendbar, wenn diese menschenrechtskompatibel sind und wenn das anwendbare Recht einen bestimmten Sachverhalt nicht regelt.

Diese Definition des anwendbaren Rechts enthält indirekt die Aussage, dass alle nach dem 22.03.1989 in Kraft getretenen Normen im Zweifel menschenrechtswidrig sind. Damit hat sich die UNMIK weitgehend von den Vorgaben des Verhältnismäßigkeitsgrundsatzes für die Rechtsetzung befreit. Denn wenn das gesamte serbische Recht, das nach dem 22.03.1989 in Kraft war, nicht anwendbar ist, dann muss die UNMIK nicht prüfen, ob sie ihr Mandat auch mithilfe einer Anwendung bestehenden Rechts erfüllen kann. Die Bestimmung in Ziffer 1.2 ändert daran nichts. Denn diese schränkt nicht die Rechtsetzungsbefugnis der UNMIK ein, sondern soll lediglich Lücken bei der Gesetzesausführung füllen. Zwar kommt eine Ausführung von Gesetzen in Betracht, die vor dem 23.03.1989 in Kraft waren. Praktische Bedeutung wird diese Möglichkeit jedoch kaum haben. Es ist unwahrscheinlich, dass das jugoslawische Recht auf dem Stand 22.03.1989 in vielen Fällen eine geeignete Alternative zu einer Neuregelung bietet, da es im Zeitpunkt der Unterstellung des Kosovo unter UN-Verwaltung bereits mehr als zehn Jahre war und aus einer Zeit stammt, die mit der Situation im Kosovo nur noch wenig gemein hat.

Das in Regulation 1999/24 enthaltene pauschale Urteil über die Vereinbarkeit des serbischen Rechts mit Menschenrechtsstandards und die damit einhergehende Ausweitung der Rechtsetzungsbefugnis der UNMIK begegnet völker-

[547] Siehe 3. Teil, Abschnitt A.II.2., oben S. 106 f.

rechtlichen Bedenken.[548] Ohne Frage kommt eine Anwendung der zahlreichen Gesetze, mit denen offen oder versteckt eine Diskriminierung und Benachteiligung der Kosovo-Albaner bezweckt wurde, durch die UNMIK nicht in Frage. Es ist jedoch zweifelhaft, ob die UNMIK alle nach dem 22.03.1989 in Kraft getretenen Normen des serbischen Rechts pauschal und ohne Unterschied für unanwendbar erklären durfte. Denn die Tiefe des Eingriffs in die Rechtsordnung und damit in die Souveränität Serbiens gebietet es, nicht pauschal das gesamte Recht für menschenrechtswidrig zu erklären. Vielmehr muss für jede Norm einzeln untersucht werden, ob diese mit international anerkannten Standards vereinbar ist. Die Definition des anwendbaren Rechts in Regulation 1999/24 betrifft aber ausnahmslos alle Normen ohne Rücksicht auf ihren Inhalt sowie darauf, ob es sich um Bundes-, Republik- oder Provinzrecht handelt und zu welchem Rechtsgebiet sie gehören.

In Anbetracht dieser Bedenken ist für die Prüfung des völkerrechtlichen Verhältnismäßigkeitsgrundsatzes bei der Rechtsetzung durch die UNMIK die Vorgabe des UN-Generalsekretärs zu beachten. Eine Neuregelung durch eine UNMIK-Regulation ist danach nur dann verhältnismäßig, wenn die UNMIK den mit der Regelung verfolgten Zweck nicht bereits durch die Anwendung von Normen des serbischen Rechts erreichen kann. Dabei ist auch serbisches Recht zu berücksichtigen, dass nach dem 22.03.1989 in Kraft getreten ist, solange es mit internationalen Menschenrechtsstandards und mit dem Mandat der UNMIK vereinbar ist.

2. Souveränitätsschützende Rechte aus der UN-Charta

Zu prüfen ist weiterhin, ob sich aus der UN-Charta Schranken der Rechtssetzungsbefugnis der UNMIK zum Schutz der Souveränität Serbiens ergeben. Von Bedeutung sind hierfür insbesondere die Ziele und Grundsätze der Vereinten Nationen in Artikel 1 und 2 UN-Charta.

a. Normen des allgemeinen Völkerrechts

Für die gesamte Tätigkeit der Vereinten Nationen gilt der Grundsatz, dass sie alle Verpflichtungen achten muss, die ihr nach Regeln des allgemeinen Völker-

---

[548] E. Lagrange (Fn. 55), S. 362 f. Siehe auch D. Rossbacher (Fn. 345), S. 219. Nach Ansicht von J. Friedrich (Fn. 409), S. 241, ist die Abweichung vom Kontinuitätsgebot im Kosovo ein einmaliger Vorgang. In Osttimor und im Irak seien die meisten Normen des indonesischen bzw. irakischen Rechts weiter angewandt worden.

rechts, ihrer Satzung und völkerrechtlichen Verträgen, deren Partei sie ist, zukommen.[549] Dieser Grundsatz verpflichtet alle Organe der Vereinten Nationen und findet daher auch auf die UNMIK Anwendung.

Dass die Vereinten Nationen grundsätzlich das Völkerrecht achten müssen, lässt sich Artikel 1 Ziffer 1 UN-Charta entnehmen. Die Vorschrift lautet:

> [Die Vereinten Nationen setzen sich das Ziel, d]en Weltfrieden und die internationale Sicherheit zu wahren und zu diesem Zweck wirksame Kollektivmaßnahmen zu treffen, um Bedrohungen des Friedens zu verhüten und zu beseitigen, Angriffshandlungen und andere Friedensbrüche zu unterdrücken und internationale Streitigkeiten oder Situationen, die zu einem Friedensbruch führen könnten, durch friedliche Mittel nach den Grundsätzen der Gerechtigkeit und des Völkerrechts zu bereinigen oder beizulegen.

Der Wortlaut von Artikel 1 Ziffer 1 UN-Charta nimmt auf die Grundsätze des Völkerrechts nur im Zusammenhang mit der Bereinigung oder Beilegung von internationalen Streitigkeiten oder Situationen Bezug, die zu einem Friedensbruch führen können. Diese sollen durch friedliche Mittel nach den Grundsätzen der Gerechtigkeit und des Völkerrechts bereinigt oder beigelegt werden. Hat eine internationale Krise bereits das Stadium einer Friedensbedrohung erreicht oder ist es bereits zu einer Angriffshandlung oder zu einem Friedensbruch gekommen, sollen wirksame Kollektivmaßnahmen getroffen werden. Eine Geltung der Grundsätze des Völkerrechts im Rahmen solcher Kollektivmaßnahmen ordnet der Wortlaut des Artikels 1 Ziffer 1 nicht an.[550] Diese Unterscheidung zwischen Streitigkeiten, die zu einem Friedensbruch führen können, und internationalen Krisen, bei denen es bereits zu einer Friedensbedrohung, einem Bruch des Friedens oder zu einer Angriffshandlung gekommen ist, findet sich in Kapitel VI und VII der UN-Charta wieder. Während erstere gemäß Artikel 33 mit friedlichen Mitteln beigelegt werden sollen, erlaubt Artikel 39 nach einer entsprechenden Feststellung des Sicherheitsrates die Anwendung von Zwangsmitteln gemäß Artikel 40 ff.

Diese Unterscheidung rechtfertigt allerdings nicht den Schluss, der Sicherheitsrat unterliege keinerlei rechtlichen Bindungen, wenn er Maßnahmen auf der Grundlage von Kapitel VII ergreift. Gemäß Artikel 24 Abs. 2 hat der Sicherheitsrat seine Pflicht zur Wahrung des Weltfriedens und der internationalen Si-

---

[549] Siehe zu diesem Grundsatz allgemein: IGH, Interpretation of the Agreement of 25 March 1951 between the WHO and Egypt (Fn. 540), S. 89 Ziffer 37.

[550] Siehe zur Genese von Artikel 1 Ziffer 1 UN-Charta B. Martenczuk, The Security Council, the International Court and Judicial Review: What Lessons from Lockerbie?, in: EJIL 10 (1999), S. 545.

cherheit im Einklang mit den Zielen und Grundsätzen der Vereinten Nationen zu erfüllen. Inwieweit sich aus den in Artikel 1 und 2 niedergelegten Zielen und Grundsätzen konkrete Schranken für Maßnahmen des Sicherheitsrats auf der Grundlage von Kapitel VII ergeben, ist im einzelnen Gegenstand der völkerrechtlichen Diskussion.[551] Einigkeit besteht aber weitgehend darin, dass der Sicherheitsrat Normen des zwingenden Völkerrechts sowie den Grundsatz der Verhältnismäßigkeit zu beachten hat.[552] Dem hat sich jüngst auch das Europäische Gericht erster Instanz in zwei Urteilen angeschlossen.[553] Daneben wird mit überzeugenden Argumenten vertreten, dass auch die Menschenrechte und die Regeln des humanitären Völkerrechts gelten, wenn der Sicherheitsrat eine Zwangsmaßnahme zur Wiederherstellung von Frieden und Sicherheit ergreift.[554]

Allerdings ist von der Frage, ob und welche rechtlichen Schranken für Maßnahmen des Sicherheitsrats auf der Grundlage von Kapitel VII bestehen, die für die hiesige Untersuchung relevante Frage zu unterscheiden, welche Schranken für die Rechtssetzungstätigkeit der UNMIK gelten. Selbst wenn man der These folgt, dass der Sicherheitsrat nur einem Kernbestand völkerrechtlicher Normen – zu dem etwa grundlegende Menschenrechte und das Verhältnismäßigkeits-

---

[551] Siehe hierzu J. A. Frowein/N. Krisch (Fn. 407), S. 711 Rz. 27 f. m.w.N.

[552] J. A. Frowein/N. Krisch (Fn. 407), S. 711 Rz. 29 f.; M. Reisman/D. Stevick, The Applicability of International Law Standards to United Nations Economic Sanctions Programmes, in: EJIL 9 (1998), S. 126 ff.; A. Orakhelashvili, The Impact of Peremptory Norms on the Interpretation and Application of United Nations Security Council Resolutions, in: EJIL 16 (2005), S. 60 f. Anderer Ansicht B. Martenczuk (Fn. 550), S. 546, und B. Faßbender, Quis judicabit? The Security Council, its Powers and its Legal Control, in: EJIL 11 (2000), S. 226.

[553] Europäisches Gericht erster Instanz, Rs. T-306/01, Ahmed Ali Yusuf und Al Barakaat International Foundation gegen Rat der Europäischen Union und Kommission der Europäischen Gemeinschaften, Rz. 230, und Rs. T-315/01, Yassim Abdullah Kadi gegen Rat der Europäischen Union und Kommission der Europäischen Gemeinschaften, Urteile vom 21.09.2005, Rz. 281; siehe hierzu C. Möllers, Das EuG konstitutionalisiert die Vereinten Nationen, in: Europarecht 41 (2006), S. 426 ff.

[554] Siehe etwa H.-P. Gasser, Collective Economic Sanctions and International Humanitarian Law, in: ZaöRV 57 (1996), S. 880 f. Vgl. auch T. Schilling, Der Schutz der Menschenrechte gegen Beschlüsse des Sicherheitsrates, in ZaöRV 64 (2004), S. 344 ff., der eine Bindung des Sicherheitsrates an Menschenrechte offen lässt, aber das Abstimmungsverhalten der im Sicherheitsrat vertretenen Mitgliedstaaten an menschenrechtlichen Kriterien messen will. Von Interesse in diesem Zusammenhang ist auch die Anordnung des UN-Generalsekretärs, dass grundlegende Prinzipien und Vorschriften des humanitären Völkerrechts Anwendung finden, wenn Peacekeeping-Kräfte unter Kommando und Kontrolle der Vereinten Nationen an bewaffneten Konflikten beteiligt sind, vgl. UN Secretary-General's Bulletin on the Observance by United Nations Forces of International Humanitarian Law, UN Doc. ST/SGB/1999/13, abgedruckt in: ILM 38 (1999), S. 1656. Siehe hierzu D. Shraga, UN Peacekeeping Operations: Applicability of International Humanitarian Law and Responsibility for Operations-Related Damage, in: AJIL 94 (2000), S. 406-412.

prinzip gehört – unterliegt, gilt dies nicht automatisch für die UNMIK. Als Nebenorgan gelten für sie grundsätzlich diejenigen Völkerrechtsnormen, die die Vereinten Nationen als internationale Organisation verpflichten. Die im Zusammenhang mit Zwangsmaßnahmen des Sicherheitsrats auf der Grundlage von Kapitel VII diskutierten Ausnahmen lassen sich nicht auf die UNMIK übertragen.

Die Rechtfertigung einer „Freistellung" des Sicherheitsrats von Normen des allgemeinen Völkerrechts im Falle von Zwangsmaßnahmen auf Grundlage von Kapitel VII wird zumeist darin gesehen, dass die UN-Charta dem Sicherheitsrat mit diesen Zwangsbefugnissen die Möglichkeit an die Hand gibt, rasch und effizient auf Krisen zu reagieren, die das Stadium einer Friedensbedrohung erreicht haben.[555] Der Sicherheitsrat soll nicht mit langwierigen Diskussionen über die Rechtmäßigkeit einer bestimmten Maßnahme belastet werden. Dies ist für die Mitgliedstaaten aber nur deshalb akzeptabel, weil Zwangsmaßnahmen auf der Grundlage von Kapitel VII vorläufiger Natur sind. Einer kriegerischen Auseinandersetzung soll Einhalt geboten werden. Dagegen verleiht die UN-Charta dem Sicherheitsrat nicht die Befugnis, Konflikte endgültig zu lösen und Maßnahmen mit dauerhaften Auswirkungen für die beteiligten Staaten zu ergreifen.[556] Eine zwangsweise Beilegung von Streitigkeiten lässt die UN-Charta nicht zu.[557]

Im Falle der UNMIK scheidet die Kurzfristigkeit der Maßnahme als Begründung für eine solche Freistellung von Normen des Völkerrechts aus. Die Unterstellung des Kosovo unter eine UN-Verwaltung ist keine kurzfristige und punktuelle Maßnahme. Ihre Tätigkeit ist darauf angelegt, langfristige Verbesserungen für die Bewohner des Kosovo in verschiedensten Bereichen des öffentlichen Lebens zu erzielen, auch wenn es nicht zu den Aufgaben der UNMIK gehört, den Konflikt endgültig beizulegen und den territorialen Status des Kosovo abschließend zu bestimmen. Der Sicherheitsrat verfolgte mit der Errichtung der UNMIK den Zweck, im Kosovo bereits während der Übergangszeit bis zur Klärung des endgültigen politischen Status ein Fundament für eine nachhaltige Lösung des Kosovo-Konflikts zu legen. Damit fehlt der UNMIK der Charakter einer Notstandsmaßnahme, der für typische Zwangsmaßnahmen des Sicherheitsrats auf Grundlage von Kapitel VII kennzeichnend ist.

---

555 J. A. Frowein/N. Krisch (Fn. 407), S. 712 Rz. 31.

556 J. A. Frowein/N. Krisch (Fn. 407), S. 712 Rz. 31. Siehe auch G. Arangio-Ruiz, On the Security Council's „Law-Making", in: Rivista di Diritto Internazionale 83 (2000), S. 704 f.

557 I. Brownlie, The Rule of Law in International Affairs. International Law at the Fiftieth Anniversary of the United Nations (1998), S. 63; G. Arangio-Ruiz (Fn. 556), S. 660 ff.

Zusammenfassend lässt sich festhalten, dass die UNMIK die Pflicht hat, bei der Rechtssetzung alle Normen des allgemeinen Völkerrechts zu beachten, deren Anwendungsbereich in persönlicher, sachlicher und zeitlicher Hinsicht eröffnet ist. Soweit solche Normen existieren, muss die fragliche Maßnahme der UNMIK mit ihnen vereinbar sein. Die Unternehmensprivatisierung wird im nächsten Abschnitt nach diesen Vorgaben analysiert.[558]

b. Grundsatz der souveränen Gleichheit der Staaten

Der in Artikel 2 Ziffer 1 UN-Charta niedergelegte Grundsatz der souveränen Gleichheit der Staaten verpflichtet die Mitgliedstaaten und die Vereinten Nationen, die souveräne Gleichheit der Staaten zu wahren. Fraglich ist, ob sich aus diesem Grundsatz souveränitätsschützende Rechte Serbiens ableiten lassen, die die UNMIK bei der Rechtsetzung beachten muss. Der Grundsatz der souveränen Gleichheit umfasst die territoriale Unversehrtheit und die politische Unabhängigkeit der Staaten.[559] Anders als Artikel 2 Ziffer 7 sieht Artikel 2 Ziffer 1 keine Ausnahme für Zwangsmaßnahmen auf Grundlage von Kapitel VII vor. Daher darf der Sicherheitsrat keine auf Kapitel VII gestützte Maßnahmen ergreifen, die die territoriale Unversehrtheit oder politische Unabhängigkeit eines Staates verletzen. Ein Territorium darf nicht ohne Zustimmung der Streitparteien einem Staat zugesprochen oder in die Unabhängigkeit entlassen werden.[560] Ferner ergibt sich aus Artikel 2 Ziffer 1, dass der Sicherheitsrat den Parteien eines Konfliktes nicht einseitig die Bedingungen für die Beilegung der Auseinandersetzung diktieren darf.[561] *Matheson* vertritt in diesem Zusammenhang die Ansicht, der Sicherheitsrat dürfe den Status, die Grenzen, das politische System oder die Rechtsordnung eines Staates durch einseitigen Beschluss auf Grundlage von Kapitel VII verändern, wenn er der Ansicht ist, dies sei für die Wiederherstellung von Frieden und Sicherheit erforderlich.[562] In eine ähnliche Richtung geht die Ansicht von *Seidel*, wonach der Weltfrieden in bestimmten Fällen nicht durch eine Bewahrung, sondern nur durch eine Änderung des territorialen Status

---

[558] Siehe 3. Teil, Abschnitt D.I., unten S. 183 ff.

[559] T. D. Gill (Fn. 513), S. 85; T. Irmscher (Fn. 331), S. 364.

[560] IGH, Legal Consequences for States of the Continued Presence of South Africa in Namibia (South-West Africa) Notwithstanding Security Council Resolution 276, Sondervotum von Richter Sir Gerald Fitzmaurice, ICJ-Reports 1971, S. 294, Ziffer 115; E. Klein, Statusverträge im Völkerrecht (1980), S. 107; C. Stahn, UN Transitional Administrations (Fn. 333), S. 118; J. A. Frowein/N. Krisch (Fn. 407), S. 712 Rz. 31; A. de Hoogh (Fn. 494), S. 33.

[561] T. D. Gill (Fn. 513), S. 85 f.; T. Irmscher (Fn. 331), S. 364.

[562] M. J. Matheson (Fn. 464), S. 85.

quo wiederhergestellt werden könne.[563] Mit dem Grundsatz der souveränen Gleichheit der Staaten sind diese Ansichten nicht vereinbar.

Für die Tätigkeit der UNMIK bedeutet der Grundsatz der souveränen Gleichheit der Staaten, dass sie einen Kernbereich der Souveränität Serbiens respektieren muss. Die UNMIK darf das Kosovo beispielsweise nicht einseitig in die Unabhängigkeit entlassen oder die Staatsgrenzen Serbiens verändern.[564] Der Grundsatz greift auch bei Maßnahmen der UNMIK ein, die offensichtlich und schwerwiegend in den Kernbereich der Souveränität Serbiens eingreifen. Zu weit geht allerdings die von *de Hoogh* geäußerte Ansicht, Maßnahmen der UNMIK verletzten bereits dann den Grundsatz in Artikel 2 Ziffer 1, wenn diese eine mögliche Wiedereingliederung des Kosovo in das Staatsgebiet Serbiens nach Beendigung der Übergangsverwaltung und Wiederherstellung der vollen Souveränität erschwerten.[565] Dem kann entgegen gehalten werden, dass ein offensichtlicher und schwerwiegender Eingriff in die Souveränität nur bei solchen Maßnahmen anzunehmen sein dürfte, die eine Wiedereingliederung des verwalteten Territoriums unmöglich machen. Für eine weitere Auslegung gibt der Wortlaut und der Zweck des Grundsatzes der souveränen Gleichheit der Staaten keinen Anhaltspunkt.

c. Interventionsverbot

Eine weitere Schranke der Rechtsetzungsbefugnis der UNMIK zum Schutz von Souveränitätsrechten Serbiens könnte sich aus dem Interventionsverbot gemäß Artikel 2 Ziffer 7 UN-Charta ergeben. Die Vorschrift lautet:

> Aus dieser Charta kann eine Befugnis der Vereinten Nationen zum Eingreifen in Angelegenheiten, die ihrem Wesen nach nur zur inneren Zuständigkeit eines Staates gehören, oder eine Verpflichtung der Mitglieder, solche Angelegenheiten einer Regelung auf Grund dieser Charta zu unterwerfen, nicht abgeleitet werden; die Anwendung von Zwangsmaßnahmen nach Kapitel VII wird durch diesen Grundsatz nicht berührt.

Das Interventionsverbot garantiert den Mitgliedstaaten folglich einen internen Bereich, in den die Vereinten Nationen nicht eingreifen dürfen. Der Begriff des

---

563 G. Seidel, A New Dimension of the Right of Self-Determination in Kosovo?, in: C. Tomuschat (Hrsg.), Kosovo and the International Community (2002), S. 213.

564 A. Yannis (Fn. 335), S. 1048; T. Irmscher (Fn. 331), S. 364; H. Eiff (Fn. 340), S. 92. Nach Ansicht von Eiff wäre der Sicherheitsrat allerdings nicht gehindert festzustellen, dass die Souveränität Serbiens über das Kosovo nicht mehr besteht, weil es sich dabei nicht um eine Rechts-, sondern um eine Tatsachenfrage handele, a.a.O., S. 93.

565 A. de Hoogh (Fn. 494), S. 39.

internen Zuständigkeitsbereichs ist nicht definiert. Es handelt sich um einen dynamischen Begriff, der sich nach dem Stand der internationalen Beziehungen richtet.[566] Je enger die Staaten auf verschiedensten Gebieten zusammenarbeiten, desto kleiner ist der interne Zuständigkeitsbereich. Es ist aber möglich, zum internen Zuständigkeitsbereich der Staaten die Grundentscheidung über das politische, wirtschaftliche, soziale und kulturelle System und die Außenpolitik zu zählen.[567] Artikel 2 Ziffer 7 steht Maßnahmen der Vereinten Nationen in diesen Bereichen entgegen. Ausnahmen vom Interventionsverbot sieht die Vorschrift für Zwangsmaßnahmen des Sicherheitsrats auf der Grundlage von Kapitel VII vor.

Die UNMIK übt im Kosovo an Stelle der Organe des Staates Serbien die Gebietshoheit aus. Sie baut politische Strukturen für Autonomie und Selbstverwaltung auf, kümmert sich um soziale Belange der Bevölkerung durch den Wiederaufbau des Gesundheitssystems und andere Maßnahmen, organisiert das Schul- und Bildungswesen und hat zahlreiche Maßnahmen für den wirtschaftlichen Wiederaufbau des Kosovo ergriffen. In der Übernahme von Aufgaben aus dem internen Zuständigkeitsbereich Serbiens liegt gerade der Zweck der Unterstellung des Kosovo unter ein UN-Verwaltung. Bis zur Klärung des endgültigen Status des Kosovo soll die Verwaltung die staatlichen Organe Serbiens vollständig ersetzen. Die UNMIK wird daher in allen Gebieten tätig, die nach der Rechtsprechung des IGH dem internen Zuständigkeitsbereich der Staaten zugewiesen sind.

Das Interventionsverbot greift jedoch nicht ein, wenn die Ausnahme in Artikel 2 Ziffer 7 für Zwangsmaßnahmen nach Kapitel VII auf die UNMIK und ihre Rechtsetzungsmaßnahmen Anwendung findet. Die Unterstellung des Kosovo unter eine UN-Verwaltung und die Errichtung der UNMIK ist eine solche Zwangsmaßnahme. Der Sicherheitsrat beruft sich in Resolution 1244 auf seine Befugnisse aus Kapitel VII. Es stellt sich aber die Frage, ob auch die einzelnen Maßnahmen der UNMIK als Zwangsmaßnahmen zu qualifizieren sind. Da Kapitel VII, wie ausgeführt, nicht die Rechtsgrundlage für Maßnahmen der UNMIK im Wiederaufbaubereich ist, kommt eine Verletzung des Interventionsverbots durch einzelne Maßnahmen in Betracht. Hierbei muss aber berücksichtigt werden, dass der allumfassende Eingriff in den internen Zuständigkeitsbereich Serbiens bereits in der Unterstellung des Kosovo unter UN-Verwaltung durch den Sicherheitsrat liegt. Durch diese Unterstellung wird Serbien die Ausübung

[566] StIGH, Nationality Decrees Issued in Tunis and Morocco (French Zone) on November 8th, 1921 (France v. Great Britain), Advisory Opinion, 07.02.1923, PCIJ Series B, Nr. 4, S. 24.

[567] IGH, Case Concerning Military and Paramilitary Activities In and Around Nicaragua (Nicaragua v. United States of America), ICJ Reports 1986, S. 107 f., Ziffer 205.

der Gebietshoheit vollständig untersagt. Dieser – durch Kapitel VII gerechtfertigte – Eingriff dauert an, seitdem die UNMIK im Juni 1999 ihre Tätigkeit im Kosovo aufgenommen hat. Daher stellen die einzelnen Maßnahmen der UNMIK für sich genommen keine Eingriffe in das Interventionsverbot des Artikels 2 Ziffer 7 dar. Die Rechtssetzung der UNMIK im Bereich des Wiederaufbaus verstößt nicht gegen das Interventionsverbot des Artikels 2 Ziffer 7.

Dieses Ergebnis befriedigt allerdings nicht, weil es die Tiefe und die Dauer des Eingriffs in die Souveränität Serbiens nicht berücksichtigt. Die Unterstellung des Kosovo unter UN-Verwaltung ist kein punktueller und vergleichsweise kurz andauernder Eingriff, sondern eine erhebliche und dauerhafte Beeinträchtigung der Souveränität Serbiens. In dieser Situation stehen sich auf Dauer die Interessen der internationalen Gemeinschaft an einer Beendigung des Konflikts im Kosovo und das Interesse Serbiens an einer Wahrung und geringstmöglichen Beeinträchtigung seiner Souveränität gegenüber. Für einen Ausgleich dieses Interessengegensatzes ist es nicht sachgerecht, das Interventionsverbot in Artikel 2 Ziffer 7 ausschließlich als starre Abgrenzungsnorm zwischen den Befugnissen der Vereinten Nationen und den Interessen des betroffenen Mitgliedstaates zu verstehen. Vorzugswürdig ist der Vorschlag von *Nolte*, Artikel 2 Ziffer 7 im Lichte des völkerrechtlichen Verhältnismäßigkeitsprinzips auszulegen und so eine flexible Abwägung des Interventionsinteresses der Vereinten Nationen mit dem Souveränitätsinteresse des betroffenen Staates zu ermöglichen.[568] Auf diesem Wege kann verhindert werden, dass das Interventionsverbot völlig seiner Bedeutung beraubt wird, wenn der Sicherheitsrat in einem innerstaatlichen Sachverhalt eine Friedensbedrohung oder einen Friedensbruch im Sinne des Artikels 39 UN-Charta sieht und Maßnahmen auf der Grundlage von Kapitel VII ergreift.

Legt man Artikel 2 Ziffer 7 im Lichte des Verhältnismäßigkeitsgrundsatzes aus, dann führt dies zu einer Abwägung des angestrebten Zwecks mit den eingesetzten Mitteln. Je tiefer in den internen Zuständigkeitsbereich eines Staates eingegriffen wird und je länger dieser Eingriff andauert, desto stärker müssen die Souveränitätsinteressen des betroffenen Staates bei der Abwägung berücksichtigt werden. Im Einklang mit der ausdrücklichen Ausnahme in Artikel 2 Ziffer 7 für Zwangsmaßnahmen nach Kapitel VII überwiegen die Eingriffsinteressen der internationalen Gemeinschaft überall dort, wo eine Maßnahme einen unmittelbaren Bezug zur Wiederherstellung von Frieden und Sicherheit hat. Dies ist etwa

---

[568] G. Nolte, Article 2(7), in: B. Simma (Hrsg.), The Charter of the United Nations. A Commentary, Bd. 1, 2. Aufl., München 2002, S. 171 Rz. 75; zustimmend L. von Carlowitz (Fn. 333), S. 344; kritisch M. Forster, Nation Building durch die internationale Gemeinschaft. Eine völkerrechtliche Analyse der Verwaltungsmissionen der Vereinten Nationen im Kosovo und in Ost-Timor (2005), S. 111.

dann der Fall, wenn es darum geht, eine Friedensbedrohung oder einen Friedensbruch möglichst rasch zu beenden und auch nach einem Waffenstillstand für die Sicherheit der Bevölkerung des betroffenen Gebiets zu sorgen. Handelt es sich dagegen um Maßnahmen, bei denen der Wiederaufbau eines Konfliktgebiets im Vordergrund steht, sollte den Eingriffsinteressen nicht grundsätzlich der Vorrang eingeräumt werden. Hier verpflichtet der Verhältnismäßigkeitsgrundsatz zu einer Prüfung, ob ein Eingriff in den internen Zuständigkeitsbereich notwendig ist.

Für die Rechtsetzungsbefugnis der UNMIK bedeutet dies, dass sie im Sicherheitsbereich in den internen Zuständigkeitsbereich Serbiens eingreifen kann, ohne gegen das Interventionsverbot zu verstoßen. Denn es geht darum, die bewaffnete Auseinandersetzung möglichst rasch und effizient zu beenden und die Sicherheit der Bewohner des Kosovo zu gewährleisten. Dagegen hat die UNMIK im Wiederaufbaubereich zu prüfen, ob sie ihr Mandat und ihre Aufgaben auch durch die Anwendung von Vorschriften des serbischen Rechts erfüllen kann und so nur in die Rechtsanwendungs- und nicht in die Rechtssetzungshoheit Serbiens eingreift.

3. Zusammenfassung

Das Kosovo gehört unter UN-Verwaltung weiterhin solange zu Serbien, wie sein politischer Status nicht abschließend geklärt ist. Aus Resolution 1244 und aus den Zielen und Grundsätzen der Vereinten Nationen in Artikel 1 und 2 UN-Charta stehen Serbien Rechte zu, die die UNMIK bei ihrer Tätigkeit und insbesondere bei der Rechtsetzung beachten muss.

Die Rechte Serbiens können sich aus Normen des Völkerrechts ergeben, die den Schutz der staatlichen Souveränität bezwecken. Welche Normen des allgemeinen Völkerrechts die Souveränitätsinteressen Serbiens schützen, ergibt sich nicht aus der UN-Charta. Für die einzelnen Maßnahmen der UNMIK ist jeweils zu ermitteln, ob es Normen gibt, die den fraglichen Sachverhalt regeln und ob deren Anwendungsbereich in persönlicher, sachlicher und zeitlicher Hinsicht eröffnet ist.

Eine weitere Schranke für die Rechtsetzungstätigkeit der UNMIK im Wiederaufbaubereich stellt der Grundsatz der Verhältnismäßigkeit dar. Der Verhältnismäßigkeitsgrundsatz bewirkt, dass die Gesetzesanwendung durch die UNMIK Vorrang vor dem Erlass neuer Vorschriften hat. Denn die Anwendung bestehender Normen greift weniger tief in die Souveränität Serbiens ein. Eine Neuregelung durch die UNMIK ist danach verhältnismäßig, wenn das einschlägige serbische Recht gegen internationale Menschenrechtsstandards oder das Mandat der UNMIK verstößt oder nicht geeignet ist, damit die UNMIK ihre Aufgaben aus Resolution 1244 erfüllen kann.

II. Rechte der Bewohner und der Bevölkerung des Kosovo

Die Ausübung der Gebietshoheit durch die UNMIK im Kosovo ist kein Selbstzweck, sondern hat in erster Linie dem Wohle der Bewohner zu dienen. Die Resolution 1244 (1.) und die UN-Charta (2.) sind daher danach zu untersuchen, ob und welche Rechtspositionen sie den einzelnen Bewohnern und der gesamten Bevölkerung verleihen.[569] Soweit solche Rechtspositionen bestehen, stellen sie Schranken für die Befugnisse der UNMIK dar, die sie bei deren Ausübung beachten muss.

1. Rechte aus Resolution 1244

Die Resolution 1244 erwähnt an mehreren Stellen die Bewohner und die Bevölkerung des Kosovo. Die Aussagen richten sich teilweise an die Bewohner individuell (a.) und teilweise an die gesamte Bevölkerung des Kosovo (b.).

a. Rechte der Bewohner des Kosovo

In der Präambel, im Text und in den Anhängen der Resolution 1244 wird das Recht aller Flüchtlinge und Vertriebenen auf eine Rückkehr in ihre Heimat hervorgehoben.[570] Dieses Recht sollen die internationalen Präsenzen durchsetzen. Die KFOR hat für ein sicheres Umfeld im Kosovo zu sorgen, das Flüchtlingen und Vertriebenen die Rückkehr ermöglicht.[571] Auch die UNMIK hat die Aufgabe, die Voraussetzungen für eine Rückkehr der Flüchtlinge zu schaffen.[572] Schranken der Rechtsetzungsbefugnis ergeben sich aus dieser Pflicht allerdings nicht.

---

[569] Im Text ist von den Bewohnern die Rede, wenn es um Rechtspositionen der einzelnen Menschen im Kosovo geht, und von der Bevölkerung, wenn die gesamte Bevölkerung des Kosovo gemeint ist.

[570] Resolution 1244, Präambel, 4., 5., und 7. Erwägungsgrund; Anhang 1, Ziffer 5 und Anhang 2, Ziffer 7.

[571] Ziffer 9 lit. c) Resolution 1244.

[572] Ziffer 11 lit. k) Resolution 1244.

Eine unmittelbare Bindung der UNMIK an Menschenrechte könnte sich aus Ziffer 11 lit. j) von Resolution 1244 ergeben. Darin wird der UNMIK die Aufgabe zugewiesen, die Menschenrechte zu schützen und zu fördern. Die Vorschrift lautet:

> [The Security Council d]ecides that the main responsibilities of the international civil presence will include: [...]
>
> (j) Protecting and promoting human rights; [...]

Der Wortlaut von Ziffer 11 lit. j) ist mehrdeutig. Auf der einen Seite spricht für eine unmittelbare Bindung der UNMIK an die Menschenrechte, dass der Auftrag zum Schutz und zur Förderung ohne Achtung der Menschenrechte nicht erfüllt werden kann. Es wäre mit dem Schutzauftrag unvereinbar, wenn die UNMIK die Menschenrechte verletzten dürfte.[573] Auf der anderen Seite ist festzuhalten, dass Schutz und Förderung nicht dasselbe sind wie eine Pflicht zur Achtung der Menschenrechte.[574] In den völkerrechtlichen Abkommen, die eine echte Bindung der Vertragsparteien an die Menschenrechte begründen, ist stets von einer Achtung der Menschenrechte die Rede.[575]

Dagegen spricht einiges dafür, eine unmittelbare Bindung der UNMIK an die Menschenrechte mit dem Zweck der Resolution 1244 zu begründen. Nach der Vorstellung des Sicherheitsrats soll die UNMIK als temporärer Inhaber der Gebietshoheit gegenüber der Bevölkerung genau die Stellung einnehmen, die vorher Serbien innehatte.[576] Grund und Anlass für das Einschreiten des Sicherheitsrats war die Behandlung der Kosovo-Albaner durch Jugoslawien seit 1989 und insbesondere seit Ausbruch der bewaffneten Auseinandersetzung im Jahre 1996. Vor diesem Hintergrund hat die UN-Verwaltung den Zweck, eine weitere missbräuchliche Ausübung der Hoheitsgewalt durch Serbien zu unterbinden. Die Bewohner des Kosovo können daher nicht rechtlos der UNMIK ausgeliefert sein. Für sie kann es keinen Unterschied machen, ob Serbien oder die Vereinten Nationen die Hoheitsgewalt ausüben. Die Bewohner haben stets das Bedürfnis, vor Eingriffen in ihre Rechte geschützt zu werden. Es wäre daher kaum mit dem

---

573 M. Bothe/T. Marauhn (Fn. 332), S. 237; J. Cerone, Minding the Gap – Outlining KFOR Accountability in Post-Conflict Kosovo, in: EJIL 12 (2001), S. 474. Für eine Verpflichtung der UNMIK zur Achtung der Menschenrechte aus Ziffer 11 lit. j) Resolution 1244 auch S. Hobe/J. Griebel (Fn. 331), S. 145.

574 T. Irmscher (Fn. 331), S. 366; Auch M. Brand (Fn. 343), S. 476, und J. Nilsson (Fn. 342), S. 396, verneinen eine unmittelbare Bindung der UNMIK an Menschenrechte aus Resolution 1244.

575 Vgl. z. B. Artikel 2 Abs. 1 IPbürgR.

576 T. Irmscher (Fn. 331), S. 354.

Zweck von Resolution 1244 vereinbar, wenn die UNMIK die Menschenrechte der Bewohner des Kosovo missachten dürfte.

Allerdings haben der UN-Generalsekretär und die UNMIK den Schutzauftrag in Ziffer 11 lit. j) der Resolution 1244 nicht als Rechtspflicht zur Achtung der Menschenrechte interpretiert. Nach dem Verständnis des UN-Generalsekretärs trifft nur die Mitarbeiter der UNMIK eine persönliche Pflicht, im Einklang mit international anerkannten Menschenrechtsstandards zu handeln. Im Bericht vom 12.07.1999 heißt es hierzu:

> In exercising their functions, all persons undertaking public duties or holding public office in Kosovo will be required to observe internationally recognized human rights standards, and shall not discriminate against any person on any grounds, such as sex, race, colour, language, religion, political or other opinion, national, ethnic or social origin, association with a national community, property, birth or other status.[577]

Dagegen soll sich die UNMIK selbst bei der Erfüllung ihrer Aufgaben von internationalen Menschenrechtsstandards als der Grundlage für die Ausübung ihrer Hoheitsgewalt im Kosovo lediglich leiten lassen:

> In its resolution 1244 (1999), the Security Council requests UNMIK to protect and promote human rights in Kosovo. In assuming its responsibilities, UNMIK will be guided by internationally recognized standards of human rights as the basis for the exercise of its authority in Kosovo. UNMIK will embed a culture of human rights in all areas of activity, and will adopt human rights policies in respect of its administrative functions.[578]

Folglich haben nach dem Verständnis des UN-Generalsekretärs nur die Mitarbeiter der UNMIK und nicht sie selbst eine Rechtspflicht zur Achtung der Menschenrechte. Der UN-Generalsekretär versteht die Aufgabe zum Schutz und zur Förderung der Menschenrechte nur als einen politischen Auftrag der UNMIK.[579]

Auch die UNMIK entnimmt Resolution 1244 keine unmittelbare Bindung an Menschenrechte. Sie setzte die Vorgaben des UN-Generalsekretärs in Ziffer 2 der Regulation 1999/1 und Ziffern 1.3 und 1.4 der Regulation 1999/24 um. Darin wird nur eine Pflicht der Mitarbeiter der UNMIK begründet, international anerkannte Menschenrechtsstandards zu achten, wie sie in grundlegenden Menschenrechtsabkommen enthalten sind. Ziffer 1.3 und 1.4 der Regulation 1999/24 lauten:

---

[577] Report of the Secretary-General, 12.07.1999 (Fn. 57), Ziffer 38.
[578] Report of the Secretary-General, 12.07.1999 (Fn. 57), Ziffer 42.
[579] T. Irmscher (Fn. 331), S. 367.

1.3 In exercising their functions, all persons undertaking public duties or holding public office in Kosovo shall observe internationally recognized human rights standards, as reflected in particular in:

(a) The Universal Declaration on Human Rights of 10 December 1948;

(b) The European Convention for the Protection of Human Rights and Fundamental Freedoms of 4 November 1950 and the Protocols thereto;

(c) The International Covenant on Civil and Political Rights of 16 December 1966 and the Protocols thereto;

(d) The International Covenant on Economic, Social and Cultural Rights of 16 December 1966;

(e) The Convention on the Elimination of All Forms of Racial Discrimination of 21 December 1965;

(f) The Convention on Elimination of All Forms of Discrimination Against Women of 17 December 1979;

(g) The Convention Against Torture and Other Cruel, Inhumane or Degrading Treatment or Punishment of 17 December 1984; and

(h) The International Convention on the Rights of the Child of 20 December 1989.

1.4 No person undertaking public duties or holding public office in Kosovo shall discriminate against any person on any ground such as sex, race, colour, language, religion, political or other opinion, natural, ethnic or social origin, association with a national community, property, birth or other status. [...]

Ziffer 1.3 und 1.4 der Regulation 1999/24 begründen keine Pflicht der UNMIK, sondern stellen ausschließlich auf Personen ab, die ein öffentliches Amt bekleiden. Doch auch die persönliche Pflicht der Mitarbeiter der UNMIK zur Achtung der Menschenrechte ist in ihrer praktischen Wirksamkeit dadurch stark eingeschränkt, dass die Mitarbeiter Immunität von allen gerichtlichen Verfahren wegen solcher Maßnahmen genießen, die sie in ihrer Eigenschaft als Mitarbeiter der UNMIK ergreifen.[580] Anders verhält es sich mit den PISG, die gemäß Ziffer 3.2 des Verfassungsrahmens auch als Institutionen die Menschenrechte achten müssen:

> The Provisional Institutions of Self-Government shall observe and ensure internationally recognized human rights and fundamental freedoms, [...]

---

[580] Siehe zur Immunität von UNMIK und KFOR und deren Angehörigen Ziffer 3 Regulation 2000/47 „On the Status, Privileges and Immunities of KFOR and UNMIK and their Personnel in Kosovo", UN Doc. UNMIK/REG/2000/47 vom 18.08.2000.

Die UN-Menschenrechtskommission, einer Anregung von Serbien-Montenegro folgend, forderte die UNMIK im Juli 2004 auf, einen Bericht über die Einhaltung der Rechte und Freiheiten aus dem IPbürgR im Kosovo im Sinne von Artikel 40 IPbürgR zu erstatten.[581] Dem kam die UNMIK nach und übermittelte der Menschenrechtskommission am 07.02.2006 einen Bericht über die Lage der Menschenrechte im Kosovo seit Juni 1999.[582] In dem Bericht hob die UNMIK hervor, dass die Geltung der in Regulation 1999/24 genannten Menschenrechtsinstrumente ausschließlich auf der Regulation beruhe und dass dies keinerlei Bindung der UNMIK an die Menschenrechtsinstrumente impliziere.[583]

Dass sich die UNMIK nicht unmittelbar an die Menschenrechte gebunden fühlt, zeigt auch der Umstand, dass sie keine Möglichkeiten für die Bewohner des Kosovo geschaffen hat, sich gegen eine Verletzung ihrer Menschenrechte durch die UNMIK zur Wehr zu setzen. Die Bewohner des Kosovo können sich nur an den Ombudsmann wenden. Dieser hat jedoch nur die Möglichkeit, Verletzungen der Menschenrechte zu untersuchen, zwischen der UNMIK und Betroffenen zu vermitteln und Untersuchungsergebnisse zu veröffentlichen.[584] Im März 2006 hat UNMIK nach Diskussionen mit dem Europarat außerdem ein *Human Rights Advisory Panel* eingesetzt, das aus drei internationalen Menschenrechtsexperten zusammengesetzt ist.[585] Die Aufgabe des Panel besteht darin, behauptete Menschenrechtsverletzungen durch die UNMIK zu untersuchen, Berichte über die Untersuchungsergebnisse zu veröffentlichen und Empfehlungen abzugeben. Allerdings sind auch die Berichte des Panel für den SRSG nicht bindend; dieser entscheidet allein, ob er den Empfehlungen des Panel folgt oder nicht.[586]

Im Ergebnis ist daher festzuhalten, dass sich eine unmittelbare Bindung der UNMIK an die Menschenrechte aus Resolution 1244 nicht eindeutig aus ihrem Wortlaut ergibt. Der Zweck der Errichtung der UNMIK spricht für eine Bin-

---

581 Vgl. Concluding Observations of the Human Rights Committee: Serbia and Montenegro, 12.08.2004, UN Doc. CCPR/CO/81/SEMO, Rz. 3.

582 Report Submitted by the United Nations Interim Administration Mission in Kosovo to the Human Rights Committee on the Human Rights Situation in Kosovo since June 1999, UN Doc. CCPR/C/UNK/1 vom 07.02.2006.

583 Report Submitted by UNMIK on the Human Rights Situation in Kosovo (Fn. 582), Ziffer 123.

584 Siehe zur Einrichtung der Ombundsperson und seiner Befugnisse Regulation 2006/6 „On the Ombudsperson Institution in Kosovo“, UN Doc. UNMIK/REG/2006/6 vom 16.02.2006. Die Einrichtung der Ombudsperson wurde bereits im Jahr 2000 geschaffen, vgl. Regulation 2000/28 „On the Establishment of the Ombudsperson Institution in Kosovo“, UN Doc. UNMIK/REG/2000/28 vom 30.06.2000.

585 Siehe Regulation 2006/12 „On the Establishment of the Human Rights Advisory Panel“, UN Doc. UNMIK/REG/2006/12 vom 23.03.2006.

586 Ziffer 17.3 Regulation 2006/12.

dung. Der UN-Generalsekretär und die UNMIK entnehmen dem in Ziffer 11 lit. j) erteilten Auftrag zum Schutz und zur Förderung der Menschenrechte allerdings nur die Pflicht der UNMIK, bei der Verwaltung des Kosovo die Menschenrechte zu berücksichtigen. Aus Resolution 1244 lässt sich daher nicht eindeutig auf eine unmittelbare Bindung der UNMIK an die Menschenrechte schließen.

b. Rechte der Bevölkerung des Kosovo

Resolution 1244 erwähnt an mehreren Stellen die Bevölkerung des Kosovo. In der Präambel bekräftigt der Sicherheitsrat seine Forderung nach substanzieller Autonomie und Selbstverwaltung für das Kosovo, die er bereits in früheren Resolutionen formuliert hatte.[587] Dementsprechend sollen die Bewohner des Kosovo bereits unter der von den Vereinten Nationen einzurichtenden Übergangsverwaltung Autonomie und Selbstverwaltung innerhalb Serbiens genießen können. Zu diesem Zweck soll die UNMIK zuerst demokratische Selbstverwaltungsinstitutionen im Kosovo errichten, ihre Verwaltungsaufgaben dann auf diese Institutionen übertragen und deren weitere Entwicklung beaufsichtigen.[588]

Es stellt sich die Frage, welche Rechte der Bevölkerung des Kosovo aus der Gewährung von substanzieller Autonomie und Selbstverwaltung zustehen. Die Begriffe Autonomie und Selbstverwaltung beschreiben das Verhältnis einer territorialen Einheit zu einem Gesamtstaat und eines definierbaren Teils des Staatsvolkes zum gesamten Staatsvolk. Während der Begriff der Autonomie keine feststehende Bedeutung hat, ist der Begriff der Selbstverwaltung genauer.[589] Die UN-Charta verwendet ihn in Artikel 73 lit. b) und Artikel 76 lit. b). Selbstverwaltung kann man als einen politischen Status definieren, der einer menschlichen Gesellschaft die umfassende Zuständigkeit für ihre internen Angelegenheiten zuweist, während die auswärtigen Beziehungen von einer anderen Macht wahrgenommen werden und die Anwesenheit fremder Einheiten akzeptiert werden muss.[590] Aus der Pflicht zur Gewährung von Autonomie und Selbstverwaltung ergibt sich daher einerseits, dass die UNMIK die Bevölkerung an der Verwaltung des Kosovo beteiligen muss.[591] Sie hat eine politische Struktur zu schaffen, die es der Bevölkerung des Kosovo ermöglicht, ihre internen Angelegenheiten selber zu regeln. Andererseits bedeutet die Gewährung von Autonomie und Selbstverwaltung, dass die Bevölkerung nicht an allen politi-

---

[587] Resolution 1244, Präambel, 11. Erwägungsgrund.
[588] Ziffer 10, 11 lit. a), lit. c), lit. f) Resolution 1244.
[589] C. Tomuschat (Fn. 335), S. 328.
[590] C. Tomuschat (Fn. 335), S. 328.
[591] C. Stahn, International Territorial Administration (Fn. 335), S. 148 f.

schen Entscheidungsprozessen beteiligt werden muss, sondern nur an solchen, die ihre internen Angelegenheiten betreffen. In übrigen Bereichen besteht kein oder nur ein geringerer Anspruch auf Beteiligung.

Im Zusammenhang mit der Pflicht zur Gewährung substanzieller Autonomie und Selbstverwaltung wird die Frage diskutiert, ob darin eine Bestätigung des Selbstbestimmungsrechts der Bewohner des Kosovo durch den Sicherheitsrat zu sehen ist, oder ob der Sicherheitsrat vielmehr deutlich machen wollte, dass sich die Bewohner gerade nicht auf das Selbstbestimmungsrecht berufen können. *Zimmermann/Stahn* sowie *Tomuschat* heben hervor, dass die Resolution 1244 den Begriff des Selbstbestimmungsrechts nicht gebraucht.[592] Nach Ansicht von *Tomuschat* und *Lagrange* kann von den verwendeten Begriffen der Autonomie und Selbstverwaltung auch nicht auf das Selbstbestimmungsrecht geschlossen werden. Der Begriff der Selbstverwaltung sei enger als der des Selbstbestimmungsrechts, da er sich auf die interne Ordnung eines Staates beziehe.[593] Dagegen spricht nach Ansicht von *Zimmermann/Stahn* für eine Bestätigung des Selbstbestimmungsrechts, dass Autonomie und Selbstverwaltung als Institute des Verfassungsrechts wichtige Gestaltungsmöglichkeiten für die Umsetzung des inneren Selbstbestimmungsrechts in einer innerstaatlichen Ordnung seien.[594] *Bothe/Marauhn* meinen, der Sicherheitsrat habe es in Resolution 1244 vermieden, die Bevölkerung des Kosovo eindeutig als Volk zu bezeichnen.[595]

Es ist aber zu berücksichtigen, dass es für die Frage nach den Rechten der Bevölkerung des Kosovo aus Resolution 1244 nicht darauf ankommt, ob diese eine Bekräftigung des Selbstbestimmungsrechts enthält oder nicht. Denn selbst wenn in der Gewährung von Autonomie und Selbstverwaltung eine Bestätigung des Selbstverwaltungsrechts der Bevölkerung des Kosovo läge, wäre dieses Recht nur in seiner Ausprägung als innere Selbstbestimmung anwendbar. Trotz der Unterschiede zwischen Autonomie und Selbstbestimmung haben beide Rechtsinstitute in Bezug auf das Kosovo einen weitgehend identischen Gehalt. Beide gewähren einen Anspruch auf eine demokratisch vermittelte Teilhabe an der Verwaltung des Kosovo in inneren Angelegenheiten.

Je nach Reichweite wird von äußerem und innerem Selbstbestimmungsrecht gesprochen.[596] Das innere Selbstbestimmungsrecht gewährt im Kern einem Volk

---

592 A. Zimmermann/C. Stahn (Fn. 338), S. 453; C. Tomuschat (Fn. 335), S. 341.

593 C. Tomuschat (Fn. 335), S. 341; E. Lagrange (Fn. 55), S. 345.

594 C. Stahn, Constitution without a State (Fn. 13), S. 541; A. Zimmermann/C. Stahn (Fn. 338), S. 456.

595 M. Bothe/T. Marauhn (Fn. 332), S. 239.

596 Vgl. Badinter Commission, Opinions Nos. 4 and 5, 11.01.1992, abgedruckt in: ILM 31 (1992), S. 1501-1505; D. Thürer, Self-Determination, in: R. Bernhardt (Hrsg.), EPIL, Bd.

das Recht, die politische Regierungsform zu wählen und frei und ohne äußere Einflussnahme über seine kulturelle Entwicklung zu unterscheiden.[597] Es ist zu unterscheiden vom äußeren Selbstbestimmungsrecht, worunter das Recht eines Volkes verstanden wird, im Wege der Sezession einen eigenen Staat zu gründen. Ein solches Recht wird in der Völkerrechtslehre entweder vollständig abgelehnt oder nur unter engen Voraussetzungen zugelassen.[598] Zu beachten ist aber, dass die Resolution 1244 zumindest für ihre Geltungsdauer ein Sezessionsrecht der Bevölkerung des Kosovo ausdrücklich ausschließt.[599] Der Sicherheitsrat hebt in Resolution 1244 mehrfach hervor, dass das Kosovo für die Dauer der Unterstellung unter eine UN-Verwaltung Teil Serbiens bleibt. Wenn überhaupt, dann lässt sich aus Resolution 1244 daher nur eine Bekräftigung des inneren Selbstbestimmungsrechts entnehmen. Die Frage, ob Resolution 1244 das Selbstbestimmungsrecht bestätigt, kann daher offen bleiben.

Die Bevölkerung des Kosovo hat demnach aus Resolution 1244 einen Anspruch auf Autonomie und Selbstverwaltung. Dieser schränkt die Rechtsetzungsbefugnis der UNMIK in denjenigen Bereichen ein, die innere Angelegenheiten des Kosovo betreffen. Bei Fragen, deren Bedeutung über die inneren Angelegenheiten hinausgeht, muss die UNMIK dagegen die Bevölkerung des Kosovo nur in geringerem Ausmaß beteiligten. Vorbild für die Trennung zwischen denjenigen Aufgabenbereichen, bei denen die UNMIK größere Befugnisse ausüben darf und solchen, bei denen die Bevölkerung maßgeblich beteiligt werden muss, kann das Verhältnis zwischen einem Bundesstaat und seinen Gliedstaaten sein.[600] Diesen Anspruch der Bevölkerung hat die UNMIK jedoch bereits weitgehend durch den Erlass des Verfassungsrahmens und die Bildung der PISG erfüllt. Die Aufgabenbereiche der UNMIK und der PISG sind im Verfassungsrahmen voneinander abgegrenzt.[601] Die im Verfassungsrahmen vorbehaltenen Aufgaben wie Grenzkontrolle, auswärtige Beziehungen, Währungspolitik, Luftverkehr und Notstandsbefugnisse sind typische Aufgaben, die föderale Systeme der Bundesebene zuweisen.[602] Die für die vorliegende Untersuchung maßgeblichen Zuständigkeiten für die Unternehmensprivatisierung hat sich die UNMIK ebenfalls vorbehalten.[603] Für die Prüfung der Rechtmäßigkeit der Unterneh-

---

4 (2000), S. 372; A. Zimmermann/C. Stahn (Fn. 338), S. 453; S. Hobe/O. Kimminich, Einführung in das Völkerrecht, 8. Aufl. (2004), S. 118.

597 S. Hobe/O. Kimminich (Fn. 596), S. 118.

598 Vgl. D. Thürer (Fn. 596), S. 371 f.; H. Eiff (Fn. 340), S. 91 m.w.N.

599 So auch R. Muharremi (Fn. 333), S. 126; J. Friedrich (Fn. 409), S. 249.

600 Vgl. R. Wilde (Fn. 355), S. 595.

601 Siehe zur Trennung der Aufgaben der UNMIK und der PISG 1. Teil, Abschnitt B.II.3., oben S. 27 ff.

602 A. Zimmermann/C. Stahn (Fn. 338), S. 428.

603 Kapitel 8.1 lit. q) und r) Regulation 2001/9.

mensprivatisierung wird es daher nur darauf ankommen, ob die Entscheidung der UNMIK, sich diese Materie vorzubehalten, zu beanstanden ist.

2. Rechte aus der UN-Charta

Rechte der Bewohner und der Bevölkerung des Kosovo, die die Rechtsetzungsbefugnis der UNMIK einschränken, können sich ferner aus der UN-Charta ergeben. Auch hier wird im Folgenden zwischen Rechten der Bewohner (a.) und der Bevölkerung (b.) unterschieden.

a. Rechte der Bewohner des Kosovo

Die Ziele und Grundsätze der Vereinten Nationen in Artikel 1 und 2 UN-Charta lassen möglicherweise auf individuelle Rechte der Bewohner des Kosovo schließen. Dabei ist allerdings zu beachten, dass sich die Ziele der Vereinten Nationen in Artikel 1 an die Mitgliedstaaten und an die Vereinten Nationen richten, nicht aber an Individuen. Rechte der Bewohner des Kosovo können sich daher nur mittelbar aus Artikel 1 ergeben. Relevant sind ferner Artikel 76 lit. c) und Artikel 55 lit. c) UN-Charta.

aa. Normen des allgemeinen Völkerrechts

Bei der Prüfung der Schranken der Rechtsetzungsbefugnis aus Rechten Serbiens ist bereits gezeigt worden, dass die UNMIK grundsätzlich verpflichtet ist, im Einklang mit dem Völkerrecht zu handeln. Für die Rechte der Bewohner des Kosovo gilt insoweit nichts anderes. Die UNMIK ist verpflichtet, Normen des allgemeinen Völkerrechts zu beachten, die individualschützender Natur sind. Solche Normen können insbesondere die Menschenrechte sein. Für die Überprüfung eines Rechtssetzungsaktes der UNMIK müssen daher zunächst diejenigen Menschenrechte ermittelt werden, deren Anwendungsbereich durch die Maßnahme in persönlicher und sachlicher Hinsicht eröffnet ist. Danach ist zu prüfen, ob der fragliche Rechtsakt den Anforderungen der anwendbaren Menschenrechte entspricht. Dies wird für die Regulation 2002/12 über die Unternehmensprivatisierung im folgenden Abschnitt untersucht.[604]

[604] Siehe hierzu 3. Teil, Abschnitt D.II, unten S. 198 ff.

bb. Achtung der Menschenrechte

Eine Pflicht der UNMIK zur Achtung der Menschenrechte ergibt sich auch aus Artikel 1 Ziffer 3 i.V.m. Artikel 55 lit. c) UN-Charta. Artikel 1 Ziffer 3 lautet:

> [Die Vereinten Nationen setzen sich das Ziel,] eine internationale Zusammenarbeit herbeizuführen, um internationale Probleme wirtschaftlicher, sozialer, kultureller und humanitärer Art zu lösen und die Achtung vor den Menschenrechten und Grundfreiheiten für alle ohne Unterschied der Rasse, des Geschlechts, der Sprache oder der Religion zu fördern und zu festigen;

Aus Artikel 1 Ziffer 3 ergibt sich die Vorgabe an die gesamte Tätigkeit der Vereinten Nationen, die Menschenrechte zu schützen und das Diskriminierungsverbot zu achten. Dies gilt auch für die UNMIK, die ein Nebenorgan des Sicherheitsrats im Sinne des Artikels 29 UN-Charta ist. Es wäre mit der Zielsetzung des Artikels 1 Ziffer 3 unvereinbar, wenn die Vereinten Nationen selbst Menschenrechte verletzen dürften. Daraus folgt, dass auch die UNMIK die Menschenrechte achten muss.

Artikel 55 lit. c) konkretisiert die Zielsetzung des Artikels 1 Ziffer 3:

> Um jenen Zustand der Stabilität und Wohlfahrt herbeizuführen, der erforderlich ist, damit zwischen den Nationen friedliche und freundschaftliche, auf der Achtung vor dem Grundsatz der Gleichberechtigung und Selbstbestimmung der Völker beruhende Beziehungen herrschen, fördern die Vereinten Nationen [...]
>
> c) die allgemeine Achtung und Verwirklichung der Menschenrechte und Grundfreiheiten für alle ohne Unterschied der Rasse, des Geschlechts, der Sprache und der Religion.

Artikel 55 lit. c) war nicht nur Grundlage für die Verabschiedung der fundamentalen Menschenrechtspakte, sondern enthält auch die Definition des Kerns des Menschenrechtsschutzes; dieser gilt auch für die Vereinten Nationen selbst.[605] An der Ausarbeitung der universalen Menschenrechtsabkommen waren Organe und Gremien der Vereinten Nationen maßgeblich beteiligt. Auch bei der praktischen Anwendung dieser Abkommen spielen die Vereinten Nationen eine herausragende Rolle.[606] Diese Aufgaben könnten die Vereinten Nationen nicht erfüllen, ohne selber die Menschenrechte zu achten.[607] Die Vereinten Nationen würden sich dem Vorwurf widersprüchlichen und treuwidrigen Verhaltens aus-

---

[605] A. Zimmermann/C. Stahn (Fn. 338), S. 445; E. Riedel, Article 55 (c), in: B. Simma (Hrsg.), The Charter of the United Nations. A Commentary, Bd. 2, 2. Aufl. (2002), S. 920.

[606] T. Giegerich, Vorbehalte zu Menschenrechtsabkommen: Zulässigkeit, Gültigkeit und Prüfungskompetenz von Vertragsgremien, in: ZaöRV 55 (1995), S. 745.

[607] M. Bothe/T. Marauhn (Fn. 332), S. 237; T. Irmscher (Fn. 331), S. 368.

setzen, wenn sie nicht dieselben Standards erfüllten, deren Einhaltung sie von den Mitgliedstaaten verlangen. Auch ein Zuwiderhandeln gegen die Resolutionen der Generalversammlung durch die Vereinten Nationen, insbesondere gegen die Allgemeine Erklärung der Menschenrechte, wäre daher inakzeptabel.[608] Dies entspricht auch der Sicht der Vereinten Nationen selbst, die der Geltung der Menschenrechte in Rahmen von Friedensmission eine herausragende Bedeutung zuweisen.[609]

cc. Regeln für Treuhandverwaltungen

Eine Pflicht der UNMIK zur Achtung der Menschenrechte ergibt sich ferner aus Artikel 76 lit. c) UN-Charta analog. Dort heißt es:

> Im Einklang mit den in Artikel 1 dieser Charta dargelegten Zielen der Vereinten Nationen dient das Treuhandsystem hauptsächlich folgenden Zwecken: [...]
>
> c) die Achtung vor den Menschenrechten und Grundfreiheiten für alle ohne Unterschied der Rasse, des Geschlechts, der Sprache oder der Religion zu fördern und das Bewusstsein der gegenseitigen Abhängigkeit der Völker der Welt zu stärken; [...].

Artikel 76 lit. c) bezieht sich zwar unmittelbar nur auf Treuhandverwaltungen auf Grundlage von Kapitel XII. Die Vorschrift kann aber analog auf andere Arten von Territorialverwaltungen angewandt werden.[610] Es besteht eine Regelungslücke, die auch planwidrig ist. Die UN-Charta enthält keine materiellen Regeln für Territorialverwaltungen der Vereinten Nationen außerhalb des Treuhandsystems gemäß Kapitel XII. Es bestehen keine Anhaltspunkte dafür, dass das Schutzniveau der Bewohner geringer sein soll, wenn die Vereinten Nationen ein Territorium verwalten, das kein Treuhandgebiet ist. Die Bewohner des verwalteten Territoriums haben ein Interesse am Schutz ihrer Menschenrechte und Grundfreiheiten unabhängig davon, ob die Vereinten Nationen das Territorium als Treuhandgebiet oder auf einer anderen Grundlage verwalten. Das Bedürfnis der Bewohner des Territoriums nach Schutz und Achtung ihrer Menschenrechte ist in beiden Fällen gleichermaßen gegeben. Eine Pflicht der UNMIK zur Achtung der Menschenrechte ergibt sich daher auch aus Artikel 76 lit. c) analog.[611] Diese Vorschrift ist von besonderer Bedeutung für die Tätigkeit der UNMIK, da

---

[608] T. Irmscher (Fn. 331), S. 369.

[609] Brahimi-Report (Fn. 416), Ziffer 6.

[610] J. A. Frowein/N. Krisch, Chapter VII, in: B. Simma (Hrsg.), The Charter of the United Nations. A Commentary, Bd. 1, 2. Aufl. (2002), S. 744 Rz. 21.

[611] C. Stahn, International Territorial Administration (Fn. 335), S. 138; J. A. Frowein/N. Krisch (Fn. 610), S. 744 Rz. 21; B. Kondoch (Fn. 382), S. 258.

sie materielle Grundsätze für Territorialverwaltungen enthält. *Stahn* bezeichnet die Aufzählung in Artikel 76 lit. c) daher als die „Magna Charta" für Treuhandverwaltungen.[612]

Einer analogen Anwendung des Artikels 76 lit. c) wird auch nicht durch die im September 2005 auf dem Gipfel in New York beschlossenen Reformen der UN-Charta die Grundlage entzogen werden. Die Beschlüsse sehen nämlich nur eine Streichung des Kapitels XIII vor. Im Kapitel XII sollen lediglich die Verweise auf den Treuhandrat aufgehoben werden.[613] Da in Artikel 76 vom Treuhandrat nicht die Rede ist, wird Artikel 76 lit. c) unverändert bestehen bleiben.

dd. Materieller Prüfungsmaßstab

Die UN-Charta verpflichtet die UNMIK zur Achtung der Menschenrechte der Bewohner des Kosovo. Diese Verpflichtung ist allerdings nur allgemeiner Natur. Bis auf das Diskriminierungsverbot in den Artikeln 1 Ziffer 3, 55 lit. c) und 76 lit. c) sagt die UN-Charta nichts über den Inhalt einzelner Menschenrechte aus.[614] Sie enthält keine substanziellen Menschenrechtsnormen, sondern bietet nur die Grundlage für den Schutz der Menschenrechte.[615] Es stellt sich daher die Frage, woraus sich der Maßstab für eine Überprüfung einer Maßnahme der UNMIK auf ihre Vereinbarkeit mit Menschenrechten ergibt. Hierfür kommen in erster Linie die Vorschriften in den universellen Menschenrechtsinstrumenten in Betracht. Diese sind die Allgemeine Erklärung der Menschenrechte[616], der internationale Pakt über bürgerliche und politische Rechte[617] und der internationale Pakt über wirtschaftliche, soziale und kulturelle Rechte[618]. Wegen der geografischen Zugehörigkeit des Kosovo zu Europa ist ferner als regionales Menschenrechtsabkommen an die Europäische Menschenrechtskonvention zu denken.[619]

---

612 C. Stahn, International Territorial Administration (Fn. 335), S. 138.

613 Siehe UN-Generalversammlung, Resolution 60/1, 2005 World Summit Outcome, UN Doc. A/RES/60/1 vom 24.10.2005, Ziffer 176.

614 T. Giegerich (Fn. 606), S. 745; S. Hobe/O. Kimminich (Fn. 596), S. 393.

615 I. Brownlie (Fn. 557), S. 68.

616 Allgemeine Erklärung der Menschenrechte vom 10.12.1948 (im Folgenden „AEM").

617 Internationaler Pakt über bürgerliche und politische Rechte vom 19.12.1966, BGBl. 1973 II 1354 (im Folgenden: „IPbürgR").

618 Internationaler Pakt über wirtschaftliche, soziale und kulturelle Rechte vom 19.12.1966, BGBl. 1973 II 1570 (im Folgenden: „IPwirtR").

619 Kovention zum Schutze der Menschenrechte und Grundfreiheiten vom 04.11.1950, Neubekanntmachung i.d.F. des Protokolls Nr. 11 in BGBl. 2002 II 1054 (im Folgenden: „EMRK").

Der unmittelbaren Anwendung dieser Menschenrechtsinstrumente könnte aber entgegenstehen, dass die Vereinten Nationen nicht Vertragspartei dieser Abkommen sind. Zu überlegen ist jedoch, ob sich die Anwendbarkeit der Menschenrechtsabkommen mit einer gewohnheitsrechtlichen Geltung der Menschenrechte sowie mit einer funktionalen Nachfolge der UNMIK in die Verpflichtungen Serbiens begründet lässt. Im Schrifttum wird die Ansicht vertreten, dass die in der AEM und in den internationalen Pakten niedergelegten Menschenrechte heute Bestandteile des Gewohnheitsrechts sind.[620] Träfe dies zu, wäre auch die UNMIK unmittelbar verpflichtet, die Menschenrechte zu achten. Denn das Gewohnheitsrecht bindet grundsätzlich alle Völkerrechtssubjekte einschließlich der internationalen Organisationen und ihre Organe.[621] Eine Einschränkung dieses Grundsatzes ist nur für solches Völkergewohnheitsrecht anerkannt, dessen Inhalt nur auf Staaten und nicht auf internationale Organisationen passt.[622] Diese kann aber dann nicht gelten, wenn eine internationale Organisation auf einem Territorium wie ein Staat Hoheitsgewalt ausübt.[623] Da die UNMIK im Kosovo an Stelle der staatlichen Organe Serbiens die Hoheitsgewalt innehat, spricht viel dafür, dieselben Maßstäbe anzuwenden, an denen sich Staaten messen lassen müssen.

Die unmittelbare Bindung der UNMIK an internationale Menschenrechtsabkommen kann man auch mit einer funktionalen Geltung dieser Abkommen begründen. Die UN-Menschenrechtskommission vertritt zur Geltung der Rechte aus dem IPbürgR die Ansicht, dass Veränderungen des territorialen Status den einmal zugunsten der Bevölkerung erreichten Menschenrechtsschutz nicht mehr verringern können:

> The rights enshrined in the Covenant belong to the people living in the territory of the State party. The Human Rights Committee has consistently taken the view, as evidenced by its long-standing practice, that once the people are accorded the protection of the rights under the Covenant, such protection devolves with territory and continues to belong to them, notwithstanding change in government of the State party, including dismemberment in more than one

---

620 Siehe z. B. A. Verdross/B. Simma, Universelles Völkerrecht, 3. Aufl. (1984), S. 822-824, § 1234 f.; T. Giegerich (Fn. 606), S. 743; T. Irmscher (Fn. 331), S. 369; E. de Wet (Fn. 335), S. 319. Vorsichtiger K. Doehring, Völkerrecht, 2. Aufl. (2004), Rz. 972 (für die Allgemeine Erklärung der Menschenrechte) und Rz. 974 (für rudimentäre Menschenrechte als Bestandteil des Völkergewohnheitsrechtes).

621 P. Sands/P. Klein, Bowett's Law of International Institutions, 5. Aufl. (2001), S. 458 Rz. 14-037.

622 T. Irmscher (Fn. 331), S. 370.

623 T. Irmscher (Fn. 331), S. 370.

> State or State succession or any subsequent action of the State party designed to divest them of the rights guaranteed by the Covenant.[624]

Dem wird im Schrifttum zugestimmt.[625]

Auf Fälle einer zeitweiligen Trennung von territorialer Souveränität und Gebietshoheit lässt sich dieser Gedanke entsprechend übertragen. Zwar passt die Theorie der territorialen Geltung nicht unmittelbar, da in einem solchen Fall die territoriale Souveränität gerade nicht auf den Inhaber der Gebietshoheit übergeht, so dass es sich nicht um eine Staatennachfolge handelt. Bei einer Trennung von territorialer Souveränität und Gebietshoheit müssen Menschenrechtsabkommen jedoch erst recht weiter gelten. Andernfalls würden die Menschenrechte für die Dauer des Auseinanderfallens von territorialer Souveränität und Gebietshoheit suspendiert, um nach Beendigung dieses Zustands wieder aufzuleben. Mit der universellen Bedeutung der Menschenrechte ließe sich ein solches Ergebnis jedoch nicht vereinbaren. Hinzu kommt, dass ein Staat zwar über die Gebietshoheit verfügen kann, nicht aber über die Menschenrechte der Bewohner des fraglichen Gebiets. In einem solchen Fall eines Auseinanderfallens von territorialer Souveränität und Gebietshoheit kann man daher von einer funktionalen Nachfolge in Menschenrechtsabkommen ohne direkten Bezug zur territorialen Souveränität sprechen. Sobald ein Staat oder eine internationale Organisation für oder an Stelle des territorialen Souveräns die Hoheitsgewalt auf einem Gebiet ausübt, übernehmen sie nicht nur dessen Rechte, sondern auch dessen Pflichten gegenüber der Bevölkerung.[626]

Dagegen vertritt die UNMIK die Ansicht, dass diejenigen Menschenrechtsabkommen, die in der Republik Serbien gelten, im Kosovo unter ihrer Verwaltung nicht anwendbar sind.[627] Dies begründet sie mit dem einzigartigen Charakter des völkerrechtlichen Status des Kosovo, ohne allerdings zu erläutern, weshalb dieser Status zu einer Reduzierung des Menschenrechtsschutzes der Bevölkerung führen soll.

---

624 UN-Menschenrechtskommission, General Comment No. 26, UN Doc. CCPR/C/21/Rev.1/Add.8/Rev.1 vom 08.12.1997.

625 T. Buergenthal, The U.N. Human Rights Committee, Max Planck Yb UN Law 5 (2001), S. 362 (bei Fn. 64); J. Cerone (Fn. 573), S. 474.

626 T. Irmscher (Fn. 331), S. 371 f.

627 Report Submitted by UNMIK on the Human Rights Situation in Kosovo (Fn. 582), Rz. 124.

Es spricht daher viel dafür, die Theorie der funktionalen Nachfolge in Menschenrechtsverträge auf die Situation im Kosovo entsprechend zu übertragen.[628] Mit ihr lässt sich eine Bindung der UNMIK an diejenigen Menschenrechtsabkommen begründen, die in Serbien gelten. Serbien selbst ist seit der Auflösung des Staatenbundes Serbien-Montenegro am 03.06.2006 keinen Menschenrechtsabkommen beigetreten. Es gelten aber alle diejenigen völkerrechtlichen Abkommen weiter, denen die Rechtsvorgängerstaaten Serbiens, also der Staatenbund Serbien-Montenegro, die Bundesrepublik Jugoslawien und die SFR Jugoslawien, beigetreten waren.

Der Staatenbund Serbien-Montenegro war seit dem 03.03.2004 Mitglied des Europarats und damit Vertragspartei der EMRK. Die EMRK gilt somit in Serbien. Die beiden internationalen Menschenrechtspakte gelten in Serbien, weil die SFR Jugoslawien Vertragspartei beider internationalen Menschenrechtspakte war.[629] Die Verpflichtungen aus diesen Menschenrechtspakten gingen mit dem Zerfall der SFR Jugoslawien auf alle ihre Nachfolgerepubliken über und damit auch auf die Bundesrepublik Jugoslawien, deren mittelbarer Rechtsnachfolger Serbien ist. Dies ergibt sich aus dem in Artikel 34 lit. a) der Wiener Konvention über die Staatensukzession in Bezug auf Verträge niedergelegten Grundsatz.[630] Danach gilt jeder Vertrag, der im Zeitpunkt der Staatennachfolge auf dem gesamten Gebiet des Vorgängerstaates in Kraft war, in jedem Nachfolgestaat weiter. Die SFR Jugoslawien und die Bundesrepublik Jugoslawien waren der Wiener Konvention zwar nicht beigetreten. Es gibt aber einige Hinweise in der Staatenpraxis dafür, dass Artikel 34 lit. a) der Konvention kodifiziertes Gewohnheitsrecht darstellt.[631] Für die Frage nach der Staatennachfolge in Bezug auf Verträge kommt es nicht darauf an, ob die Bundesrepublik Jugoslawien mit der SFR Jugoslawien identisch ist oder ob die SFR Jugoslawien durch Dismembration aufgelöst wurde.[632] Nach der Grundregel in Artikel 34 lit. a) der Konvention treten alle Nachfolgestaaten Jugoslawiens in die vertraglichen Verpflichtungen der SFR Jugoslawien ein.

---

[628] A. Zimmermann/C. Stahn (Fn. 338), S. 445; C. Stahn, UN Transitional Administrations (Fn. 333), S. 163; T. Buergenthal (Fn. 625), S. 361 ff.; J. Cerone (Fn. 573), S. 474 f.

[629] J. Cerone (Fn. 573), S. 474.

[630] Wiener Kovention über Staatensukzession in bezug auf Verträge vom 22.08.1978, abgedruckt in: ILM 17 (1978), S. 1488 ff. Die Konvention ist am 06.11.1998 in Kraft getreten.

[631] J. Cerone (Fn. 573), S. 474 m.w.N. Im Gabcíkovo-Nagymaros-Fall argumentierte Ungarn vor dem IGH, dass Artikel 34 lit. c) der Konvention gewohnheitsrechtlich anerkannt ist. Der IGH liess diese Frage offen, siehe IGH, Gabcíkovo-Nagymaros Project (Hungary v. Slovakia), Judgment, ICJ Reports 1997, S. 68, Ziffer 123.

[632] Siehe dazu W. Hummer/J. Mayr-Singer, Die Bundesrepublik Jugoslawien. Identitätsanspruch und Sukzessionsfragen im universellen, regionalen und nationalen Kontext, in: AdV 38 (2000), S. 303 f.

Zu erwähnen ist schließlich, dass die KTA-Regulation für die Unternehmensprivatisierung durch das Spin-Off-Verfahren eine ausdrückliche Regelung zur Anwendbarkeit der EMRK enthält. Gemäß Ziffer 6.3 i.V.m. Ziffern 6.2 und 8 KTA-Regulation ist die KTA verpflichtet, bei der Durchführung des Spin-Off-Verfahrens die Prinzipien des Artikels 1 ZP EMRK zu achten.

b. Rechte der Bevölkerung des Kosovo

Als sich unmittelbar aus der UN-Charta ergebendes Recht der Bevölkerung des Kosovo kommt das Selbstbestimmungsrecht der Völker in Betracht. In Artikel 1 Ziffer 2 UN-Charta wird das Selbstbestimmungsrecht ausdrücklich erwähnt. Dort heißt es:

> [Die Vereinten Nationen setzen sich das Ziel,] freundschaftliche und auf der Achtung vor dem Grundsatz der Gleichberechtigung und Selbstbestimmung der Völker beruhende Beziehungen zwischen den Nationen zu entwickeln und andere geeignete Maßnahmen zur Festigung des Weltfriedens zu treffen.

Daraus könnte sich eine Pflicht der UNMIK ableiten lassen, das Selbstbestimmungsrecht der Bevölkerung des Kosovo zu achten und bei der Rechtsetzung zu berücksichtigen. Die Generalversammlung hob die Bedeutung des Selbstbestimmungsrechts in der *Friendly Relations Declaration* sowie in den Resolutionen 1514 (XV) und 2625 (XXV) hervor.[633] Das Selbstbestimmungsrecht gilt gegenüber allen Völkerrechtssubjekten (Wirkung *erga omnes*).[634] Das Selbstbestimmungsrecht ist folglich eine Norm des allgemeinen Völkerrechts, die die UNMIK grundsätzlich beachten muss.[635]

Es ist aber umstritten, ob das Selbstbestimmungsrecht der Völker im Kosovo Anwendung findet. Unterschiedliche Ansichten bestehen bereits zu der Frage, ob die Bevölkerung des Kosovo ein Volk im Sinne des Selbstbestimmungsrechts ist. *Bothe/Marauhn* argumentieren, der Sicherheitsrat habe es in Resolution 1244 bewusst vermieden, die Bevölkerung des Kosovo als Volk zu bezeichnen.[636] Auch *Quane* und *Muharremi* verneinen die Eigenschaft der Bevölkerung des Kosovo als Volk in Anbetracht der zahlreichen dort lebenden Volksgrup-

---

[633] UN-Generalversammlung, Resolution 2625 (XXV), UN Doc. A/8028 (1970) vom 24.10.1970.

[634] IGH, East Timor (Portugal v. Australia), Judgment, ICJ Reports 1995, S. 102, Ziffer 29.

[635] A. Zimmermann/C. Stahn (Fn. 338), S. 453.

[636] M. Bothe/T. Marauhn (Fn. 332), S. 239.

pen.[637] Dagegen billigen *Zimmermann/Stahn* und *Seidel* der Bevölkerung des Kosovo das Selbstbestimmungsrecht zu. Diese lebe in einem definierbaren Gebiet und habe eine gemeinsame jahrhundertealte Geschichte.[638] *Forster* und *Friedrich* sehen nicht in der Bevölkerung des Kosovo, wohl aber in den Kosovo-Albanern ein Volk im Sinne des Selbstbestimmungsrechts.[639] Nach Ansicht von *Weber* sind die Kosovo-Albaner Teil des Staatsvolks Serbiens und daher als Volksgruppe anzusehen.[640]

Wie bereits bei der Frage nach der Anwendbarkeit des Selbstbestimmungsrechts der Völker unmittelbar aus Resolution 1244 erörtert, kann es jedoch letztlich dahinstehen, ob der Anwendungsbereich des Selbstbestimmungsrechts eröffnet ist.[641] Da der Sicherheitsrat durch Resolution 1244 eine Unabhängigkeit des Kosovo bis zur Klärung der Statusfrage ausgeschlossen hat, käme das Selbstbestimmungsrecht ohnehin nur in seiner inneren Ausprägung zum Tragen. In Bezug auf etwaige Schranken der Rechtsetzungsbefugnis der UNMIK entspricht dem inneren Selbstbestimmungsrecht aber weitgehend das Recht der Bewohner des Kosovo auf substanzielle Autonomie und Selbstverwaltung, das sich unmittelbar aus Resolution 1244 ergibt. Rechte der Bevölkerung des Kosovo, die sich nicht bereits aus Resolution 1244 ergeben, lassen sich der UN-Charta daher nicht entnehmen.

3. Zusammenfassung

Die UN-Charta verpflichtet die UNMIK als Organ der Vereinten Nationen zur Achtung der Menschenrechte der Bewohner des Kosovo. Grundlage hierfür ist zum einen die Pflicht der UNMIK, alle individualschützenden Normen des Völkerrechts zu achten, deren Anwendungsbereich eröffnet ist. Hierzu gehören in erster Linie die Menschenrechte. Die Bindung der UNMIK an die Menschenrechte ergibt sich außerdem aus Artikel 1 Ziffer 3 i.V.m. Artikel 55 lit. c) sowie aus einer analogen Anwendung von Artikel 76 lit. c) UN-Charta.

Der Prüfungsmaßstab der Menschenrechte ergibt sich aus der AEM, dem IPbürgR und dem IPwirtR aufgrund der weitgehenden gewohnheitsrechtlichen Geltung dieser Menschenrechtsinstrumente. Es kann auch eine funktionale

---

637 H. Quane, A Right to Self-Determination for the Kosovo Albanians?, in: Leiden Journal of International Law 13 (2000), S. 227; R. Muharremi (Fn. 333), S. 126.

638 A. Zimmermann/C. Stahn (Fn. 338), S. 453; G. Seidel (Fn. 563), S. 206.

639 M. Forster (Fn. 568), S. 115; J. Friedrich (Fn. 409), S. 245.

640 S. Weber, Das Sezessionsrecht der Kosovo-Albaner und seine Durchsetzbarkeit, in: AdV 43 (2005), S. 498.

641 Siehe 3. Teil, Abschnitt C.II.1.b., oben S. 168.

Nachfolge der UNMIK in diese Abkommen in entsprechender Anwendung der Theorie der territorialen Geltung von Menschenrechtsabkommen hergeleitet werden. Die Verpflichtungen der SFR Jugoslawien aus den universellen Menschenrechtspakten sind im Wege der Staatennachfolge auf Serbien übergegangen. Die Geltung der EMRK im Kosovo ergibt sich daraus, dass der Staatenbund Serbien-Montenegro dem Europarat beitrat und diese Mitgliedschaft auf Serbien übergegangen ist. Indem die UNMIK die Gebietshoheit im Kosovo übernahm, ist sie an die Pflichten Serbiens aus den internationalen Menschenrechtspakten gebunden.

Die Bevölkerung des Kosovo hat aus Resolution 1244 einen Anspruch auf substanzielle Autonomie und Selbstverwaltung. Diesen muss die UNMIK dadurch erfüllen, dass sie die Bevölkerung nach demokratischen Grundsätzen an der Verwaltung des Kosovo beteiligt, solange und soweit innere Angelegenheiten betroffen sind. Dagegen gilt dieser Anspruch nicht bei Fragen, deren Bedeutung über die inneren Angelegenheiten des Kosovo hinausgeht. Die UNMIK hat den Anspruch auf substanzielle Autonomie und Selbstverwaltung durch den Erlass des Verfassungsrahmens und die Bildung der PISG bereits weitgehend erfüllt. Im Falle einer Maßnahme, die sich die UNMIK weiterhin vorbehält, ist aber zu prüfen, ob diese auf die PISG hätte übertragen werden müssen.

Ob die Bevölkerung des Kosovo daneben auch einen Anspruch auf Achtung des Selbstbestimmungsrechts der Völker aus der Resolution 1244 und aus der UN-Charta geltend machen kann, kann dahinstehen. Denn dadurch, dass der Sicherheitsrat in Resolution 1244 bis zur Klärung des endgültigen Status des Kosovo eine Unabhängigkeit ausgeschlossen hat, käme das Selbstbestimmungsrecht ohnehin nur in seiner inneren Ausprägung zum Tragen. Der materielle Gehalt dieses Rechts unterscheidet sich jedoch nicht vom Anspruch auf substanzielle Autonomie und Selbstverwaltung aus Resolution 1244.

III. Auflösung von Pflichtenkollisionen

Die doppelte Aufgabe der UNMIK aus Resolution 1244 zur Achtung der Souveränität und territorialen Integrität Serbiens und zur Schaffung von Autonomie und Selbstverwaltung im Kosovo ist in der täglichen Verwaltungsarbeit oft schwer umzusetzen.[642] Gleichzeitig muss die UNMIK internationale Standards durchsetzen, die bisweilen den Interessen sowohl Serbiens als auch der Bevölkerung des Kosovo zuwiderlaufen.

642 Vgl. A. Yannis, Kosovo under International Administration, in: Survival 43 (2001), S. 35.

Die Pflichten der UNMIK gegenüber Serbien einerseits und den Bewohnern und der Bevölkerung des Kosovo andererseits sind vielschichtig und komplex. Auch kann nicht ausgeschlossen werden, dass es zu Pflichtenkollisionen kommt, wenn die UNMIK den Interessen der einen Seite nur unter Vernachlässigung der Interessen der anderen Seite entsprechen kann. Darin liegt eines der Grundprobleme des Mandats der UNMIK.[643] Die UNMIK ist einem Mittelweg zwischen der Souveränität Serbiens und einer Unabhängigkeit des Kosovo verpflichtet, der die Gefahr birgt, für keine Seite akzeptabel zu sein. Die UNMIK ist daher kaum in der Lage, Legitimationsprobleme zu vermeiden.[644]

Eine Pflichtenkollision lässt aber sich weitgehend vermeiden, wenn man berücksichtigt, dass sich die Rechte Serbiens auf der einen und die Rechte der Bewohner und der Bevölkerung des Kosovo auf der anderen Seite in den meisten Fällen in verschiedenen Bereichen der Tätigkeit der UNMIK zum Tragen kommen. Während die Souveränitätsrechte Serbiens in bestimmten Fällen verhindern, dass die UNMIK überhaupt tätig wird und neue Rechtsakte erlässt, haben die individuellen und kollektiven Rechte der Bevölkerung des Kosovo Auswirkungen auf die Art und Weise, wie die UNMIK von ihren Befugnissen Gebrauch macht. Grob gesagt betrifft die Souveränität Serbiens das „ob“ des Handelns, während sich aus den Rechten der Bevölkerung Kosovos zumeist Vorgaben für das „wie“ des Handelns ergeben.

Die UNMIK darf nur unter der Voraussetzung neues Recht setzen, dass dies zur Durchsetzung internationaler Standards oder zur Erfüllung ihres Mandats notwendig ist. Der zugunsten von Serbien geltende Grundsatz der Verhältnismäßigkeit kann daher dazu führen, dass die UNMIK keine neue Regelung erlassen darf, sondern innerstaatliches Recht anwenden muss. Die Menschenrechte und das Recht auf Autonomie und Selbstverwaltung haben eine andere Wirkung. Sie greifen erst dann ein, wenn die UNMIK tätig wird. Sowohl im Falle einer Anwendung des jugoslawischen Rechts als auch bei der Schaffung neuer Rechtsvorschriften muss die UNMIK die Menschenrechte der Bewohner des Kosovo respektieren.

Insofern spielen die Rechte Serbiens auf der Rechtsfolgenseite häufig früher eine Rolle. Nur wenn der Verhältnismäßigkeitsgrundsatz einem Tätigwerden der UNMIK nicht entgegensteht, kommen die Menschenrechte der Bevölkerung zum Zuge. Dabei ist zu berücksichtigen, dass die UNMIK einen weiten Ermessensspielraum hat und selbst entscheidet, ob und wann eine Neuregelung not-

---

643 T. Garcia (Fn. 458), S. 65.

644 Siehe hierzu B. Knoll, From Benchmarking to Final Status? Kosovo and The Problem of an International Administration's Open-Ended Mandate, in: EJIL 16 (2005), S. 637-660.

wendig ist. Dabei muss die UNMIK auch politische Überlegungen in ihre Abwägung mit einbeziehen, da sie wesentlich von der Akzeptanz ihrer Hoheitsgewalt abhängig ist. Sollte die Anwendung eines geltenden Gesetzes politisch inakzeptabel für die Mehrheit der Bevölkerung des Kosovo sein, kann dies eine Neuregelung erforderlich machen. Andererseits darf die UNMIK nicht jeder Forderung der Bevölkerung nach einer Neuregelung nachgeben.

Hinzuweisen ist darauf, dass sich aus dem zugunsten Serbiens geltenden Verhältnismäßigkeitsgrundsatz auch Anforderungen an konkrete Maßnahmen ergeben können. Auch ist es vorstellbar, dass Rechte der Bevölkerung des Kosovo eine positive Handlungspflicht der UNMIK auslösen und insofern das „ob“ des Handelns betreffen. In einem solchen Fall erscheint es sachgerecht, den Rechten der Bevölkerung des Kosovo Vorrang gegenüber souveränitätsschützenden Rechten einzuräumen. Nach modernem Völkerrechtsverständnis müssen Souveränitätsrechte im Zweifel zurückstehen, wenn Menschenrechte gefährdet sind oder verletzt werden.

D. Völkerrechtliche Zulässigkeit der KTA-Regulation

Im Folgenden wird untersucht, ob das Spin-Off-Verfahren zur Privatisierung des Vermögens der gesellschaftlichen Unternehmen im Kosovo den im vorigen Abschnitt herausgearbeiteten völkerrechtlichen Anforderungen an die Rechtsetzung durch die UNMIK genügt. Die Prüfung orientiert sich wiederum an den zwei Rechtsverhältnissen zwischen der UNMIK und Serbien einerseits (I.) und zwischen der UNMIK und den Bewohnern und der Bevölkerung des Kosovo andererseits (II.).

I. Vereinbarkeit mit Rechten Serbiens

1. Grundsatz der souveränen Gleichheit der Staaten

Resolution 1244 und Artikel 2 Ziffer 1 UN-Charta verpflichten die UNMIK, die Souveränität und territoriale Integrität Serbiens in einem Kernbestand zu achten. Die UNMIK würde gegen diese Pflicht verstoßen, wenn sie eine Regelung erließe, die den endgültigen Status des Kosovo vorwegnähme oder die in den Kernbereich der Souveränität Serbiens eingriffe.

Die Privatisierung der gesellschaftlichen Unternehmen nimmt die Bestimmung des endgültigen Status des Kosovo nicht vorweg. Die Maßnahme betrifft ausschließlich die Zuordnung der Vermögenswerte der gesellschaftlichen Unternehmen. Sie macht weder eine Wiederherstellung der Gebietshoheit Serbiens über das Kosovo unmöglich, noch stellt sie einen Hindernis für eine Unabhängigkeit des Kosovo dar. Zu prüfen ist aber, ob die Unternehmensprivatisierung deswegen mit dem Grundsatz der souveränen Gleichheit der Staaten unvereinbar ist, weil sie zu einer Enteignung von Staatseigentum Serbiens führen könnte. Der juristische Dienst der Vereinten Nationen hatte während der Ausarbeitung der KTA-Regulation eine entsprechende Besorgnis geäußert. Seiner Ansicht nach habe die UNMIK aus Resolution 1244 kein Mandat für die Enteignung von serbischem Staatseigentum.[645]

Die Privatisierung durch das Spin-Off-Verfahren betrifft nur das Vermögen der gesellschaftlichen Unternehmen. Daher kommt es darauf an, ob an diesen Unternehmen oder an den zu privatisierenden Vermögenswerten in gesellschaftlichem Eigentum Eigentumsrechte Serbiens bestehen.

---

[645] H. Correll (Fn. 483), Rz. 24.

Hinsichtlich der zu privatisierenden Vermögenswerte ist dies nicht der Fall. Auch wenn die Rechtsnatur des gesellschaftlichen Eigentums nie abschließend geklärt werden konnte, bestand im jugoslawischen Schrifttum weitgehend Einigkeit darüber, dass es kein Staatseigentum war.[646] Es war eines der Ziele des jugoslawischen Sozialismus, neben dem Privateigentum an Produktionsmitteln auch das Staatseigentum abzuschaffen.[647] Zu überlegen ist aber, ob der Staat Eigentümer oder zumindest Inhaber eigentumsähnlicher Rechte an gesellschaftlichen Unternehmen ist. Für ein Bestehen solcher Rechte spricht, dass das jugoslawische Recht dem Staat die meisten der Befugnisse für Verfügungen über die gesellschaftlichen Unternehmen als juristische Person zuwies. Der Staat spielte die entscheidende Rolle bei der Gründung gesellschaftlicher Unternehmen, indem er auf Bundes-, Republik- und Gemeindeebene Mittel zur Finanzierung über Wirtschaftshilfefonds vergab.[648] Auch bei der Liquidation eines gesellschaftlichen Unternehmens standen die Befugnisse des Staates im Vordergrund. Nach Befriedigung aller Gläubiger des Unternehmens fiel etwa bestehendes Restvermögen an die Gemeinde, in der das Unternehmen seinen Sitz hatte.[649] Ein weiteres Indiz für das Bestehen von Eigentumsrechten des Staates an gesellschaftlichen Unternehmen könnte sein, dass sämtliche Privatisierungsgesetze Jugoslawiens und Serbiens dem Staat die Erlöse aus dem Privatisierungsverfahren zubilligen.[650] Zu berücksichtigen ist auch, dass der Staat die Nutzungsrechte an den Mitteln im gesellschaftlichen Eigentum vergab, mit denen die gesellschaftlichen Unternehmen arbeiteten.

Ein Argument gegen ein Eigentumsrecht des Staates an gesellschaftlichen Unternehmen ist, dass das GGK nur den Arbeitern und nicht dem Staat das Recht gab, das Privatisierungsverfahren einzuleiten.[651] Die Befugnis zur Umwandlung eines Unternehmens steht aber typischerweise den Eignern des Unternehmens zu. In diesem Zusammenhang ist jedoch zu berücksichtigen, dass das derzeit in Serbien gültige Privatisierungsgesetz aus dem Jahr 2001 auch der staatlichen Privatisierungsagentur unter bestimmten Voraussetzungen die Befugnis verleiht, das Privatisierungsverfahren einzuleiten.[652] Ein weiteres Indiz gegen ein Recht des Staates an gesellschaftlichen Unternehmen ist, dass in den meisten Nachfol-

---

646 Siehe C. Höcker-Weyand (Fn. 116), S. 53.
647 Siehe 2. Teil, Abschnitt B.I, oben S. 42 ff.
648 T. Eger, Neugründungen von Organisationen der vereinten Arbeit, in: P. Dobias u.a., Jugoslawien: Eigentumsverhältnisse und Arbeiterselbstverwaltung (1978), S. 33 f..
649 Vgl. Artikel 148 Gesetz über Zwangsvergleich, Insolvenz und Liquidation von gesellschaftlichen juristischen Personen, SL SFRJ 1989 Nr. 84, englische Übersetzung in: V. Pechota, Central & Eastern European Legal Materials (1991).
650 M. Uvalić (Fn. 108), S. 10.
651 Artikel 1a Abs. 4 GGK.
652 Artikel 14 Privatisierungsgesetz. Zum Privatisierungsgesetz siehe oben S. 56 ff.

gerepubliken Jugoslawiens zunächst eine Verstaatlichung der gesellschaftlichen Unternehmen stattfand, bevor diese privatisiert wurden. Wären diese Unternehmen bereits zuvor staatlich gewesen, dann wäre eine vorherige Verstaatlichung nicht notwendig gewesen.[653]

Es spricht daher mehr dafür, ein Eigentumsrecht des Staates an den gesellschaftlichen Unternehmen zu verneinen. Das Spin-Off-Verfahren verletzt daher nicht den Kernbereich der Souveränität Serbiens. Der Grundsatz der souveränen Gleichheit der Staaten gemäß Artikel 2 Ziffer 1 UN-Charta ist gewahrt.

2. Vereinbarkeit des Spin-Off-Verfahrens mit souveränitätsschützenden Völkerrechtsnormen

Aus Artikel 1 Ziffer 1 UN-Charta ergibt sich, dass die UNMIK Normen des allgemeinen Völkerrechts beachten muss, soweit deren Anwendungsbereich in personeller, sachlicher und zeitlicher Hinsicht eröffnet ist. Zu prüfen ist daher, ob es Normen des allgemeinen Völkerrechts gibt, die den Schutz der Souveränität Serbiens bezwecken und deren Anwendungsbereich durch das Spin-Off-Verfahren eröffnet ist. Als solche Normen des allgemeinen Völkerrechts kommen die gewohnheitsrechtlichen Regeln des Besatzungsrechts als Teil des humanitären Völkerrechts (a.) sowie die Grundsätze über die Enteignung von Ausländern (b.) in Frage.

a. Humanitäres Völkerrecht

In Betracht kommt eine Eröffnung des Anwendungsbereichs des Besatzungsrechts als Teil des humanitären Völkerrechts. Das humanitäre Völkerrecht umfasst jene Bestimmungen des Völkerrechts, die die Behandlung des einzelnen Menschen – Zivil- oder Militärperson, verwundet oder im Einsatz – in internationalen bewaffneten Konflikten regeln.[654] Teil des humanitären Völkerrechts ist das Besatzungsrecht, das in der Haager Landkriegsordnung (LKO)[655] und dem

---

[653] K. Medjad (Fn. 157), S. 15.

[654] C. Greenwood, Geschichtliche Entwicklung und Rechtsgrundlagen, in: D. Fleck (Hrsg.), Handbuch des humanitären Völkerrechts in bewaffneten Konflikten (1994), S. 8, Ziffer 102.1.

[655] Abkommen, betreffend die Gesetze und Gebräuche des Landkriegs vom 18.10.1907, einschließlich der Anlage zum Abkommen mit der Ordnung der Gesetze und Gebräuche des Landkriegs (Haager Landkriegsordnung, LKO), RGBl. 1910, S. 107.

IV. Genfer Abkommen (IV. GA)[656] geregelt ist. Das Besatzungsrecht legt die Rechte und Pflichten fest, welche der Besatzungsmacht im Falle der kriegerischen Besetzung fremden Territoriums zufallen.[657] Eine solche Besetzung eines fremden Territoriums im Kriegsfall hat einige Parallelen zu internationalen Territorialverwaltungen. In beiden Fällen fallen die territoriale Souveränität und die Gebietshoheit auseinander.[658]

Einige der Vorschriften des Besatzungsrechts enthalten Regeln, die für die Rechtsetzung der UNMIK und das Spin-Off-Verfahren relevant sein könnten. Artikel 43 LKO bestimmt, dass eine Besatzungsmacht alle zur Wiederherstellung der öffentlichen Ordnung notwendigen Maßnahmen ergreifen darf. Grundsätzlich verpflichtet Artikel 43 LKO die Besatzungsmacht, dabei die Landesgesetz zu beachten. Die Besatzungsmacht kann nur dann eigene Rechtsvorschriften erlassen, wenn dies zwingend notwendig ist. Von Bedeutung für das Spin-Off-Verfahren kann ferner Artikel 46 LKO sein, der Schutz vor einem Entzug des Privateigentums durch die Besatzungsmacht gewährt. Artikel 55 LKO schließlich regelt die Rechte, die der Besatzungsmacht im Hinblick auf Liegenschaften und landwirtschaftliche Betriebe zustehen, die in öffentlichem Eigentum stehen. Die Vorschrift stellt den Grundsatz auf, dass die Besatzungsmacht den Bestand der in Artikel 55 LKO genannten Güter erhalten muss und diese nach den Grundsätzen des Nießbrauchs zu verwalten hat. Das Spin-Off-Verfahren berührt daher einen Bereich, den die genannten Bestimmungen der LKO regeln, nämlich den Eingriff einer fremden Macht in die Rechts- und Wirtschaftsordnung des besetzten Territoriums.

Zu prüfen ist, ob der Anwendungsbereich des Besatzungsrechts in persönlicher, temporaler und sachlicher Hinsicht eröffnet ist. Hinsichtlich des persönlichen Anwendungsbereichs des humanitären Völkerrechts ist dies zu bejahen. Die Vereinten Nationen als Inhaber der Hoheitsgewalt sind Träger der hier relevanten Rechte und Pflichten aus der LKO und dem IV. GA. Zwar sind die Vereinten Nationen nicht Vertragspartei dieser Abkommen. Die Bindung der Vereinten Nationen ergibt sich aber daraus, dass die LKO und das IV. GA Bestandteile des Völkergewohnheitsrechts sind. Die gewohnheitsrechtliche Geltung des Inhalts der LKO war bereits im Zweiten Weltkriegs anerkannt.[659] Auch das IV. GA ko-

---

[656] IV. Genfer Abkommen zum Schutze von Zivilpersonen in Kriegszeiten vom 12.08.1949, U.N.T.S. 75, S. 287 und BGBl. 1954 II 917, ber. 1956 II 1586.

[657] H.-P. Gasser, Schutz der Zivilbevölkerung, in: D. Fleck (Hrsg.), Handbuch des humanitären Völkerrechts in bewaffneten Konflikten (1994), S. 193.

[658] I. Brownlie (Fn. 350), S. 109. Siehe oben S. 92.

[659] H.-P. Gasser (Fn. 657), S. 193; D. Bowett, United Nations Forces. A Legal Study of United Nations Practice (1964), S. 506; T. Irmscher (Fn. 331), S. 376.

difiziert den wesentlichen Teil des völkerrechtlichen Besatzungsrechts.[660] Das humanitäre Völkerrecht bindet daher auch die Vereinten Nationen, wenn sie Friedensmissionen in Konfliktgebiete entsenden.[661] Dies gilt auch für die Regeln des Besatzungsrechts. Diese sind grundsätzlich anwendbar, wenn die Vereinten Nationen ein Territorium im Sinne des humanitären Völkerrechts besetzen.[662]

Der temporale Anwendungsbereich des Besatzungsrechts ist ebenfalls eröffnet. In zeitlicher Hinsicht setzt die Anwendung des Besatzungsrechts einen hinreichend engen Zusammenhang mit einem Krieg oder einer bewaffneten Auseinandersetzung voraus. Ein solcher hinreichend enger Zusammenhang ist auch dann noch gegeben, wenn ein Staat oder ein Teil des Staatsgebiets zwar nicht mehr im Krieg, doch nach und aufgrund eines Waffenstillstandsabkommens besetzt wird.[663] Besetzungen von Territorien in Friedenszeiten erfasst die LKO dagegen nicht.[664] Die Übernahme der Hoheitsgewalt durch die UNMIK am 10.06.1999 stand in einem engen zeitlichen Zusammenhang mit der bewaffneten Auseinandersetzung im Kosovo und mit den Luftangriffen der NATO auf Jugoslawien. Die jugoslawischen Sicherheitskräfte verließen das Kosovo nur einen Tag vor der Ankunft der UNMIK. Bis zu diesem Zeitpunkt wurde im Kosovo noch gekämpft. Dass die Vereinten Nationen nicht selbst an den Kampfhandlungen beteiligt waren, steht der Eröffnung des temporalen Anwendungsbereichs des Besatzungsrechts nicht entgegen. Denn die Besatzung eines feindli-

---

660 H.-P. Gasser (Fn. 657), S. 193. Andere Ansicht Y. Dinstein, War, Aggression and Self-Defence (2001), S. 107, der die Konvention für reines Vertragsrecht hält. G. Schwarzenberger, The Law of Belligerent Occupation: Basic Issues, in: Nordisk Tidskrift for International Ret 30 (1960), S. 12, unterscheidet danach, ob die fragliche Vorschrift das Ziel verfolgt, das Schutzniveau für die Bewohner des besetzten Territoriums zu erhöhen.

661 Vgl. UN Secretary-General's Bulletin on the Observance by United Nations Forces of International Humanitarian Law (Fn. 554), S. 1656. Vor dem Erlass der Weisung des UN-Generalsekretärs über die Anwendbarkeit des humanitären Völkerrechts auf Peacekeeping-Missionen unter UN-Kommando hatten sich zahlreiche Stimmen in der Literatur bereits hierfür ausgesprochen, vgl. C. Greenwood (Fn. 654), S. 39, Ziffer 208; Y. Dinstein (Fn. 660), S. 146; A. Roberts, What is a Military Occupation?, in: BYIL 55 (1985), S. 289 ff.; M. Kelly, Restoring and Maintaining Order in Complex Peace Operations. The Search for a Legal Framework (1999), S. 175 f.; C. Stahn, International Territorial Administration (Fn. 335), S. 140; T. Irmscher (Fn. 331), S. 375 f. Für eine eingeschränkte Geltung des humanitären Völkerrechts bei Friedenseinsätzen der Vereinten Nationen auf der Grundlage von Kapitel VII UN-Charta dagegen E. de Wet (Fn. 335), S. 323 ff.

662 E. Benvenisti, The International Law of Occupation (1993), S. 4; M. Kelly (Fn. 661), S. 178; A. Roberts (Fn. 661), S. 290.

663 M. Bothe, Occupation after Armistice, in: R. Bernhardt (Hrsg.), EPIL, Bd. 3 (1996), S. 761-763; siehe auch T. Irmscher (Fn. 331), S. 380 f.

664 T. Irmscher (Fn. 331), S. 379.

chen Territoriums kann auch dann eine Handlung sein, die zur Eröffnung des Anwendungsbereichs des humanitären Völkerrechts führt, wenn sie in einem unmittelbaren engen räumlichen und zeitlichen Zusammenhang mit der Schädigung des Gegners steht.[665] Die Anwendbarkeit der Regeln des humanitären Völkerrechts ist auch nicht ausgeschlossen, weil die Vereinten Nationen nicht Partei der bewaffneten Auseinandersetzung in Serbien und im Kosovo waren. Denn es ist nicht erforderlich, dass die Besatzungsmacht selbst Konfliktpartei oder an Kampfhandlungen beteiligt war.[666]

Weiterhin muss der sachliche Anwendungsbereich des humanitären Völkerrechts eröffnet sein. Hierfür ist erforderlich, dass ein Territorium gegen den Willen des betroffenen Staates besetzt ist. Die LKO betrachtet ein Territorium dann als besetzt, wenn es sich tatsächlich in der Gewalt eines feindlichen Heeres befindet. Der Wortlaut von Artikel 2 des IV. GA erfasst auch Besatzungen ohne bewaffneten Widerstand. Solche liegen dann vor, wenn eine fremde Macht die Kontrolle über das besetzte Gebiet ungehindert ausüben kann und der besetzte Staat dazu nicht mehr in der Lage ist.[667] Nach dieser Definition stellt die Übernahme der Gebietshoheit durch die UNMIK und die KFOR eine Besetzung im Sinne des humanitären Völkerrechts dar. Die UNMIK und die KFOR haben die Hoheitsgewalt über das Kosovo vollständig übernommen, während Serbien seine Gebietshoheit nicht mehr ausüben kann. Auf die Rechtmäßigkeit der Übernahme der Hoheitsgewalt kommt es nach dem Wortlaut von Artikel 42 LKO und Artikel 2 des IV. GA nicht an.[668]

Es ist aber fraglich, ob die Besetzung gegen den Willen Serbiens erfolgte. Eine Zustimmung würde die Geltung des Besatzungsrechts ausschließen. Das Besatzungsrecht ist nicht auf friedliche Okkupationen eines Territoriums anwendbar, denen der betroffene Staat zugestimmt hat und die außerhalb eines militärischen Konfliktes erfolgen.[669] Eine Zustimmung Serbiens ist im Militärtechnischen Abkommen vom 10.06.1999 sowie in der Friedensvereinbarung für das Kosovo enthalten.[670] Der Wert dieser Zustimmung ist jedoch angesichts des von der NATO ausgeübten militärischen Zwangs gering. Dass dieser von der NATO und nicht von den Vereinten Nationen ausging, erhöht den Erklärungsgehalt der Zu-

---

665 C. Greenwood (Fn. 654), S. 44 Ziffer 214.

666 M. Kelly (Fn. 661), S. 178.

667 So der vom Britischen Verteidigungsministerium in einem Handbuch zum Wehrrecht vorgeschlagene Test, vgl. T. Irmscher (Fn. 331), S. 377 bei Fn. 147.

668 E. Colby, Occupation under the Laws of War, in: Columbia Law Review 25 (1925), S. 907; E. Benvenisti (Fn. 662), S. 4; J. Cerone (Fn. 573), S. 484; T. Irmscher (Fn. 331), S. 377.

669 M. Bothe, Occupation, pacific, in: R. Bernhardt (Hrsg.), EPIL, Bd. 3 (1996), S. 767.

670 Siehe J. Cerone (Fn. 573), S. 484.

stimmung nicht. Der Zwangscharakter der Resolution 1244 steht im Vordergrund.[671] Eine Zustimmung Serbiens zur Übernahme der Gebietshoheit im Kosovo durch die UNMIK und die KFOR lag daher nicht vor.

Fraglich ist jedoch, ob die Pflicht Serbiens aus Artikel 25 UN-Charta, die Unterstellung des Kosovo unter UN-Verwaltung auf der Grundlage von Kapitel VII zu dulden, ebenfalls die Anwendung des Besatzungsrechts ausschließt. Ob eine Zustimmung zur Besatzung und die Duldungspflicht aus der UN-Charta gleich zu behandeln sind, richtet sich nach dem Grund für den Ausschluss des Besatzungsrechts im Falle einer Zustimmung des betroffenen Staates. Beruht der Ausschluss darauf, dass bei einer Zustimmung die Besatzung dem freien Willen des Staates entspricht, würde eine vertragliche Duldungspflicht einer Anwendung des Besatzungsrechts nicht entgegenstehen. Steht dagegen im Vordergrund, dass es eine Rechtsgrundlage für die Besatzung gibt, die die jeweiligen Rechte und Pflichten der Besatzungsmacht, des Staates und der Bevölkerung des verwalteten Territoriums regelt, dann kann auch die Duldungspflicht aus der UN-Charta die Anwendbarkeit des humanitären Besatzungsrechts ausschließen.

Gegen eine Gleichbehandlung der Duldungspflicht mit einer Zustimmung zur Okkupation spricht, dass Serbien der Friedensvereinbarung und dem Militärtechnischen Abkommen nur nach der Anwendung von Zwang zustimmte.[672] Außerdem ist es gerade das entscheidende Merkmal der Bindungswirkung von Resolutionen des Sicherheitsrats, dass eine Zustimmung oder der Wille des Adressaten hierfür nicht erforderlich ist.[673] Aus diesem Grund haben Resolutionen mehr gemeinsam mit Gesetzen als mit Verträgen.[674] Hinzu kommt, dass es aus der Perspektive Serbiens keinen Unterschied macht, ob das Kosovo aufgrund einer Resolution des Sicherheitsrats oder durch eine feindliche Macht während eines Krieges besetzt wird. In beiden Fällen verzichtet der Staat unfreiwillig auf die weitere Ausübung seiner Hoheitsgewalt. Ferner entsprechen die Interessen Serbiens im Zusammenhang mit der Verwaltung des Kosovo durch die Vereinten Nationen den Interessen eines besetzten Staates im Kriegsfall. Die besatzungsrechtlichen Vorschriften der LKO haben den Zweck, die Interessen des Staates an der Wahrung seiner Souveränität, die Interessen der Besatzungsmacht an der Herstellung von Ruhe und Ordnung sowie die Interessen der Bevölkerung des besetzten Gebietes an Wahrung seiner Rechte und Freiheiten zum Ausgleich

---

[671] E. de Wet (Fn. 335), S. 321 Fn. 147. Siehe zur Zustimmung Serbiens oben S. 146.
[672] T. Irmscher (Fn. 331), S. 383 f.
[673] J. A. Frowein (Fn. 443), S. 99.
[674] J. A. Frowein/N. Krisch (Fn. 408), S. 713 Rz. 34.

zu bringen.[675] Wichtiges Merkmal des Besatzungsrechts ist, dass es die Verwaltung des besetzten Gebiets für eine Übergangszeit ohne Auswirkung auf die Frage der Souveränität regelt.[676] Die Besatzungsmacht übt als Treuhänder zeitweise die Hoheitsgewalt an Stelle des Inhabers der Souveränität aus, bis eine endgültige Lösung des Konflikts erzielt ist.[677] Auch im Kosovo ist es erforderlich, einen Ausgleich zwischen den Interessen der Vereinten Nationen bzw. der internationalen Gemeinschaft, Serbiens und der Bevölkerung des Kosovo herzustellen.[678]

Für eine Gleichsetzung der sich aus der UN-Charta ergebenden Pflicht Serbiens, die Besetzung des Kosovo durch die UNMIK zu dulden, mit einer Zustimmung zu einer Besetzung spricht, dass die Besetzung nicht auf faktischer, sondern auf einer rechtlichen Grundlage beruht.[679] Außerdem basiert die Besetzung des Kosovo durch die UNMIK auf anderen Voraussetzungen und verfolgt andere Ziele als eine Besetzung eines feindlichen Territoriums im Kriegsfall. Auch wenn sich die Interessen Serbiens mit denjenigen eines besetzten Staates im Kriegsfalle decken, ist dies nicht auch für die UNMIK und die Bevölkerung des Kosovo der Fall. Eine Besatzungsmacht hat nicht die Aufgabe, ein politisches System zu schaffen, das bestimmten Standards und Anforderungen entspricht.[680] Dies ist aber eine der beiden Hauptaufgaben der UNMIK. Sie soll die Ursachen des Konfliktes beseitigen, die institutionellen Voraussetzungen für Autonomie und Selbstverwaltung schaffen und einen politischen Klärungsprozess über den endgültigen Status des Kosovo in Gang setzen. Dieser Gestaltungsauftrag unterscheidet die UNMIK wesentlich von einer Besatzungsmacht. Auch die Bevölkerung des Kosovo hat Interessen, die über diejenigen der Bewohner eines besetzten Gebietes hinausgehen. Zwar kann man davon ausgehen, dass auch die Bewohner des Kosovo ein Interesse an der Aufrechterhaltung der öffentlichen Si-

[675] G. Schwarzenberger (Fn. 660), S. 10; T. Irmscher (Fn. 331), S. 375. Anders M. Bothe/ T. Marauhn (Fn. 332), S. 221, die den Zweck des Besatzungsrechts vorrangig in der Durchsetzung der Interessen der Besatzungsmacht sehen.

[676] C. Stahn, International Territorial Administration (Fn. 335), S. 140.

[677] E. Benvenisti (Fn. 662), S. 6; A. Roberts (Fn. 661), S. 295; C. Stahn, International Territorial Administration (Fn. 335), S. 140. Nach Ansicht von A. Gerson, Trustee Occupant: The Legal Status of Israel's Presence in the West Bank, in: Harvard International Law Journal 14 (1973), S. 1 ff., gibt es den eigenständigen Typus eines „Treuhänder-Besatzers".

[678] C. Stahn, International Territorial Administration (Fn. 335), S. 141.

[679] Siehe J. A. Burger, International Humanitarian Law and the Kosovo Crisis: Lessons Learned or to be Learned, in: International Review of the Red Cross 82 (2000), S. 137 f., der eine Anwendung des humanitären Völkerrechts auf die Tätigkeit der KFOR ablehnt; siehe auch B. Kondoch (Fn. 382), S. 260 (für die vergleichbare Situation der UNTAET in Osttimor).

[680] C. Stahn, International Territorial Administration (Fn. 335), S. 141.

cherheit und Ordnung haben. Darüber hinaus besteht aber ein Interesse der Bevölkerung am politischen, sozialen und wirtschaftlichen Wiederaufbau des Kosovo.

Ein weiteres Argument für eine Gleichbehandlung der Duldungspflicht Serbiens mit einer Zustimmung zur Besatzung ist, dass die Duldungspflicht auf der UN-Charta beruht. Indem Serbien den Vereinten Nationen beigetreten ist, hat es die Zwangsbefugnisse des Sicherheitsrats in Kapitel VII akzeptiert. Die Übernahme der Hoheitsgewalt im Kosovo durch die UNMIK beruht damit zwar nicht auf einer Vereinbarung, wohl aber auf der Grundlage der UN-Charta als völkerrechtlichem Vertrag. Zusammenfassend lässt sich daher sagen, dass der Anwendungsbereich des Besatzungsrechts als Teil des humanitären Völkerrechts nicht eröffnet ist.

b. Völkerrechtliches Enteignungsrecht

Als souveränitätsschützende Schranken der Rechtsetzungsbefugnis der UNMIK im Privatisierungsbereich kommen ferner die Grundsätze des völkerrechtlichen Enteignungsrechts in Betracht. Da die Unternehmensprivatisierung dazu führt, dass an den Vermögenswerten der gesellschaftlichen Unternehmen im Kosovo neue Eigentumsrechte entstehen, könnte das Spin-Off-Verfahren Staatsangehörige Serbiens enteignen. Ein Staat kann sich gegen Enteignungen seiner Staatsangehörigen zur Wehr setzen, wenn diese nicht den völkerrechtlichen Grundsätzen der Enteignung von Ausländern entsprechen. Nach den gewohnheitsrechtlich anerkannten Grundsätzen für Enteignungen von Ausländern sind solche nur dann zulässig, wenn sie einem öffentlichen Zweck dienen, keinen diskriminierenden Charakter haben und mit einer Entschädigung verbunden sind, die unverzüglich geleistet wird, deren Höhe angemessen und die effektiv ist.[681] Die Grundsätze greifen nur bei Enteignungen von ausländischen natürlichen oder juristischen Personen ein, dagegen nicht bei inländischen.[682] Unter einer Enteignung wird der Entzug eigentumskräftiger Positionen durch Staatsakt verstanden.[683]

Die Grundsätze der Enteignung von Ausländern sind auf das Spin-Off-Verfahren allerdings nicht anwendbar. Serbien kann sich nicht auf die Grundsätze berufen, um gegen eine Enteignung eigener Staatsbürger auf dem eigenen Territorium vorzugehen. Auch wenn die UNMIK an Stelle Serbiens die Ge-

---

[681] S. Hobe/O. Kimminich (Fn. 596), S. 387.
[682] I. Brownlie (Fn. 350), S. 508.
[683] S. Hobe/O. Kimminich (Fn. 596), S. 387.

bietshoheit im Kosovo ausübt, handelt es sich bei den potentiellen Opfern einer Enteignung nicht um ausländische Personen. Sowohl die gesellschaftlichen Unternehmen selbst, deren Gläubiger und möglicherweise existierende Inhaber der gesellschaftlichen Unternehmen müssen die serbische Staatsangehörigkeit oder Staatszugehörigkeit haben, damit sich Serbien auf die enteignungsrechtlichen Grundsätze gegenüber der UNMIK berufen kann. In diesem Fall sind möglicherweise geschädigte Personen im Kosovo jedoch keine ausländischen Personen, so dass die Grundsätze nicht eingreifen.

Der Anwendungsbereich des völkerrechtlichen Enteignungsrechts ist demnach nicht eröffnet. Dies gilt auch dann, wenn man in Rechnung stellt, dass es für den Staat Serbien keinen Unterschied macht, ob seine Staatsangehörigen durch eine fremde Hoheitsgewalt auf fremdem Territorium enteignet werden oder ob dies auf dem Staatsgebiet Serbiens geschieht. Die Grundsätze der Enteignung von Ausländern sind Bestandteil des Völkergewohnheitsrechts und können daher nicht im Wege der Analogie auf ähnlich gelagerte Sachverhalte übertragen werden. Denn für eine analoge Anwendung fehlt im Zweifel der Rechtsbindungswille der der Norm unterworfenen Völkerrechtssubjekte.

3. Grundsatz der Verhältnismäßigkeit

Zu prüfen bleibt, ob das in der KTA-Regulation geregelte Spin-Off-Verfahren mit dem Grundsatz der Verhältnismäßigkeit vereinbar ist. Resolution 1244 und Artikel 2 Ziffer 7 UN-Charta verpflichten die UNMIK, den Grundsatz der Verhältnismäßigkeit zu beachten. Inhalt des völkerrechtlichen Verhältnismäßigkeitsgrundsatzes ist, dass Maßnahmen stets geeignet und erforderlich sein und in einem angemessenen Verhältnis zum verfolgten Zweck stehen müssen.[684] Von besonderer Bedeutung ist die Erforderlichkeit der Maßnahme. Eine Maßnahme ist dann erforderlich, wenn es keine gleichermaßen geeignete Maßnahme zur Erreichung des verfolgten Zwecks gibt, die weniger intensiv in schützenswerte Rechtspositionen eingreift. Auf die Tätigkeit der UNMIK bezogen bedeutet dies, dass ihre Maßnahmen dann erforderlich sind, wenn der Zweck einer Regelung nicht mit einer anderen Maßnahme erreicht werden kann, die weniger tief in die Souveränitätsrechte Serbiens eingreift.

Bei der Privatisierung des Vermögens der gesellschaftlichen Unternehmen durch das Spin-Off-Verfahren gibt es zwei Anknüpfungspunkte für die Prüfung der Verhältnismäßigkeit. Zum einen stellt sich die Frage, ob die Privatisierung der

---

[684] Siehe allgemein ICTY, The Prosecutor v. Blagojevic et al., Az. IT-02-60-PT, Urteil vom 22.07.2002.

gesellschaftlichen Unternehmen für den Wiederaufbau der Wirtschaft des Kosovo erforderlich ist (a.). Zum anderen ist zu prüfen, ob das jugoslawische Recht Alternativen zum Erlass einer eigenen Privatisierungsregelung durch die UNMIK geboten hätte (b.).

a. Verhältnismäßigkeit der Unternehmensprivatisierung

In Anbetracht der großen wirtschaftlichen Bedeutung der Unternehmensprivatisierung und der Tragweite der Umverteilung der Vermögenswerte der gesellschaftlichen Unternehmen auf private Investoren stellt sich die Frage, ob die Unternehmensprivatisierung durch die UNMIK als solche – unabhängig vom Spin-Off-Verfahren – verhältnismäßig ist.

Der Zweck der Privatisierung des Vermögens der gesellschaftlichen Unternehmen besteht darin, Investitionsanreize für private Unternehmen im Kosovo zu schaffen und so einen Beitrag zum wirtschaftlichen Wiederaufbau und zur Verringerung der Arbeitslosigkeit zu leisten. Das Spin-Off-Verfahren ist hierfür ein geeignetes Mittel. Es ermöglicht eine Herauslösung von attraktiven Vermögenswerten der gesellschaftlichen Unternehmen, um diese für die wirtschaftliche Tätigkeit von Investoren nutzbar zu machen. Diese Vermögenswerte sind für den wirtschaftlichen Wiederaufbau des Kosovo wegen deren herausragender Stellung in der Wirtschaftsstruktur des Kosovo so wichtig. Bis auf kleine Privatunternehmen vornehmlich in den Sektoren Handel und Handwerk lag die gesamte industrielle Basis des Kosovo in der Hand von gesellschaftlichen Unternehmen. Als Folge der Privatisierung können Investoren das Eigentum an diesen Vermögenswerten erwerben und diese wirtschaftlich nutzen.

Es stellt sich aber die Frage, ob die Privatisierung der Vermögenswerte der gesellschaftlichen Unternehmen erforderlich ist, um Anreize für Investitionen im Kosovo und Arbeitsplätze zu schaffen. Dies wäre zu verneinen, wenn der UNMIK ein gleichermaßen geeignetes Mittel zur Belebung der Wirtschaft im Kosovo zur Verfügung stünde, das weniger tief in die Souveränitätsrechte Serbiens eingreift. Die UNMIK hat vor dem Erlass der KTA-Regulation verschiedene Strategien für eine Wiederbelebung der gesellschaftlichen Unternehmen ausgearbeitet.[685] Wegen der anfänglichen politischen Widerstände ging es bei diesen Strategien gerade darum, Alternativen für die Privatisierung zu finden. Keine dieser Strategien hatte jedoch nennenswerten Erfolg. Die Verwaltung der gesellschaftlichen Unternehmen auf Kommunalebene musste aufgegeben werden, da die UNMIK nicht über die Ressourcen und die Erfahrung für eine effektive

---

[685] Siehe 2. Teil, Abschnitt D.I., oben S. 60 ff.

Kontrolle über die gesellschaftlichen Unternehmen verfügte. Der Versuch, die gesellschaftlichen Unternehmen auf der Grundlage des jugoslawischen Wirtschaftsrechts fortzuführen, scheiterte ebenfalls. Reformen und Umstrukturierungen, die angesichts der desolaten Lage vieler Unternehmen dringend erforderlich waren, wurden zumeist von Arbeiterräten blockiert. Die daraufhin in die Wege geleitete Verpachtung gesellschaftlicher Unternehmen brachte zwar einige Fortschritte. Es zeigte sich aber, dass sie nicht ein für alle gesellschaftlichen Unternehmen gleichermaßen geeignetes Mittel zur Kapitalbeschaffung ist. In Anbetracht der wirtschaftlichen Bedeutung der gesellschaftlichen Unternehmen für die Wirtschaft des Kosovo ist daher nicht erkennbar, dass es ein gleichermaßen geeignetes Mittel zur Belebung der Wirtschaft des Kosovo als Alternative zur Privatisierung gegeben hätte.

Schließlich spielt bei der Beurteilung der Verhältnismäßigkeit der Unternehmensprivatisierung eine Rolle, dass sich auch Serbien für eine Privatisierung der gesellschaftlichen Unternehmen im Kosovo ausgesprochen hat.[686] Die Privatisierung des Vermögens der gesellschaftlichen Unternehmen ist daher verhältnismäßig.

b. Verhältnismäßigkeit des Spin-Off-Verfahrens

Ein weiterer Anknüpfungspunkt für die Prüfung der Verhältnismäßigkeit ist, ob der Erlass einer eigenen Regelung durch die UNMIK erforderlich war. Wie gezeigt hat der Verhältnismäßigkeitsgrundsatz bei der Rechtsetzung durch die UNMIK den Inhalt eines Kontinuitätsgebots, wonach die UNMIK anstelle einer Neuregelung einschlägige Normen des jugoslawischen Rechts anwenden muss, wenn diese für die Erfüllung ihrer Aufgaben gleichermaßen geeignet und mit internationalen Menschenrechtsstandards und ihrem Mandat vereinbar sind. Die KTA-Regulation und das Spin-Off-Verfahren wären danach unverhältnismäßig, wenn die UNMIK die gesellschaftlichen Unternehmen durch Anwendung von Vorschriften des jugoslawischen Rechts hätte privatisieren können, die mit internationalen Menschenrechtsstandards vereinbar und zur Erfüllung ihrer Aufgabe zum wirtschaftlichen Wiederaufbau gleichermaßen geeignet sind. Zu berücksichtigen ist dabei, dass die UNMIK über einen weiten Beurteilungs- und Ermessenspielraum verfügt, da nur sie die notwendigen Sachkenntnisse hat.[687]

In Anbetracht der Zweifel an der Völkerrechtsmäßigkeit der Definition des anwendbaren Rechts in Regulation 1999/24 sind bei der Prüfung der Verhältnis-

---

[686] Protokoll der Sitzung des Sicherheitsrates vom 10.06.2003, UN Doc. S/PV.4770.
[687] Vgl. S. Hobe/J. Griebel (Fn. 331), S. 143.

mäßigkeit alle Vorschriften des jugoslawischen Privatisierungsrechts zu berücksichtigen, die bis zum Erlass der KTA-Regulation in Jugoslawien und in Serbien über die Privatisierung der gesellschaftlichen Unternehmen in Kraft getreten sind.[688] Dabei handelt es sich um das GGK aus dem Jahr 1989 einschließlich seiner Änderungen durch das GPUK, um das GEU aus den Jahren 1996 und 1997 sowie um das serbische Privatisierungsgesetz aus dem Jahr 2001.[689] Diese Gesetze sind zunächst auf ihre Vereinbarkeit mit internationalen Menschenrechtsstandards zu untersuchen (aa.). Im Anschluss wird geprüft, ob das GGK (bb.) oder das Privatisierungsgesetz (cc.) als Alternativen für das Spin-Off-Verfahren in Frage gekommen wären.

aa. Vereinbarkeit der Vorschriften des serbischen Privatisierungsrechts mit internationalen Menschenrechtsstandards

Vorschriften des jugoslawischen und serbischen Privatisierungsrechts kommen als Alternativen zum Spin-Off-Verfahren nur dann in Frage, wenn sie mit internationalen Menschenrechtsstandards vereinbar sind. Hinsichtlich des GGK bestehen keine Bedenken. Es handelte sich dabei um ein Bundesgesetz, das in ganz Jugoslawien anwendbar war. Offene oder versteckte Diskriminierungen der albanischen Volksgruppe im Kosovo enthielt es nicht. Es sind auch keine anderen Gründe für eine Menschenrechtswidrigkeit des GGK ersichtlich.

Anders verhält es sich mit dem GPUK und dem GEU. Diese Gesetze galten in der Bundesrepublik Jugoslawien und in der Republik Serbien und traten in den Jahren 1996 und 1997 in Kraft. Vorschriften, die die albanische Volksgruppe offen diskriminierten, enthielten auch sie nicht. Es ist jedoch zu berücksichtigen, dass sie nach der Abschaffung der Autonomie des Kosovo und sogar nach Ausbruch der bewaffneten Auseinandersetzung in Kraft traten. Hinzu kommt, dass das GPUK und das GEU der neu geschaffenen staatlichen Bewertungsbehörde starke Einflussrechte im Privatisierungsverfahren gaben. Dies ermöglichte es dem Milošević-Regime, in Privatisierungsverfahren einzugreifen. Insbesondere im Kosovo kam es zu fragwürdigen Privatisierungen von gesellschaftlichen Unternehmen.[690] Es spricht daher viel dafür, die Vorschriften des GPUK und des GEU für nicht vereinbar mit internationalen Menschenrechtsstandards anzusehen. In jedem Fall sind beide Gesetze durch deren Anwendung in den neunziger Jahren diskreditiert, so dass eine Anwendung bereits deswegen ausscheidet.

---

688 Siehe hierzu bereits 3. Teil, Abschnitt C.I.1.b., oben S. 151 ff.
689 Siehe zu diesen Gesetzen 2. Teil, Abschnitt C., oben S. 53 ff.
690 International Crisis Group, Strategy for Economic Development (Fn. 2), S. 20.

Das Privatisierungsgesetz von 2001 ist mit Menschenrechtsstandards vereinbar. Es wurde von der Republik Serbien nach dem Sturz von Milošević erlassen. Es enthält keine offenen oder versteckten Diskriminierungen der albanischen oder einer anderen Volksgruppe. Daher sind keine Gründe dafür ersichtlich, dass das Privatisierungsgesetze gegen Menschenrechtsstandards verstößt. Als Alternativen für das in der KTA-Regulation geregelte Spin-Off-Verfahren kommen daher das GGK und das Privatisierungsgesetz in Betracht.

bb. Alternative Anwendung des GGK

Um als Alternative zum Spin-Off-Verfahren in Frage zu kommen, muss das GGK ebenso geeignet für den wirtschaftlichen Wiederaufbau des Kosovo sein. Die Geeignetheit des GGK ist jedoch aus verschiedenen Gründen abzulehnen.

Zum einen spricht gegen das GGK, dass es einseitig eine Privatisierung der gesellschaftlichen Unternehmen zugunsten der Arbeiter bevorzugte. Den zu privatisierenden Unternehmen floss durch die Ausgabe von Anteilen an Arbeiter und ehemalige Arbeiter kaum neues Kapital zu. Hinzu kam, dass viele Anteilserwerber den Ausgabepreis im Ergebnis überhaupt nicht zahlten, da den Zeichnungsberechtigten oft erhebliche Rabatte und Zahlungsaufschübe eingeräumt wurden. Ein weiteres Defizit des GGK war, dass die Arbeiter gleichzeitig Verkäufer und Käufer der Anteile am gesellschaftlichen Kapital waren. Es bestand daher die Gefahr, dass kein optimales Ergebnis des Umwandlungsverfahrens für die Unternehmen erzielt wurde.[691] Außerdem war nicht sichergestellt, dass tatsächlich das gesamte gesellschaftliche Kapital umgewandelt wurde.[692]

Schließlich hätte ein Privatisierungsverfahren auf der Grundlage der Vorschriften des GGK die UNMIK vor erhebliche praktische Schwierigkeiten gestellt. Aufgrund der privilegierten Stellung der Arbeiter im Privatisierungsverfahren nach dem GGK wäre es erforderlich gewesen, alle Arbeiter und ehemaligen Arbeiter der zu privatisierenden gesellschaftlichen Unternehmen zu ermitteln. Nach den Geschehnissen im Kosovo seit 1989 und insbesondere nach den massenhaften Entlassungen albanischer Arbeiter wäre es jedoch nicht möglich gewesen, alle Berechtigten zu ermitteln. Das DTI hatte vor der Erarbeitung der KTA-Regulation eine Anwendung des GGK geprüft, dies aber aus den genannten Gründen verworfen.[693]

---

[691] R. Ovin, Konkurrierende Privatisierungskonzepte in Slowenien, in: H. Leipold (Hrsg.), Privatisierungskonzepte im Systemwandel (1992), S. 131.

[692] M. Uvalić (Fn. 185), S. 7 f.

[693] Siehe hierzu bereits 2. Teil, Abschnitt D.II.1., oben S. 66 f.

Zusammenfassend lässt sich daher feststellen, dass das GGK keine geeignete Alternative zum Spin-Off-Verfahren geboten hätte.

cc. Alternative Anwendung des Privatisierungsgesetzes

Zu prüfen bleibt, ob eine Privatisierung auf der Grundlage des Privatisierungsgesetzes von 2001 in Frage gekommen wäre. Das Privatisierungsgesetz beseitigt einige der Unzulänglichkeiten der früheren jugoslawischen Privatisierungsgesetze.[694] Darin ist nicht mehr vorgesehen, dass die Umwandlung der gesellschaftlichen Unternehmen zugunsten der Arbeiter oder anderer Berechtigter erfolgt. Vielmehr soll mindestens 70 % des Kapitals des zu privatisierenden gesellschaftlichen Unternehmens an einen Investor veräußert werden. Dabei können Arbeitsplatz- oder Investitionszusagen verlangt werden. Die Privatisierungsagentur hat die Befugnis, gesellschaftliche Unternehmen umzustrukturieren und für die Privatisierung vorzubereiten. Das Privatisierungsgesetz hätte daher die notwendigen Mechanismen für eine Privatisierung der gesellschaftlichen Unternehmen im Kosovo geboten. Der KTA hätte man durch Durchführungsbestimmungen die Handhabe für eine Anwendung des Privatisierungsgesetzes verschaffen können. Solche Bestimmungen hätten auch Sonderregelungen für die Verwaltung der Erlöse aus der Privatisierung treffen können, die die besondere Situation im Kosovo berücksichtigt hätten. Eine solche Anwendung des Privatisierungsgesetzes hätte den Vorteil gehabt, dass dann die gesellschaftlichen Unternehmen nach denselben materiellen Regeln privatisiert worden wären wie in Serbien. Dies hätte insbesondere die Rechtssicherheit für Investoren erhöht, denn dann wären Risiken einer Rechtswidrigkeit der Privatisierung weitgehend ausgeschaltet worden. Die politische Unterstützung der serbischen Regierung wäre ein weiterer Vorteil gewesen.

Verschiedene und im Ergebnis überzeugendere Gründe sprechen aber gegen eine Anwendung des Privatisierungsgesetzes durch die UNMIK. Zum einen dürfte die Akzeptanz der Öffentlichkeit im Kosovo für eine Privatisierung auf der Grundlage des Gesetzes von 2001 sehr gering ausgefallen sein. Die Kosovo-Albaner haben mehrfach Versuche der UNMIK, Bestimmungen des jugoslawischen und serbischen Rechts im Kosovo anzuwenden, heftig zurückgewiesen. Die Auseinandersetzungen um die Privatisierungsrichtlinien der KTA zwischen der UNMIK und den PISG, auf die oben bereits eingegangen worden ist, sind hierfür ein gutes Beispiel. Die Ansicht des juristischen Dienstes des UN-Sekretariats in New York, die KTA müsse eingehend prüfen, ob einige der im Kosovo im Jahr 1989 durchgeführten Umwandlungen gesellschaftlicher Unter-

[694] T. Kojović (Fn. 200), S. 262.

nehmen nach dem GGK zu vermögenswerten Rechtspositionen geführt haben, wurde von den PISG kategorisch abgelehnt. Hinzu kommt, dass sich die wichtigsten Geber EU, USA und Weltbank von Beginn an für eine eigene Regelung der UNMIK ausgesprochen hatten. Vor diesem Hintergrund ist es nicht zu beanstanden, dass sich die UNMIK für ein eigenes Privatisierungsverfahren entschieden hat. Allerdings wäre es wünschenswert gewesen, wenn die UNMIK zu erkennen gegeben hätte, dass sie eine Anwendung des Privatisierungsgesetzes in ihre Überlegungen einbezogen hat.

Zusammenfassend lässt sich daher sagen, dass das Privatisierungsgesetz nicht gleichermaßen geeignet wäre wie das Spin-Off-Verfahren und eine Pflicht der UNMIK, dem Privatisierungsgesetz den Vorrang gegenüber einer eigenen Regelung einzuräumen, nicht bestand.

c. Ergebnis

Das Spin-Off-Verfahren ist mit dem Grundsatz der Verhältnismäßigkeit vereinbar. Einerseits ist die Privatisierung der gesellschaftlichen Unternehmen als solche zulässig, da der UNMIK keine andere Maßnahme zur Wiederbelebung der gesellschaftlichen Unternehmen zur Verfügung stand, die weniger tief in die Rechts- und Eigentumsordnung eingegriffen hätte. Andererseits ist auch nicht zu beanstanden, dass die UNMIK eine eigene Regelung getroffen hat und nicht Vorschriften des jugoslawischen Privatisierungsrechts angewandt hat.

4. Ergebnis

Es sind keine Anhaltspunkte dafür ersichtlich, dass die KTA-Regulation und das Spin-Off-Verfahren mit völkerrechtlichen Normen unvereinbar sind, die Souveränitätsrechte Serbiens schützen. Insbesondere ist die KTA-Regulation verhältnismäßig. Eine Auseinandersetzung der UNMIK mit der alternativen Anwendung des serbischen Privatisierungsgesetzes von 2001, die offenbar nicht stattgefunden hat, wäre aber angebracht gewesen.

II. Vereinbarkeit mit Rechten der Bewohner und der Bevölkerung des Kosovo

Das Spin-Off-Verfahren ist weiter danach zu überprüfen, ob es mit Rechten der Bewohner und der Bevölkerung des Kosovo vereinbar ist. Schranken der Rechtssetzungsbefugnis der UNMIK aus individualschützenden Normen des

Völkerrechts ergeben sich aus den Menschenrechten und aus dem Anspruch der Bevölkerung des Kosovo auf substanzielle Autonomie und Selbstverwaltung.

Die Unternehmensprivatisierung berührt in erster Linie Eigentums- und Vermögenswerte. Daher wird zuerst auf die Vereinbarkeit des Spin-Off-Verfahrens mit der menschenrechtlichen Eigentumsgarantie eingegangen (1.). Aufgrund der weit reichenden Verwaltungsbefugnisse der KTA in Bezug auf gesellschaftliche Unternehmen wird im Anschluss die Vereinbarkeit mit der Koalitionsfreiheit erörtert (2.). Danach wird geprüft, ob die Möglichkeiten des Rechtsschutzes im Spin-Off-Verfahren den Anforderungen der menschenrechtlichen Rechtsschutzgarantie entsprechen (3.). Zum Abschluss wird untersucht, ob es mit dem Anspruch der Bevölkerung des Kosovo auf Autonomie und Selbstverwaltung vereinbar ist, dass sich die UNMIK die Zuständigkeit für die Unternehmensprivatisierung vorbehalten hat und diese nicht auf die Selbstverwaltungsinstitutionen übertragen hat (4.).

Der Maßstab für die Prüfung der Menschenrechte ergibt sich aus der AEM, dem IPbürgR, dem IPwirtR und der EMRK.[695] Weil die KTA-Regulation die Geltung der EMRK im Rahmen des Spin-Off-Verfahrens in Ziffer 6.3 i.V.m. Ziffern 6.2 und 8 ausdrücklich anordnet und der Menschenrechtsschutz der EMRK durch die Rechtsprechung der Konventionsorgane sehr detailliert ist, wird im Folgenden für die Zwecke der Prüfung vorrangig auf Rechtsprechung und Literatur zur EMRK zurückgegriffen.

1. Eigentumsgarantie

Da die KTA im Rahmen des Spin-Off-Verfahrens die Veräußerung von Vermögenswerten der gesellschaftlichen Unternehmen an Investoren veranlasst, kommt eine Verletzung der menschenrechtlichen Eigentumsgarantie in Betracht.

Auf den ersten Blick scheint eine Prüfung der Vereinbarkeit des Spin-Off-Verfahrens mit der Eigentumsgarantie fern zu liegen. Denn diese schützt das Privateigentum, das an den auszugliedernden Vermögenswerten erst entstehen soll. Mit dem Spin-Off-Verfahren sollen die für Investoren attraktiven Vermögenswerte der gesellschaftlichen Unternehmen in Privateigentum überführt werden. Es spricht jedoch viel dafür, dass die Veränderungen der jugoslawischen Wirtschaftsordnung durch die Marković-Reformen Ende der achtziger Jahre zu einer Entstehung von subjektiven Rechtspositionen der gesellschaftlichen Un-

[695] Siehe zum menschenrechtlichen Prüfungsmaßstab 3. Teil, Abschnitt C.II.2.a.dd., oben S. 174 ff.

ternehmen an den von ihnen genutzten Mitteln geführt haben, die in den Schutzbereich der menschenrechtlichen Eigentumsgarantie fallen können. Daher ist das Spin-Off-Verfahren auf seine Vereinbarkeit mit der menschenrechtlichen Eigentumsgarantie zu überprüfen.

Der Schutz des Eigentums ist eines der klassischen Menschenrechte.[696] Der Eigentumsschutz ist in Artikel 17 AEM, in Artikel 5 lit. d) des Übereinkommens zur Beseitigung jeder Form von rassistischer Diskriminierung und in Artikel 16 Abs. 1 lit. h) des Übereinkommens zur Beseitigung jeder Form von Diskriminierung der Frau enthalten. Auch die meisten regionalen Menschenrechtsabkommen sehen den Schutz des Eigentums vor.[697] In Europa garantiert Artikel 1 des Zusatzprotokolls zur EMRK (ZP EMRK) das Eigentumsrecht. Dessen Wortlaut ist:

> Jede natürliche oder juristische Person hat das Recht auf Achtung ihres Eigentums. Niemandem darf sein Eigentum entzogen werden, es sei denn, dass das öffentliche Interesse es verlangt, und nur unter den durch Gesetz und durch die allgemeinen Grundsätze des Völkerrechts vorgesehenen Bedingungen.
>
> Absatz 1 beeinträchtigt jedoch nicht das Recht des Staates, diejenigen Gesetze anzuwenden, die er für die Regelung der Benutzung des Eigentums in Einklang mit dem Allgemeininteresse oder zur Sicherung der Zahlung der Steuern oder sonstigen Abgaben oder von Geldstrafen für erforderlich hält.

Dagegen gewähren die beiden internationalen Menschenrechtspakte keinen Schutz des Eigentums. Dennoch wird das Recht auf Eigentum als ein universales Menschenrecht angesehen. Dies wird damit begründet, dass Quellen der Menschenrechte nicht nur Verträge sind, sondern auch das Gewohnheitsrecht und der gewohnheitsrechtliche Eigentumsschutz weitgehend anerkannt ist.[698] Zusätzlich zur grundsätzlichen Pflicht der UNMIK zur Achtung des in der AEM, in anderen universellen Menschenrechtsabkommen und in der EMRK enthaltenen Eigentumsschutzes ergibt sich ihre Bindung sowie die Bindung der KTA an Artikel 1 ZP EMRK unmittelbar aus der KTA-Regulation. Für das Spin-Off-Verfahren legt Ziffer 6.3 i.V.m. Ziffern 6.2 und 8 KTA-Regulation fest, dass die KTA die Prinzipien des Artikels 1 ZP EMRK befolgen muss. In Ziffer 6.3 der KTA-Regulation heißt es:

---

696 W. Peukert, Artikel 1 des 1. ZP (Schutz des Eigentums), in: J. A. Frowein/W. Peukert, Europäische Menschenrechtskovention, 2. Aufl. (1996), S. 764 Rz. 1.

697 C. Krause/G. Alfredsson, Article 17, in: G. Alfredsson/A. Eide (Hrsg.), The Universal Declaration of Human Rights. A Common Standard of Achievement (1999), S. 364.

698 C. Krause/G. Alfredsson (Fn. 697), S. 365; andere Ansicht S. Hobe/J. Griebel (Fn. 331), S. 147.

> In exercising any of the actions referred to in paragraphs (b), (c) and (d) of section 6.2, the Agency shall comply with the principles of Article 1, Protocol 1 of the European Convention on Human Rights.[699]

Die UNMIK ist daher verpflichtet, bei der Privatisierung des Vermögens der gesellschaftlichen Unternehmen im Spin-Off-Verfahren Eigentumsrechte der natürlichen und juristischen Personen im Kosovo zu respektieren, soweit diese in den Schutzbereich der menschenrechtlichen Eigentumsgarantie einbezogen sind. Dies wird im Folgenden für die Regelungen des Spin-Off-Verfahrens geprüft. Zunächst ist zu zeigen, dass der Schutzbereich der Eigentumsgarantie bei verschiedenen subjektiven Rechtspositionen eröffnet ist, die durch das Spin-Off-Verfahren berührt sein können (a.). Danach wird untersucht, ob das Spin-Off-Verfahren in eigentumskräftige Rechtspositionen eingreift (b.). Im Anschluss wird geprüft, ob diese Eingriffe gerechtfertigt sind (c.).

a. Eröffnung des Schutzbereichs

Der persönliche Schutzbereich des Artikels 1 ZP EMRK ist durch das Spin-Off-Verfahren eröffnet. Auf den Schutz des Artikels 1 ZP EMRK können sich natürliche und juristische Personen berufen.[700] Im Falle der Unternehmensprivatisierung durch das Spin-Off-Verfahren kommen Verletzungen von Eigentumsrechten einer Reihe von Personen in Betracht. Dies sind die gesellschaftlichen Unternehmen selbst, Dritteigentümer von ausgegliederten Vermögenswerten, Gläubiger gesellschaftlicher Unternehmen sowie Personen, die möglicherweise ein Recht an gesellschaftlichen Unternehmen haben. Unter die letztgenannte Kategorie fallen die Arbeiter der gesellschaftlichen Unternehmen, der Staat sowie Beteiligte an Privatisierungsverfahren in den Jahren 1989/90. Alle diese Personen sind in den persönlichen Schutzbereich der Eigentumsgarantie einbezogen.

Der sachliche Anwendungsbereich ist eröffnet, wenn eine staatliche Maßnahme Eigentumsrechte berührt, die Artikel 1 ZP EMRK schützt. Was unter das Privateigentum fällt, richtet sich grundsätzlich nach dem innerstaatlichen Recht.[701] Dagegen ist das öffentliche oder das Staatseigentum nicht in den Schutzbereich

---

[699] In Ziffer 6.2 lit. b), c) und d) KTA-Regulation ist die Rechtsgrundlage für das Spin-Off-Verfahren geregelt; siehe hierzu bereits 2. Teil, Abschnitt D.II.5.b.aa., oben S. 75 ff.

[700] J. A. Frowein, Artikel 1 (Geltungsbereich), in: J. A. Frowein/W. Peukert, Europäische Menschenrechtskovention, 2. Aufl. (1996), S. 18 f. Rz. 3.

[701] J. A. Frowein, The Protection of Property, in: R. Macdonald/F. Matscher/H. Petzold, The European System for the Protection of Human Rights (1993), S. 516.

der Eigentumsgarantie einbezogen.[702] Dies ergibt sich daraus, dass der Staat nicht gegen sich selbst vor Eingriffen geschützt werden braucht.

Unter dem Schutz der menschenrechtlichen Eigentumsgarantie steht in erster Linie das Privateigentum an beweglichen und unbeweglichen Sachen.[703] Der Schutzbereich geht aber über das Privateigentum an Sachen und Rechten hinaus; Artikel 1 ZP EMRK schützt auch jede andere durch legalen Einsatz persönlicher Mittel und Fähigkeiten unter Übernahme persönlicher Risiken im Wirtschaftsleben geschaffene vermögenswerte Position.[704] Damit werden alle wohlerworbenen vermögenswerten Rechte wie beispielsweise Forderungen[705], dingliche Rechte[706] und Anteilsrechte an Kapitalgesellschaften[707] vom Menschenrecht auf Eigentum geschützt. Den wirtschaftlichen Wert der in den Schutzbereich einbezogenen Rechtspositionen erfasst die Eigentumsgarantie allerdings nicht. Ferner schützt Artikel 1 ZP EMRK nicht nur das Eigentum in seinem Bestand, sondern auch den Eigentümer in der Ausübung der mit dem Eigentum verbundenen Rechte. Hierzu zählt insbesondere das Recht, über das Eigentum zu verfügen.[708] Allen in den Schutzbereich des Eigentumsgarantie einbezogenen Rechten ist gemeinsam, dass sie subjektive Rechte sind. Voraussetzung ist stets die persönliche Inhaberschaft eines solchen Rechts.[709]

Auf das Spin-Off-Verfahren bezogen bedeutet dies, dass sich nur Inhaber solcher Rechte auf die Eigentumsgarantie berufen können, die in den Schutzbereich einbezogen sind. Zunächst kommen hierfür Rechtspositionen in Betracht, die an den im Zuge des Spin-Off-Verfahrens übertragenen Vermögenswerten selbst bestehen. Inhaber solcher Rechtspositionen können die gesellschaftlichen Unternehmen selbst sein (aa.) sowie Dritte, in deren Eigentum die ausgegliederten Vermögenswerte stehen (bb.). Ferner ist die Eröffnung des Schutzbereichs im

---

702 Vgl. EGMR, The Former King of Greece and Others v. Greece, Reports of Judgments and Decisions 2000-XII, S. 138 Ziffer 60 ff.; J. Meyer-Ladewig, Konvention zum Schutz der Menschenrechte und Grundfreiheiten (2003), S. 329 Rz. 13.

703 W. Peukert (Fn. 696), S. 766 Rz. 3.

704 EGMR, van Marle and others, Serie A Nr. 101, Ziffer 41 (Kundenstamm).

705 EKMR, A., B. and Company A.S. v. Federal Republic of Germany, DR 14, S. 156 (Forderung); D. P. v. United Kingdom, DR 51, S. 210 (Pachtvertrag mit 99jähriger Laufzeit); W. Peukert (Fn. 696), S. 767 Rz. 4.

706 J. Meyer-Ladewig (Fn. 702), S. 327 Rz. 8.

707 EKMR, Lars Bramelid and Anne-Marie Malmström v. Sweden, DR 29, S. 71.

708 W. Peukert (Fn. 696), S. 772 Rz. 9.

709 EKMR, A., B. and Company A.S. v. Federal Republic of Germany (Fn. 705), S. 156; EKMR, Serge Moureaux and others v. Belgium, DR 33, S. 115 (Verletzung von Gemeindeeigentum kann nicht von Gemeindemitgliedern geltend gemacht werden); Association X and 165 liquidators and appointed administrators v. France, DR 34, S. 214. Siehe dazu W. Peukert (Fn. 696), S. 767 Rz. 4 Fn. 11.

Falle von Gläubigern der gesellschaftlichen Unternehmen zu prüfen, da das Spin-Off-Verfahren möglicherweise zu einem Entzug der Haftungsgrundlage für die Forderungen der Gläubiger führt (cc.). Schließlich stellt sich die Frage, ob das Spin-Off-Verfahren in eigentumskräftige Rechtspositionen an den gesellschaftlichen Unternehmen selbst eingreift (dd.).

aa. Eigentumsrechte der gesellschaftlichen Unternehmen

Zu prüfen ist, ob eigentumskräftige Rechte der gesellschaftlichen Unternehmen durch das Spin-Off-Verfahren berührt werden. Solche Rechte können zum einen an den Vermögenswerten bestehen, die im Zuge des Spin-Off-Verfahrens auf Tochtergesellschaften übertragen und mit diesen veräußert werden. Zum anderen ist zu prüfen, ob den gesellschaftlichen Unternehmen Eigentumsrechte an den Anteilen der neu gebildeten Tochtergesellschaften zustehen.

Nach der Rechtslage in Jugoslawien bis zu den Wirtschaftsreformen Ende der achtziger Jahre standen die Mittel, mit denen Unternehmen arbeiteten, in gesellschaftlichem Eigentum. Die Unternehmen hatten lediglich Nutzungsrechte an diesen Mitteln. Subjektive eigentumskräftige Rechte, die in den Schutzbereich des Artikels 1 ZP EMRK einbezogen sind, bestanden an den gesellschaftlichen Mitteln zu dieser Zeit daher nicht. Die Verfassungsreform von 1988 änderte dies, indem sie das Rechtsinstitut des gesellschaftlichen Eigentums grundlegend umgestaltete und die von ihnen genutzten gesellschaftlichen Mittel den jeweiligen gesellschaftlichen Unternehmen zuordnete. Als Folge dieser Zuordnung wurden die Unternehmen Träger aller Rechte und Pflichten in Bezug auf alle von ihr genutzten gesellschaftlichen Mittel.[710] Das gesellschaftliche Eigentum an den Mitteln war nicht länger ohne Rechtsträger. Es spricht daher einiges dafür, dass sich das gesellschaftliche Eigentum in ein subjektives Eigentumsrecht in der Form eines Gruppen- oder Kollektiveigentums wandelte.[711]

Fraglich ist, ob es der Einbeziehung der Rechte der gesellschaftlichen Unternehmen an den von ihnen genutzten Mitteln in den Schutzbereich der Eigentumsgarantie entgegen steht, dass das jugoslawische Recht auch das Privateigentum als eigenes Rechtsinstitut neben dem gesellschaftlichen Eigentum kannte. Die jugoslawische Verfassung und das Unternehmensgesetz unterschieden zwischen den Rechten der gesellschaftlichen Unternehmen an den von ihnen genutzten gesellschaftlichen Mitteln und dem Privateigentum. Zu berücksichtigen ist aber, dass die Eigentumsgarantie nicht das Privateigentum als feststehendes

[710] Siehe 2. Teil, Abschnitt B.I.4., oben S. 46 f.
[711] S. Pürner (Fn. 115), S. 53 (bei Fn. 6) m.w.N.

Rechtsinstitut schützt. Solange es sich bei einer Rechtsposition um ein subjektives und privates vermögenswertes Recht handelt, ist es in den Schutzbereich der Eigentumsgarantie einbezogen. Dies ist bei dem reformierten gesellschaftlichen Eigentum der Unternehmen an den von ihnen genutzten Mitteln der Fall. Dieses Recht stand ihnen ausschließlich als juristischen Personen zu. Daher ist es gerechtfertigt, den gesellschaftlichen Unternehmen den Schutz der Eigentumsgarantie im Hinblick auf die ihnen zugeordneten gesellschaftlichen Mittel zuzubilligen.

Der Schutzbereich der Eigentumsgarantie ist im Hinblick auf die Rechte eröffnet, die den gesellschaftlichen Unternehmen an ihren Mitteln zustehen. Das Spin-Off-Verfahren berührt das Recht der gesellschaftlichen Unternehmen, frei über das Eigentumsrecht zu verfügen. Dieses Recht wird von der Eigentumsgarantie geschützt.[712] Zu den gesellschaftlichen Mitteln gehört das Anlage- und Umlaufvermögen der gesellschaftlichen Unternehmen bis auf die von ihnen genutzten Grundstücke, wobei die Nutzungsrechte an diesen Grundstücken als gesellschaftliche Mittel angesehen werden können. Im Zuge des Spin-Off-Verfahrens gliedert die KTA die gesellschaftlichen Mittel der gesellschaftlichen Unternehmen sowie die Nutzungsrechte an den von ihnen genutzten Grundstücken vollständig oder teilweise auf Tochtergesellschaften aus, wobei sich die Nutzungsrechte in Nießbrauchsrechte wandeln. Eine Beteiligung des gesellschaftlichen Unternehmens sieht die KTA-Regulation hierbei nicht vor. Die für die Ausgliederung erforderlichen Rechtshandlungen nimmt die KTA allein auf der Grundlage ihrer umfassenden Verwaltungsbefugnis über gesellschaftliche Unternehmen gemäß Ziffer 6 KTA-Regulation vor.

Der Schutzbereich ist ferner eröffnet für das Eigentum der gesellschaftlichen Unternehmen an den von der KTA gegründeten Tochtergesellschaften. Anteilsrechte an Kapitalgesellschaften werden von der Eigentumsgarantie umfasst.[713] Die Tochtergesellschaften werden als Gesellschaften mit beschränkter Haftung oder als Aktiengesellschaften nach den Vorschriften der Regulation 2001/6 gegründet.[714] Sie sind juristische Personen des Privatrechts. Inhaber der Anteile an den Gesellschaften ist das gesellschaftliche Unternehmen. Dies ergibt sich daraus, dass gemäß Ziffer 8.1 KTA-Regulation die KTA die Tochtergesellschaft im Namen der gesellschaftlichen Unternehmen gründet. Die KTA verwaltet die Anteile an den Tochtergesellschaften für das jeweilige gesellschaftliche Unternehmen. In Ziffer 8.1 KTA-Regulation heißt es:

---

[712] W. Peukert (Fn. 696), S. 772 Rz. 9.

[713] EKMR, Lars Bramelid and Anne-Marie Malmström v. Sweden, DR 29, S. 71.

[714] Regulation 2001/6 „On Business Organizations", UN Doc. UNMIK/ REG/2001/6 vom 08.02.2001.

> The Agency may, on behalf of an Enterprise, establish one or several Corporations and transfer to such Corporations the rights and interests in all or part of the assets of the Enterprise concerned. [...] The shares of the Corporation(s) thus established shall be administered by the Agency pursuant to this Regulation.

Nicht zutreffend ist daher die Ansicht von *Rapp*, wonach die KTA Eigentümerin der Anteile an den neu gegründeten Tochtergesellschaften ist.[715]

Die den gesellschaftlichen Unternehmen gehörenden Anteile der Tochtergesellschaften stehen in Privateigentum. Da die KTA die Anteile an der Tochtergesellschaft an einen Investor im Namen der gesellschaftlichen Unternehmen veräußert, ohne dass es hierfür einer Zustimmung der gesellschaftlichen Unternehmen bedarf, verfügt sie über deren Privateigentum. Eingriffe in das Recht des Eigentümers, über die Sachen oder Rechte zu verfügen, sind von der Eigentumsgarantie erfasst. Der Schutzbereich ist folglich auch für das Eigentum der gesellschaftlichen Unternehmen an den Anteilen ihrer Tochtergesellschaften eröffnet.

bb. Eigentumsrechte Dritter an ausgegliederten Vermögenswerten

Eigentumskräftige Rechte können ferner Dritten zustehen, die Rechte an solchen Vermögenswerten haben, die im Zuge des Spin-Off-Verfahrens auf Tochtergesellschaften der gesellschaftlichen Unternehmen ausgegliedert und an Investoren veräußert werden.

Bei der Durchführung des Spin-Off-Verfahrens geht die KTA davon aus, dass die Vermögenswerte, die sich im Besitz der gesellschaftlichen Unternehmen befinden, diesen zugeordnet sind. Es ist jedoch nicht ausgeschlossen, dass eigentumskräftige Rechte Dritter an solchen Vermögenswerten bestehen. Durch die Geschehnisse im Kosovo seit 1989 sind Inventare und andere Dokumentationen bei vielen Unternehmen oft nur bruchstückhaft vorhanden. Bei Dritten, die möglicherweise Rechte an Vermögenswerten haben, kann es sich zum einen um andere gesellschaftliche Unternehmen handeln. Im jugoslawischen Wirtschaftsverkehr war es üblich, Zahlungsaufschübe und Handelskredite zu gewähren. In solchen Fällen behielten sich Lieferanten ihre Rechte an den gelieferten Sachen bis zur Zahlung vor. Wenn das zu privatisierende gesellschaftliche Unternehmen seinen Zahlungsverpflichtungen nicht nachgekommen war, was aufgrund der schweren wirtschaftlichen Lage häufig geschehen sein dürfte, dann wären solche Lieferungen keine gesellschaftlichen Mittel, die dem zu privatisierenden Unter-

---

[715] A. Rapp (Fn. 140), S. 169.

nehmen zugeordnet sind. Auch Privatunternehmen oder ausländische Gläubiger können Rechte an den auszugliedernden Vermögenswerten haben.

Die Tochtergesellschaften erwerben Eigentum an den ausgegliederten Vermögenswerten unabhängig davon, ob diese dem gesellschaftlichen Unternehmen oder Dritten zugeordnet sind. Dies ergibt sich mittelbar aus Ziffer 10.3 der Special-Chamber-Regulation, wonach Dritte keine Herausgabe von Sachen oder Rechten verlangen können, wenn die KTA solche Sachen oder Rechte im Zuge des Spin-Off-Verfahrens ausgegliedert und auf Tochtergesellschaften übertragen hat. Ziffer 10.3 der Special-Chamber-Regulation lautet:

> Awards recognizing a right, title, or interest with respect to particular assets in the ownership, possession, or control of an Enterprise or Corporation shall be executed against such assets only if the Enterprise or Corporation has maintained the right, title, or interest in the assets as of the date the decision awarding the relief was issued. Where such right, title or interest has been transferred pursuant to a decision by the Agency under sections 8 and 9 of [the KTA-] Regulation, the prevailing party shall be entitled to payment of monetary compensation equivalent to the value of the asset, which shall be calculated in accordance with procedural rules of the Special Chamber.

Der Schutzbereich der Eigentumsgarantie ist daher im Hinblick auf solche Rechte Dritter beim Spin-Off-Verfahren eröffnet, die an Sachen oder Rechten bestehen, die im Zuge des Spin-Off-Verfahrens auf Tochtergesellschaften gesellschaftlicher Unternehmen übertragen werden.

cc. Eigentumsrechte von Gläubigern gesellschaftlicher Unternehmen

In Betracht kommt ferner die Eröffnung des Schutzbereichs der Eigentumsgarantie für Forderungen von Gläubigern der gesellschaftlichen Unternehmen. Die Eigentumsgarantie erfasst Forderungen.[716] Das Spin-Off-Verfahren berührt Forderungen von Gläubigern der gesellschaftlichen Unternehmen, da durch die Ausgliederung der Vermögenswerte die Haftungsgrundlage entzogen wird und das Risiko der Gläubiger steigt, mit ihren Forderungen auszufallen. Ohne Vermögenswerte können Gläubiger nach der Ausgliederung nur noch in den Erlös aus dem Verkauf der Anteile vollstrecken. In vielen Fällen dürfte dieser Erlös aber geringer sein als die Gesamthöhe der Forderungen gegen das gesellschaftliche Unternehmen. Es kann daher nicht ausgeschlossen werden kann, dass einzelne Gläubiger nur mit einer Quote befriedigt werden können.

---

716 EKMR, A., B. and Company A.S. v. Federal Republic of Germany, DR 14, S. 156; W. Peukert (Fn 696), S. 767 Rz. 4.

Die besondere Bedeutung der Gläubiger gesellschaftlicher Unternehmen ergibt sich daraus, dass sich gesellschaftliche Unternehmen zu einem erheblichen Teil über Fremdkapital finanzierten. Bankkredite und Zuwendungen staatlicher Entwicklungsfonds nahmen dabei einen großen Raum ein.[717] Die Regierung Serbiens hat mehrfach auf die erheblichen Forderungen hingewiesen, die serbische und ausländische Gläubiger gegen gesellschaftliche Unternehmen im Kosovo haben. Sie beziffert diese auf etwa 1,5 Milliarden US Dollar.[718]

dd. Eigentumskräftige Rechte an gesellschaftlichen Unternehmen

Neben subjektiven eigentumskräftigen Rechten an Sachen und Rechten, die zu den Mitteln der gesellschaftlichen Unternehmen gehören und die durch das Spin-Off-Verfahren privatisiert werden, kommt die Eröffnung des Schutzbereichs der Eigentumsgarantie für Rechte in Betracht, die an den gesellschaftlichen Unternehmen selbst bestehen. Dabei geht es um die Frage, ob die gesellschaftlichen Unternehmen Eigentümer haben, deren Rechte durch das Spin-Off-Verfahren beeinträchtigt werden. Dies ist deswegen vorstellbar, weil durch das Spin-Off-Verfahren den gesellschaftlichen Unternehmen die wirtschaftliche Substanz entzogen wird und diese lediglich als juristische Hülle zurückbleiben. Als mögliche Eigentümer der gesellschaftlichen Unternehmen kommen Arbeiter (1), der Staat (2) sowie Beteiligte von Privatisierungen auf der Grundlage des GGK in den Jahren 1989/90 (3) in Frage.

(1) Eigentumsrechte der Arbeiter an gesellschaftlichen Unternehmen

Unter den Arbeitern gesellschaftlicher Unternehmen ist die Ansicht weit verbreitet, sie seien die eigentlichen Eigentümer der gesellschaftlichen Unternehmen. Dies wird meistens mit dem jugoslawischen Prinzip der Arbeiterselbstverwaltung begründet. Andere erheben Anspruch zumindest auf den Teil des Unternehmenswerts, der durch Rückinvestition von Erträgen geschaffen worden ist.[719]

---

717 Siehe hierzu allgemein I. Ribnikar, The Path from Social Ownership to Ownership of Business Enterprises, in: Journal for Institutional Innovation, Development and Transition 1 (1997), http://www.sigov.si/zmar/apublic/jiidt/iib0197/ribn01ib.pdf (31.07.2006).

718 Erklärung von Herrn Čović, Präsident des Koordinierungszentrums Serbien-Montenegros und Serbiens für Kosovo und Metohija, vor dem Sicherheitsrat, Protokoll der Sitzung des Sicherheitsrates vom 24.04.2002, UN Doc. S/PV.4518, Ziffern 31 f.

719 K. Medjad (Fn. 157), S. 2.

Für diesen Standpunkt spricht, dass die Arbeiter in der Selbstverwaltung den großen Teil derjenigen Befugnisse innehatten, die den Eigentümern einer privatrechtlichen Gesellschaft zustehen. Insbesondere oblag den Arbeitern die Bestellung der Organe und, mit gewissen Einschränkungen, die Entscheidung über die Verteilung des Gewinns. Ein weiteres Argument für ein Eigentumsrecht der Arbeiter ist, dass das GGK nur den Arbeitern das Recht gab, die Umwandlung eines gesellschaftlichen Unternehmens in Privatunternehmen einzuleiten.[720]

Dennoch ist ein Eigentumsrecht der Arbeiter an den gesellschaftlichen Unternehmen abzulehnen. Den Arbeitern standen in der Mehrzahl nur operative Befugnisse zur Leitung des Unternehmens zu. Dagegen konnten sie nicht über das gesellschaftliche Unternehmen als juristische Person verfügen. Die Arbeiter hatten keine Rechte bei der Gründung, Umwandlung oder Liquidierung gesellschaftlicher Unternehmen. Auch waren die Arbeiter nicht befugt, gesellschaftliche Unternehmen zu verkaufen und den Erlös unter sich aufzuteilen. Den Antrag auf Liquidation eines gesellschaftlichen Unternehmens konnten nur der Gemeinschuldner, der Eigner, die Gründer, das Registergericht und die Gebietskörperschaft stellen, nicht aber die Arbeiter.[721] Nach Abschluss einer Liquidation wurden die Arbeiter nur in ihrer Eigenschaft als Gläubiger ihrer Lohn- und Gehaltsforderungen berücksichtigt und nicht als Inhaber eines Rechts am Unternehmen.[722] Verblieb nach Befriedigung aller Gläubiger – einschließlich der Arbeiter – noch Vermögen des gesellschaftlichen Unternehmens, dann stand dies nicht den Arbeitern zu, sondern der Gemeinde, in der das Unternehmen seinen Sitz hatte.[723]

Ein weiteres Argument gegen ein Eigentumsrecht der Arbeiter ist, dass diese nicht für Verbindlichkeiten des Unternehmens hafteten. Außerdem waren die Rechte der Arbeiter an ihre Zugehörigkeit zum Unternehmen gebunden, nicht übertragbar und konnten nur gemeinschaftlich ausgeübt werden.[724] Schließlich spricht gegen ein Eigentumsrecht der Arbeiter an gesellschaftlichen Unternehmen, dass sowohl das GGK als auch das Privatisierungsgesetz ihnen keinen Anspruch auf den Erlös aus einer Umwandlung zubilligte. Der Erlös stand ausschließlich dem Staat zu. Es bestehen daher keine Eigentumsrechte der Arbeiter gesellschaftlicher Unternehmen, die durch das Spin-Off-Verfahren berührt werden.

---

[720] Artikel 1a Abs. 4 GGK.
[721] Artikel 154 GZIL.
[722] K. Medjad (Fn. 157), S. 7.
[723] Artikel 157 i.V.m. Artikel 135, 148 GZIL.
[724] M. Uvalić (Fn. 185), S. 9.

(2) Eigentumsrechte des Staates an gesellschaftlichen Unternehmen

Da der Staat zahlreiche Befugnisse in Bezug auf die gesellschaftlichen Unternehmen hatte, kommt ein Eigentumsrecht des Staates an gesellschaftlichen Unternehmen in Frage. Ob ein solches Recht besteht oder nicht, braucht im vorliegenden Fall jedoch nicht entschieden werden. Denn die menschenrechtliche Eigentumsgarantie schützt nicht das öffentliche und das Staatseigentum. Daher wäre der Schutzbereich der Eigentumsgarantie selbst dann nicht eröffnet, wenn der Staat Eigentümer der gesellschaftlichen Unternehmen wäre.

(3) Eigentumsrechte Beteiligter an früheren Privatisierungsverfahren

Schließlich können Personen eigentumskräftige Rechtspositionen an gesellschaftlichen Unternehmen im Kosovo haben, die an Privatisierungsverfahren im Kosovo in den Jahren 1989/90 beteiligt waren. Einige gesellschaftliche Unternehmen in der Stadt Gjakova begannen in den Jahren 1989/90 als einzige im Kosovo den Umwandlungsprozess nach den Vorschriften des GGK. Bis Mitte 1991 wurden etwa 25 gesellschaftliche Unternehmen als Aktiengesellschaften im Handelsregister eingetragen. Die auf der Grundlage der serbischen Sondergesetze eingesetzten Geschäftsführer stoppten zumeist den Privatisierungsprozess. Die bis dahin erfolgten Umwandlungen blieben aber weitgehend unberührt.[725] Es kann daher nicht ausgeschlossen werden, dass diese gesellschaftlichen Unternehmen vollständig oder teilweise privatisiert worden sind und Personen Anteile an diesen gesellschaftlichen Unternehmen erworben haben. Diese Anteile stellen eigentumskräftige Rechte dar, für die der Schutzbereich der Eigentumsgarantie grundsätzlich eröffnet ist. Nur für den Fall, dass es sich dabei nicht um wohlerworbene Rechte handelt, fallen sie nicht unter die Eigentumsgarantie. Wenn Eigentumsrechte an gesellschaftlichen Unternehmen durch Diskriminierung oder andere Verstöße gegen Menschenrechtsstandards erworben wurden, etwa weil zuvor albanische Belegschaftsangehörige aufgrund ihrer ethnischen Zugehörigkeit entlassen wurden, dann würden solche Rechte nicht den Schutz der Eigentumsgarantie genießen.

Soweit vermögenswerte und wohlerworbene Rechte von Beteiligten an früheren Privatisierungsverfahren bestehen, ist der Schutzbereich der Eigentumsgarantie eröffnet. Wie oben ausgeführt, bestehen gemäß Ziffer 5.4 der KTA-Regulation die Rechte der KTA zur Durchführung des Spin-Off-Verfahrens unabhängig davon, ob das zu privatisierende gesellschaftliche Unternehmen in der Vergangen-

---

[725] DTI, Conversion of Industrial and Commercial Socially-Owend Enterprises to Joint Stock Companies, Memorandum, 13.12.2000, S. 10 (liegt dem Verfasser vor).

heit bereits Gegenstand eines Umwandlungs- oder Privatisierungsverfahrens war. Beteiligte an solchen Privatisierungsverfahren können daher durch ein Spin-Off-Verfahren ihre Rechte an gesellschaftlichen Unternehmen wieder verlieren.

ee. Ergebnis

Der Schutzbereich der Eigentumsgarantie ist eröffnet für Rechte der gesellschaftlichen Unternehmen an den im Spin-Off-Verfahren ausgegliederten Vermögenswerten sowie an den Anteilen an den neu gegründeten Tochtergesellschaften, für Rechte Dritter an den ausgegliederten Vermögenswerten und für Gläubiger der gesellschaftlichen Unternehmen. Schließlich betrifft das Spin-Off-Verfahren wohlerworbene Rechte von Beteiligten an früheren Privatisierungsverfahren.

b. Eingriff

Zu prüfen ist, ob das Spin-Off-Verfahren in diejenigen eigentumskräftigen Rechte eingreift, für die der Schutzbereich der Eigentumsgarantie eröffnet ist. Eine Verletzung des Eigentumsrechts setzt einen unmittelbaren und spürbaren Eingriff voraus. Artikel 1 ZP EMRK unterscheidet zwischen einer vollständigen Eigentumsentziehung und einer Nutzungsregelung des Eigentumsrechts. Einer Enteignung im Sinne einer formellen Entziehung des Eigentums durch zielgerichteten staatlichen Akt sind faktische Enteignungen gleichzusetzen. Darunter sind Maßnahmen zu verstehen, deren tatsächliche wirtschaftliche Auswirkungen denen einer Enteignung entsprechen.[726] Eine Nutzungsregelung ist jede hoheitliche Maßnahme, die einen bestimmten Gebrauch des Eigentums gebietet oder untersagt.[727]

aa. Eingriff in Eigentumsrechte der gesellschaftlichen Unternehmen

Das erste Stadium des Spin-Off-Verfahrens stellt keinen Eingriff in diesem Sinne dar. Die Gründung einer Tochtergesellschaft durch die KTA gemäß Ziffern 6.2 lit. a) und 8 KTA-Regulation beeinträchtigt weder das Eigentum oder das Vermögen des gesellschaftlichen Unternehmens, noch stellt es einen Eingriff in

---

[726] Vgl. EGMR, Sporrong und Lönnroth, Serie A Nr. 52, Ziffer 63.
[727] W. Peukert (Fn. 696), S. 785 Rz. 37.

das Recht des gesellschaftlichen Unternehmens dar, über sein Eigentum zu verfügen. Es handelt sich um eine reine gesellschaftsrechtliche Umstrukturierung.

Auch bei der Übertragung von Vermögenswerten des gesellschaftlichen Unternehmens auf die Tochtergesellschaft durch die KTA gemäß Ziffern 6.2 lit. a) und 8.1 KTA-Regulation werden Eigentumsrechte des gesellschaftlichen Unternehmens nicht entzogen oder beschränkt. Die Übertragung verändert die Struktur des Vermögens des Unternehmens, nicht aber dessen Wert. An Stelle des Sacheigentums an den übertragenen Vermögenswerten tritt das Eigentum des gesellschaftlichen Unternehmens an den Geschäftsanteilen der neu gegründeten Tochtergesellschaft.

Dagegen ist die Veräußerung der Geschäftsanteile an der Tochtergesellschaft an einen Investor durch die KTA im Namen und für Rechnung des Unternehmens gemäß Ziffern 6.2 lit. b) und 8.4 KTA-Regulation ein Eingriff in die Eigentumsrechte des gesellschaftlichen Unternehmens. Indem die KTA die Veräußerung der Anteile an der Tochtergesellschaft betreiben kann, ohne dass hierfür eine Zustimmung des Unternehmens erforderlich wäre, wird dem Unternehmen das Eigentum an den Geschäftsanteilen seiner Tochtergesellschaft entzogen. Gegen einen Eingriff spricht nicht, dass die Anteile der Tochtergesellschaft an einen privaten Investor veräußert werden. Denn eine Eigentumsentziehung setzt nicht voraus, dass sie zugunsten des Staates erfolgt. Eigentum kann auch zugunsten Privater enteignet werden.[728]

bb. Eingriff in Rechte Dritter an ausgegliederten Vermögenswerten

Soweit diese bestehen, greift die Übertragung von Vermögenswerten auf eine Tochtergesellschaft des gesellschaftlichen Unternehmens in Rechte Dritter ein. Ist die Übertragung auf die Tochtergesellschaft abgeschlossen, gibt es für den Dritten keine Möglichkeit mehr, die Herausgabe seines Eigentums zu erreichen. Die Tochtergesellschaft erwirbt Eigentum an dem Vermögenswert ohne Rücksicht auf etwa bestehende Rechte Dritter. Die oben zitierte Vorschrift der Ziffer 10.3 Special-Chamber-Regulation bestimmt, dass ein Kläger nach der Übertragung einer Sache auf die neu gegründete Tochtergesellschaft eines gesellschaftlichen Unternehmens keine Herausgabe der Sache mehr verlangen kann, sondern nur Wertersatz für die Sache.

---

[728] W. Peukert (Fn. 696), S. 784 Rz. 35.

cc. Eingriff in Rechtspositionen von Gläubigern

Die Übertragung von Vermögenswerten der gesellschaftlichen Unternehmen auf Tochtergesellschaften durch die KTA greift in die Rechtsposition von Gläubigern gesellschaftlicher Unternehmen ein. Ziffer 8.1 KTA-Regulation gibt der KTA das Recht, im Einzelfall darüber zu entscheiden, neben Vermögenswerten auch Verbindlichkeiten auf die Tochtergesellschaft zu übertragen. Es spricht viel dafür, dass die KTA die Verbindlichkeiten im Zweifel nicht übertragen wird, um die Attraktivität der neu gegründeten Gesellschaften nicht zu schmälern. Werden keine Verbindlichkeiten übertragen, bleibt den Gläubigern weiterhin das gesellschaftliche Unternehmen verpflichtet. Für die Gläubiger bedeutet dies ein erhebliches Risiko, da das gesellschaftliche Unternehmen über keine Vermögenswerte mehr verfügt, in die zur Durchsetzung ihrer Forderungen vollstreckt werden könnte. Die Ausgliederung des gesamten Vermögens des gesellschaftlichen Unternehmens und der daraus resultierende Entzug der Haftungsgrundlage für die Gläubiger stellen einen faktischen Eingriff in das Eigentumsrecht an den Forderungen gegen das gesellschaftlichen Unternehmen dar.

dd. Eingriff in Rechtspositionen von Beteiligten an Privatisierungsverfahren 1989/90

Das Spin-Off-Verfahren berührt eigentumskräftige Rechte von Beteiligten an früheren Privatisierungsverfahren im Kosovo in den Jahren 1989/90. Denn solche Rechte stehen den Befugnissen der KTA zur Privatisierung des Vermögens der gesellschaftlichen Unternehmen nicht entgegen. Bei der Prüfung, ob darin ein Eingriff in die Eigentumsgarantie zu sehen ist, ist zwischen eigenen Rechten von Beteiligten an früheren Privatisierungsverfahren auf der einen und einer Geltendmachung von Rechten der gesellschaftlichen Unternehmen auf der anderen Seite zu unterscheiden.

Nach der Rechtsprechung des EGMR zu Artikel 1 ZP EMRK können sich Eigentümer einer juristischen Person grundsätzlich nur zum Schutz ihrer eigenen Rechte auf die Eigentumsgarantie berufen. Sie sind nicht befugt, Eigentumsrechte der juristischen Person geltend zu machen, deren Mitglied sie sind.[729] Ausnahmen erkennt der EGMR nur dann an, wenn die juristische Personen aus rechtlichen oder tatsächlichen Gründen nicht in der Lage ist, selbst gegen eine

[729] EGMR, Agrotexim and Others v. Greece, Serie A Nr. 330-A, Ziffern 61 ff.; L. Condorelli, Premier Protocole Additionnel. Article 1, in: L. Pettiti/E. Decaux/P. Imbert (Hrsg.), La Convention Européenne des Droits de l'Homme, 2. Aufl. (1999), S. 977. Siehe in diesem Zusammenhang auch IGH, Case Concerning the Barcelona Traction, Light and Power Company, Limited, Judgment, ICJ Reports 1970, S. 35, Ziffern 41 f.

Verletzung ihres Eigentumsrechts vorzugehen.[730] Ein möglicher Grund hierfür ist, wenn sich die Gesellschaft in Liquidation befindet und die Liquidatoren ausschließlich im Interesse bestimmter Gläubiger und nicht auch im Interesse der Anteilseigner handeln.[731]

Stellt man auf die Mitgliedschaftsrechte ab, die Beteiligte an früheren Umwandlungsverfahren an den zu privatisierenden gesellschaftlichen Unternehmen erworben haben können, dann liegt kein Eingriff in die Eigentumsgarantie vor. Zu den von der Eigentumsgarantie geschützten Rechten von Gesellschaftern juristischer Personen gehören alle Rechte im Zusammenhang mit der Mitgliedschaft, also etwa die Teilnahme an Gesellschafterversammlungen, die Bestellung bestimmter Organe und insbesondere das Stimmrecht bei Beschlüssen über die Gewinnverteilung oder andere Gegenstände. Keines dieser Rechte wird durch die Ausgliederung von Vermögenswerten beeinträchtigt. Da das ehemals gesellschaftliche Unternehmen als juristische Person unverändert bestehen bleibt, sind auch die Mitgliedschaftsrechte nicht betroffen. Eine Verletzung eigener Rechte kann darüber hinaus nicht mit der Begründung geltend gemacht werden, dass die gesellschaftlichen Unternehmen ihrer wirtschaftlichen Substanz beraubt werden und als bloße juristische Hülle übrig bleiben. Denn den Wert einer Sache oder eines Rechts schützt die Eigentumsgarantie nicht. Daher ist auch die wirtschaftliche Werthaltigkeit eines Anteilsrechts an einem ehemaligen gesellschaftlichen Unternehmens nicht geschützt.

Zu prüfen ist aber, ob Beteiligte an früheren Privatisierungsverfahren einen Eingriff in eigentumskräftige Rechte des gesellschaftlichen Unternehmens selbst geltend machen können. Hierfür müssten die betroffenen gesellschaftlichen Unternehmen aus sachlichen oder rechtlichen Gründen gehindert sein, gegen eine Verletzung ihrer Eigentumsrechte vorzugehen. Ein solches Hindernis könnte darin gesehen werden, dass alle gesellschaftlichen Unternehmen im Kosovo unter der Verwaltung der KTA stehen. Die Organe der gesellschaftlichen Unternehmen müssen weder zu Maßnahmen der KTA zustimmen, noch können sie solche Maßnahmen verhindern. Vor diesem Hintergrund ist es fraglich, ob sich ein gesellschaftliches Unternehmen selbst gegen die Durchführung des Spin-Off-Verfahrens zur Wehr setzen kann.

Gegen eine Geltendmachung durch Beteiligte am Privatisierungsverfahren spricht aber zum einen, dass gesellschaftliche Unternehmen gemäß Ziffern 5.1

[730] Vgl. EGMR, Agrotexim and Others v. Greece (Fn. 729), Ziffer 66. Siehe auch P. Mittelberger, Der Eigentumsschutz nach Art. 1 des Ersten Zusatzprotokolls zur EMRK im Lichte der Rechtsprechung der Straßburger Organe (2000), S. 42.

[731] EGMR, Agrotexim and Others v. Greece (Fn. 729), Ziffer 66.

lit. c), 5.2 lit. a) und 4.1 lit. a) Special-Chamber-Regulation gegen Maßnahmen der KTA Klage zur Privatisierungskammer des Obersten Gerichts des Kosovo erheben können. In einem solchen Verfahren können sie geltend machen, dass das Spin-Off-Verfahren den Interessen von etwaigen Eigentümern oder Gläubigern des gesellschaftlichen Unternehmens zuwiderläuft. Zum anderen ist die KTA verpflichtet, bei der Durchführung des Spin-Off-Verfahrens nicht nur die Interessen der Gläubiger zu berücksichtigen, sondern auch die Interessen möglicher Eigner der gesellschaftlichen Unternehmen. Insbesondere bestimmt Ziffer 8.6 KTA-Regulation, dass Erlöse aus einer Veräußerung einer Tochtergesellschaft im Rahmen des Spin-Off-Verfahren von der KTA zugunsten von Gläubigern und Eigentümern zurückbehalten wird.[732]

Das Spin-Off-Verfahren greift daher nicht in Rechtspositionen von Personen ein, die an Privatisierungsverfahren in den Jahren 1989/90 beteiligt waren.

ee. Ergebnis

Das Spin-Off-Verfahren greift in Eigentumsrechte der gesellschaftlichen Unternehmen, von potentiellen Dritteigentümern ausgegliederter Vermögenswerte sowie von Gläubigern ein.

c. Rechtfertigung

Diese Eingriffe sind gerechtfertigt, wenn sie auf einer gesetzlichen Grundlage beruhen, im öffentlichen Interesse stehen, verhältnismäßig sind und den allgemeinen Grundsätzen des Völkerrechts entsprechen, wozu insbesondere die Zahlung einer angemessenen Entschädigung sowie grundlegende Verfahrensrechte gehören.

Eingriffe in Eigentumsrechte unterliegen nach Artikel 1 ZP EMRK dem Vorbehalt des Gesetzes. Die KTA-Regulation erfüllt diese Voraussetzung, denn sie regelt verbindlich den Ablauf und die Ziele des Spin-Off-Verfahrens. Nach der Rechtsprechung des EGMR dienen alle Maßnahmen dem öffentlichen Interesse, die legitime politische Zwecke verfolgen, sei es auf wirtschaftlichem, sozialem

[732] In einem vergleichbaren Fall hat der EGMR die Erforderlichkeit eines Durchgriffs der Gesellschafter und eine Geltendmachung einer Verletzung von Rechten der Gesellschaft verneint. Dort sollten Liquidatoren einer Gesellschaft ebenfalls ihre Aufgaben ebenfalls im Interesse von Gläubigern und Eigentümern ausüben. Siehe EGMR, Agrotexim and Others v. Greece (Fn. 729), Ziffer 69.

oder sonstigem Gebiet.[733] Nicht erforderlich ist, dass die Allgemeinheit das entzogene Eigentum auch nutzen kann; auch der Eigentumsentzug zugunsten Privater kann im öffentlichen Interesse sein, wenn er die soziale Gerechtigkeit fördern soll.[734] Der Staat hat dabei einen weiten Ermessensspielraum.[735] Das Spin-Off-Verfahren entspricht diesen Anforderungen. Es hat den Zweck, die für Investoren attraktiven Vermögenswerte der gesellschaftlichen Unternehmen für den wirtschaftlichen Wiederaufbau des Kosovo nutzbar zu machen. In Anbetracht der tief greifenden Krise der Wirtschaft im Kosovo, der hohen Arbeitslosigkeit und der Gefahr, dass zahlreiche der fraglichen Vermögenswerte ohne Investitionen an Substanz und Wert verlieren, liegt das Spin-Off-Verfahren im öffentlichen Interesse.

Ferner muss der Eingriff verhältnismäßig sein. Nach diesem die gesamte EMRK durchziehenden Grundsatz muss ein vernünftiges Gleichgewicht zwischen Individual- und Allgemeininteressen hergestellt werden.[736] Dies ist beim Spin-Off-Verfahren der Fall. Alternativen, die eine Nutzung der Vermögenswerte der gesellschaftlichen Unternehmen ermöglichen, ohne in Rechte der Unternehmen, von Dritten oder von Gläubigern einzugreifen, lagen mit der Eigenverwaltung durch die UNMIK und der Verpachtung der Unternehmen vor. Allerdings hat die Erfahrung der UNMIK gezeigt, dass keine dieser Strategien die Probleme der gesellschaftlichen Unternehmen lösen konnte. Diese waren daher nicht ebenso geeignet wie das Spin-Off-Verfahren.

Enteignungen sind nur zulässig, wenn der Eigentümer eine angemessene Entschädigung erhält. Für Ausländer stellt dies einen gewohnheitsrechtlich anerkannten Rechtsgrundsatz dar. Für Inländer ergibt sich dies aus dem Verhältnismäßigkeitsprinzip, denn Enteignungen ohne Entschädigung scheitern am Übermaßverbot.[737] Das Unternehmen erhält gemäß Ziffer 8.6 KTA-Regulation den Erlös aus der Veräußerung der Anteile an der Tochtergesellschaft. Darin ist eine Entschädigung sowohl für die Entziehung des Eigentums an den Vermögenswerten als auch an den Geschäftsanteilen der Tochtergesellschaft zu sehen. Diese Entschädigung ist auch angemessen, denn sie entspricht genau dem durch die

733 EGMR, James and others, Serie A Nr. 98, Ziffer 45.

734 EGMR, James and others (Fn. 733), Ziffer 45.

735 EGMR, James and others (Fn. 733), Ziffer 46. Der Staat darf Maßnahmen ergreifen, die aus politischer Sicht wünschenswert sind. Die Eingriffsschwelle in Artikel 1 ZP EMRK ist niedriger als beispielsweise bei Artikel 10 EMRK. Siehe den Bericht der EKMR in der Beschwerde Handyside, Serie B Nr. 22, Ziffer 167.

736 EGMR, Sporrong und Lönnroth (Fn. 726), Ziffer 69; Stran Greek Refinieries and Stratis Andreadis v. Greece, Serie A Nr. 301-B, Ziffer 69; W. Peukert (Fn. 696), S. 797 Rz. 62; L. Condorelli (Fn. 729), S. 979 f.

737 Siehe EGMR, James and others (Fn. 733), Ziffer 54; Peukert (Fn. 696), S. 811 Rz. 84.

Auktion ermittelten Marktwert der veräußerten Vermögenswerte. Eine Entschädigung in Höhe des Marktwertes ist stets angemessen.[738]

Zu berücksichtigen ist jedoch, dass das Unternehmen keinen Zugriff auf den Erlös hat, da die KTA gemäß Ziffer 8.6 KTA-Regulation verpflichtet ist, diesen zugunsten der Gläubiger und potentiellen Eigentümer des Unternehmens zu verwalten. Dies spricht jedoch nicht gegen die Angemessenheit der Entschädigung. In Anbetracht der Schwierigkeiten bei der Ermittlung etwaiger Eigentümer und Gläubiger der gesellschaftlichen Unternehmen ist es sachgerecht, diesen den Erlös zu sichern. Ferner ist in diesem Vorgehen eine Vorsichtsmaßnahme der UNMIK zu sehen, da sie nicht ausschließen kann, dass ein zuständiges Gericht die maßgeblichen Vorschriften des jugoslawischen Rechts so auslegt, dass es Eigentümer der gesellschaftlichen Unternehmen gibt. In einem solchen Fall könnte die UNMIK den Erlös herausgeben und könnte sich sogar darauf berufen, dass sie den Wert des Eigentumsrechts durch die Veräußerung des gesellschaftlichen Unternehmens gesichert hat. Dass der Erlös dem Unternehmen nicht zu Investitionszwecken zur Verfügung steht, ist hinzunehmen. Den Interessen der Gläubiger und potentiellen Eigentümer Vorrang zu geben, ist zulässig.[739] Im Übrigen entspricht es nicht nur einer Rechtspflicht, sondern auch dem tatsächlichen oder mutmaßlichen Interesse der gesellschaftlichen Unternehmen, ihre Verschuldung zu reduzieren.

Dritte, die ihr Eigentum durch die Übertragung von Vermögenswerten an die Tochtergesellschaft verlieren, haben nach Ziffer 10.3 Special-Chamber-Regulation einen Anspruch auf Wertausgleich. Die Entschädigung ist effektiv, da der Anspruch auf Wertersatz vorrangig aus dem Erlös aus der Veräußerung der Tochtergesellschaft des gesellschaftlichen Unternehmens zu befriedigen ist. Die Gläubiger erhalten eine Entschädigung für den Eingriff in ihre Forderung, da der Erlös aus der Veräußerung der Tochtergesellschaft vorrangig ihrer Befriedigung dienen soll. Die KTA ist verpflichtet, den Erlös nicht an das gesellschaftliche Unternehmen auszukehren, sondern auf ein Treuhandkonto einzuzahlen. Aus dem Betrag werden dann die Gläubiger des gesellschaftlichen Unternehmens befriedigt, soweit der Erlös dafür ausreicht. Damit ist zwar nicht ausgeschlossen, dass ein einzelner Gläubiger mit einem Teil seiner Forderung ausfällt, wenn der Erlös nicht zur vollständigen Befriedigung ausreicht. Andererseits ist die Wahrscheinlichkeit, mit der gesamten Forderung auszufallen ohne

738 EGMR, James and others (Fn. 733), Ziffer 54, verlangt nur eine Entschädigung, die in einem sachlichen Bezug zum Wert der enteigneten Sache steht.

739 In einer vergleichbaren Frage entschied die EKMR, dass die Hinterlegung eines Betrages zulässig ist, wenn die zugrundeliegende Forderung streitig ist, auch wenn dem wahren Anspruchsberechtigten dadurch Zinsverluste entstehen, vgl. W. Peukert (Fn. 696), S. 790 Rz. 46.

das Spin-Off-Verfahren wesentlich höher. Daher ist die Entschädigung der Gläubiger angemessen und sachgerecht.

Schließlich ist für die Rechtfertigung eines Eingriffs in das Eigentum erforderlich, dass das Recht Verfahren vorsieht, die eine Klärung der Rechte des Betroffenen ermöglichen. Der EGMR stellt darauf ab, ob es für Betroffene Rechtsschutzmöglichkeiten für die Bestimmung ihrer Eigentumsrechte gibt. Ist dies nicht der Fall, kann dies entscheidend für die Schlussfolgerung sein, dass ein Eingriff eine individuelle und exzessive Last darstellt und daher keinen fairen Ausgleich zwischen den widerstreitenden Interessen herstellt.[740] Die von der UNMIK auf der Grundlage der Special-Chamber-Regulation geschaffene Kammer für Privatisierungssachen beim Obersten Gericht des Kosovo ist für Klagen von gesellschaftlichen Unternehmen, Dritten oder Gläubigern gegen Maßnahmen im Spin-Off-Verfahren zuständig. Folglich gibt es im Kosovo die Möglichkeit, das Bestehen von Eigentumsrechten und ähnliche Fragen von einem Gericht prüfen zu lassen. Zusammenfassend lässt sich daher sagen, dass das Spin-Off-Verfahren mit der menschenrechtlichen Eigentumsgarantie vereinbar ist.

2. Koalitionsfreiheit

Zu prüfen ist ferner, ob das Spin-Off-Verfahren mit der Koalitionsfreiheit der gesellschaftlichen Unternehmen vereinbar ist. Das Recht, sich zu vereinigen und gemeinsame Interessen zu verfolgen, wird von Artikel 20 Abs. 1 AEM, Artikel 22 IPbürgR und Artikel 11 EMRK geschützt. Diese Vorschriften haben folgenden Wortlaut:

> Art. 20 AEM
>
> 1. Jeder Mensch hat das Recht auf Versammlungs- und Vereinigungsfreiheit zu friedlichen Zwecken.
> 2. Niemand darf gezwungen werden, einer Vereinigung anzugehören.
>
> Art. 22 IPbürgR
>
> (1) Jedermann hat das Recht, sich frei und friedlich mit anderen zusammenzuschließen sowie zum Schutz seiner Interessen Gewerkschaften zu bilden und ihnen beizutreten.
>
> (2) Die Ausübung dieses Rechts darf keinen anderen als den gesetzlich vorgesehenen Einschränkungen unterworfen werden, die in einer demokratischen Gesellschaft im Interesse der nationalen oder der öffentlichen Sicherheit, der öffentlichen Ordnung (ordre public), zum Schutz der Volksgesundheit, der öf-

---

[740] EGMR, Hentrich v. France, Serie A Nr. 296, Ziffer 49.

fentlichen Sittlichkeit oder zum Schutz der Rechte und Freiheiten anderer notwendig sind. Dieser Artikel steht gesetzlichen Einschränkungen der Ausübung dieses Rechts für Angehörige der Streitkräfte oder der Polizei nicht entgegen.
[...]
Art. 11 EMRK

(1) Jede Person hat das Recht, sich frei und friedlich mit anderen zu versammeln und sich frei mit anderen zusammenzuschließen; dazu gehört auch das Recht, zum Schutz seiner Interessen Gewerkschaften zu gründen und Gewerkschaften beizutreten.

(2) Die Ausübung dieser Rechte darf nur Einschränkungen unterworfen werden, die gesetzlich vorgesehen und in einer demokratischen Gesellschaft notwendig sind für die nationale oder öffentliche Sicherheit, zur Aufrechterhaltung der Ordnung oder zur Verhütung von Straftaten, zum Schutz der Gesundheit oder der Moral oder zum Schutz der Rechte und Freiheiten anderer. Dieser Artikel steht rechtmäßigen Einschränkungen der Ausübung dieser Rechte für Angehörige der Streitkräfte, der Polizei oder der Staatsverwaltung nicht entgegen.

Der Schutzbereich der Vereinigungsfreiheit umfasst Vereinigungen, die wirtschaftliche Zwecke verfolgen, wie Wirtschaftsunternehmen und Gesellschaften.[741] Geschützt sind ausdrücklich die Bildung und der freiwillige Beitritt zu einer Vereinigung.[742] Weniger eindeutig ist, ob auch die interne Funktionsweise vor staatlichen Zugriffen geschützt ist. Hierzu existiert weder eine Auslegung der UN-Menschenrechtskommission noch der EKMR oder des EGMR. Nach einem Urteil des deutschen Bundesverfassungsgerichts zur Vereinigungsfreiheit (Artikel 9 GG) garantiert diese sowohl für die Mitglieder als auch für die Vereinigung die Selbstbestimmung über die eigene Organisation, das Verfahren ihrer Willensbildung und die Führung ihrer Geschäfte.[743] Diese Auslegung lässt sich auf die menschenrechtliche Vereinigungsfreiheit übertragen, da keine Gründe dafür ersichtlich sind, dass der Menschenrechtsschutz in dieser Frage hinter dem durch das GG garantierten Standard zurückbleibt.

Der Schutzbereich der Koalitionsfreiheit ist bei dem Spin-Off-Verfahren eröffnet. Die KTA-Regulation unterstellt alle gesellschaftlichen Unternehmen im Kosovo der Verwaltung durch die KTA. Diese Unternehmen bleiben zwar als

---

741 Für Artikel 22 IPbürgR siehe M. Nowak, UN Pakt über bürgerliche und politische Rechte und Fakultativprotokoll. CCPR Kommentar (1989), S. 412 Rz. 6; für Artikel 11 EMRK siehe C. Tomuschat, Freedom of Association, in: J. A. Frowein/W. Peukert, Europäische Men-schenrechtskovention 2. Aufl. (1996), S. 495.

742 M. Nowak (Fn. 741), S. 413 Rz. 9 für den IPbürgR; N. Valticos, Article 11, in: L.-E. Pettiti/E. Decaux/P.-H. Imbert (Hrsg.), La Convention Européenne des Droits de l'Homme, 2. Aufl. (1999), S. 423.

743 BVerfG, Mitbestimmung, E 50, S. 354. Allerdings äußert sich das BVerfG kritisch zur Einbeziehung von Publikumskapitalgesellschaften in den Schutzbereich von Artikel 9 GG (S. 355 f.).

juristische Personen bestehen, die KTA ist aber befugt, die innere Struktur der Unternehmen zu verändern und diese nach außen zu vertreten. Das Spin-Off-Verfahren zeigt das Ausmaß der Befugnisse der KTA. Sämtliche Verfahrensschritte geschehen ohne eine Beteiligung der gesellschaftlichen Unternehmen. Deren interne Willensbildung ist vollständig ausgeschaltet. Die gesellschaftlichen Unternehmen stehen unter Zwangsverwaltung der KTA, die Befugnisse ausüben kann, die denen eines Alleingesellschafters gleichkommen.[744]

Ein Eingriff setzt voraus, dass die Ausübung der Vereinigungsfreiheit unmittelbar und wesentlich erschwert oder verhindert wird.[745] Die Rechtsmacht, die der KTA über die gesellschaftlichen Unternehmen gegeben wird, stellt einen Eingriff dar. Nach Ziffer 5.1 KTA-Regulation unterstehen alle gesellschaftlichen Unternehmen in Kosovo der direkten Verwaltung durch die KTA. Die Befugnisse der KTA-Regulation reichen gerade beim Spin-Off-Verfahren sehr weit. Zwar sieht Ziffer 7 KTA-Regulation vor, dass die KTA ihre Tätigkeit im Normalfall auf eine generelle Beaufsichtigung des Geschäftsbetriebs der gesellschaftlichen Unternehmen beschränken wird. Dennoch lassen die Befugnisse der KTA keinen Raum für eine autonome Willensbildung und Geschäftsführung der gesellschaftlichen Unternehmen.

Die Vereinigungsfreiheit kann unter den Voraussetzungen der Artikel 22 Abs. 2 IPbürgR und Artikel 11 Abs. 2 EMRK eingeschränkt werden.[746] Ein Eingriff muss auf einem Gesetz beruhen und einem der in Artikel 22 Abs. 2 IPbürgR und Artikel 11 Abs. 2 EMRK genannten Zwecke dienen. Von Interesse für Wirtschaftsunternehmen ist das Schutzgut der öffentlichen Ordnung. Es ermächtigt die Mitgliedstaaten zum Erlass von Vorschriften zum Zweck der Kontrolle der Bildung und Tätigkeit von Vereinigungen.[747] Bei Handelsgesellschaften und sonstigen wirtschaftlichen Unternehmen sind all jene Voraussetzungen und Beschränkungen des Zivil- und Handelsrechts im Interesse der öffentlichen Ordnung zulässig, die nicht einen gewissen, allen Vertragstaaten gemeinsamen demokratischen Mindeststandard unterschreiten.[748] Auch kann das wirtschaftliche Wohl des Landes als hinreichender Zweck im Sinne des Eingriffsvorbehalts gesehen werden.[749] Der Eingriff in die innere Willensbildung der gesellschaftli-

---

744 A. Rapp (Fn. 140), S. 169.

745 M. E. Villiger, Handbuch der Europäischen Menschenrechtskonvention (EMRK) unter besonderer Berücksichtigung der schweizerischen Rechtslage, 2. Aufl. (1999), S. 344 Rz. 542.

746 Die Schrankenvorbehalte des IPbürgR und der EMRK entsprechen weitgehend einander, siehe M. Nowak (Fn. 741), S. 419 f. Rz. 19.

747 M. Nowak (Fn. 741), S. 422 Rz. 23.

748 M. Nowak (Fn. 741), S. 422 Rz. 23.

749 M. E. Villiger (Fn. 745), S. 349 Rz. 550.

chen Unternehmen erfolgt auf Grundlage der KTA-Regulation, einer Norm, die den Anforderungen an formelle Gesetze genügt. Die UNMIK verfolgt mit der KTA-Regulation das Ziel, den gesellschaftlichen Sektor zu öffnen und Vermögenswerte von gesamtwirtschaftlicher Bedeutung Investitionen zugänglich zu machen, um notwendige Impulse für eine Erholung der Volkswirtschaft Kosovos zu geben. Dies ist ein zulässiger Zweck.

Der Vorbehalt der Vereinigungsfreiheit setzt ferner die Notwendigkeit des Eingriffs in einer demokratischen Gesellschaft voraus. Dies ist nach Rechtsprechung des EGMR dann der Fall, wenn der Eingriff einem dringenden gesellschaftlichen Bedürfnis entspricht und verhältnismäßig ist.[750] Darüber hinaus muss der Eingriff an den demokratischen Grundwerten des Pluralismus, der Toleranz, Aufgeschlossenheit und Volkssouveränität orientiert sein.[751] Der Verweis auf eine demokratische Gesellschaft bedeutet nicht etwa, dass nur demokratisch legitimierte Staatsorgane in die Vereinigungsfreiheit eingreifen dürfen. Denn dann wäre die Frage angebracht, ob sich die UNMIK als nicht demokratisch legitimierter Inhaber der Hoheitsgewalt im Kosovo auf den Schrankenvorbehalt in Artikel 22 Abs. 2 IPbürgR und Artikel 11 Abs. 2 EMRK berufen kann. Das dringende gesellschaftliche Bedürfnis stellt vielmehr einen Bezug zum öffentlichen Interesse her. Ferner wird dadurch bekräftigt, dass die Maßnahme nicht nur wünschenswert, sondern auch dringend sein muss.[752] Für die Verhältnismäßigkeit ist erforderlich, dass die Schwere des Eingriffs und der angestrebte Zweck abgewogen werden.[753] Den staatlichen Organen wird dabei gerade im wirtschaftlichen Bereich ein Ermessens- und Beurteilungsspielraum eingeräumt. Die Prüfung beschränkt sich darauf, ob die Maßnahme im Grundsatz zulässig und verhältnismäßig ist.[754]

Es besteht kein Zweifel daran, dass die KTA-Regulation diesen Anforderungen genügt. In Anbetracht der desolaten Lage des gesellschaftlichen Sektors, der weit verbreiteten Wirtschaftskriminalität und der hohen Arbeitslosigkeit im Kosovo bestand dringender Bedarf für eine Klärung der Rechtsverhältnisse der gesellschaftlichen Unternehmen und ihrer Vermögenswerte.[755] Da die meisten gesellschaftlichen Unternehmen ohnehin nicht oder nur eingeschränkt operativ

---

750 EGMR, Handyside, Serie A Nr. 24, Ziffer 48.

751 M. Nowak (Fn. 741), S. 421 Rz. 21. Für Artikel 11 Abs. 2 EMRK siehe EGMR, Dudgeon, Serie A Nr. 45, Ziffer 53; M. E. Villiger (Fn. 745), S. 350 Rz. 551.

752 M. E. Villiger (Fn. 745), S. 350 Rz. 552.

753 M. E. Villiger (Fn. 745), S. 350 Rz. 552.

754 EGMR, Jacubowski, Serie A Nr. 291-A, Ziffer 26; M. E. Villiger (Fn. 745), S. 350 Rz. 553.

755 Siehe zur Lage des gesellschaftlichen Sektors in Kosovo oben S. 39 ff.

sind und es keine klaren Geschäftsführungsstrukturen gibt, ist der Eingriff in die Vereinigungsfreiheit durch die KTA-Regulation nicht übermäßig.

3. Rechtsschutzgarantie

Zu prüfen ist weiterhin, ob die Rechtsschutzmöglichkeiten für Betroffene, die einen Rechtsverlust durch das Spin-Off-Verfahren erleiden können, mit der Rechtsschutzgarantie der Artikel 10 AEM, Artikel 14 Abs. 1 IPbürgR und Artikel 6 Abs. 1 EMRK übereinstimmt. Diese Vorschriften lauten:

> Art. 10 AEM
>
> Jeder Mensch hat in voller Gleichberechtigung Anspruch auf ein der Billigkeit entsprechendes und öffentliches Verfahren vor einem unabhängigen und unparteiischen Gericht, das über seine Rechte und Verpflichtungen oder aber über irgendeine gegen ihn erhobene strafrechtliche Beschuldigung zu entscheiden hat.
>
> Art. 14 (1) IPbürgR
>
> Alle Menschen sind vor Gericht gleich. Jedermann hat Anspruch darauf, dass über eine gegen ihn erhobene strafrechtliche Anklage oder seine zivilrechtlichen Ansprüche und Verpflichtungen durch ein zuständiges, unabhängiges, unparteiisches und auf Gesetz beruhendes Gericht in billiger Weise und öffentlich verhandelt wird. [...]
>
> Art. 6 EMRK
>
> (1) Jede Person hat ein Recht darauf, dass über Streitigkeiten in Bezug auf ihre zivilrechtlichen Ansprüche und Verpflichtungen oder über eine gegen sie erhobenen strafrechtliche Anklage von einem unabhängigen und unparteiischen, auf Gesetz beruhenden Gericht in einem fairen Verfahren, öffentlich und innerhalb angemessener Frist verhandelt wird. [...]

Grundsätzlich sind die Möglichkeiten der Bewohner des Kosovo, sich gegen Maßnahmen der UNMIK zur Wehr zu setzen, sehr beschränkt. Eine Zuständigkeit der Gerichte des Kosovo für Klagen gegen die UNMIK besteht nicht.[756] Nach den Bestimmungen von Regulation 2000/47 genießen die UNMIK, die KFOR und ihre Bediensteten Immunität. Bürger können sich nur an den Ombudsmann wenden, der Rechtsverstöße untersuchen darf, aber Maßnahmen der UNMIK nicht aufheben kann.

---

[756] Siehe hierzu A. Zimmermann/C. Stahn (Fn. 338), S. 447; A. Schwarz, Rückkehr des Absolutismus – Machtstrukturen in UNMIK's Kosovo, in: Südosteuropa 51 (2002), S. 531.

Demgegenüber sind die Rechtsschutzmöglichkeiten für Betroffene und Beteiligte im Rahmen des Spin-Off-Verfahrens besser ausgestaltet. Die von der UNMIK eingerichtete Kammer des Obersten Gerichts des Kosovo mit einer Sonderzuständigkeit für Privatisierungssachen soll es Klägern ermöglichen, unabhängige und transparente Entscheidungen über ihre Ansprüche und Rechte zu erlangen.[757] Das Verfahren vor der Kammer soll eine angemessene Dauer nicht überschreiten. Außerdem soll das Verfahren unter Berücksichtigung der Vorschriften der EMRK und unter Berücksichtigung internationaler Standards ablaufen. Diese Vorgaben hat der SRSG durch Erlass der Verfahrensordnung für die Privatisierungskammer in der Administrative Direction 2003/13 umgesetzt.[758]

Der Schutzbereich von Artikel 6 Abs. 1 EMRK ist im Falle des Spin-Off-Verfahrens eröffnet. Gegenstand von Rechtsstreitigkeiten im Zusammenhang mit dem Spin-Off-Verfahren sind zivilrechtliche Ansprüche. Darunter sind solche Verfahren zu verstehen, deren Ergebnis für zivilrechtliche Ansprüche und Verpflichtungen entscheidend ist.[759] Das ist der Fall, weil es um die Klärung von Eigentumsrechten an Aktiva geht, die im Zuge des Spin-Off-Verfahrens auf Dritte übertragen werden.

Aus Artikel 6 Abs. 1 EMRK ergeben sich eine Reihe von Rechten auf ein faires Verfahren. Diese betreffen zunächst den Zugang zu einem Gericht.[760] Jeder Bürger muss die Möglichkeit haben, sich an ein Gericht zu wenden, das unabhängig und unparteiisch über seine Klage entscheidet.[761] Hierfür ist zumindest ein justizförmiger, unabhängiger und unparteiischer Spruchkörper notwendig, der über Streitfragen auf der Grundlage des Rechts und in einem gesetzlich vorgesehenen Verfahren mit rechtsstaatlichen Garantien entscheidet. Der Spruchkörper muss von der Exekutive unabhängig sein, die Richter müssen weisungsungebunden und dürfen nicht rechenschaftspflichtig sein.[762] Dies ist im Fall der Kammer für Privatisierungssachen der Fall. Der Zugang zu dieser Kammer ist in Ziffer 5 Special-Chamber-Regulation geregelt. Die Richter der Privatisierungskammer sind unabhängig und nicht weisungsgebunden.

---

757 Vgl. Ziffer 7 Special-Chamber-Regulation.

758 Administrative Direction 2002/13 „Implementing UNMIK Regulation No. 2002/12 on the Establishment of a Special Chamber of the Supreme Court of Kosovo on Kosovo Trust Agency Related Matters“, UN Doc. UNMIK/DIR/2003/13 vom 11.06.2003.

759 EGMR, Klein, abgedruckt in: NJW 54 (2001), S. 213 f.

760 EGMR, Waite und Kennedy, abgedruckt in: NJW 52 (1999), S. 1173 f.

761 EGMR, Waite und Kennedy, abgedruckt in: NJW 52 (1999), S. 1173 f.

762 J. Meyer-Ladewig (Fn. 702), S. 103 Rz. 29.

Artikel 6 Abs. 1 EMRK gewährt ferner grundlegende Verfahrensrechte während eines Verfahrens.[763] Dazu gehört das Recht auf Gehör einschließlich des Rechts, sich in gerichtlichen Verfahren zu allen erheblichen Tatsachen und rechtlichen Fragen ausreichend zu äußern und Beweise anzubieten.[764] Die Verfahrensordnung der Kammer für Privatisierungssachen genügt diesen Anforderungen. Sie legt detailliert die Rechte und Pflichten der Parteien in Verfahren vor der Kammer fest. Indem die Verfahrensordnung auch die Möglichkeit für eine Überprüfung von Urteilen in einem Rechtsmittelverfahren vorsieht, geht sie sogar über das hinaus, was nach Artikel 6 Abs. 1 EMRK geboten ist. Die Rechtsschutzmöglichkeiten für Beteiligte im Spin-Off-Verfahren entspricht daher den Anforderungen an Artikel 6 Abs. 1 EMRK.

4. Autonomie und Selbstverwaltung

Zu prüfen ist schließlich, ob das Spin-Off-Verfahren mit dem Anspruch der Bevölkerung des Kosovo auf Autonomie und Selbstverwaltung aus Resolution 1244 vereinbar ist. Diesen Anspruch hat die UNMIK weitgehend durch den Erlass des Verfassungsrahmens und der Bildung der PISG erfüllt. Der Verfassungsrahmen begründet in Kapitel 5 umfangreiche Kompetenzen und Zuständigkeiten der PISG. Da hierzu nicht die Zuständigkeit für die Privatisierung der gesellschaftlichen Unternehmen gehört, stellt sich die Frage, ob der Anspruch auf Autonomie und Selbstverwaltung eine stärkere Beteiligung der Bevölkerung des Kosovo am Spin-Off-Verfahren erforderlich gemacht hätte.

Die UNMIK stützte sich bei dem Erlass der KTA-Regulation auf ihre Befugnisse aus Resolution 1244 sowie darauf, dass es sich bei der Verwaltung und der Privatisierung der gesellschaftlichen Unternehmen um eine Materie handelt, die gemäß Kapitel 8.1 lit. q) und r) des Verfassungsrahmens der UNMIK vorbehalten ist. Mit dem Anspruch auf Autonomie und Selbstverwaltung der Bevölkerung des Kosovo ist dies vereinbar, wenn die Privatisierung der gesellschaftlichen Unternehmen eine Materie ist, die über die inneren Angelegenheiten des Kosovo hinausgeht.

Dies ist wegen der großen wirtschaftspolitischen Bedeutung der Privatisierung und der Tragweite dieser Maßnahme auch für das Verhältnis zu Serbien zu beja-

---

[763] W. Peukert, Artikel 6 (Verfahrensgarantien), in: J. A. Frowein/W. Peukert, Europäische Menschenrechtskovention, 2. Aufl. (1996), S. 213 Rz. 71. Die Grundsätze des fairen Verfahrens sind auch für andere als Strafverfahren beachtlich. Siehe EGMR, Albert und Le Compte, Serie A Nr. 58, Ziffer 39.

[764] EGMR, Feldbrugge, Serie A Nr. 99, Ziffer 44; Kamasinksi, Serie A Nr. 168, Ziffer 102; Brandstetter, Serie A Nr. 211, Ziffer 67. Siehe W. Peukert, (Fn. 763), S. 214 Rz. 72.

hen. Die Privatisierung des Vermögens der gesellschaftlichen Unternehmen hat eine grundlegende Umgestaltung der Volkswirtschaft Kosovos zur Folge. Nachdem alle gesellschaftlichen Unternehmen privatisiert sind, wird der Übergang von einer sozialistisch geprägten Wirtschaft zu einer Marktwirtschaft vollzogen sein. Die Privatisierung hat auch eine politische Dimension, die über die inneren Angelegenheiten des Kosovo hinausgeht. Die Verhandlungen mit den Geberinstitutionen auf der einen Seite und die Auseinandersetzungen mit Serbien auf der anderen Seite zeigen, dass die Privatisierung keine Frage ist, die den PISG hätte überlassen werden dürfen. Ein weiterer Grund gegen eine Übertragung der Zuständigkeit für die Privatisierung der PISG ist, dass nur so sichergestellt werden kann, dass alle Volksgruppen im Kosovo angemessen am Verfahren beteiligt werden.

Zu beachten ist ferner, dass die UNMIK die PISG bei der Erarbeitung der KTA-Regulation beteiligte. Die PISG hatten die Gelegenheit, zum Entwurf der KTA-Regulation Stellung zu nehmen. Die PISG stellen außerdem im Vorstand der KTA die Hälfte der Mitglieder. Auch wenn der Vorstandsvorsitzende das Recht zum Stichentscheid hat, haben die PISG die Möglichkeit, maßgeblichen Einfluss auf die Privatisierung zu nehmen. Bei wichtigen Beschlüssen ist zudem die Stimme mindestens eines kosovarischen Vorstandsmitglieds erforderlich. Mit dieser Regelung wird die Mitwirkung von Vertretern der Bevölkerung des Kosovo sichergestellt.[765]

Auch seitdem die KTA ihre Arbeit aufgenommen hat, nehmen die PISG und die breitere Öffentlichkeit im Kosovo Einfluss auf das Privatisierungsverfahren. Dies zeigt sich beispielsweise an der Beteiligung der Arbeiter am Privatisierungserlös gemäß Ziffer 10 Land-Use-Regulation und an der Einführung des Special Spin-Off-Verfahrens.[766] Nach der ursprünglich vorgesehenen Konzeption des Spin-Off-Verfahrens sollten die Erlöse aus der Veräußerung der Tochtergesellschaften mit den Vermögenswerten der gesellschaftlichen Unternehmen ausschließlich Gläubigern und Eigentümern der Unternehmen zustehen. Nach Protesten der Arbeiterschaft im Kosovo wurde in die Land-Use-Regulation die Bestimmung eingefügt, dass die Arbeiter nun einen Anspruch auf 20 % des Erlöses haben. Das Special Spin-Off-Verfahren sieht vor, dass die KTA die Tochtergesellschaften mit den ausgegliederten Vermögenswerten der gesellschaftlichen Unternehmen nicht ausschließlich auf der Grundlage des höchsten Gebots verkaufen soll, sondern auch Arbeitsplatz- und Investitionszusagen verlangen kann. Diese Regelung wurde ebenfalls nach Forderung der PISG und der Arbeiter nach einer stärkeren sozialen Abfederung der Privatisierung bei großen Un-

[765] A. Rapp (Fn. 140), S. 168.
[766] Siehe 2. Teil, Abschnitt D.II.3., oben S. 71 f.

ternehmen eingeführt. Als Ergebnis ist daher festzuhalten, dass die KTA-Regulation mit der Pflicht zur Gewährung von Autonomie und Selbstverwaltung vereinbar ist.

5. Ergebnis

Die KTA-Regulation und das Spin-Off-Verfahren sind mit individualschützenden Rechten der Bewohner und der Bevölkerung des Kosovo vereinbar. Die Privatisierung des Vermögens der gesellschaftlichen Unternehmen verstößt nicht gegen den menschenrechtlichen Eigentumsschutz und ist mit der Koalitionsfreiheit, der Rechtsschutzgarantie und dem Anspruch auf Autonomie und Selbstverwaltung vereinbar.

III. Ergebnis

Die KTA-Regulation und das Spin-Off-Verfahren sind völkerrechtlich zulässig. Sie verstoßen weder gegen Rechte Serbiens noch gegen individualschützende Normen zugunsten der Bewohner oder der Bevölkerung des Kosovo.

Vierter Teil
Zusammenfassung der Ergebnisse

1. Die UNMIK ist ein Nebenorgan des Sicherheitsrats gemäß Artikel 29 UN-Charta. Auf der Grundlage der Resolution 1244 des Sicherheitsrats verwaltet die UNMIK das Kosovo bis zur Klärung seines endgültigen politischen Status. Unter Verwaltung der Vereinten Nationen sind im Kosovo territoriale Souveränität und Gebietshoheit getrennt. Die territoriale Souveränität liegt weiterhin bei Serbien, während die UNMIK die Gebietshoheit ausübt. Die Situation im Kosovo unter UN-Verwaltung ist der erste Fall für eine Trennung von territorialer Souveränität und Gebietshoheit ausschließlich auf der Grundlage einer Resolution des Sicherheitsrats gemäß Kapitel VII UN-Charta.

Das Auseinanderfallen von territorialer Souveränität und Gebietshoheit führt zur Entstehung von zwei Treuhandverhältnissen zwischen der UNMIK und Serbien einerseits und zwischen der UNMIK und den ihrer Hoheitsgewalt unterworfenen Bewohnern des Kosovo andererseits. Aus diesen Treuhandverhältnissen ergeben sich wechselseitige Rechte und Pflichten. Die Rechte Serbiens und die Rechte der Bewohner des Kosovo muss die UNMIK bei der Ausübung der Gebietshoheit beachten. Diese stellen daher Schranken ihrer Rechtssetzungsbefugnis dar.

Die UNMIK repräsentiert einen neuen Typus von Friedenseinsätzen, der Elemente des robusten Peacekeeping mit einem umfassenden politischen, sozialen und wirtschaftlichen Wiederaufbaumandat verbindet. Die Übernahme der Gebietshoheit bildet den institutionellen Rahmen für die verschiedenen Elemente des Friedenseinsatzes im Kosovo.

Die UNMIK hat im Kosovo eine rege Gesetzgebungstätigkeit entwickelt. Dadurch ist eine Rechtsordnung entstanden, die sich aus Völkerrechtsnormen und aus Normen des innerstaatlichen Rechts zusammensetzt. Die einzelnen Bestandteile dieser Rechtsordnung – UNMIK-Regulations, Gesetze der Selbstverwaltungsinstitutionen und fortgeltendes serbisches Recht – stehen zueinander in einem hierarchischen Verhältnis, mit UNMIK-Regulations an der Spitze.

2. Die UNMIK übt keine originären Hoheitsrechte aus, sondern bedarf für ihre Maßnahme stets einer Ermächtigung. Ihre Befugnisse ergeben sich in erster Linie aus der Resolution 1244. Eine Auslegung der Resolution ergibt, dass die UNMIK alle zur Gebietshoheit gehörenden Hoheitsrechte im Kosovo ausüben soll. Dazu gehört die Rechtsetzungsbefugnis. Die UNMIK hat darüber hinaus die sachliche Zuständigkeit für den Wiederaufbau der Wirtschaft des Kosovo. Die Privatisierung der gesellschaftlichen Unternehmen ist eine Maßnahme des

Wiederaufbaus der Wirtschaft und daher vom Mandat der UNMIK aus Resolution 1244 gedeckt.

Die Ermächtigung der UNMIK zur Rechtsetzung und zur Unternehmensprivatisierung ergibt sich nicht aus Kapitel VII UN-Charta. Der Sicherheitsrat hat von seinen Zwangsbefugnissen aus Kapitel VII Gebrauch gemacht, um das Kosovo einer UN-Verwaltung zu unterstellen und dieser die Gebietshoheit über das Kosovo zu übertragen. Dagegen hat er die UNMIK nicht zur Ausübung von Zwangsbefugnissen aus Kapitel VII ermächtigt. Die Befugnisse der UNMIK aus Resolution 1244 ergeben sich aus den ihr übertragenen Aufgaben.

Die Unterstellung des Kosovo unter UN-Verwaltung und die Errichtung der UNMIK ist völkerrechtskonform. Die Vereinten Nationen verfügen über die institutionelle Kompetenz zur Ausübung der Gebietshoheit auf einem Territorium, das zum Gebiet eines Staates gehört. Diese Kompetenz darf der Sicherheitsrat auf der Grundlage von Artikel 41 UN-Charta ausüben, um Frieden und Sicherheit wiederherzustellen.

Eine Zustimmung Serbiens zur Unterstellung des Kosovo unter UN-Verwaltung lag nicht vor und war auch nicht notwendig. Wird der Sicherheitsrat auf Grundlage von Kapitel VII UN-Charta tätig, kommt es auf eine Zustimmung des betroffenen Staates nicht an.

3. Bei der Reichweite der Rechtsetzungsbefugnis der UNMIK ist zu berücksichtigen, dass im Einklang mit den Zielen und Grundsätzen der Vereinten Nationen und insbesondere mit Artikel 1 Ziffer 1 UN-Charta die UNMIK solche Normen des allgemeinen Völkerrechts achten muss, deren Anwendungsbereich im Einzelfall eröffnet ist. Die Rechtssetzung der UNMIK unterliegt daher einem zweifachen Schrankenvorbehalt zugunsten Serbiens und zugunsten der Bewohner und der Bevölkerung des Kosovo.

Zugunsten Serbiens ist die UNMIK verpflichtet, einen Kernbereich der staatlichen Souveränität zu respektieren. Ferner muss die UNMIK den Grundsatz der Verhältnismäßigkeit achten. Im Falle der Rechtssetzung hat der Verhältnismäßigkeitsgrundsatz den Gehalt eines Kontinuitätsgebots. Es besteht ein Vorrang der Anwendung serbischer Gesetze gegenüber dem Erlass neuer Vorschriften. Die UNMIK darf neue Vorschriften nur unter der Voraussetzung erlassen, dass bestehendes Recht mit internationalen Menschenrechtsstandards oder mit dem Mandat der UNMIK unvereinbar ist. Schließlich muss die UNMIK im Einklang mit souveränitätsschützenden Normen des allgemeinen Völkerrechts handeln, deren Anwendungsbereich im Einzelfall eröffnet ist.

Zugunsten der Bewohner und der Bevölkerung des Kosovo besteht ebenfalls ein Schrankenvorbehalt. Die UNMIK ist verpflichtet, die Menschenrechte zu achten. Sie muss der Bevölkerung ferner substanzielle Autonomie und Selbstverwaltung gewähren.

4. Das Spin-Off-Verfahren zur Privatisierung des Vermögens der gesellschaftlichen Unternehmen im Kosovo ist mit Rechten Serbiens und mit Rechten der Bewohner und der Bevölkerung des Kosovo vereinbar.

Das Spin-Off-Verfahren verletzt keine Souveränitätsrechte Serbiens. Das Verfahren greift nicht in den Kernbereich der Souveränität ein. Es führt auch nicht zur Enteignung von Staatseigentum Serbiens. Normen des allgemeinen Völkerrechts, die Souveränitätsinteressen Serbiens schützen und deren Anwendungsbereich beim Spin-Off-Verfahren eröffnet ist, gibt es nicht. Das Spin-Off-Verfahren ist auch verhältnismäßig. Es lag kein milderes und ebenso geeignetes Mittel zur Belebung der Wirtschaft und zur Schaffung von Investitionsanreizen an Stelle der Privatisierung des Vermögens der gesellschaftlichen Unternehmen vor. Auch wäre ein Anwendung von Vorschriften des jugoslawischen und serbischen Privatisierungsrechts nicht in Frage gekommen, da diese nicht gleichermaßen geeignet sind wie das Spin-Off-Verfahren.

Rechte der Bewohner und der Bevölkerung des Kosovo verletzt das Spin-Off-Verfahren nicht. Zwar ist der Schutzbereich der menschenrechtlichen Eigentumsgarantie in Bezug auf Rechte der gesellschaftlichen Unternehmen an den ausgegliederten Vermögenswerten, Rechte von Dritteigentümern von solchen Vermögenswerten und Rechten von Gläubigern gesellschaftlicher Unternehmen eröffnet. Soweit das Spin-Off-Verfahren aber in diese Rechte eingreift, ist dies gerechtfertigt, weil die KTA-Regulation jeweils eine prompte, angemessene und effektive Entschädigung vorsieht.

Das Spin-Off-Verfahren genügt auch den Anforderungen der Koalitionsfreiheit und der Rechtsschutzgarantie. Schließlich ist der Anspruch der Bevölkerung des Kosovo auf Autonomie und Selbstverwaltung im Falle des Spin-Off-Verfahren dadurch erfüllt, dass die PISG am Rechtsetzungsverfahren und an der Arbeit der KTA beteiligt wird.

Dresdner Schriften zu Recht und Politik der Vereinten Nationen
Papers on Law and Policy of the United Nations

Herausgegeben von Sabine von Schorlemer

Band 1 Sabine von Schorlemer (Hrsg.): „Wir, die Völker (...)" – Strukturwandel in der Weltorganisation – Konferenzband. Konferenz aus Anlass des 60-jährigen Bestehens der Vereinten Nationen vom 27.–29. Oktober 2005 in Dresden in Kooperation mit dem Zentrum für Internationale Studien (ZIS) und der Deutschen Gesellschaft für die Vereinten Nationen (DGVN). 2006.

Band 2 Philipp von Hülsen: Die Vereinten Nationen als Gesetzgeber im Kosovo. Rechtmäßigke anforderungen an Rechtssetzungsakte der UNMIK am Beispiel der Unternehmensprivatis rung durch die Kosovo Trust Agency. 2007.

www.peterlang.de

FSC
www.fsc.org
MIX
Papier | Fördert
gute Waldnutzung
FSC® C083411

Kolibri 360 GmbH
Ferdinand-Jühlke-Straße 7
99095 Erfurt, Deutschland
produktsicherheit@kolibri360.de

Druck:
CPI Druckdienstleistungen GmbH
im Auftrag der
Kolibri 360 GmbH
Ferdinand-Jühlke-Str. 7
99095 Erfurt